제2판

SAS와 R을 활용한
표본설계와 통계적 추론

Survey Sampling and Statistical Inference Using SAS and R

박민규·강현철 지음

자유아카데미

머리말

데이터 기반 의사결정과 빅데이터 분석과 같은 용어의 보편적 사용은 최근 정치, 경제, 사회 그리고 문화를 포함한 사회과학 및 자연과학의 모든 분야에서 급속도로 증가하는 데이터에 대한 요구를 보여주고 있다. 직관 혹은 특정분야에 대한 경험적 지식보다는 축적된 자료에 기반한 의사결정이 보다 과학적이며 합리적이라는 사고의 전환은 18세기 이후 지속적으로 이루어져 왔고, 최근 이러한 현상은 그 정점을 찍고 있는 듯 하다.

전통적인 통계적 자료수집 도구로는 서베이(survey)와 통계적 실험(statistical experiment)이 주로 사용되었고, 이를 통해 생성된 표본 자료를 이용한 모집단(population)에 대한 추론(inference)이 통계학의 주요 목적이 되었다. 최근에는 전통적인 자료수집 도구 이외에 신용카드 및 휴대폰 사용내역 그리고 SNS 기록 등 자동적으로 생성되고 축적되는 자료와 더불어 복잡한 구조를 갖는 의학 및 생물학 분야에서 생성되는 자료의 등장으로 인하여, 이의 수집과 처리 및 분석을 위한 통계적 방법들에 대한 연구 역시 활발하게 이루어지고 있다. 자료수집을 위한 방안들이 다양해지고 있으나 여전히 서베이와 통계적 실험은 특정한 목적을 갖는 연구에 대한 해답을 얻기 위한 자료수집 도구로 유용하게 사용되고 있다.

특별히 서베이는 관심 모집단의 실태를 파악하기 위한 자료뿐만 아니라 각 개인이나 공동체의 생각이나 가치관을 측정할 수 있는 유일한 도구로서 그 역할이 매우 중요하다. 다양한 주제에 대한 여론조사 결과는 여러 형태의 플랫폼을 통해 거의 매일 제공되고 있으며, 선거가 있는 해에는 선거 예측조사 및 출구조사 결과들이 봇물처럼 쏟아지고 있다. 또한 국내에서는 많은 종류의 국가승인통계 역시 서베이를 통해 작성되고 있다.

과학적 자료수집 도구로서 서베이의 빈번한 사용은 그러나 통계적 타당성과 더불어 심각한 오용의 위험을 내포하고 있다. 이러한 서베이의 오용 및 왜곡은 이를 설계하는 전문가와 그 결과에 노출되는 사용자 모두 각별하게 조심해야 하는 부분이다.

이 책은 서베이의 기본적인 요소들을 이해하기 위하여 필요한 여러가지 통계적 지식과 서베이 자료의 분석을 위해 필요한 기본적인 통계 기법들을 다루고 있다. 먼저 제1장에서는 서베이 과정과 서베이 통계학의 특징을 설명하였고, 제2장에서는 서베이 통계학의 근간이 되는 표본설계 및 이에 근거한 비편향 추정량에 대하여 살펴보았다. 제3장에서 제9장까지는 단순임의추출, 계통추출, 포아송추출, 층화추출, 집락추출, 복합 표본설계 등 다양한 표본설계 상황에서의 표본추출과 통계적 추론에 대하여 설명하였다. 그리고 제10

장에서는 여러 가지 분산 추정법을 소개하였으며, 제11장에서는 비표본오차로서 무응답 오차와 측정 오차를 소개하고, 실제에서 흔히 사용되는 이의 처리 방안들을 소개하였다.

이 책에서는 관련된 개념들을 쉽게 이해할 수 있도록 다양한 예제들을 제시하였으며, SAS/STAT 소프트웨어에서 제공하는 프로시저(procedure)들을 통해 실제 사례에서의 처리 과정을 설명하였다. 또한 각 장의 부록에는 R 소프트웨어를 이용하여 사례들을 처리하기 위한 코드의 예시를 제시하였다. 수리적 배경이 약한 독자들은 예제와 SAS 및 R 사례만으로도 학습에 대한 소기의 목적을 달성할 수 있을 것이다. 독자들의 학습을 위해 이 책에서 사용된 데이터들은 출판사의 홈페이지를 통해 제공하고 있다(http://www.freeaca.com).

실제 서베이를 통해 데이터를 수집하고 이를 분석하고자 하는 독자들에게 이 책이 유용하게 사용되기를 바란다.

2023년 11월, 저자들

차 례

제 1 장
개 요

Introduction

이 책은 서베이(survey)의 기본적인 요소들을 이해하기 위하여 필요한 여러가지 통계적 지식과 서베이 자료의 분석을 위해 필요한 기본적인 통계 기법들을 다루고 있다.[1] 통계이론적인 내용에 앞서 이 장에서는 먼저 서베이 과정과 서베이 통계학의 특징을 설명하고, 서베이에서 발생할 수 있는 오차와 이를 바탕으로 하여 전수조사 대신 표본조사가 사용되는 이유 등을 살펴본다.

1.1 서베이 과정

서베이(survey)란 그 계획단계부터 결과 공표까지의 모든 부분을 포함한 과정으로 경우에 따라서는 1년 이상의 시간이 소요되는 과정일수도 있다. 예를 들어, 질병관리본부가 수행하는 국민건강영양조사 내 검진조사는 순환표본조사(rolling sample survey) 방안을 이용하고 있으며 3년 동안 상시적으로 이루어진다.[2] 이와 같은 복잡한 서베이 과정은 크게 다음과 같이 4단계의 과정으로 구분할 수 있다.

(1) 서베이 설계 단계

서베이 설계 단계는 서베이의 질(quality)이 결정되는 매우 중요한 과정으로, 전체 서베이 과정에서 발생할 수 있는 모든 문제들을 예측하고, 그에 대한 적절한 대응 방안에 대한 전략을 수립해야 하는 단계로 다음의 내용들이 검토되며 수행된다.

- 서베이 및 자료 분석의 목적에 대한 정의
- 목표모집단(target population) 정의
- 표본추출틀(sampling frame) 선택
- 표본설계(sampling design) 및 분석접근방안(analysis approach) 선택
- 자료수집 방안 선택

서베이 및 수집된 자료의 분석의 목적을 정의하는 것은 이 후 서베이 과정에서 발생하는 모든 의사결정의 근간이 되기 때문에 매우 중요하며, 따라서, 전체 서베이 과정의 체계적인 수립을 위해서는 구체적인 목적을 수립하는 것이 요구된다. 언급된 목표모집단과 표본추출틀을 포함한 표본조사 분야에서 사용되는 기본적인 용어들의 정의는 2장에 주어진다.

[1] 이 책에서는 조사와 서베이(survey)를 동일한 의미로 사용하고 있다.

[2] https://knhanes.cdc.go.kr/knhanes/main.do

(2) 준비 단계

준비 단계에서는 서베이 설계 단계에서 결정된 사항들을 바탕으로 실제 서베이를 위한 모든 요소들을 준비하고 점검하는 작업이 이루어진다. 기본적으로 모집단 개체들의 물리적 리스트인 표본추출틀을 보완하거나 새롭게 생성하는 작업, 그리고 이로부터의 표본추출이 이 단계에서 이루어진다.

서베이가 전화나 개인 면접을 통해 이루어질 경우, 자료수집을 위한 조사원 교육 역시 준비 단계에서 이루어져야 한다. 특별히 서베이 내용이 전문적이거나 민감한 내용을 포함한 경우에는 조사원 교육이 서베이 결과에 있어서 정확성을 결정하는 중요한 요소가 된다.

(3) 자료수집 및 분석준비 단계

흔히 실사과정이라고도 불리우는 이 단계에서는 실제 자료수집이 이루어지며, 따라서 서베이 자료의 질이 실질적으로 결정되는 매우 중요한 단계이다. 이 단계에서는 무응답과 측정 과정에서 발생하는 오류를 최소화해야 하며, 자료수집 도구에 맞는 적절한 측정이 이루어져야 한다.

특별히 가구의 집합인 조사구가 추출되고, 추출된 조사구에 조사원이 방문하여 직접 가구를 무작위로 추출하는 가구 조사의 경우,[3] 현장에서 표본 대체(substitution) 등으로 발생할 수 있는 선택 편향(selection bias)을 최소화할 수 있도록 주의해야 한다. 최근에는 논리적 오류를 포함하여 자료입력 과정에서 발생할 수 있는 여러가지 오류를 방지할 수 있는 CATI(computer assisted telephone interview)나 CAPI(computer assisted person interview) 시스템이 사용되고 있다.

분석 자료의 준비를 위한 무응답 대체(nonresponse imputation) 역시 이 단계에서 이루어진다. 응답자가 일부 항목에 응답하지 않은 경우, 조사된 자료 혹은 기존 자료를 이용하여 응답이 이루어지지 않은 항목의 값을 대체하는 무응답 대체는 분석에 사용할 수 있는 유효 표본수를 확보한다는 측면에서 바람직하나, 이를 위해서는 통계적으로 타당한 방법의 선택이 요구된다. 더불어서 대체된 값과 관측된 값을 구별할 수 있는 변수를 추가하여 자료 사용자가 이를 구별하여 사용할 수 있도록 하는 것이 바람직하다. 무응답 처리에 대한 내용은 9.3절에서 자세히 다루어진다.

[3]통계청의 승인을 받은 통계 작성을 위한 가구 조사의 경우, 평균 30(혹은 60) 가구로 구성된 조사구를 추출하고 조사원이 추출된 조사구의 요도를 가지고 해당 조사구를 방문하여 조사 대상 가구를 추출하는 방식이 일반적으로 적용된다.

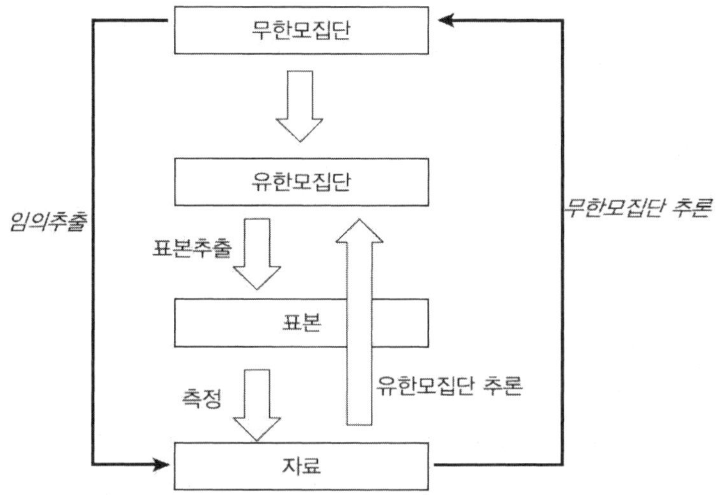

〈그림 1.1〉 통계적 추론

(4) 자료분석 단계

서베이 과정의 최종 단계인 자료분석 단계에서는 기본적으로 표본에 대한 탐색적 자료분석(explanatory data analysis)이 수행되며, 관심변수의 유한모집단(finite population) 특성을 나타내는 여러 모수들에 대한 추정이 이루어진다.

서베이 결과의 타당한 사용을 위해서는 분석결과의 공표 시에 단순 추정량과 더불어서 서베이의 전반적인 과정에 대한 정보를 함께 제공하는 것이 바람직하다. 특별히 추정량의 통계적 정확성을 나타낼 수 있는 분산 추정량, 변동계수 그리고 응답률 등의 정보는 서베이 결과의 오용을 방지하는 차원에서 반드시 제시되어야 한다.

1.2 서베이 통계학

통계적 추론(statistical inference)에 대한 정의와 표현은 매우 다양하나, 이를 단순화하여 나타내면 〈그림 1.1〉과 같이 표현할 수 있다. 즉, 관심의 대상인 모집단에 대한 추론을 위하여 표본이 추출되고, 이로부터 필요한 정보 혹은 자료가 수집되고, 이를 바탕으로 모집단에 대한 통계적 분석이 이루어진다.

예외가 있을 수 있으나 서베이 통계학을 제외한 대부분의 통계학 분야에서 고려하는 모집단은 〈그림 1.1〉의 최상위에 위치한 무한모집단(infinite population) 혹은 초모집단(superpopulation)이며, 이를 정의하기 위해서는 일반적으로 정규분포와 같은 확률분포(probability distribution) 혹은 회귀모형(regression model)과 같은 통계적 모형(statistical model)이 사용된다. 따라서 무한모집단에 대한 추론은 이에 대한 가정인 확률분포 혹은 통계적 모형의 모수에 대해서 이루어진다. 예를 들어, 무한모집단이 정규분포를 따른다는 가정 하에서 추론의 대상이 되는 모수는 정규 확률분포를 결정하는 모평균(μ)과 모분산(σ^2)이 된다. 이를 위해서 무한모집단에 대한 가정들을 왜곡하지 않는 표본, 즉 임의표본(random sample)이 추출되고 이를 이용하여 무한모집단에 대한 추론이 이루어진다.

서베이 통계학이 다른 통계학 분야와 구별되는 가장 중요한 점은 추론의 대상이 되는 모집단의 정의에 있다. 서베이 통계학에서 고려하는 관심의 대상은 분포나 모형의 가정 하에서 정의되는 무한모집단이 아닌 유한개의 개체로 구성된 유한모집단(finite population)이다. 따라서, 관심 변수의 유한 모집단 분포는 이산형 분포를 통해 표현될 수 있다. 전통적인 디자인-기반 접근방법(design-based approach)에서 통계적 분석을 위해 필수적인 확률분포는 유한모집단으로부터 표본을 추출하는 구체적인 랜덤 메카니즘(random mechanism)인 표본설계에 의하여 결정되며, 관심 모수는 일반적으로 모집단 총합 혹은 모평균과 같은 단순한 형태를 갖는다.

유한모집단의 분석을 위하여 사용되는 또 다른 접근방법은 유한모집단을 상위 무한모집단으로부터의 임의표본으로 가정하고, 무한모집단에 대한 확률 가정을 바탕으로 유한모집단에 대한 추론을 실시하는 모형-기반 접근방법(model-based approach) 혹은 예측접근방법(prediction approach)이다. 모형-기반 접근방법은 1970년대 이후 급속하게 관심을 받는 방안이나, 서베이를 통해 관측되는 모든 변수가 관심의 대상이 되는 서베이 통계학 분야에서 모형 실패(model failure)에 강건(robust)하지 못한 약점을 가지고 있어 현실에서는 제한적으로 사용되고 있다.

1.3 서베이 오차

서베이 과정 중에 발생하는 오차(error)는 그 성격에 따라 크게 표본오차(sampling error)와 비표본오차(nonsampling error)로 구분되며 이 두 오차의 합을 총 서베이 오차(total survey error)로 정의할 수 있다.

표본오차(sampling error)는 모집단 전체가 아닌 그 중 일부인 표본을 조사하기 때문에 발생하는 오차를 의미하며, 따라서 모집단 전체가 조사된 경우에는 표본오차가 발생하지 않는다.

예를 들어, 총 1,000명으로 구성된 유한모집단의 성비를 예측하기 위하여 크기가 100인 표본을 추출하는 경우를 고려해 보자. 추출된 표본 내 남성의 비율이 45%였다면 이 수치가 모집단의 남성 비율과 정확히 일치한다고 장담할 수는 없을 것이다. 또한 크기가 동일한 표본을 다시 추출해서 표본 내 남성의 비율을 계산한다면 그 결과는 45%와 다르게 나타날 것이다. 즉, 모집단 전체가 아닌 표본을 측정하기 때문에 표본을 추출할 때마다 서로 다른 수치가 계산될 것이며, 이러한 변동성은 표본오차로부터 기인한 것이다.

표본오차를 제외한 모든 오차가 비표본오차(nonsampling error)이며, 대표적인 비표본오차로는 측정오차(measurement error), 무응답오차(nonresponse error), 그리고 추출틀오차(frame error)가 있다.

측정오차(measurement error)는 서베이를 통하여 관측된 값(observed value)과 관측이 되어야 하는 참값(true value)이 다른 경우에 발생하는 오차이다. 오차가 발생하는 원인에 따라 측정오차는 응답자(respondent)로 인한 오차, 조사원(interviewer)으로 인한 오차 그리고 설문지(questionnaire)로 인한 오차 등으로 구분할 수 있다. 측정오차는 일반적으로 사람을 대상으로 하는 조사에서 더욱 심각하게 발생한다. 사회적으로 민감한 이슈라던지 도덕적 개념이 포함되어 있는 항목들이 포함된 서베이에서 측정오차가 빈번하게 발생하게 되는 것으로 알려져 있다. 출구조사(exit poll)에서 응답자가 실제 투표행위와 다른 답변을 함으로서 발생하는 오차 역시 측정오차에 해당한다.

무응답오차(nonresponse error)는 추출된 조사단위로부터 응답거절 혹은 부재 등의 이유로 응답을 받지 못해 발생하는 오차이다. 무응답오차는 그 성격에 따라 크게 단위무응답과 항목무응답으로 구분할 수 있다. 단위무응답(unit nonresponse)은 표본으로 추출된 개체가 여러가지 이유로 서베이에 응할 수 없고, 따라서 모든 조사 항목에 무응답이 발생한 경우를 의미한다. 이에 비해 항목무응답(item nonresponse)은 표본에 추출된 개체가 서베이에는 응하였으나, 일부 항목에 대하여 응답을 하지 않는 경우에 발생한다. 무응답이 서베이 결과에 미치는 영향은 응답자와 무응답자 사이에 발생하는 체계적인 차이의 정도에 따라 달라진다. 따라서 관심변수 기준으로 응답자와 무응답자 사이에 분포 상의 유의한 차이가 의심될 경우에는 서베이 결과의 해석에 있어 많은 주의가 필요하다.

좁은 의미의 추출틀오차(frame error)는 추출틀과 목표모집단의 불일치로 인해 발생하는 오차를 나타낸다. 즉, 관심의 대상인 모집단과 실제 표본이 추출되는 물리적 리스트인 추출틀의 차이로 인해 발생하는 오차를 흔히 추출틀오차로 정의한다.

표본오차는 표본설계를 통해 결정되는 확률분포를 통하여 오차의 통계적 성질(예를 들어, 기댓값 혹은 분산 등)을 산출할 수 있고, 이를 바탕으로 오차의 크기나 추정에 미치는 영향 등을 평가할 수 있다. 여론조사(public opinion survey)의 결과공표 시 흔히 제공되는 한계오차(margin of error)는 표본오차에 대한 설명으로 이해할 수 있다.

표본오차와는 달리 비표본오차가 추정에 미치는 영향은 직접적으로 측정하기가 매우 어려우며, 때로는 비표본오차가 전체 서베이 오차의 대부분을 차지하는 경우 또한 발생할 수 있다. 예를 들어, 응답률의 정의에 따라 차이가 있을 수 있으나 전화조사의 응답률은 대략적으로 20% 미만임이 알려져 있고, 경우에 따라서는 이러한 무응답으로 인한 오차가 결과공표 시 제공되는 표본오차보다 상대적으로 더 클 수 있다.

앞에서 설명한 표본오차와 비표본오차의 특성으로 인하여 비용의 측면에서 뿐만 아니라 통계적인 효율성 측면에서도 전체 모집단을 조사하는 전수조사 대신 표본조사가 더 선호된다. 표본크기를 증가시킴으로서 표본오차는 감소하나, 무응답오차나 측정오차와 같은 비표본오차는 일반적으로 증가하게 되어 단순히 표본크기를 늘리는 것이 총조사 오차를 감소하는 방안이 될 수는 없다. 따라서, 주어진 비용의 제약 하에서 효율적인 표본설계를 통하여 표본크기를 줄이되 표본크기 감소로 인한 절감된 비용을 서베이 과정에서 발생할 수 있는 비표본오차를 줄이기 위하여 사용할 수 있는 표본조사가 상대적으로 선호되고 있다. 그러나 모집단의 크기가 작고 또한 비표본오차가 거의 발생하지 않을 것으로 예측되는 경우에는 전수조사를 실시하는 것 역시 하나의 대안이 될 수 있다.

1.4 연습문제

1. 질병관리청 홈페이지에 제공된 국민건강영양조사[4]에 대한 내용을 읽고, 국민건강영양조사 과정에서 발생할 수 있는 비표본오차를 기술하고 이를 방지하기 위한 방안을 서술하시오.

2. 전화여론조사 결과를 이용한 기사를 검색하여 읽고, 전화여론조사 과정에서 발생할 수 있는 비표본오차의 내용을 기술하시오.

[4]https://knhanes.kdca.go.kr/knhanes/main.do

제 2 장
표본설계와 비편향 추정

Sampling Design and Unbiased Estimation

서베이 통계학(survey statistics) 분야에서의 주 관심은 비용 및 시간과 같은 현실적 제약 하에서 효율적인 표본추출과 추정방안을 통하여 유한모집단의 분포를 요약하는 모평균(population mean) 또는 모비율(population proportion)과 같은 단순 모수(parameter)를 추정하는 것에 있다. 이러한 모수 추정을 위한 자료수집 방법으로 서베이 통계학 분야에서는 조사대상을 확률적으로 추출하는 방안으로 표본설계를 정의하고 사용한다. 이 장에서는 서베이 통계학 이론의 근간이 되는 표본설계 및 이에 근거한 비편향 추정량 및 이의 통계적 성질에 대해서 살펴본다.

2.1 표본설계

제1장에서 살펴본 바와 같이 통계적으로 타당한 추정량(estimator)을 정의하기 위해서는 자료의 수집이 선행되어야 하며, 이를 위해서는 유한모집단에 대한 대표성을 갖춘 표본(representative sample)의 추출이 선행되어야 한다. 표본설계(sampling design)는 이러한 표본을 추출하기 위한 통계적 방법을 의미하는 것이며, 이의 수학적 정의는 모든 가능한 표본에 $[0,1]$의 값을 갖는 확률을 부여하는 집합함수(set function)로서 ⟨정의 2.1⟩과 같다.

⟨정의 2.1⟩ 표본설계 (Sampling Design)

크기가 N인 유한 모집단 $U = \{1, 2, \cdots, N\}$을 고려하자. 모든 가능한 U의 부분집합(subset) 혹은 표본(sample)으로 구성된 집합을 $\mathfrak{T}$로 정의하자. 표본설계 $p(s)$는 아래의 조건 (i)과 (ii)를 만족하는 집합함수 $p(s) : \mathfrak{T} \to [0,1]$로 정의된다.

$$\text{(i) } p(s) \geq 0, \quad s \in \mathfrak{T}, \quad \text{(ii) } \textstyle\sum_{s\in\mathfrak{T}} p(s) = 1$$

통계적 실험(statistical experiment) 분야에서의 실험설계(design of experiment)가 모집단에 대한 추론을 위한 최적의 자료를 수집함과 동시에 분석을 위한 확률분포를 결정하는 역할을 하는 것과 유사하게, 표본설계는 주어진 현실적 제약 아래서 분석을 위한 최적의 자료를 얻을 뿐 아니라 또한 추론의 근거가 되는 확률분포(probability distribution) 를 정의하기 위하여 사용된다. 다른 통계학 분야에서의 목표모집단(target population)은 무한모집단이며, 따라서 이의 확률구조는 정규분포와 같은 특정한 분포 혹은 선형모형과 같은 통계적 모형으로 가정되는 반면에, 표본설계에 의하여 정의되는 확률분포는 가정(assumption)이 아닌 표본설계에 의하여 구현되는 사실(fact)이다. 그러나 ⟨정의 2.1⟩에 주어진 정의는 표본설계에 대한 수리적인 도구로는 이해될 수 있으나 실제 표본을 추출하기 위한 도구로써는 효율적이지 않다. 이러한 차원에서 주어진 표본설계하에서 실제 표본을 추출하는 방법을 의미하는 **표본추출법**(sampling methods)이 표본설계와 함께 동일한 의미로 흔히 사용되는데, 이 책에서도 두 용어를 구별하지 않고 사용한다.

표본설계는 함수 $p(s)$의 성질에 따라 **확률표본설계**(probability sampling design)와 비확률표본설계(non-probability sampling design)로 구분되며, 확률표본설계의 정의는 다음과 같다.

⟨정의 2.2⟩ 확률표본설계 (Probability Sampling Design)

확률표본설계는 아래의 세 가지 조건들을 만족하는 표본설계 $p(s)$이다

(i) 모든 $s \in \mathfrak{T}$에 대하여 $0 \le p(s) \le 1$는 알려진 값(known value)이다.

(ii) 유한모집단의 모든 개체(element) $k \in U$에 대하여 $P(k \in s) > 0$을 만족한다. 즉, 모든 개체가 표본에 포함될 확률은 0보다 크다.

(iii) 주어진 $p(s)$을 만족하는 표본추출 알고리즘이 존재한다.

비확률표본설계(non-probability sampling design)는 ⟨정의 2.2⟩에 나타난 조건 (ii)를 포함한 다른 조건들을 하나 이상 만족하지 않는 표본설계를 의미한다. 조건 (ii)를 만족하지 않는 비확률표본설계 하에서는 유한모집단의 모수에 대한 비편향 추정량(unbiased estimator)이 존재하지 않는다. 예를 들어, 한국 기업체 모집단의 특정 년도 총매출액 추정을 위해 표본을 추출하는 경우를 고려해 보자. 만약 전체 기업체 중 기업체 A와 기업체 B가 표본에 포함될 확률이 0이라면, 즉, 기업체 A와 B가 주어진 표본설계 하에서 그 어떤 표본에도 포함되지 않는다면, 이러한 표본설계에 근거한 추론의 대상은 관심 모집단인 전체 기업체 모집단이 아닌 기업체 A와 B가 배제된 기업체 집합이 될 것이다. 또한 ⟨정의 2.2⟩의 조건 (i)을 만족하지 않는 비확률표본설계의 경우, 표본설계 $p(s)$를 알 수 없기 때문에 이를 통해 산출된 추정량들의 확률분포를 정의할 수 없고, 따라서 추정량들의 통계적 성질을 유도할 수 없다. 이러한 비확률표본설계의 문제점들을 고려하여 이 책에서는 확률표본설계를 고려한다.

2.2 표본설계 사례

이 절에서는 표본조사의 사례로서 통계청에서 실시하는 경제활동인구조사와 고용노동부에서 수행하는 고용형태별근로실태조사의 경우를 살펴보도록 한다. 두 조사 모두 상당히

복잡한 절차를 통해 표본이 추출되고, 따라서 이후에 설명될 다소 생소한 용어들이 우선 정의없이 사용된다. 용어에 대한 자세한 설명은 2.3절에 주어진다.

2.2.1 경제활동인구조사

경제활동인구조사는 노동시장의 공급 상황을 파악하기 위해 통계청에서 매월 수행하는 조사이다. 이 조사로부터 실업률과 같은 고용동향 통계가 산출된다. 경제활동인구조사의 모집단은 군인이나 공익근무 등을 제외한 만 15세 이상의 개인으로 정의된다. 경제활동인구조사의 표본 가구는 약 32,000가구이며, 이 중 매달 1/36이 교체되는 연동표본추출(rotation sampling) 방안이 실제 사용되고 있다. 조사 대상은 가구와 가구에 속한 15세 이상의 가구원이다. 조사는 매월 이루어지며, 조사 대상기간(reference period)은 매월 15일을 포함한 일주일이다.

조사를 위해 사용되는 표본설계는 '층화 이단계 확률비례집락추출법'으로 다음과 같은 대략적인 절차에 따라 표본이 추출된다.

(1) 가구 표본을 추출하기 위하여 먼저 평균 60개의 가구로 구성된 조사구 추출틀을 구성한다. 조사구 추출틀은 약 27,000개의 인구주택총조사 10% 표본조사구와 총조사 이후 신축된 아파트 단지로 구성된 조사구의 10%로 구성된다.
(2) 작성된 조사구 추출틀을 16(7)개 광역시·도를 나타내는 변수와 읍·면부와 동부를 구분하는 변수를 이용하여 층화(stratification)한 후, 각 층으로부터 확률비례추출법을 이용하여 약 1,600개의 조사구를 추출한다. 확률비례추출법을 적용하기 위하여 사용하는 크기변수는 각 집락 내의 가구 수이다.
(3) 추출된 각 조사구로부터 20개의 인접가구를 추출한다.

경제활동인구조사 자료는 '통계청 국가통계포털'(http://www.kosis.kr)을 통해 이용할 수 있다.

2.2.2 고용형태별근로실태조사

고용형태별근로실태조사는 고용노동부에서 수행하는 노동시장의 수요자 측면에서의 조사이다. 이 조사를 통해서는 고용형태별로 사업체에 근무하는 노동자들의 근로시간과 임금 등의 통계가 작성된다. 특별히 이 조사를 통해서는 정규직과 비정규직의 근로조건에 관한 실태를 파악할 수 있는 통계들이 작성된다. 조사대상은 1인 이상의 임금근로자를 고용하고 있는 사업체와 이에 고용된 근로자이며, 조사기준 기간은 조사년도 6월 급여계산기간이고, 조사주기는 1년이다. 따라서, 모집단은 1인 이상의 임금근로자를 고용하고 있는 사업체이며, 이에 대응하는 추출틀로는 '사업체노동실태현황' 자료가 사용된다.

사업체의 추출을 위해서는 '층화 계통추출법'이 사용된다. 사업체의 층화를 위해서는 산업대분류, 사업체 규모 그리고 비정규직 근로자 수가 사용되고, 산업중분류별 통계 생산을 위해서 각 층 내에서 계통추출표본을 추출하기 전에 사업체들은 산업 중분류 기준으로 정렬된다.

고용형태별근로실태조사 자료는 '민간고용서비스 포털'(http://www.knesa.or.kr)을 통해 얻을 수 있다.

2.3 용어 정리

이 절에서는 서베이 통계학 분야에서 흔히 사용되는 중요한 용어 및 기호들을 정리한다.

- 조사단위 (Observation Unit)

서베이를 통해 측정(measurement)이 이루어지는 대상(object)을 조사단위라고 한다. 조사단위는 추출단위와 동일하지 않을 수 있으며, 서베이의 성격에 따라 단일 서베이에 둘 이상의 조사단위가 존재할 수 있다. 예를 들어, 경제활동인구조사에서는 각 가구와 가구원을 대상으로 조사가 일반적으로 이루어지기 때문에 조사단위는 가구와 가구원 모두가 된다.

- 추출단위 (Sampling Unit)

실제 추출이 이루어지는 대상을 추출단위라고 한다. 추출단위 역시 조사단위와 일치하지 않을 수 있으며, 단일 서베이에서 둘 이상의 추출단위가 존재할 수 있다. 예를 들어, '경제활동인구조사'에서의 추출단위는 조사구와 가구이다.

- 유한모집단 (Finite Population)

추론의 대상으로 모든 조사단위들의 집합을 의미하며, 실제 관심의 대상이 되는 모집단인 목표모집단(target population)과 추출되어 조사가 이루어진 표본에 의하여 대표되는 조사모집단(sampled population)으로 구분할 수 있다. 조사모집단은 개념적인 모집단으로서 표본에 추출되었으나 응답이 이루지지 않을 조사단위는 포함되지 않는다. 특별한 언급이 없는 한 이 책에서는 목표모집단과 조사모집단은 일치하며, 또한, 이와 유한모집단은 동일한 것으로 가정한다. 유한모집단은 $U = \{1, 2, \cdots, N\}$로 표기하며 N은 모집단의 크기를 나타낸다.

• 모수 (Parameter)

관심 변수의 모집단 특성을 나타내는 수치로서 추론의 대상이다. 이 책에서 주로 다루는 모수는 모평균, 모비율 그리고 모집단 총합으로 다음과 같이 표기한다.

$$\text{모집단 총합}: \ t_y = \sum_{k \in U} y_k = N\bar{y}_U \tag{2.1}$$

$$\text{모비율}: \ p = \frac{1}{N}\sum_{k \in U} z_k \tag{2.2}$$

$$\text{모평균}: \ \bar{y}_U = \frac{1}{N}\sum_{k \in U} y_k = \frac{t_y}{N} \tag{2.3}$$

여기에서 z_k는 비율 계산을 위한 관심 변수로서, 관심 부모집단에 속하면 1을, 그렇지 않으면 0의 값을 갖는 이항변수이다. 예를 들어, 모집단의 남성 비율을 p라 할 때, 이항변수 z_k는 만약 개체 k가 남성이면 $z_k = 1$, 그렇지 않은 경우$z_k = 0$의 값을 갖는다. 정의에 의하여 모비율은 이항변수의 모평균이며, 따라서 모비율에 대한 추론은 모평균에 대한 추론과 동일하다.

• 추출틀 (Sampling Frame)

추출단위의 물리적 리스트를 의미하여, 추출틀로부터 표본이 실제 추출된다. 추출틀은 적어도 목표모집단을 모두 포함하는 것이 바람직하다.

• 표본 (Sample)

모집단의 부분집합을 표본이라 정의한다. 표본은 일반적으로 $s = \{1, 2, \cdots, n\}$로 표기하며, 표본크기 n은 표본설계 방안에 따라 상수(constant) 혹은 확률변수(random variable)이다.

• 표본소속 지시함수 (Sample Membership Indicator)

모집단 각 개체의 표본 포함 여부를 나타내는 지시함수로서, 개체 k가 표본에 포함된 경우 $I_k = 1$이며, 그렇지 않은 경우 $I_k = 0$으로 정의된다.

• (표본)포함확률 (Inclusion Probability)

개체 k가 표본에 포함될 확률을 의미하며, 표본소속 지시함수를 이용하여 다음과 같이 정의된다.

$$\pi_k = E_p(I_k) = Pr(I_k = 1) = \sum_{s \ni k} p(s). \tag{2.4}$$

여기에서 $E_p(\cdot)$는 표본설계 $p(s)$하에서 정의되는 기댓값을 나타내며, 기호 $\sum_{s \ni k}$는 개체 k를 포함하고 있는 모든 표본에 대한 합을 나타낸다.

• 선택확률 (Selection Probability)

선택 (혹은 추출확률) p_k는 주어진 표본설계에 부합하는 표본을 얻기 위하여 순차적 추출 (sequential sampling) 방법이 사용될 때, 각 시행에서 모집단의 개체 k가 선택될 확률을 나타낸다. 개체 k에 대하여 복원추출의 경우에는 p_k가 모든 시행에서 동일하나, 비복원추출이 사용되는 경우에는 그 전까지의 추출 결과에 의존하는 일종의 조건부 확률인 p_k는 매 시행마다 서로 다른 값을 갖는다.

• 모집단 변동계수 (Population Coefficient of Variation)

관심변수 y의 모집단 내 변동을 나타내는 통계량이며, 모평균 대비 모표준편차의 비율로서 다음과 같이 정의된다.

$$cv_y = \frac{S_{yU}}{\bar{y}_U}. \tag{2.5}$$

여기에서 $S_{yU}^2 = (N-1)^{-1}\sum_{k\in U}(y_k - \bar{y}_U)^2$로 y의 모분산을 나타낸다. 변동계수는 측정단위에 의존하지 않는 특성으로 인하여 다양한 형태의 변수가 조사되는 서베이 분야에서 모집단의 변동을 나타내는 통계로 흔히 사용된다.

• 표본추출분포 (Sampling Distribution)

모든 가능한 표본에 부여된 확률 $p(s)$를 이용하여 정의되는 통계량(statistics) 혹은 추정량 (estimator)의 확률분포를 (추정량의) 표본추출분포라고 한다. 따라서 표본추출분포를 정의하기 위해서는 표본설계 $p(s)$와 추정량이 우선 정의되어야 한다. 표본추출분포에 대한 이해를 위하여 다음의 간단한 예를 살펴보자.

⟨예 2.1⟩ 표본평균의 확률추출분포

크기 $N = 4$인 다음의 모집단을 고려하자.

k	1	2	3	4
y_k	3	5	1	3

크기가 $n = 2$인 표본들로부터 계산되는 표본평균 $\bar{y}_s = 2^{-1}\sum_{k\in s} y_k$의 표본추출분포를 유도하기 위하여 $n = 2$인 가능한 모든 표본에 부여된 표본설계 $p(s)$를 다음과 같이 정의하자.

s	$p(s)$	s	$p(s)$
$s_1 = (1, 2)$	1/3	$s_4 = (2, 3)$	0
$s_2 = (1, 3)$	1/6	$s_5 = (2, 4)$	0
$s_3 = (1, 4)$	1/2	$s_6 = (3, 4)$	0

주어진 표본설계하에서 $\pi_1 = 1/3 + 1/6 + 1/2 = 1$, $\pi_2 = 1/3$, $\pi_3 = 1/6$, $\pi_4 = 1/2$임을 알 수 있다. 각 표본으로부터 계산된 표본평균은 $\bar{y}_{s_1} = 4.0$, $\bar{y}_{s_2} = 2.0$, $\bar{y}_{s_3} = 3.0$, $\bar{y}_{s_4} = 3.0$, $\bar{y}_{s_5} = 4.0$, $\bar{y}_{s_6} = 2.0$이다. 따라서 주어진 표본설계 하에서 표본평균의 표본추출분포는 다음과 같다.

c	$p(\bar{y} = c)$
2.0	$p(s_2) + p(s_6) = 1/6$
3.0	$p(s_3) + p(s_4) = 1/2$
4.0	$p(s_1) + p(s_5) = 1/3$

⟨예 2.1⟩에서 유도된 표본평균의 확률추출분포는 사용된 표본설계에 의하여 결정되었다. 이와 같이 추정량의 통계적 성질을 나타내는 확률분포가 실제 표본을 추출하기 위하여 사용된 표본설계에 의하여 결정되고, 이에 근거한 추론이 이루어지는 디자인-기반 추론(Design-Based Inference)이 전통적으로 서베이 통계학 분야에서는 사용되고 있다. 따라서 디자인-기반 추론의 관점에서 정의되는 추정량의 확률분포는 유한모집단으로부터 추출될 수 있는 표본의 수가 유한이이기 때문에 항상 이산확률분포(discrete probability distribution)를 따르며, 이에 근거한 추정량의 1차 및 2차 적률(moments)은 다음과 같이 정의된다.

⟨정의 2.3⟩ 추정량의 적률 (Moments of Estimator)

표본설계 $p(s)$에 의하여 추출된 표본을 이용하여 추정된 모수 $\theta(U)$의 추정량을 $\hat{\theta}(s)$로 정의하자. $\hat{\theta}(s)$의 기댓값과 분산은 각각 다음과 같다.

$$E_p\left[\hat{\theta}(s)\right] = \sum_{s \in \mathfrak{T}} p(s)\hat{\theta}(s),$$

$$V_p\left[\hat{\theta}(s)\right] = \sum_{s \in \mathfrak{T}} p(s)\left\{\hat{\theta}(s) - E_p\left[\hat{\theta}(s)\right]\right\}^2.$$

또한, 모수 $\delta(U)$의 추정량을 $\hat{\delta}(s)$로 정의할 때 두 추정량 $\hat{\theta}(s)$와 $\hat{\delta}(s)$의 공분산은 다음과 같다.

$$C_p\left[\hat{\theta}(s)\ ,\ \hat{\delta}(s)\right] = \sum_{s\in\mathfrak{T}} p(s)\left\{\hat{\theta}(s) - E_p\left[\hat{\theta}(s)\right]\right\}\left\{\hat{\delta}(s) - E_p\left[\hat{\delta}(s)\right]\right\}.$$

⟨정의 2.3⟩에서 기댓값, 분산 그리고 공분산의 정의를 위하여 사용된 첨자 p는 해당 수치의 계산을 위하여 표본설계 $p(s)$가 사용되었음을 의미한다. 또한, $\theta(U)$와 $\hat{\theta}(s)$는 모수와 추정량이 각각 모집단과 표본에 속한 개체의 값을 이용하여 계산된 값임을 의미한다.

⟨예 2.2⟩ 표본평균의 1차 및 2차 적률

⟨예 2.1⟩에서 고려된 표본평균의 기댓값과 분산은 ⟨정의 2.3⟩에 $\hat{\theta}(s) = \bar{y}_s$를 적용하여 다음과 같이 계산할 수 있다.

$$\begin{aligned} E_p\left[\bar{y}_s\right] &= \sum_{s\in\mathfrak{T}} p(s)\bar{y}_s \\ &= \left(\frac{1}{6}\right)2 + \left(\frac{1}{2}\right)3 + \left(\frac{1}{3}\right)4 = \frac{19}{6}. \end{aligned}$$

$$\begin{aligned} V_p\left[\bar{y}_s\right] &= \sum_{s\in\mathfrak{T}} p(s)\left\{\bar{y}_s - E_p\left[\bar{y}_s\right]\right\}^2 \\ &= \left(\frac{1}{6}\right)\left(2-\frac{19}{6}\right)^2 + \left(\frac{1}{2}\right)\left(3-\frac{19}{6}\right)^2 + \left(\frac{1}{3}\right)\left(4-\frac{19}{6}\right)^2 \\ &= \frac{102}{216} = \frac{17}{36}. \end{aligned}$$

2.4 비편향 추정

이 절에서는 모수에 대한 기본 추정량으로 고려되는 비편향 추정량과 이의 통계적 성질을 살펴본다. 비편향 추정량(unbiased estimator)이란 주어진 표본설계 하에서 추정량의 표본추출분포를 통해 계산된 기댓값(expected value)이 모수와 일치하는 추정량을 의미한다. 즉, 모수 $\theta(U)$에 대한 추정량 $\hat{\theta}(s)$의 편향인

$$Bias = E_p\left[\hat{\theta}(s)\right] - \theta(U)$$

이 0인 추정량을 비편향 추정량으로 정의한다.

일반적으로 사용되는 비편향 추정량은 복원추출과 비복원추출 하에서 다르게 정의된다. 표본추출과정이 모집단으로부터 n번의 추출과정으로 정의될 때, 복원추출(sampling with replacement)은 매 시행에서 추출된 개체가 다시 추출대상에 포함되는 추출법을 의미하며, 비복원추출(sampling without replacement)은 매 시행에서 추출된 개체가 추출대상에서 제외되는 추출법을 의미한다.

비복원추출표본을 이용한 비편향 추정량으로는 Horvitz-Thompson(HT) 추정량(1952)이 일반적으로 고려된다. HT 추정량의 정의는 다음과 같다.

〈정의 2.3〉 비복원추출하에서 비편향 HT 추정량

비복원추출하에서 모집단 총합 및 모평균의 비편향 HT 추정량은 각각 다음과 같다.

$$\text{총합 추정 : } \hat{t}_{HT} = \sum_{k \in s} \frac{y_k}{\pi_k}, \tag{2.6}$$

$$\text{모평균 추정 : } \bar{y}_{HT} = \frac{1}{N} \sum_{k \in s} \frac{y_k}{\pi_k} = \frac{\hat{t}_{HT}}{N}. \tag{2.7}$$

HT 추정량의 정의를 위해 사용된 각 개체에 부여된 가중치 π_k^{-1}는 표본에 포함된 한 개체에 의하여 대표되는 모집단 개체의 수를 의미하며, 흔히 표본가중치(sampling weight) 혹은 설계가중치(design weight)로 불린다. 즉, HT 추정량의 정의를 위해서 표본에 추출된 각 개체는 표본포함확률의 역수에 해당하는 모집단 개체를 대표할 수 있도록 확대되어 사용되고, 이런 의미에서 HT 추정량은 π-확장(π-expanded) 추정량으로 불리기도 한다 (Särndal, Swensson and Wretman, 1992).

〈예 2.3〉 비복원추출하에서 비편향 추정량

〈예 2.1〉에서 정의된 표본설계를 고려하자. 각 개체가 표본에 포함될 확률은 다음과 같다.

$$\pi_1 = 1, \quad \pi_2 = \frac{1}{3}, \quad \pi_3 = \frac{1}{6} \quad \pi_4 = \frac{1}{2}.$$

크기가 2인 가능한 표본으로부터 계산되는 모집단 총합에 대한 HT 추정량과 대응되는 확률은 다음과 같다.

s	$p(s)$	$\hat{t}_{HT}$	s	$p(s)$	$\hat{t}_{HT}$
$s_1 = (1,2)$	1/3	18	$s_4 = (2,3)$	0	21
$s_2 = (1,3)$	1/6	9	$s_5 = (2,4)$	0	21
$s_3 = (1,4)$	1/2	9	$s_6 = (3,4)$	0	12

따라서 비편향 추정량 $\hat{t}_{HT}$의 기댓값은 아래와 같이 $t_y = 12$임을 알 수 있다.

$$E_p\left(\hat{t}_{HT}\right) = \sum_{s\in\mathfrak{T}} \hat{t}_{HT}(s)p(s) = 18 \times \frac{1}{3} + 9 \times \frac{1}{6} + 9 \times \frac{1}{2} = 12.$$

참고로,

$$E_p\left(N\bar{y}_s\right) = \sum_{s\in\mathfrak{T}} \left[N\bar{y}_s(s)\right] p(s) = 16 \times \frac{1}{3} + 8 \times \frac{1}{6} + 12 \times \frac{1}{2} = \frac{38}{3} \neq 12$$

로 $N\bar{y}_s$는 편향 추정량임을 알 수 있다.

비편향 HT 추정량의 정확성을 나타내는 통계로는 분산 및 이의 추정량이 사용된다. 이차 표본포함확률인 π_{kl}의 함수로 표현되는 HT 추정량의 분산 및 분산추정량은 다음과 같다.

⟨정리 2.1⟩ HT 추정량의 분산 및 분산추정량

표본설계 $p(s)$하에서 식 (2.6)에 주어진 모집단 총합에 대한 비편향 HT 추정량의 분산 및 분산추정량은 다음과 같다.

$$V_p\left(\hat{t}_{HT}\right) = \sum_{k\in U}\sum_{l\in U} \Delta_{kl}\frac{y_k}{\pi_k}\frac{y_l}{\pi_l}. \tag{2.8}$$

여기서 Δ_{kl}은 I_k과 I_l의 공분산으로 $\Delta_{kl} = Cov_p(I_k, I_l) = E_p(I_kI_l) - E_p(I_k)E_p(I_l) = \pi_{kl} - \pi_k\pi_l$이며, 만약 표본크기가 고정된 경우에 식 (2.8)은 다음과 같이 표한된다.

$$V_p\left(\hat{t}_{HT}\right) = -\frac{1}{2}\sum_{k\in U}\sum_{l\in U} \Delta_{kl}\left(\frac{y_k}{\pi_k} - \frac{y_l}{\pi_l}\right)^2. \tag{2.9}$$

식 (2.8)와 (2.9)에 근거한 비편향 분산추정량은 다음과 같다.

$$\hat{V}_{HT}\left(\hat{t}_{HT}\right) = \sum_{k\in s}\sum_{l\in s} \frac{\Delta_{kl}}{\pi_{kl}}\frac{y_k}{\pi_k}\frac{y_l}{\pi_l}. \tag{2.10}$$

$$\hat{V}_{SYG}\left(\hat{t}_{HT}\right) = -\frac{1}{2}\sum_{k\in s}\sum_{l\in s} \frac{\Delta_{kl}}{\pi_{kl}}\left(\frac{y_k}{\pi_k} - \frac{y_l}{\pi_l}\right)^2. \tag{2.11}$$

모평균에 대한 분산과 분산추정량은 (2.8) sim (2.11)에 주어진 식에 N^{-2}을 곱하여 다음과 같이 정의할 수 있다.

$$V_p\left(\bar{y}_{HT}\right) = \frac{1}{N^2}V_p\left(\hat{t}_{HT}\right),$$

$$\hat{V}_{HT}(\bar{y}_{HT}) = \frac{1}{N^2}\hat{V}_{HT}(\hat{t}_{HT}), \quad \hat{V}_{SYG}(\bar{y}_{HT}) = \frac{1}{N^2}\hat{V}_{SYG}(\hat{t}_{HT}).$$

분산추정량 (2.10)은 (2.8)에 근거하여 Horvitz-Thompson(1952)에 의하여 제안된 추정량이며, 분산추정량 (2.11)는 (2.9)에 근거하여 Sen(1953)과 Yates-Grundy(1953)가 제안한 비편향 분산추정량이다. 비편향 HT 추정량의 분산 유도 및 분산추정량의 비편향성에 대한 증명은 부록에 주어져 있다.

복원추출을 통해 표본이 추출된 경우에는 한 개체가 1회 이상 선택될 수 있으며, 복원추출의 이러한 성질을 반영하기 위하여 표본을 표현하는 방법으로는 추출된 순서의 정보를 포함하여 나타내는 순서표본(ordered sample) 방안과 추출된 개체의 식별번호와 추출 횟수를 표시하는 방안이 있다.

총 m번의 복원추출을 통해 얻어진 순서표본(ordered sample)은

$$os = \{k_1, k_2, \cdots, k_m\} \tag{2.12}$$

으로 표기되며, k_i는 i번째 복원추출에서 추출된 개체의 식별번호를 나타낸다. 추출순서 대신 표본에 나타난 서로 다른 개체의 식별번호와 추출횟수 정보를 포함하는 표본의 표기 방법은 다음과 같다.

$$\{(k, Q_k), k \in s\} \tag{2.13}$$

여기에서 s는 복원추출을 통해 추출된 서로 다른 개체의 집합을 나타내며, 표본크기 n은 m번의 시행에서 선택된 서로 다른 개체의 수를 의미한다. 즉, $n \le m$이며, 이때 표본크기 n은 고정된 값이 아닌 확률변수가 된다. 또한, Q_k는 개체 k가 m번의 시행 중 추출된 횟수를 나타낸다.

복원추출하에서 사용되는 비편향 추정량을 정의하기 위하여 i번째 복원 추출 결과를 나타내는 다음의 확률변수를 고려하자.

$$Z_i = \begin{cases} \dfrac{y_k}{p_k}, & k_i = k, \\ 0, & \text{otherwise.} \end{cases} \tag{2.14}$$

여기에서 p_k는 개체 k가 각 시행에서 추출될 확률을 나타낸다. 복원추출의 경우에 모든 m번의 시행에 대하여 개체 k의 추출확률은 p_k로 동일하며, 따라서 Z_i, $i = 1, \cdots, m$는 평균이 t_y이며 서로 독립인 확률변수이다(부록 2.A 참조). 복원추출하에서 주로 사용되는 모집단 총합 및 평균에 대한 비편향 추정량은 다음과 같이 정의된다.

〈정의 2.4〉 복원추출하에서 비편향 pwr 추정량

복원추출하에서 모집단 총합 및 모평균의 비편향 pwr(p-expanded with replacement) 추정량은 각각 다음과 같다.

$$\hat{t}_{wr} = \frac{1}{m}\sum_{i=1}^{m} Z_i = \frac{1}{m}\sum_{k\in s} Q_k \frac{y_k}{p_k} \tag{2.15}$$

$$\bar{y}_{wr} = \frac{1}{N}\frac{1}{m}\sum_{i=1}^{m} Z_i = \frac{1}{N}\frac{1}{m}\sum_{k\in s} Q_k \frac{y_k}{p_k} \tag{2.16}$$

복원추출하에서도 HT 추정량이 정의될 수 있으며, 이때 표본포함확률은 $\pi_k = 1-(1-p_k)^m$으로서 개체 k가 m번의 시행에서 단 한번도 추출되지 않는 사건의 여사건(complementary event)의 확률에 해당한다. 복원추출 하에서 HT 추정량과 pwr 추정량의 상대효율성은 관심 변수의 모집단 분포에 의존한다. 복원추출 및 비복원추출 하에서 두 추정량의 비교 연구는 Sarndal, Swensson and Wretman(1992)의 3.8절에 주어져 있다.

〈예 2.4〉 복원추출하에서 비편향 추정량

다음의 크기가 $N = 10$인 모집단을 고려하자. 표에서 p_k는 선택확률을 나타낸다.

k	1	2	3	4	5	6	7	8	9	10
$p_k \times 55$	1	2	3	4	5	6	7	8	9	10
y_k	11.0	12.1	13.1	15.7	14.9	14.9	16.9	18.6	18.0	20.7

총 $m = 5$번의 복원 추출로 구현된 다음의 표본을 고려하자.

$$os = \{k_1 = 2,\ k_2 = 7,\ k_3 = 5,\ k_4 = 2,\ k_5 = 10\}.$$

개체 2는 1번째와 4번째 추출에서 선택되어 2차례 순서표본에 나타나고 있으며, 개체 5, 7 그리고 10은 각 각 한 번씩 추출되었다. 주어진 표본을 이용하여 계산되는 비편향 추정량은 다음과 같다.

$$\begin{aligned}\hat{t}_{wr} &= \frac{1}{m}\sum_{i=1}^{m} Z_i = \frac{1}{m}\sum_{k\in s} Q_k \frac{y_k}{p_k}\\ &= \frac{55}{5}(12.1/2 + 16.9/7 + 14.9/5 + 12.1/2 + 20.7/10) = 215.3.\end{aligned}$$

다음의 〈정리 2.2〉는 복원추출하에서 정의되는 비편향 pwr 추정량의 분산과 이의 비편향 분산추정량을 정의하고 있다.

〈정리 2.2〉 pwr 추정량의 분산 및 분산추정량

복원 표본설계 $p(s)$하에서 식 (2.15)에 주어진 모집단 총합에 대한 비편향 pwr 추정량의 분산 및 분산추정량은 다음과 같다.

$$V_p\left(\hat{t}_{wr}\right) = \frac{1}{m}\sum_{k\in U}\left(\frac{y_k}{p_k} - t_y\right)^2 p_k. \tag{2.17}$$

$$\hat{V}\left(\hat{t}_{wr}\right) = \frac{1}{m}\frac{1}{m-1}\sum_{i=1}^{m}\left(\frac{y_{k_i}}{p_{k_i}} - \hat{t}_{wr}\right)^2 \tag{2.18}$$

모평균에 대한 분산과 분산추정량은 (2.17)과 (2.18)로부터 다음과 같이 정의할 수 있다.

$$V_p\left(\bar{y}_{wr}\right) = \frac{1}{N^2}\frac{1}{m}\sum_{k\in U}\left(\frac{y_k}{p_k} - t_y\right)^2 p_K,$$

$$\hat{V}\left(\bar{y}_{wr}\right) = \frac{1}{N^2}\frac{1}{m}\frac{1}{m-1}\sum_{i=1}^{m}\left(\frac{y_{k_i}}{p_{k_i}} - \hat{t}_{wr}\right)^2.$$

비편향 pwr 추정량의 분산 유도 및 분산추정량의 비편향성에 대한 증명은 부록에 주어져 있다.

2.5 연습문제

1. 본문 및 해당 홈페이지에 주어진 경제활동인구조사와 고용형태별근로실태조사에 대한 설명을 바탕으로 조사단위, 추출단위, 표집틀, 표본 그리고 조사모집단을 정의하시오.

2. 크기가 5인 다음의 모집단을 고려하자.

k	1	2	3	4	5
y_k	6	8	9	10	12
z_k	1	0	0	1	1

크기가 3인 가능한 10개의 표본과 이의 표본설계는 다음과 같다.

Sample	$p(s)$	Sample	$p(s)$
s_1 = (1, 2, 3)	0.06	s_6 =(1, 4, 5)	0.10
s_2 = (1, 2, 4)	0.07	s_7 =(2, 3, 4)	0.11
s_3 = (1, 2, 5)	0.08	s_8 =(2, 3, 5)	0.12
s_4 = (1, 3, 4)	0.09	s_9 =(2, 4, 5)	0.13
s_5 = (1, 3, 5)	0.10	s_{10} =(3, 4, 5)	0.14

(a) (표본) 포함확률 π_k, $k = 1, \cdots, 5$를 구하시오.

(b) 표본평균 $\bar{y} = 3^{-1}\sum_{k\in s} y_k$과 표본비율 $\hat{p} = 3^{-1}\sum_{k\in s} z_k$의 표본추출분포를 주어진 표본설계 하에서 구하시오.

(c) 주어진 표본설계 하에서 비편향 추정량인 $\bar{y}_{HT} = 5^{-1}\sum_{k\in s}(y_k/\pi_k)$과 $\hat{p}_{HT} = 5^{-1}\sum_{k\in s}(z_k/\pi_k)$의 표본추출분포를 구하시오.

(d) 주어진 표본설계 하에서 두 추정량을 비교하시오.

3. 전체 가구 수가 $N = 200$인 모집단의 가구 당 평균 소득($\sum_U y_k/N$)을 추정하기 위하여 200개의 가구에 속한 600명의 가구원 리스트가 표본 추출틀로 활용되었다. 추정을 위해서 $m = 10$명의 가구원이 복원단순임의추출법을 통해 추출되었고, 추출된 가구원이 속한 가구의 평균 가구 소득인 y_k/x_k이 조사되었다. 여기에서 y_k는 추출된 가구 k의 전체 가구 소득을, 그리고 x_k는 추출된 가구 k의 가구원 수를 나타내며 조사된 결과는 다음과 같다.

추출(Draw) i	평균 가구 소득 y_{k_i}/x_{k_i}	추출(Draw) i	평균 가구 소득 y_{k_i}/x_{k_i}
1	7,000	6	4,000
2	8,000	7	7,000
3	6,000	8	8,000
4	5,000	9	4,000
5	9,000	10	2,000

(a) 추출단위와 조사단위를 정의하시오.

(b) 주어진 표본설계 하에서 가구 당 평균 소득에 대한 비편향 추정량을 구하시오.

2.A [부록] 추정량의 성질에 대한 증명

여기에서는 HT 추정량과 pwr 추정량의 통계적 성질에 대한 증명을 제시한다.

2.A.1 HT 추정량의 비편향성에 대한 증명

모집단 총합에 대한 HT 추정량은 다음과 같이 표현할 수 있다.

$$\hat{t}_{HT} = \sum_{k \in s} \frac{y_k}{\pi_k} = \sum_{k \in U} \frac{y_k}{\pi_k} I_k. \tag{2.19}$$

여기서 I_k는 표본소속지시함수이다. 식 (2.19)의 표현을 이용하여 $\hat{t}_{HT}$의 기댓값을 구하면 다음과 같다.

$$E_p\left(\hat{t}_{HT}\right) = E_p\left(\sum_{k \in U} \frac{y_k}{\pi_k} I_k\right) = \sum_{k \in U} \frac{y_k}{\pi_k} E_p\left(I_k\right) = \sum_{k \in U} y_k = t_y. \tag{2.20}$$

여기에서 $E_p(\cdot)$는 표본설계 $p(s)$에 근거한 기댓값을 나타내며, 따라서 기댓값 계산을 위해서는 표본소속지시함수만이 확률변수로 간주된다. 모평균에 대한 추정량 $\bar{y}_{HT}$의 비편향성은 다음과 같이 증명된다.

$$E_p\left(\bar{y}_{HT}\right) = E_p\left(\frac{\hat{t}_{HT}}{N}\right) = \frac{t_y}{N} = \bar{y}_U. \tag{2.21}$$

2.A.2 pwr 추정량의 비편향성에 대한 증명

복원추출하에서 pwr 추정량을 정의하기 위해서 사용된 서로 독립인 확률변수 Z_i의 평균은 다음과 같다.

$$E_p\left(Z_i\right) = E_p\left(\sum_{k \in U} \frac{y_k}{p_k} I[k_i = k]\right) = \sum_{k \in U} \frac{y_k}{p_k} E_p\left(I[k_i = k]\right) = \sum_{k \in U} y_k = t_y. \tag{2.22}$$

여기에서 k_i는 i번째 시행에서 추출된 개체의 식별번호를 의미하며, $I[k_i = k]$의 정의는 다음과 같다.

$$I[k_i = k] = \begin{cases} 1, & \text{if } \ k_i = k, \\ 0, & \text{otherwise,} \end{cases} \tag{2.23}$$

즉, $Z_1, \cdots, Z_m$은 t_y를 평균으로 갖는 서로 독립인 확률변수이며, 따라서 복원추출하에서 모집단 총합과 모평균에 대한 비편향 추정량의 기댓값은 각각 다음과 같다.

$$E_p\left(\hat{t}_{wr}\right) = E_p\left(\frac{1}{m}\sum_{i=1}^{m} Z_i\right) = \frac{1}{m}\sum_{i=1}^{m} E_p\left(Z_i\right) = t_y, \tag{2.24}$$

$$E_p(\bar{y}_{wr}) = E_p\left(\frac{1}{N}\frac{1}{m}\sum_{i=1}^{m} Z_i\right) = \frac{1}{N}\frac{1}{m}\sum_{i=1}^{m} E_p(Z_i) = \bar{y}_U. \tag{2.25}$$

2.A.3 ⟨정리 2.1⟩에 대한 증명

비복원추출하에서 HT 추정량의 분산은 다음과 같이 유도할 수 있다.

$$\begin{aligned} V_p\left(\hat{t}_{HT}\right) &= V_p\left(\sum_{k\in s}\frac{y_k}{\pi_k}\right) = V_p\left(\sum_{k\in U}\frac{y_k}{\pi_k}I_k\right) \\ &= \sum_{k\in U}\sum_{l\in U} Cov_p(I_k, I_l)\frac{y_k}{\pi_k}\frac{y_l}{\pi_l} \\ &= \sum_{k\in U}\sum_{l\in U}\left[E_p(I_kI_l) - E_p(I_k)E_p(I_l)\right]\frac{y_k}{\pi_k}\frac{y_l}{\pi_l} \\ &= \sum_{k\in U}\sum_{l\in U}(\pi_{kl} - \pi_k\pi_l)\frac{y_k}{\pi_k}\frac{y_l}{\pi_l} = \sum_{k\in U}\sum_{l\in U}\Delta_{kl}\frac{y_k}{\pi_k}\frac{y_l}{\pi_l}. \end{aligned} \tag{2.26}$$

식 (2.8)과 (2.9)이 동일함을 증명하기 위하여 먼저 표본크기가 상수인 사실에 근거하여 다음을 얻을 수 있다.

$$n = E_p(n) = E_p\left(\sum_{k\in U} I_k\right) = \sum_{k\in U} E_p(I_k) = \sum_{k\in U}\pi_k$$

$$\sum_{\substack{l\in U\\ l\neq k}}\pi_{kl} = \sum_{\substack{l\in U\\ l\neq k}} E_p(I_kI_l) = E_p\left[I_k\left(\sum_{l\in U} I_l - I_k\right)\right] = nE_p(I_k) - E_p\left(I_k^2\right) = (n-1)\pi_k$$

따라서

$$\sum_{l\in U}\Delta_{kl} = \sum_{l\in U}(\pi_{kl} - \pi_k\pi_l) = \sum_{\substack{l\in U\\ l\neq k}}\pi_{kl} + \pi_k - n\pi_k = (n-1)\pi_k + \pi_k - n\pi_k = 0$$

$$\sum_{k\in U}\sum_{l\in U}\Delta_{kl}\left(\frac{y_k}{\pi_k}\right)^2 = \sum_{k\in U}\left(\frac{y_k}{\pi_k}\right)^2\sum_{l\in U}\Delta_{kl} = 0$$

이 만족되며, 따라서 (2.8)과 (2.9)은 일치한다.

분산추정량 (2.10)의 기댓값은 다음과 같다.

$$\begin{aligned} E_p\left[\hat{V}_{HT}\left(\hat{t}_{HT}\right)\right] &= E_p\left(\sum_{k\in U}\sum_{l\in U}\frac{\Delta_{kl}}{\pi_{kl}}\frac{y_k}{\pi_k}\frac{y_l}{\pi_l}I_kI_l\right) = \sum_{k\in U}\sum_{l\in U}\frac{\Delta_{kl}}{\pi_{kl}}\frac{y_k}{\pi_k}\frac{y_l}{\pi_l}E_p(I_kI_l) \\ &= \sum_{k\in U}\sum_{l\in U}\frac{\Delta_{kl}}{\pi_{kl}}\frac{y_k}{\pi_k}\frac{y_l}{\pi_l}\pi_{kl} = \sum_{k\in U}\sum_{l\in U}\Delta_{kl}\frac{y_k}{\pi_k}\frac{y_l}{\pi_l} \\ &= V_{HT}\left(\hat{t}_{HT}\right) \end{aligned}$$

분산추정량 (2.11)의 (2.9)에 대한 비편향성 역시 동일한 방법으로 증명할 수 있다.

2.A.4 〈정리 2.2〉에 대한 증명

비복원 표본설계 $p(s)$하에서 pwr 추정량을 정의하기 위하여 정의된 Z_i의 분산은 다음과 같다.

$$\begin{aligned} V_p(Z_i) &= E_p[Z_i - E_p(Z_i)]^2 = E_p\left[\sum_{k\in U}(Z_i - t_y)^2 I(k_i = k)\right] \\ &= \sum_{k\in U}\left(\frac{y_k}{p_k} - t_y\right)^2 p_k =: V_1 \end{aligned}$$

확률변수 $Z_1, \cdots, Z_m$ 은 서로 독립이며, 기댓값은 t_y 그리고 분산은 V_1이고, 따라서

$$V_p(\bar{Z}) = \frac{V_1}{m} = \frac{1}{m}\sum_{k\in U}\left(\frac{y_k}{p_k} - t_y\right)^2 p_k$$

이며, 이의 비편향 추정량은 다음과 같다.

$$\hat{V}(\hat{t}_{wr}) = \frac{1}{m}\frac{1}{m-1}\sum_{i=1}^{m}(Z_i - \bar{Z})^2 = \frac{1}{m}\frac{1}{m-1}\sum_{i=1}^{m}\left(\frac{y_{k_i}}{p_{k_i}} - \hat{t}_{wr}\right)^2$$

제 3 장
단순임의추출법

Simple Random Sampling

단순임의추출법(simple random sampling:SRS)은 가장 기본적인 확률추출법으로 비록 다른 표본설계와 비교하여 비편향 추정량의 분산이 일반적으로 큰 표본설계이나 복합표본설계의 기초가 되는 표본설계로써 빈번하게 사용된다. 단순임의추출법은 추출 방법에 따라 비복원 단순임의추출법(simple random sampling without replacement)과 복원 단순임의추출법(simple random sampling with replacement)으로 구분할 수 있다.

3.1 비복원 단순임의추출법

크기가 n인 가능한 비복원 단순임의추출 표본의 수는 N개의 개체 중에서 n개를 비복원 추출할 경우의 수인 $\binom{N}{n} = {}_NC_n$개이며, 모든 표본은 동일한 확률(equal probability)을 부여받는다. 비복원 단순임의추출법의 표본설계는 다음과 같이 정의된다.

〈정의 3.1〉 비복원 단순임의추출법의 표본설계

크기가 n인 비복원 단순임의추출 표본 $s \in \mathfrak{T}_n$가 추출될 확률은 다음과 같다.

$$p(s) = \frac{1}{\binom{N}{n}} = \frac{n!(N-n)!}{N!}. \tag{3.1}$$

여기에서 $\mathfrak{T}_n$은 크기가 n인 모집단의 모든 부분집합 리스트를 나타낸다.

위에서 정의된 비복원 단순임의추출 하에서 각 개체의 표본포함확률은

$$\pi_k = \sum_{s \ni k} p(s) = \binom{N-1}{n-1} \times \frac{1}{\binom{N}{n}} = \frac{n}{N} \tag{3.2}$$

로서, 여기에서 $\binom{N-1}{n-1} = {}_{N-1}C_{n-1}$은 개체 k를 포함하고 있는 표본의 수를 나타낸다.

3.1.1 표본추출

비복원 단순임의추출표본을 얻기 위한 추출 알고리즘은 크게 순차적 설계(sequential scheme)와 일괄적 설계(simultaneous scheme)로 구분할 수 있다. 순차적 설계(sequential scheme)를 위해서는 먼저 $\epsilon_1, \epsilon_2, \cdots$의 난수를 순차적으로 구간 (0, 1)에서 정의되는 균등분포(uniform distribution)로부터 생성한다. 첫번째 생성된 난수가 $\epsilon_1 < n/N$의 조건을 만족하는 경우에는 $k = 1$이 표본으로 선정되며, $\epsilon_1 > n/N$인 경우에는 $k = 1$을 표본에 포함하지 않고 다음 단계로 넘어간다. 이러한 과정을 통해서 $(k-1)$번의 연속된 시행으로부터 선택된 개체의 수를 n_k라 할 때, 만약

$$\epsilon_k < \frac{n - n_k}{N - k + 1}$$

을 만족하면 개체 k는 표본에 포함된다. 이와 같은 순차적 설계는 Fan, Muller and Rezucha (1962)에 의하여 소개되었다.

일괄적 설계(simultaneous scheme)에서는 먼저 모집단 개체에 대응되는 N개의 난수 $\epsilon_1, \epsilon_2, \cdots, \epsilon_N$을 (0, 1)에서 정의되는 균등분포로부터 생성하고 이를 크기에 따라 아래와 같이 정렬한다.

$$\epsilon_{k_1} \le \epsilon_{k_2} \le \cdots \le \epsilon_{k_N}.$$

그리고, 단순임의추출표본은 n개의 적은 ϵ 값에 대응되는 개체의 집합, 즉 $(k_1, k_2, \cdots, k_n)$으로 정의된다. 이와 같은 일괄적 설계 및 표본추출 과정에 대해서는 Atmer, Thulin and Bäcklund(1975)와 Sunter(1977a, b) 그리고 Tillé(2006)를 참고하면 된다.

3.1.2 SAS 사용 예 – 비복원 단순임의추출

여기에서는 SAS의 SURVEYSELECT Procedure를 이용한 단순임의추출 과정을 소개한다.

⟨SAS 사례 3.1⟩ 비복원 단순임의추출

```
PROC SURVEYSELECT DATA=Sampling.Hu_Population
                  OUT=Sampling.Hu_Srs
                  METHOD=SRS SAMPSIZE=500 SEED=54758;
RUN;
```

- DATA=: 모집단 목록이 저장되어 있는 데이터셋을 지정한다.
- OUT=: 추출된 표본 목록이 저장될 데이터셋을 지정한다.
- METHOD=: 표본추출 방법을 지정한다(SRS: 단순임의추출).
- SAMPSIZE=: 표본크기를 지정한다.
- SEED=: 난수 발생을 위한 초기값을 지정한다. 초기값을 같은 값으로 유지하면 매번 동일한 표본 목록이 추출된다.

⟨SAS 사례 3.1⟩의 모집단 목록(Hu_Population 데이터셋)에는 A 대학의 학생 12,400명에 대한 IDnum(일련번호), College(단과대학), Department(학과), Grade(학년) 정보가 포함되어 있다.[1]

[1] 이 데이터셋은 이 책의 사례를 위해 가상으로 만든 것이다.

〈표 3.1〉 Hu_Srs 데이터셋 (첫 10개)

IDnum	College	Department	Grade
9	인문대학	기독교학부	1
10	인문대학	기독교학부	1
42	인문대학	기독교학부	2
84	인문대학	기독교학부	3
88	인문대학	기독교학부	3
123	인문대학	기독교학부	4
176	인문대학	사회복지학	1
209	인문대학	사회복지학	2
232	인문대학	사회복지학	2
235	인문대학	사회복지학	2

〈SAS 사례 3.1〉은 모집단 목록에서 단순임의추출에 의해 500명의 학생을 추출하는 예이며, 〈표 3.1〉은 추출된 표본에서 첫 10개의 목록을 제시한 것이다. 이 예에서 표본포함확률은 추출률과 동일한 500/12,400=4.03%이며, 이의 역수인 12,400/500=24.8은 표본에 포함된 한 개체에 의하여 대표되는 모집단의 개체 수를 나타낸다. 이러한 의미에서 표본포함확률의 역수는 표본 가중치(sampling weight) 혹은 설계 가중치(design weight)로 정의된다.

3.1.3 모수에 대한 추정

〈정의 2.3〉을 이용하여 비복원 단순임의추출 하에서 모집단 총합, 모평균 그리고 모비율에 대한 비편향 HT 추정량을 유도한 결과는 다음과 같다. 여기에서 첨자 s는 표본을 나타낸다.

〈정리 3.1〉 비복원 단순임의추출하에서의 모수 추정

$$\text{총합}:\ \hat{t}_{HT} = \frac{N}{n}\sum_{k\in s} y_k = N\bar{y}_s \tag{3.3}$$

$$\text{모평균}:\ \bar{y}_{HT} = \frac{1}{n}\sum_{k\in s} y_k = \bar{y}_s \tag{3.4}$$

$$\text{모비율}:\ \hat{p}_{HT} = \frac{1}{n}\sum_{k\in s} z_k = \hat{p}_s \tag{3.5}$$

즉, 비복원 단순임의추출법 하에서의 모평균과 모비율의 비편향 추정량은 각각 표본평균과 표본비율이다. 모집단의 크기 N은 모르나 개체 포함확률 π_k가 주어진 경우에 모평균에 대한 추정량으로는 다음의 비추정 방안이 사용될 수 있다.

$$\bar{y}_\pi = \frac{1}{\hat{N}_{HT}} \sum_{k\in s} \frac{y_k}{\pi_k} = \left(\sum_{k\in s} \pi_k^{-1} \right)^{-1} \sum_{k\in s} \frac{y_k}{\pi_k}. \tag{3.6}$$

비복원 단순임의추출 하에서는 $\pi_k = n/N$으로 상수이며, 따라서 (3.6)의 추정량과 (3.4)의 HT 추정량은 일치한다.

위에서 고려된 HT 추정량들의 비복원 단순임의추출 하에서의 통계적 성질은 다음과 같다.

〈정리 3.2〉 비복원 단순임의추출하에서의 분산

비복원 단순임의추출 하에서 비편향 추정량 (3.3), (3.4), (3.5)의 분산은 다음 식 (3.7), (3.8), (3.9)와 같다. 여기에서 첨자 U는 모집단을 나타낸다.

$$V_{SRS}\left(\hat{t}_{HT}\right) = N^2 \left(1 - \frac{n}{N}\right) \frac{S_{y_U}^2}{n}, \tag{3.7}$$

$$V_{SRS}\left(\bar{y}_{HT}\right) = \left(1 - \frac{n}{N}\right) \frac{S_{y_U}^2}{n}, \tag{3.8}$$

$$V_{SRS}\left(\hat{p}_{HT}\right) = \left(\frac{N-n}{N-1}\right) \frac{p(1-p)}{n}. \tag{3.9}$$

여기에서 S_{yU}^2은 y의 모집단 분산으로 다음과 같다.

$$S_{y_U}^2 = \frac{1}{N-1} \sum_{k\in U} \left(y_k - \bar{y}_U\right)^2. \tag{3.10}$$

〈정리 3.2〉에 주어진 추정량의 분산을 계산하기 위해서는 y의 모분산이나 모비율 p가 필요하며, 따라서 하나의 표본만을 추출하여 관측하는 일반적인 경우에는 이들의 계산이 가능하지 않다. 대신 모분산과 모비율의 비편향 추정량을 이용하여 〈정리 3.2〉에 주어진 분산을 추정할 수 있으며, 그 결과는 다음의 〈정리 3.3〉과 같다.

〈정리 3.3〉 비복원 단순임의추출하에서 분산에 대한 추정

위의 식 (3.7), (3.8), (3.9)의 가능한 비편향 분산추정량은 다음 식 (3.11), (3.12), (3.13)과 같다. 여기에서 첨자 s는 표본을 나타낸다.

$$\hat{V}_{SRS}\left(\hat{t}_{HT}\right) = N^2\left(1-\frac{n}{N}\right)\frac{S_{y_s}^2}{n}, \tag{3.11}$$

$$\hat{V}_{SRS}\left(\bar{y}_{HT}\right) = \left(1-\frac{n}{N}\right)\frac{S_{y_s}^2}{n}, \tag{3.12}$$

$$\hat{V}_{SRS}\left(\hat{p}_{HT}\right) = \left(1-\frac{n}{N}\right)\frac{\hat{p}_s(1-\hat{p}_s)}{n-1}. \tag{3.13}$$

여기에서 S_{ys}^2은 y의 표본분산으로 다음과 같다.

$$S_{y_s}^2 = \frac{1}{n-1}\sum_{k\in s}\left(y_k-\bar{y}_s\right)^2. \tag{3.14}$$

분산추정량 (3.11), (3.12), (3.13)은 Horvitz and Thompson(1952), Sen(1953), Yates and Grundy(1953)에 의하여 제시된 분산추정량과 동일하다. 모집단 대비 표본의 크기를 나타내는 추출율(sampling fraction)은 $f = n/N$로 표기되며, $1-f$는 유한모집단 수정항(finite population correction factor)을 나타낸다. 모집단의 모든 개체가 조사되는 전수조사에서는 $n = N$이며, 따라서 고려된 비편향 추정량의 표본오차를 측정하는 분산은 모두 0이 된다.

또한 $\lim_{N\to\infty} S_{y_U}^2 = \sigma_0^2$와 $\lim_{N\to\infty} p = p_0$을 만족하는 모집단의 수열(sequence)과 $\sigma_0^2 < \infty$, 그리고 $0 < p_0 < 1$이 존재하면, 식 (3.8)와 (3.9)의 분산은 각 각 $n^{-1}\sigma_0^2$과 $n^{-1}p_0(1-p_0)$으로 수렴하며, 따라서 부한모집단(즉, $N = \infty$)을 가정하는 다른 통계학 분야에서의 표본평균 및 표본비율의 분산과 동일한 형태를 갖는다.

앞에서 주어진 비편향 분산 추정량은 모수에 대한 $(1-\alpha)\times 100\%$의 신뢰구간(confidence interval)을 구축하기 위하여 사용될 수 있다. 먼저 통계량 $\hat{\theta}$에 대하여

$$SE(\hat{\theta}) = \sqrt{\hat{V}\left(\hat{\theta}\right)} \tag{3.15}$$

을 $\hat{\theta}$의 표준오차(standard error)로 정의한다. 여기에서 $\hat{V}(\hat{\theta})$은 통계량 $\hat{\theta}$의 분산 추정량을 나타낸다. 이제 모수 θ에 대한 추정량을 $\hat{\theta}$이라고 할 때, 모수 θ의 $(1-\alpha)\times 100\%$ 신뢰구간은 다음과 같다.

$$\hat{\theta} \pm z_{\alpha/2} \times SE(\hat{\theta}). \tag{3.16}$$

여기에서 $z_{\alpha/2}$는 $\Pr\left\{Z > z_{\alpha/2}\right\} = \alpha/2$를 만족하는 값으로 Z는 표준정규 확률변수를 나타낸다.

식 (3.16)에 주어진 신뢰구간은 추정량 $\hat{\theta}$의 분포가 근사적으로 정규분포를 따른다는 중심극한정리(central limit theorem)에 근거하여 구축된다. 서베이 통계학에서 사용되는

중심극한정리의 가정과 내용은 다른 통계학 분야에서의 그것들과는 다른데, 이는 서베이 통계학에서 다루는 모집단이 유한모집단이며, 또한 추정량의 표본추출분포가 모집단에 대한 가정이 아닌 사용된 표본설계에 의존하기 때문이다. 다양한 표본설계하에서 유도된 중심극한정리에 대한 내용은 Fuller(2009)의 1장에 자세하게 기술되어 있다.

〈예 3.1〉 비복원 단순임의추출하에서의 추정

〈예 2.1〉에서 주어진 크기 $N = 4$인 모집단을 고려하자. 가능한 총 6개의 비복원 단순임의추출 표본과 각 표본에 부여된 표본설계 $p(s)$는 다음과 같다.

s	$p(s)$	s	$p(s)$
$s_1 = (1,2)$	1/6	$s_4 = (2,3)$	1/6
$s_2 = (1,3)$	1/6	$s_5 = (2,4)$	1/6
$s_3 = (1,4)$	1/6	$s_6 = (3,4)$	1/6

각 표본으로부터 계산된 표본평균, 즉 모평균에 대한 비편향 HT 추정량은 $\bar{y}_{s_1} = 4.0$, $\bar{y}_{s_2} = 2.0$, $\bar{y}_{s_3} = 3.0$, $\bar{y}_{s_4} = 3.0$, $\bar{y}_{s_5} = 4.0$, $\bar{y}_{s_6} = 2.0$이다. 따라서, 비복원 단순임의추출하에서 표본평균의 표본추출분포는 다음과 같다.

c	$p(\bar{y} = c)$
2.0	$p(s_2) + p(s_6) = 1/3$
3.0	$p(s_3) + p(s_4) = 1/3$
4.0	$p(s_1) + p(s_5) = 1/3$

비복원 단순임의추출하에서 표본평균의 표본추출분포 혹은 〈정리 3.2〉를 이용하여 계산되는 표본평균의 기댓값과 분산은 각각 다음과 같다.

$$E_{SRS}(\bar{y}_{HT}) = \frac{1}{3}(2+3+4) = 3,$$

$$\begin{aligned} V_{SRS}(\bar{y}_{HT}) =& \frac{1}{3}\left\{(2-3)^2 + (3-3)^2 + (4-3)\right\} \\ =& \left(1 - \frac{2}{4}\right)\left(\frac{1}{2}\right)\left(\frac{8}{3}\right) \\ =& \frac{2}{3}. \end{aligned}$$

각각의 가능한 표본으로부터 식 (3.12)를 이용하여 계산되어지는 분산추정량은 다음과 같다.

s	$\hat{V}_{SRS}(\bar{y}_{HT})$	s	$\hat{V}_{SRS}(\bar{y}_{HT})$
$s_1 = (1,2)$	0.5	$s_4 = (2,3)$	2.0
$s_2 = (1,3)$	0.5	$s_5 = (2,4)$	0.5
$s_3 = (1,4)$	0.0	$s_6 = (3,4)$	0.5

따라서 $\hat{V}_{SRS}(\bar{y}_{HT})$의 기댓값은

$$E_{SRS}\left[\hat{V}_{SRS}(\bar{y}_{HT})\right] = \frac{1}{6}(0.5 + 0.5 + 0.0 + 2.0 + 0.5 + 0.5) = \frac{2}{3}$$

으로 $V_{SRS}(\bar{y}_{HT})$의 비편향 추정량임을 알 수 있다.

3.1.4 SAS 사용 예 – 비율 추정

〈표 3.2〉는 단순임의추출에 의해 추출된 500명의 학생을 조사하였다는 가정하에 작성된 가상의 데이터이다. 여기에는 〈표 3.1〉에 제시되어 있는 정보 이외에 Gender(성), Smoking(흡연 여부), Expense(학교 생활에서의 월 평균 지출액)이 포함되어 있다. 또한 변수 Srs_Weight는 추출률의 역수로서(즉, 12,400/500=24.8), 각 표본개체에 부여된 표본 가중치를 나타낸다.

다음 사례는 SURVEYFREQ Procedure를 이용하여 흡연 여부에 대한 비율 추정을 수행한 것이다.

〈표 3.2〉 Hu_Srs_Survey 데이터셋 (첫 10개)

IDnum	College	Department	Grade	Gender	Smoking	Expense	Srs_Weight
9	인문대학	기독교학부	1	1	0	137,000	24.8
10	인문대학	기독교학부	1	1	0	229,000	24.8
42	인문대학	기독교학부	2	2	0	111,000	24.8
84	인문대학	기독교학부	3	2	0	118,000	24.8
88	인문대학	기독교학부	3	2	0	39,000	24.8
123	인문대학	기독교학부	4	2	1	60,000	24.8
176	인문대학	사회복지학	1	1	0	159,000	24.8
209	인문대학	사회복지학	2	2	0	122,000	24.8
232	인문대학	사회복지학	2	2	0	49,000	24.8
235	인문대학	사회복지학	2	2	0	156,000	24.8

⟨SAS 사례 3.2⟩ 비율 추정

```
PROC SURVEYFREQ DATA=Sampling.Hu_Srs_Survey TOTAL=12400;
     TABLES Smoking / CL ALPHA=0.05;
     WEIGHT Srs_Weight;
RUN;
```

□ PROC SURVEYFREQ 명령문: 범주형 변수에 대한 추정을 수행한다.
- DATA=: 조사된 내용이 저장되어 있는 데이터셋을 지정한다.
- TOTAL=: 유한모집단 수정항을 정의하기 위한 N을 지정한다.

□ TABLES 명령문: 분석의 대상이 되는 범주형 변수들을 나열한다.
- CL: 신뢰구간을 출력한다.
- ALPHA=: 유의수준을 설정한다(기본값=0.05).

□ WEIGHT 명령문: 가중치 변수를 지정한다.

⟨표 3.3⟩에 제시된 내용들을 설명하면 다음과 같다.

- Frequency: 표본에서 조사된 빈도를 나타낸다. 즉, 500명 중 159명이 흡연 여부에 '예'라고 응답하였음을 알 수 있다.
- Weighted Frequency: 가중치를 이용하여 추정된 모집단 빈도를 나타낸다. 즉, 12,400명 중 3,943명이 흡연하고 있는 것으로 추정된다.
- Std Dev of Wgt Freq: 추정량에 대한 표준오차를 나타낸다. 즉, 이는 $N\hat{p}_s$의 표준오차를 나타낸다.

⟨표 3.3⟩ SAS 사례 3.2의 주요 출력결과

Smoking	Frequency	Weighted Frequency	Std Dev of Wgt Freq	Percent	Std Err of Percent
0	341	8457	253.24437	68.2000	2.0423
1	159	3943	253.24437	31.8000	2.0423
Total	500	12400	0	100.000	

Smoking	95% Confidence Limits for Percent	
0	64.1874	72.2162
1	27.7874	35.8126
Total		

- Percent: 비율에 대한 추정치를 나타낸다. 즉, 흡연율이 31.8%로 추정된다.
- Std Err of Percent: 비율 추정량에 대한 표준오차를 나타낸다.
- 95% Confidence Limits for Percent: 비율에 대한 95% 신뢰구간을 나타낸다. 즉, 31.8%± $1.96 \times 2.04\% = (27.7\%,\ 35.9\%)$.

3.1.5 SAS 사용 예 – 평균 추정

다음 사례는 SURVEYMEANS Procedure를 이용하여 월 평균 지출액에 대한 평균 추정을 수행한 것이다. SURVEYMEANS Procedure에서는 CLASS 명령문을 이용하여 범주형 변수를 지정함으로써 비율에 대한 추정도 수행할 수 있다.

⟨SAS 사례 3.3⟩ 평균 추정

```
PROC SURVEYMEANS DATA=Sampling.Hu_Srs_Survey TOTAL=12400;
     VAR Expense Smoking;
     CLASS Smoking;
     WEIGHT Srs_Weight;
RUN;
```

□ PROC SURVEYMEANS 명령문: 모평균에 대한 추정을 수행한다.

- DATA=: 조사된 내용이 저장되어 있는 데이터셋을 지정한다.
- TOTAL=: 유한모집단 수정항을 정의하기 위한 N을 지정한다.

□ VAR 명령문: 평균 또는 비율 추정의 대상이 될 변수들을 나열한다.

□ CLASS 명령문: 범주형 변수들을 나열한다. 여기에 지정된 변수 중 VAR 명령문에 지정된 변수들에 대해서는 각 범주별 비율이 추정된다.

□ WEIGHT 명령문: 가중치 변수를 지정한다.

⟨표 3.4⟩에 제시된 내용들을 설명하면 다음과 같다. 출력결과에는 평균 추정의 대상이 되는 변수 Expense(지출액)의 분포도 및 상자그림(box-plot) 등도 함께 제시된다.

- Level: 범주형 변수의 각 범주를 나타낸다.
- N: 응답자 수를 나타낸다.
- Mean: 모평균에 대한 추정치를 나타낸다. 즉, 지출액 평균이 97,722원으로 추정된다. 범주형 변수에 대해서는 범주별 모비율의 추정치를 나타낸다.
- Std Error of Mean: 모평균(비율) 추정량에 대한 표준오차를 나타낸다.

〈표 3.4〉 SAS 사례 3.3의 주요 출력결과

Vriable	Level	N	Mean	Std Error of Mean	95% CL for Mean	
Expense		500	97722	2208.891439	93382.1261	102061.874
smoking	0	341	0.682000	0.020423	0.6419	0.7220
	1	159	0.318000	0.020423	0.2779	0.3580

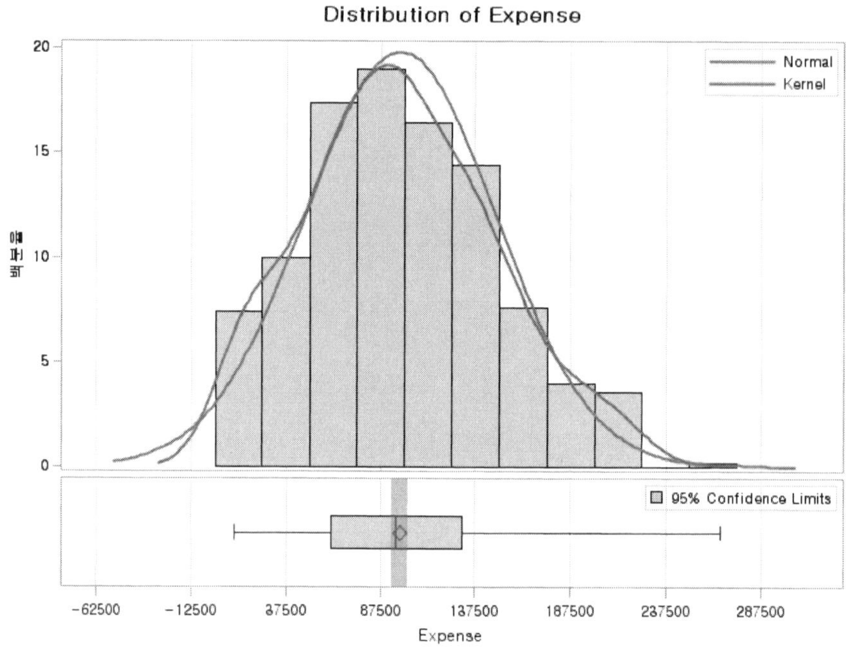

- 95% CL for Mean: 모평균(비율)에 대한 95% 신뢰구간을 나타낸다. 즉, $97,722 \pm 1.96 \times 2,255 = (93,292,\ \ 102,152)$.

3.2 표본크기 결정

서베이 비용은 서베이 설계(survey design)에 있어서 가장 중요하게 고려되는 요소 중 하나이다. 이는 서베이 과정의 모든 구성요소 결정에 있어서 비용이 직·간접적으로 영향을 미치기 때문이다. 서베이 비용은 일반적으로 표본크기에 비례하게 되며, 따라서 서베이에 앞서 허용 가능한 비용 및 추정량의 정도(precision)를 만족하는 표본크기를 산출하는 것은 매우 중요하다. 단순임의추출하에서 모평균 혹은 모비율의 비편향 추정량을 이용하여 산출된 표본크기는 다른 표본설계 하에서도 필요한 표본크기의 최솟값 혹은 근사치로 흔히 사용된다.

표본크기를 결정하기 위해서는 허용 가능한 추정량의 오차한계와 신뢰수준이 주어져야 한다. 오차는 추정량과 모수의 차이를 의미하며 흔히 단순차이 혹은 상대차이로 정의된다.

예를 들어, 모평균 추정을 고려할 때 HT 추정량의 단순절대차이(simple absolute difference)는

$$|\bar{y}_{HT} - \bar{y}_U| \tag{3.17}$$

로 정의되고, 상대절대차이(relative absolute difference)는

$$\frac{|\bar{y}_{HT} - \bar{y}_U|}{|\bar{y}_U|} \tag{3.18}$$

로 정의된다. 비복원 단순임의 추출법의 가정하에서 단순절대차이의 허용오차한계 e, 혹은 상대절대차이의 허용오차한계 r과 신뢰수준 $(1-\alpha)\times 100\%$을 만족하는 표본크기는 다음의 식을 통해 표현할 수 있다.

$$\mathrm{P}\left\{|\bar{y}_s - \bar{y}_U| \le e\right\} = 1-\alpha, \tag{3.19}$$

$$\mathrm{P}\left\{\frac{|\bar{y}_s - \bar{y}_U|}{|\bar{y}_U|} \le r\right\} = 1-\alpha. \tag{3.20}$$

중심극한정리를 이용하여 식 (3.19)과 (3.20)으로부터 허용한계오차와 표본크기와의 관계를 나타내는 다음의 식을 산출할 수 있다.

$$e = z_{\alpha/2}\sqrt{\left(1-\frac{n}{N}\right)\frac{S_{yU}^2}{n}}. \tag{3.21}$$

$$r = z_{\alpha/2}\sqrt{\left(1-\frac{n}{N}\right)\frac{S_{yU}^2}{n\bar{y}_U^2}} = z_{\alpha/2}\sqrt{\left(\frac{1}{n}-\frac{1}{N}\right)cv_y^2}. \tag{3.22}$$

여기에서 $cv_y = S_{yU}/\bar{y}_U$는 2.3절에서 정의된 변동계수를 나타낸다. 식 (3.21)과 (3.22)으로부터 얻어지는 표본크기는 다음과 같다.

⟨정리 3.4⟩ 모평균 추정을 위한 표본크기

주어진 허용오차한계 e 혹은 r과 신뢰수준 $(1-\alpha)\times 100\%$을 만족하는 표본크기는 다음과 같다.

$$n = \frac{z_{\alpha/2}^2 S_{yU}^2}{e^2 + \dfrac{z_{\alpha/2}^2 S_{yU}^2}{N}}. \tag{3.23}$$

$$n = \frac{z_{\alpha/2}^2 cv_y^2}{r^2 + \dfrac{z_{\alpha/2}^2 cv_y^2}{N}}. \tag{3.24}$$

식 (3.23)과 (3.24)에서 주어진 표본크기를 계산하기 위해서는 y의 모분산 혹은 변동계수의 값이 필요하며, 이 정보는 이전의 유사한 조사가 존재하는 경우에 그 결과를 활용할 수 있다.

비복원 단순임의추출 하에서 모비율 추정을 위한 표본크기도 동일한 방법으로 $S_{yU}^2 \approx p(1-p)$를 적용하여 산출할 수 있으며, 단순오차 e가 주어졌을 때 필요한 표본크기는 다음과 같다.

〈정리 3.5〉 모비율 추정을 위한 표본크기

신뢰수준 $(1-\alpha)\times 100\%$ 하에서 모비율 추정량이 주어진 허용오차한계 e를 만족하게 하는 표본크기는 다음과 같다.

$$n = \frac{z_{\alpha/2}^2 p(1-p)}{e^2 + z_{\alpha/2}^2 \dfrac{p(1-p)}{N}} \leq \frac{z_{\alpha/2}^2}{4e^2 + \dfrac{z_{\alpha/2}^2}{N}}. \tag{3.25}$$

식 (3.25)에 정의된 표본크기의 최댓값은 $p = 1/2$일 경우에 해당하며, 이 최댓값은 p에 대한 사전 정보가 없는 경우 또는 식 (3.23)와 (3.24)을 사용하기 위한 y의 분산과 변동계수의 추측치가 없는 경우에 보수적인 표본크기로 사용될 수 있다.

〈예 3.2〉 모비율 추정을 위한 표본크기 결정

크기가 $N = 10,000$인 모집단으로부터 비복원 단순임의추출법에 의하여 표본을 얻는 경우를 고려하자. 이때 95% 신뢰수준 하에서 모비율에 대한 비편향 HT 추정량의 허용오차한계가 최대 $e = 0.03$ 가 되도록 하기 위하여 필요한 보수적인 표본크기는 식 (3.25)에 의하여 다음과 같이 계산된다.

$$n = \frac{1.96^2(0.5)(0.5)}{0.03^2 + 1.96^2 \dfrac{(0.5)(0.5)}{10,000}} = 964.22 \approx 965.$$

필요한 표본크기를 산출하기 위하여 유한모집단 수정항을 고려하지 않을 경우, 즉 $N = \infty$로 가정할 경우에 95% 신뢰수준 하에서 필요한 표본크기와 최대 허용한계오차의 관계는 $z_{0.025} \approx 2$ 를 이용하여 아래와 같이 표현되며

$$e = 2\sqrt{\frac{(0.5)(0.5)}{n}} = \frac{1}{\sqrt{n}},$$

따라서, $e = 0.03$일 때 필요한 근사 표본크기는 다음과 같다.

$$n = \frac{1}{e^2} \approx 1,112 > 965$$

여론조사 결과의 공표 시 사용되는 95% 신뢰수준하에서의 표본오차로는 위의 $1/\sqrt{n}$이 근사값으로 흔히 사용된다.

3.3 도메인 추정

일정 규모 이상의 서베이에서는 모집단 전체에 대한 추론과 더불어 특정 부모집단에 대한 추론 역시 관심의 대상이 된다. 예를 들어, 전국 단위 사업체 조사의 경우, 전체 사업체 모집단의 총 매출액과 더불어 각 산업분류별 총 매출액 역시 관심의 대상이 된다. 이러한 경우 관심의 대상이 되는 부모집단을 흔히 도메인(domain, 영역)으로 정의한다.

3.3.1 도메인 추정과 분산추정량

도메인 추정(domain estimation)을 위해서 먼저 각 개체의 도메인 소속 여부를 나타내는 지시함수 x_k를 다음과 같이 정의하자.

$$x_k = \begin{cases} 1, & k \in U_d, \\ 0, & k \notin U_d. \end{cases} \tag{3.26}$$

여기에서 $U_d \subset U$는 관심 도메인을 나타낸다. 예를 들어, 제조업의 총 매출액 추정을 고려한 경우에 사업체의 산업분류가 제조업 분야이면 $x_k = 1$, 그렇지 않은 경우에는 $x_k = 0$의 값을 갖는다.

식 (3.26)의 지시함수를 이용하여 관심 모수인 도메인 모집단 총합과 평균을 표현하면 각각 다음과 같다.

$$t_d = \sum_{k \in U_d} y_k = \sum_{k \in U} x_k y_k = \sum_{k \in U} u_k, \tag{3.27}$$

$$\bar{y}_{U_d} = \frac{1}{N_d} \sum_{k \in U_d} y_k = \frac{\sum_{k \in U} x_k y_k}{\sum_{k \in U} x_k} = \frac{\sum_{k \in U} u_k}{\sum_{k \in U} x_k}. \tag{3.28}$$

여기에서 $u_k = x_k y_k$는 개체 k가 도메인에 포함되면 y_k, 그렇지 않은 경우에는 0의 값을 갖는 변수이다. 즉, 도메인 총합은 지시함수 x_k를 이용하여 정의된 u_k의 모집단 총합과 동일하고, 따라서, 이의 비편향 추정량은 $\sum_{k \in U} u_k$의 HT 추정량으로 정의할 수 있다. 또한 도메인의 크기인 N_d가 주어진 경우, 도메인 평균의 비편향 추정량 역시 u_k의 모평균에 대한 HT 추정량으로 정의할 수 있다.

〈정리 3.6〉 비복원 단순임의추출하에서의 비편향 도메인 추정량

비복원 단순임의추출하에서 정의되는 도메인 총합과 평균의 비편향 HT 추정량은 각각 다음과 같다.

$$\hat{t}_{d,HT} = \sum_{k\in s} \frac{u_k}{\pi_k} = \frac{N}{n}\sum_{k\in s} x_k y_k = \frac{N}{n}\sum_{k\in s_d} y_k = \frac{N}{n}\, n_d\, \bar{y}_{s_d}, \tag{3.29}$$

$$\bar{y}_{d,HT} = \frac{\hat{t}_{d,HT}}{N_d} = \frac{N}{n}\,\frac{n_d}{N_d}\,\bar{y}_{s_d}. \tag{3.30}$$

$$\bar{y}_{s_d} = \frac{1}{n_d}\sum_{k\in s_d} y_k.$$

여기에서 n_d는 표본 도메인 크기를 나타내며, $s_d = U_d \cap s$는 표본 도메인을 나타낸다.

모집단과 표본에서의 도메인 비율이 같은 경우, 즉 $n_d = E_{SRS}(n_d) = nN^{-1}N_d$일 때는 도메인 평균의 HT 추정량은 도메인 표본평균인 $\bar{y}_{s_d} = n_d^{-1}\sum_{k\in s_d} y_k$와 일치한다.

〈정리 3.7〉 비편향 도메인 추정량의 분산 및 비편향 분산 추정량

비복원 단순임의추출하에서 모집단 도메인 총합과 평균에 대한 비편향 HT 추정량의 분산은 앞 절의 결과를 이용하여 각각 다음과 같이 정의된다.

$$V_{SRS}\left(\hat{t}_{d,HT}\right) = N^2\left(1-\frac{n}{N}\right)\frac{S_{uU}^2}{n}, \tag{3.31}$$

$$V_{SRS}\left(\bar{y}_{d,HT}\right) = \left(\frac{N}{N_d}\right)^2\left(1-\frac{n}{N}\right)\frac{S_{uU}^2}{n}. \tag{3.32}$$

$$S_{uU}^2 = \frac{1}{N-1}\sum_{k\in U}\left(u_k - \bar{u}_U\right)^2,\ \bar{u}_U = \frac{1}{N}\sum_{k\in U} u_k = \frac{N_d}{N}\bar{y}_{U_d}. \tag{3.33}$$

식 (3.31)과 (3.32)에 주어진 분산의 비편향 추정량은 다음과 같다.

$$\hat{V}_{SRS}\left(\hat{t}_{d,HT}\right) = N^2\left(1-\frac{n}{N}\right)\frac{S_{us}^2}{n}, \tag{3.34}$$

$$\hat{V}_{SRS}\left(\bar{y}_{d,HT}\right) = \left(\frac{N}{N_d}\right)^2\left(1-\frac{n}{N}\right)\frac{S_{us}^2}{n}. \tag{3.35}$$

$$S_{us}^2 = \frac{1}{n-1}\sum_{k\in s}\left(u_k - \bar{u}_s\right)^2,\ \bar{u}_s = \frac{1}{n}\sum_{k\in s} u_k = \frac{n_d}{n}\bar{y}_{s_d}. \tag{3.36}$$

식 (3.30)에 주어진 도메인 평균의 비편향 추정량을 계산하기 위해서는 모집단 도메인 크기인 N_d의 값을 알아야 한다. 그러나 많은 서베이에서 이러한 정보가 주어지지 않은 경우가 흔히 발생한다. 모집단 도메인 크기 N_d를 모르는 경우에 사용 가능한 추정량으로는 식 (3.6)과 유사한 추정량을 사용할 수 있다.

〈정리 3.8〉 도메인 추정에서의 π-추정량

비복원 단순임의추출하에서 도메인 평균에 대한 편향 추정량은 다음과 같이 정의된다.

$$\bar{y}_{d,\pi} = \frac{\sum_{k \in s} u_k/\pi_k}{\sum_{k \in s} x_k/\pi_k} = \frac{\sum_{k \in s} u_k}{\sum_{k \in s} x_k} = \frac{1}{n_d} \sum_{k \in s_d} y_k = \bar{y}_{s_d} \tag{3.37}$$

〈정리 3.8〉에서 π-추정량의 정의를 위해 사용된 n_d는 확률변수이며, 따라서 $\bar{y}_{d,\pi}$는 두 비편향 추정량의 비로 표현되는 비선형 추정량이다. 단순임의추출하에서 모집단 도메인 평균에 대한 추정량 $\bar{y}_{s_d}$의 근사 분산은 다음과 같다.

$$V_{SRS}(\bar{y}_{s_d}) \approx \frac{N^2}{N_d^2}\left(1 - \frac{n}{N}\right)\frac{N_d - 1}{N - 1}\frac{S^2_{yU_d}}{n} \approx \frac{N}{N_d}\left(1 - \frac{n}{N}\right)\frac{S^2_{yU_d}}{n}. \tag{3.38}$$

여기에서 $S^2_{yU_d}$은 다음과 같다.

$$S^2_{yU_d} = \frac{1}{N_d - 1}\sum_{k \in U_d}\left(y_k - \bar{y}_{U_d}\right)^2 \tag{3.39}$$

〈정리 3.9〉 $\bar{y}_{s_d}$의 분산 추정량

도메인 모평균에 대한 추정량의 근사 분산 (3.38)의 가능한 추정량은 다음과 같다.

$$\hat{V}_{SRS}(\bar{y}_{s_d}) = \left(1 - \frac{n}{N}\right)\left(\frac{n}{n-1}\right)\left(\frac{n_d - 1}{n_d}\right)\frac{S^2_{y_{s_d}}}{n_d} \approx \left(1 - \frac{n}{N}\right)\frac{S^2_{y_{s_d}}}{n_d} \tag{3.40}$$

여기에서 $S^2_{y_{s_d}}$은 도메인 표본분산으로 다음과 같다.

$$S^2_{y_{s_d}} = \frac{1}{n_d - 1}\sum_{k \in s_d}\left(y_k - \bar{y}_{s_d}\right)^2, \tag{3.41}$$

또한, 식 (3.40)의 두번째 표현을 얻기 위해서 $n^{-1}(n-1) \approx n_d^{-1}(n_d - 1)$를 이용하였다.

모집단 총합에 대한 추정량으로 N_d를 알고 있는 경우에는 다음의 편향 추정량을 고려할 수 있다.

$$\hat{t}_{d,\pi} = N_d \, \bar{y}_{s_d}. \tag{3.42}$$

추정량 (3.42)는 비편향 추정량 (3.34)보다 더 효율적인데, 이는 표본 도메인 크기가 고정되지 않은 확률변수이기 때문이다. 모집단 총합에 대한 추정량 (3.42) 의 분산과 분산추정량은 (3.38)와 (3.42)에 각각 N_d과 $\hat{N}_d = N(n_d/n)$을 곱하여 구할 수 있다. 언급한 바와 같이 추정량 $\bar{y}_{s_d}$은 모집단 총합인 $\sum_{k\in U} x_k$와 $\sum_{k\in U} x_k y_k$의 HT 추정량의 비선형 함수이며, 따라서 편향이 존재하는 추정량이다. 위에서 주어진 비추정량들의 근사분산은 테일러 전개를 통한 선형근사를 이용하여 유도되었다(부록 3.A.3 참조).

⟨예 3.3⟩ 도메인 모평균 추정

도메인 추정을 위하여 $N = 5$인 다음의 모집단을 고려하자. 첫 4개의 개체는 관심 도메인에 속하며, 따라서 $k = 1, 2, 3, 4$에 대하여 $x_k = 1$이다.

k	1	2	3	4	5
y_k	3	5	1	3	6
x_k	1	1	1	1	0
$u_k = x_k y_k$	3	5	1	3	0

비복원 단순임의추출 하에서 식 (3.30)과 (3.37)을 이용하여 크기가 $n = 3$인 각각의 가능한 표본별로 계산된 도메인 평균의 비편향 HT 추정량과 비추정량은 다음과 같이 계산된다.

s	$\bar{y}_{d,HT}$	$\bar{y}_{d,\pi}$	s	$\bar{y}_{d,HT}$	$\bar{y}_{d,\pi}$
$s_1 = (1,2,3)$	3.750	3.000	$s_6 = (1,4,5)$	2.500	3.000
$s_2 = (1,2,4)$	$4.58\bar{3}$	$3.66\bar{6}$	$s_7 = (2,3,4)$	3.750	3.000
$s_3 = (1,2,5)$	$3.33\bar{3}$	4.000	$s_8 = (2,3,5)$	2.500	3.000
$s_4 = (1,3,4)$	$2.91\bar{6}$	$2.33\bar{3}$	$s_9 = (2,4,5)$	$3.33\bar{3}$	4.000
$s_5 = (1,3,5)$	$1.66\bar{6}$	2.000	$s_{10} = (3,4,5)$	$1.66\bar{6}$	2.000

주어진 모집단과 단순임의추출표본을 이용하여 정의된 HT 추정량과 π-추정량의 기댓값은 각각 다음과 같다.

$$E_{SRS}(\bar{y}_{d,HT}) = \frac{1}{10}(3.750 + 4.58\bar{3} + \cdots + 3.33\bar{3} + 1.66\bar{6}) = 3,$$

$$E_{SRS}(\bar{y}_{d,\pi}) = \frac{1}{10}(3.000 + 3.66\bar{6} + \cdots + 4.000 + 2.000) = 3.$$

즉, 주어진 모집단과 단순임의추출하에서는 두 추정량의 기댓값은 모두 3으로 모집단 평균과 동일하다. 이 예에서는 비추정량의 기댓값이 모수인 3과 동일하나 일반적으로는 이러한 비편향성은 만족되지 않는다.

두 추정량의 분산은 아래과 같이 계산된다.

$$V_{SRS}\left(\bar{y}_{d,HT}\right) = \sum_{i=1}^{10} p(s_i)\left[\bar{y}_{d,HT}(s_i) - E_{SRS}\left(\bar{y}_{d,HT}\right)\right]^2 = 0.791\bar{6}$$

$$V_{SRS}\left(\bar{y}_{d,\pi}\right) = \sum_{i=1}^{10} p(s_i)\left[\bar{y}_{d,ratio}(s_i) - E_{SRS}\left(\bar{y}_{d,ratio}\right)\right]^2 = 0.488\bar{8}.$$

두 추정량의 분산을 비교하면 $V_{SRS}\left(\bar{y}_{d,HT}\right) > V_{SRS}\left(\bar{y}_{d,\pi}\right)$이다. 이는 표본 도메인 크기의 변동을 고려한 비추정량이 도메인 평균의 추정에 있어서 더 효율적이기 때문이다.

각 표본으로부터 계산되는 분산추정량은 다음과 같다. 비추정량의 분산 추정량 계산을 위해서는 식 (3.40)의 첫번째 식을 이용하였다.

s	$\hat{V}\left(\bar{y}_{d,HT}\right)$	$\hat{V}\left(\bar{y}_{d,\pi}\right)$	s	$\hat{V}\left(\bar{y}_{d,HT}\right)$	$\hat{V}\left(\bar{y}_{d,\pi}\right)$
$s_1 = (1,2,3)$	$0.8\bar{3}$	$0.5\bar{3}$	$s_6 = (1,4,5)$	0.63	0.00
$s_2 = (1,2,4)$	$0.2\bar{8}$	$0.1\bar{7}$	$s_7 = (2,3,4)$	$0.8\bar{3}$	$0.5\bar{3}$
$s_3 = (1,2,5)$	1.32	0.30	$s_8 = (2,3,5)$	1.46	1.20
$s_4 = (1,3,4)$	$0.2\bar{8}$	$0.1\bar{7}$	$s_9 = (2,4,5)$	1.32	0.30
$s_5 = (1,3,5)$	$0.4\bar{9}$	0.30	$s_{10} = (3,4,5)$	0.49	0.30

단순임의추출하에서 $\hat{V}_{SRS}\left(\bar{y}_{d,HT}\right)$는 $V_{SRS}\left(\bar{y}_{d,HT}\right)$의 비편향 추정량이나, 비추정량의 테일러 선형근사에 의한 식 (3.40)의 첫 번째 식에 나타난 $\hat{V}_{SRS}\left(\bar{y}_{d,\pi}\right)$는 $V_{SRS}\left(\bar{y}_{d,\pi}\right)$를 과소추정한다는 것을 아래의 식을 통해 알 수 있다. 그러나 표본의 크기가 커짐에 따라 비추정량의 분산추정량이 갖는 편향의 절대값은 0 으로 수렴하는 것으로 알려져 있으며, 따라서, 모집단 및 표본의 크기가 큰 경우에는 근사 분산 추정량을 사용할 수 있다.

$$E_{SRS}\left[\hat{V}_{SRS}\left(\bar{y}_{d,HT}\right)\right] = \frac{1}{10}\left(0.8\bar{3} + 0.2\bar{8} + \cdots + 1.32 + 0.49\right) = 0.791\bar{6},$$

$$E_{SRS}\left[\hat{V}_{SRS}\left(\bar{y}_{d,\pi}\right)\right] = \frac{1}{10}\left(0.5\bar{3} + 0.1\bar{7} + \cdots + 0.30 + 0.30\right) = 0.3822.$$

3.3.2 SAS 사용 예 – 도메인 추정

다음 사례는 SURVEYMEANS Procedure를 이용하여 흡연률과 월 평균 지출액의 도메인 평균에 대한 추정을 수행한 것이다.

⟨SAS 사례 3.4⟩ 도메인 추정

```
PROC SURVEYMEANS DATA=Sampling.Hu_Srs_Survey TOTAL=12400;
     VAR Expense Smoking;
     CLASS Smoking;
     DOMAIN Gender College College*Gender;
     WEIGHT Srs_Weight;
RUN;
```

- DOMAIN 명령문: 도메인 변수 및 그들의 조합을 지정한다.

⟨표 3.5⟩에 제시된 내용들을 설명하면 다음과 같다. 출력결과에는 평균 추정의 대상이 되는 변수 Expense(지출액)의 분포도 및 상자그림(box-plot) 등도 함께 제시된다.

- Level: 범주형 변수의 각 범주를 나타낸다.
- N: 도메인별 응답자 수를 나타낸다(College College*Gender의 결과는 생략되었음).
- Mean: 도메인별 평균에 대한 추정치를 나타낸다. 범주형 변수에 대해서는 범주별 비율의 추정량을 나타낸다.
- Std Error of Mean: 모평균(비율) 추정량에 대한 표준오차를 나타낸다.
- 95% CL for Mean: 모평균(비율)에 대한 95% 신뢰구간을 나타낸다.

⟨표 3.5⟩ SAS 사례 3.4의 출력결과

Domain Statistics in Gender							
Gender	Variable	Level	N	Mean	Std Error of Mean	95% CL for Mean	
1	Expense		302	93172	2719.089293	87829.9108	98514.460
	smoking	0	168	0.556291	0.028035	0.5012	0.611
		1	134	0.443709	0.028035	0.3886	0.499
2	Expense		198	104662	3677.890245	97435.5571	111887.675
	smoking	0	173	0.873737	0.023147	0.8283	0.919
		1	25	0.126263	0.023147	0.0808	0.172

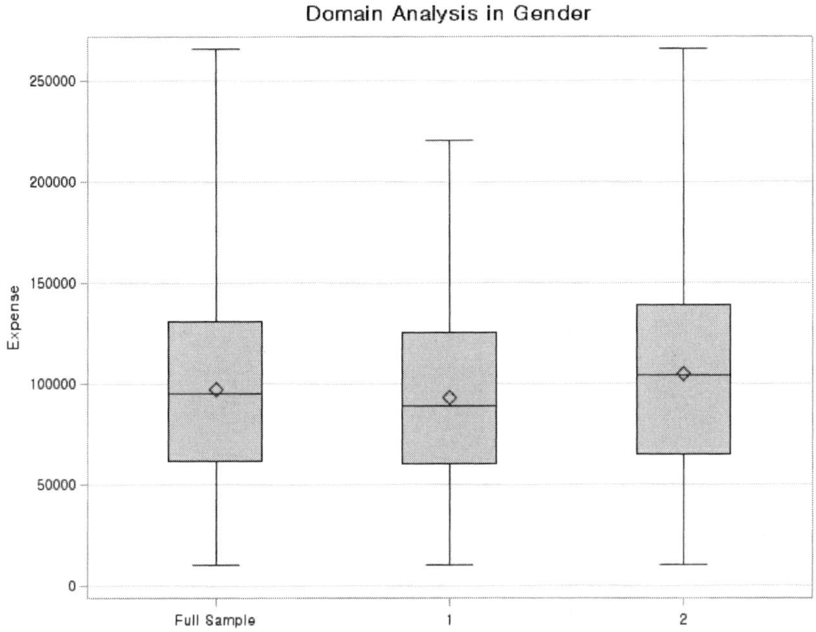

3.4 복원 단순임의추출법

복원 단순임의추출하에서 ⟨정의 2.4⟩의 pwr 추정량을 정의하기 위한 p_k는 $1/N$로 모든 개체에 대하여 동일하고, 따라서 모집단 총합, 모평균, 모비율에 대한 비편향 추정량은 각각 다음과 같이 표현된다.

⟨정리 3.10⟩ 복원 단순임의추출하에서의 모수 추정

$$\text{총합 : } \hat{t}_{wr} = \frac{N}{m}\sum_{i=1}^{m} y_{k_i} = N\bar{y}_{os} \tag{3.43}$$

$$\text{모평균 : } \bar{y}_{wr} = \frac{1}{m}\sum_{i=1}^{m} y_{k_i} = \bar{y}_{os} \tag{3.44}$$

$$\text{모비율 : } \hat{p}_{wr} = \frac{1}{m}\sum_{i-1}^{m} z_{k_i} = \hat{p}_{os} \tag{3.45}$$

여기에서 첨자 k_i는 i번째 시행에서 추출된 개체의 식별번호를 나타내며, $\bar{y}_{os}$와 $\hat{p}_{os}$는 각각 순서표본의 평균과 비율을 나타낸다.

다음의 내용은 복원 단순임의추출하에서 비편향 추정량들의 분산 및 분산추정량을 나타내고 있다.

〈정리 3.11〉 복원 단순임의추출 하에서 비편향 추정량의 분산 및 분산 추정량

복원 단순임의추출 하에서 비편향 추정량 (3.43), (3.44), (3.45)의 분산은 아래의 (3.46), (3.47), (3.48)과 같다.

$$V_{SRSWR}\left(\hat{t}_{wr}\right) = N(N-1)\frac{S^2_{y_U}}{m}, \tag{3.46}$$

$$V_{SRSWR}\left(\bar{y}_{wr}\right) = \left(1-\frac{1}{N}\right)\frac{S^2_{y_U}}{m}, \tag{3.47}$$

$$V_{SRSWR}\left(\hat{p}_{wr}\right) = \frac{p(1-p)}{m}. \tag{3.48}$$

식 (3.46), (3.47), (3.48)의 가능한 비편향 분산추정량은 (3.49), (3.50), (3.51)과 같다.

$$\hat{V}_{SRSWR}\left(\hat{t}_{wr}\right) = N^2\frac{S^2_{yos}}{m}, \tag{3.49}$$

$$\hat{V}_{SRSWR}\left(\bar{y}_{wr}\right) = \frac{S^2_{yos}}{m}, \tag{3.50}$$

$$\hat{V}_{SRSWR}\left(\hat{p}_{wr}\right) = \frac{\hat{p}_{os}(1-\hat{p}_{os})}{m-1}. \tag{3.51}$$

여기에서 S^2_{yos}은 y의 순서 표본분산으로 다음과 같다.

$$S^2_{yos} = \frac{1}{m-1}\sum_{i=1}^{m}\left(y_{k_i}-\bar{y}_{os}\right)^2. \tag{3.52}$$

모집단의 분산을 정의하기 위하여 S^2_{yU} 대신 N을 이용한

$$\sigma^2_y = \frac{1}{N}\sum_{k\in U}\left(y_k-\bar{y}_U\right)^2 \tag{3.53}$$

을 사용할 경우에 식 (3.46)와 (3.47)은 각각 다음과 같이 표현할 수 있다.

$$V_{SRSWR}\left(\hat{t}_{wr}\right) = N^2\frac{\sigma^2_y}{m}, \tag{3.54}$$

$$V_{SRSWR}\left(\bar{y}_{wr}\right) = \frac{\sigma^2_y}{m}. \tag{3.55}$$

즉, 모평균에 대한 pwr-추정량의 분산은 무한모집단의 가정 하에서 유도되는 표본평균의 분산과 일치한다. 이는 비복원 추출의 경우에는 각 개체가 1번 이상 반복적으로 추출될 수 있고, 따라서, 모든 표본크기 $n = 1, 2, \cdots, \infty$에 대응하는 표본을 추출할 수 있기 때문이다.

3.5 디자인 효과

특정 표본설계 $p(s)$의 단순임의추출법 대비 상대적 효율성을 평가하기 위한 도구로써 흔히 디자인 효과(design effect)가 사용되며 그 정의는 다음과 같다.

〈정의 3.2〉 디자인 효과

표본설계 $p(s)$의 단순임의추출법 대비 디자인 효과는 다음과 같다.

$$deff\left[p(s), \hat{t}_{HT}\right] = \frac{V_p\left(\hat{t}_{HT}\right)}{V_{SRS}\left(\hat{t}_{HT}\right)}$$

여기에서 $V_p\left(\hat{t}_{HT}\right)$는 표본설계 $p(s)$하에서 정의되는 비편향 추정량 $\hat{t}_{HT}$의 분산을 나타낸다.

정의된 디자인 효과가 1보다 작으면 디자인 $p(s)$가 단순임의추출법보다 효율적임을 의미한다. 또한, 디자인 효과는 단순임의추출법하에서 정의되는 비편향 추정량과 동일한 수준의 정확성을 얻기 위하여 표본설계 $p(s)$가 사용될 때 필요한 상대적인 표본크기를 나타낸다. 예를 들어, 디자인 효과가 1.5인 표본설계의 경우에는 단순임의추출하에서 정의되는 비편향 추정량과 동일한 수준의 추정량의 분산을 얻기 위해서는 표본의 규모를 단순임의추출 표본에 비하여 50% 증가시켜야 한다.

복원 단순임의추출법의 디자인 효과를 검토하기 위하여 m을 모집단 크기 N과 비복원 단순임의추출법하에서의 표본크기인 n의 함수로 다음과 같이 표현하자.

$$m = \frac{\ln(1 - n/N)}{\ln(1 - 1/N)}. \tag{3.56}$$

위 식은 2장에서 정의된 복원 추출법하에서의 π와 $n = E_{SRSWR}(n_s) = N\pi$의 관계를 이용해 산출되었다. 따라서, 복원 단순임의추출법의 디자인 효과는 다음과 같이 정의된다.

$$deff\left(SRSWR, \hat{t}_{pwr}\right) = \frac{V_{SRSWR}\left(N\bar{y}_{os}\right)}{V_{SRS}\left(N\bar{y}_s\right)} = \frac{n(1 - 1/N)}{m(1 - n/N)}.$$

〈그림 3.1〉은 $N = 1,000$인 경우 비복원 단순임의추출법하에서 표본크기가 $n = 50$에서 $n = 300$으로 증가할 때 복원 단순임의추출법의 디자인 효과를 나타내고 있다. 모든 범위에서 비복원 단순임의추출법이 복원 단순임의추출법에 비하여 비효율적인 것($deff > 1$)으로 나타나고 있는데, 이는 비복원추출의 경우에 동일한 개체가 추출될 수 있으며, 이 경우에 실제 조사를 통해 추가되는 정보는 새로운 것이 아닌 중복된 것이기 때문이다.

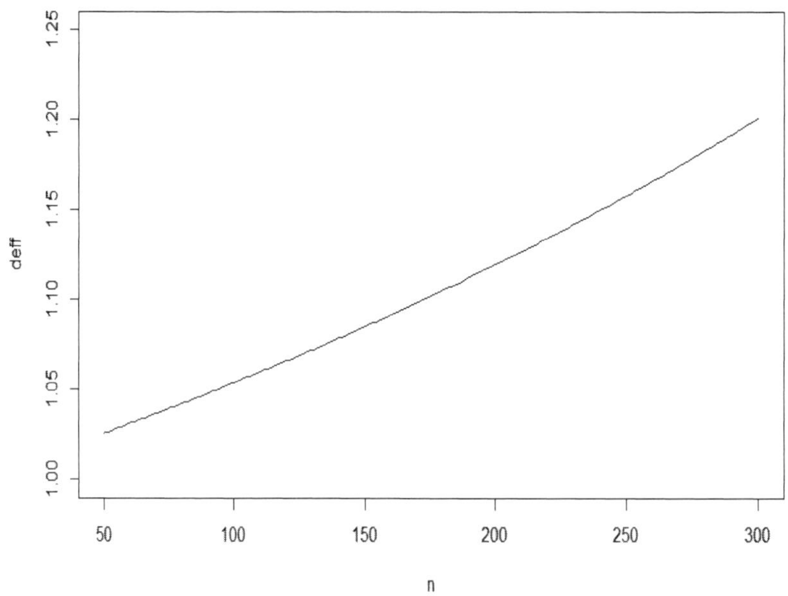

〈 그림 3.1 〉 비복원 단순임의추출법의 디자인 효과

3.6 모형-기반 추론

모형-기반 추론을 위해서는 유한모집단을 생성하는 상위 무한모집단 혹은 초모집단에 대한 가정이 필요하다. 이 장에서 고려한 단순임의추출법하에서 정의된 추정량의 모형-기반 측면에서의 타당성은 다음의 무한모집단 가정하에서 보장된다.

$$y_1, \cdots, y_N \sim IID\left(\mu\ ,\ \sigma^2\right). \tag{3.57}$$

여기에서 IID는 $y_1, \cdots y_N$이 독립적이고, 동일한 분포를 갖는(independent & identically distributed) 확률변수임을 나타낸다.

크기가 n인 표본이 주어진 경우, 유한모집단의 총합은 다음의 식으로 표현된다.

$$t_y = \sum_{k \in s} y_k + \sum_{l \in U \setminus s} y_l. \tag{3.58}$$

여기에서 '$U \setminus s$'는 모집단 기준 표본의 여집합을 나타낸다. 식 (3.58)에 의하여 모집단 총합에 대한 추정은 표본에 포함되지 않은 개체의 y를 예측하는 것과 동일하고, 이러한 이유로 모형-기반 접근방법은 **예측 접근법**(prediction approach)으로 명명되기도 한다(Valliant, Dorfman and Royall: 2000).

주어진 모형 (3.57)하에서 관측되지 않은 y의 최선의 예측치는 μ의 최량 추정량인 표본평균 $\bar{y}_s$이며, 이를 이용하여 계산되는 모집단 총합에 대한 모형-기반 추정량은 다음과 같이 정의된다.

$$
\begin{aligned}
\hat{t}_{y,mod} &= \sum_{k \in s} y_k + \sum_{l \in U \setminus s} \bar{y}_s \\
&= n\bar{y}_s + (N-n)\bar{y}_s \\
&= N\bar{y}_s
\end{aligned}
\tag{3.59}
$$

모집단 총합에 대한 추정량 (3.59)의 주어진 모형하에서의 분산은 다음과 같다.

$$
V_m\left(\hat{t}_{y,mod}\right) = N^2 \, \frac{\sigma^2}{n} \tag{3.60}
$$

주어진 모형하에서 모분산 σ^2의 모형기반 비편향 추정량은 표본분산인 S_{ys}^2이며, 따라서 식 (3.60)의 분산에 대한 비편향 추정량은 다음과 같다.

$$
\hat{V}_m\left(\hat{t}_{y,mod}\right) = N^2 \, \frac{S_{y_s}^2}{n} \tag{3.61}
$$

유한모집단 수정항을 무시할 수 있다면 모형-기반 추정량과 디자인-기반 비편향 추정량은 일차 및 이차 적률(moments)의 관점에서 동일한 통계적 성질을 갖는 것을 확인할 수 있다.

3.7 연습문제

1. 부록 A에 제시되어 있는 '결측이 없는 건강조사 모집단'(Health_Pop_Nomiss 데이터셋)으로부터 SAS의 SURVEYSELECT Procedure를 이용하여 크기가 $n = 100$인 표본을 비복원 단순임의추출법을 통해 추출하고, 이를 이용하여 아래의 문항에 답하시오.

(a) 표본추출과정을 요약한 SAS 출력 결과를 읽고, 표본추출 비율(sampling fraction), 특정한 표본이 추출될 확률, 그리고 특정 개인이 추출될 확률을 제시하시오.

(b) 총 콜레스테롤의 모집단 평균과 흡연율을 추정하고, 추정량들의 표준오차(SE)를 제시하시오.

(c) 각 성별 흡연율을 추정하고, 이의 표준오차를 제시하시오. 남녀의 흡연율에 유의한 차이가 있는지에 대한 의견을 제시하시오.

2. 비복원 단순임의추출 하에서 모평균 $\bar{y}_U$의 $100 \times (1-\alpha)\%$ 신뢰구간은 $\bar{y}_{HT} \times (1 \pm A)$로 표현할 수 있다. 여기에서

$$
A = z_{1-\alpha/2} \; cv_{ys} \sqrt{\frac{1-f}{n}},
$$

$cv_{ys} = S_{ys}/\bar{y}_{HT}$과 $f = n/N$을 각 각 나타낸다. $cv_{ys} \approx cv_{yU} = S_{yU}/\bar{y}_U$과 $f \approx 0$의 가정 하에서 $A \leq 3\%$와 다음의 주어진 cv_{yU}를 만족하기 위한 표본크기를 산출하시오. 단, $\alpha = 0.05$이다.

(a) $cv_{yU} = 0.5$

(b) $cv_{yU} = 1.0$

(c) $cv_{yU} = 1.5$

3. 복원 단순임의추출하에서 포함확률 π_k를 구하시오.

3.A [부록] 정리에 대한 증명

여기에서는 정리 3.3, 3.10, 3.13 및 비추정량의 선형근사에 대한 증명을 제시한다.

3.A.1 ⟨정리 3.3⟩에 대한 증명

비편향 HT 추정량의 분산을 유도하기 위하여 $E_k = y_k - \bar{y}_U$를 정의하자. 모평균으로부터의 오차 E_k의 정의에 의하여 $\sum_{k\in U} E_k = \left(\sum_{k\in U} E_k\right)^2 = 0$이며

$$\sum\sum_{k\neq l\in U} E_k E_l = -\sum_{k\in U} E_k^2 \tag{3.62}$$

이다. 따라서 $\hat{t}_{HT}$의 비복원 단순임의추출하에서의 분산은 다음과 같이 유도할 수 있다.

$$\begin{aligned}
V_{SRS}\left(\hat{t}_{HT}\right) &= V_{SRS}\left(\hat{t}_{HT} - t_y\right) \\
&= V_{SRS}\left(\frac{N}{n}\sum_{k\in U} E_k I_k\right) \\
&= E_{SRS}\left(\frac{N}{n}\sum_{k\in U} E_k I_k\right)^2 \\
&= \frac{N}{n}\sum_{k\in U} E_k^2 + \frac{N(n-1)}{n(N-1)}\sum\sum_{k\neq l\in U} E_k E_l \\
&= \left[\frac{N}{n} - \frac{N(n-1)}{n(N-1)}\right]\sum_{k\in U} E_k^2 \\
&= N^2\left(1 - \frac{n}{N}\right)\frac{S_{y_U}^2}{n}.
\end{aligned} \tag{3.63}$$

모평균에 대한 HT 추정량의 분산은 모집단 총합에 대한 HT 추정량의 분산으로부터 다음과 같이 직접 유도된다.

$$V_{SRS}\left(\bar{y}_{HT}\right) = \frac{1}{N^2} V_{SRS}\left(\hat{t}_{HT}\right) = \left(1 - \frac{n}{N}\right) \frac{S_{yU}^2}{n}. \tag{3.64}$$

모비율은 이항변수 z_k의 모평균이며 z_k의 모집단 분산은

$$\begin{aligned} S_{z_U}^2 &= \frac{1}{N-1}\left(\sum_{k\in U} z_k^2 - N\bar{z}_U\right)^2 \\ &= \frac{N}{N-1} p\left(1-p\right) \end{aligned} \tag{3.65}$$

이고, 따라서

$$V_{SRS}\left(\hat{p}_{HT}\right) = \left(1 - \frac{n}{N}\right) \frac{S_{z_U}^2}{n} = \frac{N-n}{N-1} \frac{p\left(1-p\right)}{n} \tag{3.66}$$

으로 유도된다.

비복원 단순임의추출하에서 분산추정량 (3.11), (3.12) 그리고 (3.13)의 비편향성을 증명하기 위하여, 먼저 표본분산의 기댓값을 유도하면 다음과 같다.

$$\begin{aligned} E_{SRS}\left(S_{ys}^2\right) &= \frac{1}{n-1}\left\{E_{SRS}\left(\sum_{k\in s} y_k^2\right) - nE_{SRS}\left(\bar{y}_s^2\right)\right\} \\ &= \frac{1}{n-1}\left\{\frac{n}{N}\sum_{k\in U} y_k^2 - \left(1-\frac{n}{N}\right) S_{yU}^2 - n\bar{y}_U^2\right\} \\ &= \frac{1}{n-1}\left\{\frac{n(N-1)}{N} S_{yU}^2 - \left(1-\frac{n}{N}\right) S_{yU}^2\right\} \\ &= S_{yU}^2. \end{aligned} \tag{3.67}$$

즉 비복원 단순임의추출하에서 표본분산은 모분산의 비편향 추정량이며, 따라서

$$E_{SRS}\left\{\hat{V}_{SRS}\left(\hat{t}_{HT}\right)\right\} = V_{SRS}\left(\hat{t}_{HT}\right), \tag{3.68}$$

$$E_{SRS}\left\{\hat{V}_{SRS}\left(\bar{y}_{HT}\right)\right\} = V_{SRS}\left(\bar{y}_{HT}\right), \tag{3.69}$$

을 만족한다.

이항변수 z_k의 표본분산은 아래와 같이 표현되고

$$S_{zs}^2 = \frac{n}{n-1}\hat{p}_s\left(1-\hat{p}_s\right) \tag{3.70}$$

따라서 (3.69)에 의하여 $V_{SRS}\left(\hat{p}_{HT}\right)$의 비편향 추정량은 식 (3.13)과 같다.

3.A.2 비추정량의 선형근사

모집단과 표본 그리고 두 변수 y_1과 y_2의 모집단 총합에 대한 HT 비편향 추정량이 다음을 만족한다고 가정하자.

$$\frac{1}{N}\left(\hat{t}_{y_1,HT}\ ,\ \hat{t}_{y_2,HT}\right)\underset{p}{\rightarrow}\left(\bar{y}_{1,U}\ ,\ \bar{y}_{2,U}\right). \tag{3.71}$$

여기에서 표기 $\underset{p}{\rightarrow}$는 확률수렴(converge in probability)을 나타낸다. 즉, 모평균에 대한 비편향 추정량이 모평균으로 확률수렴한다고 가정하는 것으로, 비편향 HT 추정량은 대부분의 표본설계하에서 이 조건을 만족한다. 비편향 추정량들의 확률적 성질에 대한 자세한 내용은 Fuller(2009)를 참조하면 된다.

위의 가정하에서 두 모집단 총합의 비인 $\theta = {t_{y_2}}^{-1}t_{y_1}$의 추정량 $\hat{\theta} = \hat{t}_{y_2,HT}^{-1}\hat{t}_{y_1,HT}$의 테일러 전개를 이용한 선형근사 추정량은 다음과 같다.

$$\begin{aligned}
\hat{\theta} &\approx \frac{t_{y_1}}{t_{y_2}}+\frac{1}{t_{y_2}}\left(\hat{t}_{y_1,HT}-t_{y_1}\right)-\frac{t_{y_1}}{t_{y_2}^2}\left(\hat{t}_{y_2,HT}-t_{y_2}\right)\\
&=\frac{t_{y_1}}{t_{y_2}}+\frac{1}{t_{y_2}}\left(\hat{t}_{y_1,HT}-\theta\hat{t}_{y_2,HT}\right)\\
&=\frac{t_{y_1}}{t_{y_2}}+\frac{1}{t_{y_2}}\left(\sum_{k\in s}\frac{y_{1k}-\theta y_{2k}}{\pi_k}\right)\\
&=\theta+\frac{1}{t_{y_2}}\left(\sum_{k\in s}\frac{E_k}{\pi_k}\right)\\
&=\theta+\frac{1}{t_{y_2}}\hat{t}_{E,HT}.
\end{aligned} \tag{3.72}$$

여기에서 $E_k = y_{1k}-\theta y_{2k}$이다.

3.A.3 ⟨정리 3.10⟩에 대한 증명

3.A.2절의 내용에 $y_{1k}=u_k$와 $y_{2k}=x_k$를 적용하면 모집단 도메인 평균에 대한 비추정량을 다음과 같이 근사할 수 있다.

$$\begin{aligned}
\bar{y}_{d,\pi}-\bar{y}_{U_d} &\approx \frac{1}{\sum_{k\in U}x_k}\sum_{k\in s}\frac{N}{n}\left(y_k-\bar{y}_{U_d}\right)x_k\\
&=\frac{1}{N_d}\sum_{k\in s_d}\frac{N}{n}\left(y_k-\bar{y}_{U_d}\right).
\end{aligned} \tag{3.73}$$

식 (3.73)의 근사식을 이용하여 $\bar{y}_{d,ratio}$의 근사분산을 유도하면 다음과 같다.

$$\begin{aligned} V_{SRS}\left(\bar{y}_{d,\pi} - \bar{y}_{U_d}\right) &\approx V_{SRS}\left\{\frac{1}{N_d}\sum_{k\in s}\frac{N}{n}\left(y_k - \bar{y}_{U_d}\right)x_k\right\} \\ &= \left(\frac{N}{N_d}\right)^2\left(1-\frac{n}{N}\right)\frac{N_d-1}{N-1}\frac{S^2_{yU_d}}{n}. \end{aligned} \tag{3.74}$$

여기에서

$$S^2_{yU_d} = \frac{1}{N_d - 1}\sum_{k\in U_d} E_k^2 = \frac{1}{N-1}\sum_{k\in U_d}\left(y_k - \bar{y}_{U_d}\right)^2 \tag{3.75}$$

이며, $k \in U_d$에 대하여 $E_k = (y_k - \bar{y}_{U_d})$이다. 식 (3.74)는 비복원 단순임의추출하에서의 분산에 대한 ⟨정리 3.2⟩를 이용하여 유도되었다.

모평균에 대한 비추정량의 분산 추정량은 식 (3.74)의 N_d, $S^2_{yU_d}$, E_k를 각각 $\hat{N}_{d,HT}$, $S^2_{ys_d}$, $e_k = (y_k - \bar{y}_{s_d})$로 대체하여 산출할 수 있으며 그 결과는 다음과 같다.

$$\begin{aligned} \hat{V}_{SRS}\left(\bar{y}_{d,\pi}\right) &= \left(\frac{n}{n_d}\right)^2\left(1-\frac{n}{N}\right)\frac{1}{n}\frac{1}{n-1}\sum_{k\in s_d}\left(y_k - \bar{y}_{s_d}\right)^2 \\ &= \left(1-\frac{n}{N}\right)\frac{n}{n-1}\frac{n_d-1}{n_d}\frac{S^2_{ys_d}}{n_d} \\ &\approx \left(1-\frac{n}{N}\right)\frac{S^2_{ys_d}}{n_d}. \end{aligned} \tag{3.76}$$

3.A.4 ⟨정리 3.13⟩에 대한 증명

2.A절에 주어진 pwr 추정량의 비편향성 증명을 통해 $Z_i (i = 1, \cdots, m)$는 기댓값이 t_y이고 서로 독립인 확률변수임을 보였다. 확률변수 Z_i의 분산은 다음과 같이 유도된다.

$$\begin{aligned} V_{SRSWR}(Z_i) =&\ E_{SRSWR}\left[\sum_{k\in U}\left(\frac{y_k}{p_k} - t_y\right)I[k_i = k]\right]^2 \\ =&\ \sum\sum_{k,l\in U}\left(\frac{y_k}{p_k} - t_y\right)\left(\frac{y_l}{p_l} - t_y\right)\times E_{SRSWR}\left(I[k_i = k]I[k_i = l]\right) \\ =&\ \sum_{k\in U}\left(\frac{y_k}{p_k} - t_y\right)^2 p_k \\ =&\ N\sum_{k\in U}\left(y_k - \bar{y}_U\right)^2 \\ =&\ N(N-1)S^2_{yU} \\ =:&\ V_1. \end{aligned} \tag{3.77}$$

즉, 복원 단순임의추출하에서 $Z_1, \cdots, Z_m$은 평균이 t_y이고 분산이 V_1이며 서로 독립인 확률변수이다. 따라서, 확률변수 Z_i 의 표본평균 $\bar{Z}$인 $\hat{t}_{wr}$의 분산은

$$V_{SRSWR}\left(\hat{t}_{wr}\right) = V_{SRSWR}\left(\bar{Z}\right) = \frac{V_1}{m} = \frac{1}{m}N(N-1)S_{yU}^2 \tag{3.78}$$

이며,

$$V_{SRSWR}\left(\bar{y}_{wr}\right) = N^{-2}V_{SRSWR}\left(\hat{t}_{wr}\right) = \left(1 - \frac{1}{N}\right)\frac{S_{yU}^2}{m} \tag{3.79}$$

이다. 이항변수 z_k를 이용하여 정의되는 모분산은 $S_{zU}^2 = (N-1)^{-1}Np(1-p)$이며, 따라서 $\hat{p}_{wr}$의 분산은 아래와 같다.

$$V_{SRSWR}\left(\hat{p}_{wr}\right) = \frac{p(1-p)}{m}. \tag{3.80}$$

확률변수 $Z_1, \cdots, Z_m$의 표본평균인 $\hat{t}_{wr}$의 비편향 분산추정량은 Z_i의 표본분산을 이용하여 아래와 같이 유도된다.

$$\begin{aligned}
\hat{V}_{SRSWR}\left(\hat{t}_{wr}\right) =& \frac{1}{m}\frac{1}{m-1}\sum_{i=1}^{m}\left(Z_i - \hat{t}_{pwr}\right)^2 \\
=& \frac{1}{m}\frac{1}{m-1}\sum_{k\in os}\left(Ny_k - N\bar{y}_{os}\right)^2 \\
=& \frac{N^2}{m}S_{yos}^2.
\end{aligned} \tag{3.81}$$

복원 단순임의추출하에서의 모평균에 대한 pwr 추정량의 비편향 분산 추정량은 식 (3.81)을 이용하여 다음과 같이 유도된다.

$$\hat{V}_{SRSWR}\left(\bar{y}_{wr}\right) = \frac{1}{N^2}\hat{V}_{SRSWR}\left(\hat{t}_{wr}\right) = \frac{S_{yos}^2}{m}. \tag{3.82}$$

모비율 추정을 위해 사용된 z_k의 모분산에 대한 비편향 추정량인 표본분산은

$$S_{yos}^2 = \frac{m}{m-1}\hat{p}_{pwr}\left(1 - \hat{p}_{pwr}\right) \tag{3.83}$$

이며, 따라서 $\hat{p}_{wr}$의 비편향 분산 추정량은 아래와 같이 유도된다.

$$\hat{V}_{SRSWR}\left(\hat{p}_{wr}\right) = \frac{\hat{p}_{pwr}\left(1 - \hat{p}_{pwr}\right)}{m}. \tag{3.84}$$

3.B [부록] R 코드

여기에서는 단순임의추출법을 이용한 표본 추출과 본문에서 살펴본 추정량을 산출하기 위해 사용할 수 있는 R 코드를 제시한다. 표본추출을 위해서는 sampling 패키지가[2], 그리고 추정을 위해서는 survey 패키지가[3] 사용되었다.

```
setwd("C:/Stat311/BOOK")        # working directory 지정하기
set.seed(8738035)               # seed 번호 지정하기

library(sampling)               # sampling package 불러오기
library(survey)                 # survey package 불러오기

# Read in a population
U_pop <- data.frame(read.csv("HU_Population.csv",header=TRUE))

# Select a simple random sample wor(N=12,400 n=500)
n <- 500
s01 <- srswor(n,nrow(U_pop))

U_pop_s <- cbind(U_pop,s01)
srs_wor <- U_pop_s[s01==1,]

# Read in a srs sample
srs_survey <- data.frame(read.csv("HU_srs_survey.csv",
                          header=TRUE))
srs_survey$fpc=12400

# Calculate the HT estimator of the population total
# and mean or proportion
srs_design <- svydesign(id=~1,fpc=~fpc,data=srs_survey)
srs_design
svytotal(~Expense,srs_design)
svymean(~Expense,srs_design)
svymean(~smoking,srs_design)
```

[2] https://cran.r-project.org/web/packages/sampling/index.html

[3] https://cran.r-project.org/web/packages/survey/index.html

```
# Domain estimation
srs_G1 <- subset(srs_design, Gender==1)
srs_G2 <- subset(srs_design, Gender==2)
svymean(~Expense+smoking,srs_G1)
svymean(~Expense+smoking,srs_G2)
```

제 4 장
계통추출법

Systematic Sampling

계통추출법(systematic sampling)은 다른 표본추출방법과 접목되어 사용되는 기본적인 확률표본추출방법으로, 단순임의추출법과 더불어서 모집단의 각 개체가 표본에 추출될 확률이 동일한 균등확률 표본추출법(equal probability sampling)이다.

4.1 계통추출법

계통추출법은 표본추출과정이 단순하며, 또한, 추출틀이 존재하지 않는 경우에도 사용이 가능한 표본추출법이다. 예를 들어, 선거 당일에 시행되는 출구조사(exit poll)의 경우, 관심 모집단은 선거 당일 투표를 한 투표자의 집합이며, 따라서, 투표일 이전에 이에 대응하는 추출틀을 구성할 수 없다. 실제 출구조사를 시행함에 있어 각 투표소에서 투표자의 추출은 계통추출법을 통해서 이루어지며, 추출과 동시에 조사가 이루어진다.

4.1.1 계통추출법에서의 표본설계

계통추출표본은 추출틀의 처음 a개의 단위들 중 하나를 무작위로 출발점으로 정하고, 이후 출발점으로부터 매 a번째 떨어진 간격에 위치하는 개체를 표본에 포함함으로써 구축된다. 이때 a는 표본추출간격(sampling interval)을 나타내며, 추출된 표본은 $1/a-$계통추출표본(1-in-a systematic sample)이라 한다. 이러한 추출과정을 통해 얻을 수 있는 가능한 계통추출표본의 수는 a개이며, 표본크기는 모집단 크기와 표본추출간격 그리고 처음 선택된 출발점에 의하여 결정되는 확률변수이다.

⟨표 4.1⟩은 $N = 500$인 모집단이 주어졌을 때 $a = 7$개의 가능한 표본을 나타내고 있다. 표본 s_1, s_2, s_3는 표본크기가 72개이며, 나머지 표본들의 표본크기는 71개로 표본들의 크기가 동일하지 않음을 알 수 있다. 또한 설명된 계통추출방안은 각 가능한 표본, $s_1, \cdots, s_7$

⟨표 4.1⟩ $N = 500$일 때 가능한 $a = 7$의 계통추출표본

	s_1	s_2	s_3	$\cdots$	$s_{a=7}$
1	1	2	3	$\cdots$	7
2	8	9	10	$\cdots$	14
$\vdots$	$\vdots$	$\vdots$	$\vdots$	$\ddots$	$\vdots$
71	491	492	493	$\cdots$	497
72	498	499	500		
$t_r = \sum_{k \in s_r} y_k$	t_1	t_2	t_3	$\cdots$	t_7

을 표본추출단위로 간주할 때 크기가 a인 집락 모집단으로부터 크기가 1인 단순임의집락 표본을 추출하는 것과 동일하다.

앞에서 설명된 표본추출 과정을 통해 정의된 계통추출법은 다음의 $p(s)$와 같다.

〈정의 4.1〉 계통추출법에서의 표본설계

$1/a-$계통추출법을 나타내는 표본설계는 다음과 같다.

$$p(s) = \begin{cases} \frac{1}{a}, & s \in \{s_1, s_2, \cdots, s_a\}, \\ 0, & otherwise. \end{cases}$$

여기에서 $\{s_1, s_2, \cdots, s_a\}$는 a개의 가능한 모든 계통추출표본의 집합을 나타낸다.

4.1.2 SAS 사용 예 – 계통추출

다음 사례는 12,400명의 학생 모집단 목록에서 계통추출에 의해 500명의 학생을 추출하는 예이며, 〈표 4.2〉는 추출된 표본의 일부를 제시한 것이다. 이 예에서 출발점은 난수발생(SEED= 옵션)에 의해 4로 결정되었고, 표본추출간격은 25(12,400/500=24.8)로서 출발점으로부터 매 25번째 목록이 추출되었음을 볼 수 있다.

〈SAS 사례 4.1〉 계통추출

```
PROC SURVEYSELECT DATA=Sampling.Hu_Population
                  OUT=Sampling.Hu_Sys
                  METHOD=SYS(DETAILS) SAMPSIZE=500 SEED=54758;
RUN;

PROC SURVEYSELECT DATA=Sampling.Hu_population
                  OUT=Sampling.Hu_Sys
                  METHOD=SYS(DETAILS START=4) SAMPSIZE=500;
RUN;
```

- DATA=: 모집단 목록이 저장되어 있는 데이터셋을 지정한다.
- OUT=: 추출된 표본 목록이 저장될 데이터셋을 지정한다.
- METHOD=: 표본추출 방법을 지정한다(SYS: 계통추출). 계통추출에서는 다음과 같은 옵션들을 추가로 지정할 수 있다.

- ◦ DETAILS: 출발점 및 표본추출간격 등 계통추출에 적용된 내용들에 관한 요약표를 출력한다.
- ◦ INTERVAL=*value*: 표본추출간격을 지정한다. 단, 이 옵션은 SAMPSIZE= 옵션과는 함께 사용될 수 없다.
- ◦ START=*value*: 출발점을 지정한다. 단, 이 옵션은 SEED= 옵션과는 함께 사용될 수 없다.

- SAMPSIZE=: 표본크기를 지정한다.
- SEED=: 난수 발생을 위한 초기값을 지정한다. 초기값을 같은 값으로 유지하면 매번 동일한 표본 목록이 추출된다.

〈표 4.2〉 Hu_Sys 데이터셋 (일부)

OBS	IDnum	College	Department	Grade
1	4	인문대학	기독교학부	1
2	29	인문대학	기독교학부	1
3	54	인문대학	기독교학부	2
4	79	인문대학	기독교학부	2
5	103	인문대학	기독교학부	3
...	...	...	...	...
496	12280	예체능대학	경호전공	1
497	12305	예체능대학	경호전공	2
498	12330	예체능대학	경호전공	3
499	12355	예체능대학	경호전공	3
500	12379	예체능대학	경호전공	4

〈표 4.3〉 SAS 사례 4.1의 출력결과

Input Data Set	HU_POPULATION
Sample Size	500
Specified Start	4
Systematic Interval	24.8000
Selection Probability	0.040323
Sampling Weight	24.8
Output Data Set	HU_SYS

4.2 모수에 대한 추정

계통추출하에서 각 개체는 a개의 가능한 표본 중 단 하나의 표본에 속하며, 따라서, 개체 k가 표본에 포함될 확률은 개체가 속한 표본이 실제 구현될 확률인 $\pi_k = 1/a$로 모든 k에 대하여 동일하다. 이러한 계통추출법의 성질을 이용하여 정의되는 관심모수인 모집단 총합, 모평균, 모비율에 대한 비편향 HT 추정량은 다음과 같다.

⟨정리 4.1⟩ 계통추출 하에서의 모수 추정

$$\text{총합}: \ \hat{t}_{HT} = \sum_{k\in s} \frac{y_k}{\pi_k} = a n_s \bar{y}_s. \tag{4.1}$$

$$\text{모평균}: \ \bar{y}_{HT} = \frac{1}{N}\sum_{k\in s} \frac{y_k}{\pi_k} = \frac{n_s a}{N}\bar{y}_s. \tag{4.2}$$

$$\text{모비율}: \ \hat{p}_{HT} = \frac{1}{N}\sum_{k\in s} \frac{z_k}{\pi_k} = \frac{n_s a}{N}\hat{p}_s. \tag{4.3}$$

여기에서 n_s는 확률변수로 표본 s에 속한 개체의 수를 나타낸다.

모집단 크기가 표본크기에 정수 비례하는 경우, 즉 $N = n_s a$인 경우, 각 추정량은 $\hat{t}_{HT} = N\bar{y}_s$, $\bar{y}_{HT} = \bar{y}_s$, $\hat{p}_{HT} = \hat{p}_s$으로 단순임의추출법하에서의 HT 추정량과 동일하다.

⟨정리 4.2⟩ 계통추출하에서 추정량의 분산

계통추출하에서 모집단 총합과 모평균의 비편향 HT 추정량의 분산은 다음과 같다.

$$V_{SYS}\left(\hat{t}_{HT}\right) = a^2\left(1-\frac{1}{a}\right)S_{tU}^2 = a(a-1)S_{tU}^2, \tag{4.4}$$

$$V_{SYS}\left(\bar{y}_{HT}\right) = \frac{1}{N^2}a(a-1)S_{tU}^2. \tag{4.5}$$

여기에서 S_{tU}^2는 $t_r = \sum_{k\in s_r} y_k$의 분산으로

$$S_{tU}^2 = \frac{1}{a-1}\sum_{r=1}^{a}(t_r - \bar{t})^2 \tag{4.6}$$

이며, $\bar{t} = a^{-1}\sum_{r=1}^{a} t_r$이다.

가능한 a개의 각 표본을 집락으로 간주하면 계통추출법은 크기가 a인 집락 모집단으로부터 1개의 집락을 추출하는 단순임의집락추출법과 동일하다. 따라서 ⟨정리 3.7⟩에 $N = a$, $n = 1$, $y_k = t_r$을 적용하여 ⟨정리 4.2⟩를 유도할 수 있다.

⟨정리 4.2⟩로부터 계통추출하에서의 비편향 HT 추정량의 분산은 각 가능한 표본들로부터 계산된 t_r의 분산에 비례함을 알 수 있다. 즉, 각 a개의 가능한 표본들 간의 변동이 적을수록 계통추출표본의 효율성이 높아진다. 이와 같은 계통추출의 성질을 보다 자세하게 살펴보기 위하여 $N = na$일 때 y의 모집단 전체 오차 제곱합을 다음과 같이 표현하자.

$$\sum_{k\in U}(y_k - \bar{y}_U)^2 = \sum_{r=1}^{a}\sum_{k\in s_r}(y_k - \bar{y}_{s_r})^2 + \sum_{r=1}^{a} n(\bar{y}_{s_r} - \bar{y}_U)^2 . \tag{4.7}$$

$$[SST = SSW + BSS].$$

식 (4.7)의 오차 제곱합 분할을 이용하여 모집단 총합의 HT 추정량의 분산은 다음과 같이 표현된다.

$$V_{SYS}\left(\hat{t}_{HT}\right) = N \times BSS = \frac{N^2 S_{yU}^2}{n}\left[(1-f) + (n-1)\,\delta\right]. \tag{4.8}$$

여기에서 $f = n/N$는 추출율을 나타내며, 동질성 계수(homogeneity coefficient) δ는

$$\delta = 1 - \frac{N-1}{N-a}\frac{SSW}{SST} = 1 - \frac{S_{yw}^2}{S_{yU}^2} \tag{4.9}$$

로서 계통추출 표본 내 관측치들의 동질성을 나타내며, $S_{yw}^2 = (N-a)^{-1}SSW$와 $S_{yU}^2 = (N-1)^{-1}SST$은 각각 표본 내 분산과 전체 분산을 나타낸다.

식 (4.8)을 이용하여 정의되는 계통추출법의 디자인 효과는 다음과 같다.

$$deff\left(SYS, \hat{t}_{HT}\right) = \frac{V_{SYS}\left(\hat{t}_{HT}\right)}{V_{SRS}\left(\hat{t}_{HT}\right)} = 1 + \frac{N-1}{1-f}\delta \tag{4.10}$$

식 (4.8)과 (4.10)을 통해 효율적인 계통추출표본, 즉 비편향 HT 추정량의 분산을 최소화하는 계통추출표본을 얻기 위해서는 BSS 또는 δ를 최소화하도록, 즉 SSW를 최대화하도록 추출틀이 정렬되어야 함을 알 수 있다. 이 경우에 δ는 음의 값을 취할 수 있으며, 따라서 단순임의추출법보다 효율적으로 설계된 계통추출법의 효율성이 더 높을 수 있다. 실제로 관심변수의 값을 표본추출 전에 알 수 없으므로 관심변수와 밀접한 관계가 있으며, 동시에 추출틀에 주어진 설계변수(design variable)를 이용하여 모집단을 정렬한 후 계통추출을 수행하는 방안이 흔히 사용된다.

4.2.1 SAS 사용 예 – 주요 변수의 정렬에 의한 계통추출

다음 사례에서는 계통추출 표본의 효율성을 높이기 위하여 먼저 주요 설계변수들에 의해 모집단 목록을 정렬한 후 계통추출 표본을 추출하였다.

⟨SAS 사례 4.2⟩ 주요 변수의 정렬에 의한 계통추출

```
PROC SORT DATA=Sampling.Hu_Population
          OUT=Sampling.Hu_Population_s;
     BY College Department Grade;
RUN;

PROC SURVEYSELECT DATA=Sampling.Hu_Population_S
                  OUT=Sampling.Hu_Sys_S
                  METHOD=SYS(DETAILS) SAMPSIZE=500 SEED=54758;
RUN;
```

□ SORT Procedure: BY 명령문에 지정된 변수들에 의해 데이터셋을 정렬한다. 정렬된 데이터는 OUT= 옵션에 지정된 데이터셋으로 저장된다(만약 OUT= 옵션을 사용하지 않으면 원래 데이터셋이 정렬되어 바뀐다).

이와 같이 정렬을 수행한 후에 표본을 추출함으로써 정렬변수를 기준으로 모집단에 대한 표본의 대표성을 확보할 수 있으며, 또한 고려된 정렬변수인 대학, 학과, 학년이 주요 관심변수들과 유의한 상관관계가 존재한다면, 관심변수의 모수에 대한 추정량의 분산 역시 감소시킬 수 있을 것이다.

계통추출법하에서 분산 (4.4)와 (4.5)의 비편향 추정량은 존재하지 않는다. 이는 계통추출이 a개의 가능한 표본 중 단 하나만을 선택하는, 즉 실제 표본크기가 1인 추출법이며, 또한 각 개체가 $\binom{N-1}{n-1}$개의 가능한 표본에 속하는 단순임의추출과는 달리 계통추출하에서는 모집단의 모든 조사단위가 오직 하나의 가능한 표본에만 속하기 때문이다.

계통추출하에서 HT 추정량의 분산추정량으로는 ⟨정리 3.3⟩에 주어진 단순임의추출법하에서 사용되는 분산추정량이 일반적으로 사용된다. 이는 모집단이 관심변수와 무관하게 정렬되어 있다는 가정하에서, 즉 식 (4.8)에서 $\delta = 0$이라는 가정하에서, 계통추출하에서의 HT 추정량의 분산은 단순임의추출하에서의 분산과 동일하기 때문이다. 그러나 만약 δ의 값이 0과 유의하게 다른 경우에는, 단순임의추출하에서 정의된 분산추정량은 계통추출하에서의 분산을 추정함에 있어 편향을 갖게 된다.

예를 들어, 계통추출 방안이 단순임의추출 방안에 비하여 비효율적인 경우, 즉 $\delta > 0$일 때, $V_{SRS}\left(\hat{t}_{HT}\right) < V_{SYS}\left(\hat{t}_{HT}\right)$이며, 따라서 $V_{SRS}\left(\hat{t}_{HT}\right)$의 비편향 추정량은 $V_{SYS}\left(\hat{t}_{HT}\right)$을 과소추정하게 된다. 반대로 $\delta < 0$일 때, 즉 모집단 정렬을 통해 계통추출법이 단순임의 추출법보다 상대적으로 효율적일 때, $V_{SRS}\left(\hat{t}_{HT}\right) > V_{SYS}\left(\hat{t}_{HT}\right)$이며, 따라서 $V_{SRS}\left(\hat{t}_{HT}\right)$의 비편향 추정량은 $V_{SYS}\left(\hat{t}_{HT}\right)$을 과대추정하게 된다. 계통추출하에서의 가능한 여러 분산추정방안에 대해서는 Wolter(1985)의 8장을 참조하면 된다.

〈예 4.1〉 계통추출하에서 추정량의 성질

계통추출하에서의 추정량과 분산추정량의 통계적 성질을 살펴보기 위하여 다음의 $N = 12$인 모집단을 고려하자.

k	y_1	y_2	y_3	k	y_1	y_2	y_3
1	11	1	1	7	10	10	2
2	10	2	4	8	3	10	10
3	20	2	11	9	18	11	19
4	2	3	2	10	19	18	3
5	8	4	8	11	1	19	10
6	2	8	18	12	4	20	20

모집단에서 정의된 y 값들은 동일하지만, 그 순서는 y_1의 경우는 랜덤이며, y_2는 오름차순으로 정렬되었고, y_3는 각 값들의 크기를 기준으로 하여 주기가 3으로 순환되는 구조를 가지고 있다.

주어진 모집단으로부터 크기가 4인 계통추출표본은 총 $a = 3$개이며, 각 표본으로부터 계산되어지는 모집단 총합에 대한 추정량과 이의 분산은 다음과 같다.

표본	$\hat{t}_{y_1,HT}$	$\hat{t}_{y_2,HT}$	$\hat{t}_{y_3,HT}$
$s_1 = (1,4,7,10)$	126	96	24
$s_2 = (2,5,8,11)$	66	105	96
$s_3 = (3,6,9,12)$	132	123	204
$E_{SYS}(\hat{t}_{HT})$	108	108	108
$V_{SYS}(\hat{t}_{HT})$	888	126	5,472

〈정리 4.2〉를 통하여 살펴본 바와 같이 모집단이 정렬되어 있는 경우에 각 가능한 계통추출표본 간 비편향 추정량의 차이가 최소화되고, 따라서 비편향 HT 추정량의 분산이

상대적으로 적게 나타남을 알 수 있다. 또한 표본추출간격과 모집단에서의 관심변수 크기의 주기가 일치하는 경우, 각 가능한 표본 내 y의 분산이 최소화되고 이로 인하여 비편향 HT 추정량의 분산은 매우 크게 나타나는 것을 확인할 수 있다.

비편향 HT 추정량의 분산을 추정하기 위하여 단순임의추출하에서 사용되는 분산추정량 식 (3.11)이 사용된 경우에 결과는 아래와 같다.

표본	$\hat{V}_{SRS}\left(\hat{t}_{y_1,HT}\right)$	$\hat{V}_{SRS}\left(\hat{t}_{y_2,HT}\right)$	$\hat{V}_{SRS}\left(\hat{t}_{y_3,HT}\right)$
$s_1 = (1,4,7,10)$	1,160	1,424	16
$s_2 = (2,5,8,11)$	424	1,398	192
$s_3 = (3,6,9,12)$	2,080	1,350	400
$E_{SYS}\left[\hat{V}_{SRS}\left(\hat{t}_{HT}\right)\right]$	1,221.3	1,390.7	202.7
$Bias\left[\hat{V}_{SRS}\left(\hat{t}_{HT}\right)\right]/V_{SYS}(\hat{t}_{HT})$	0.38	10.0	-0.96

y_2에 대하여, 즉 모집단이 오름차순 혹은 내림차순으로 정렬되었을 경우에는 단순임의추출하에서 정의된 분산추정량이 심각하게 분산을 과대추정하고 있고, 반대로 y_3와 같이 모집단에서의 관심변수의 크기가 표본추출간격과 동일한 경우에는 분산을 과소추정하고 있음을 이 예를 통해서 확인할 수 있다. 상대적으로 모집단이 랜덤하게 정렬된 경우에 그 편향은 상대적으로 작게 나타나고 있다.

4.2.2 SAS 사용 예 – 비율 추정

⟨표 4.4⟩는 앞의 예를 통해 계통추출된 500명의 학생을 조사하였다는 가정 하에 작성된 가상의 데이터이다. 여기에는 Gender(성), Smoking(흡연 여부), Expense(학교 생활에서의 월 평균 지출액) 등이 포함되어 있다. 변수 Sys_Weight는 추출률의 역수로서 (12,400/500=24.8), 각 표본개체의 가중치를 나타낸다. 다음 사례는 SURVEYFREQ Procedure를 이용하여 흡연 여부에 대한 비율 추정을 수행한 것이다.

⟨SAS 사례 4.3⟩ 비율 추정

```
PROC SURVEYFREQ DATA=Sampling.HU_SYS_Survey TOTAL=12400;
     TABLES Smoking;
     WEIGHT Sys_Weight;
RUN;
```

□ PROC SURVEYFREQ 명령문: 비율에 대한 추정을 수행한다.

〈표 4.4〉 Hu_Sys_Survey 데이터셋 (일부)

IDnum	College	Department	Grade	Gender	Smoking	Expense	Sys_Weight
5832	공과대학	건축공학과	1	1	1	109000	24.8
5847	공과대학	건축공학과	1	1	0	96000	24.8
5877	공과대학	건축공학과	1	1	1	13000	24.8
5888	공과대학	건축공학과	1	2	0	69000	24.8
5893	공과대학	건축공학과	3	2	1	10000	24.8
...	...	...	...	...	...	...	...
5247	자연과학	한방화장품	1	2	0	110000	24.8
5285	자연과학	한방화장품	2	1	0	157000	24.8
5477	자연과학	한방화장품	3	2	0	149000	24.8
5480	자연과학	한방화장품	3	1	0	183000	24.8
5800	자연과학	한방화장품	4	2	0	124000	24.8

- DATA=: 조사된 내용이 저장되어 있는 데이터셋을 지정한다.
- TOTAL=: 유한모집단 수정항을 정의하기 위한 N을 지정한다.

□ TABLES 명령문: 비율 추정에 사용될 범주형 변수들을 나열한다. 여기에는 CL(신뢰구간을 출력) 및 ALPHA=(유의수준을 설정, 기본값=0.05) 등의 옵션을 지정할 수 있다.

□ WEIGHT 명령문. 가중치 변수를 지정한다.

〈표 4.5〉에는 비율 추정의 주요 출력결과가 제시되어 있는데, 이 내용들을 설명하면 다음과 같다.

- Frequency: 표본에서 조사된 빈도를 나타낸다. 즉, 500명 중 139명이 흡연 여부에 '예'라고 응답하였음을 알 수 있다.

〈표 4.5〉 SAS 사례 4.3의 주요 출력결과

Smoking	Frequency	Weighted Frequency	Std Dev of Wgt Freq	Percent	Std Err of Percent
0	361	8953	243.62679	72.2000	1.9647
1	139	3447	243.62679	27.8000	1.9647
Total	500	12400	0	100.000	

- Weighted Frequency: 가중빈도를 나타낸다. 즉, 12,400명 중 3,447명이 흡연하고 있는 것으로 추정된다.
- Std Dev of Wgt Freq: 가중빈도에 대한 표준편차를 나타낸다.
- Percent: 모비율에 대한 추정치를 나타낸다. 즉, 흡연율이 27.8%로 추정된다.
- Std Err of Percent: 모비율에 대한 추정량의 표준오차를 나타낸다.

4.2.3 SAS 사용 예 – 평균 추정

다음 사례는 SURVEYMEANS Procedure를 이용하여 월 평균 지출액에 대한 평균과 흡연 여부에 대한 비율 추정을 수행한 것이다. 이 예에서와 같이 SURVEYMEANS Procedure에서는 도메인 변수를 지정하여 분석을 수행할 수도 있다.

⟨SAS 사례 4.4⟩ 평균 추정

```
PROC SURVEYMEANS DATA=Sampling.Hu_Sys_Survey TOTAL=12400;
     VAR Expense Smoking;
     CLASS Smoking;
     WEIGHT Sys_Weight;
RUN;

PROC SURVEYMEANS DATA=Sampling.Hu_Sys_Survey TOTAL=12400;
     VAR Expense Smoking;
     CLASS Smoking;
     DOMAIN College Gender College*Gender;
     WEIGHT Sys_Weight;
RUN;
```

□ PROC SURVEYMEANS 명령문: 모평균에 대한 추정을 수행한다.
  - DATA=: 조사된 내용이 저장되어 있는 데이터셋을 지정한다.
  - TOTAL=: 유한모집단 수정항을 정의하기 위한 N을 지정한다.

□ VAR 명령문: 모평균 또는 모비율 추정의 대상이 될 변수들을 나열한다.

□ CLASS 명령문: 범주형 변수들을 나열한다. 여기에 지정된 변수 중 VAR 명령문에 지정된 변수들에 대해서는 각 범주별 모비율이 추정된다.

□ DOMAIN 명령문: 도메인 변수 및 그들의 조합을 지정한다.

□ WEIGHT 명령문: 가중치 변수를 지정한다.

〈표 4.6〉 SAS 사례 4.4의 주요 출력결과

Vriable	Level	N	Mean	Std Error of Mean	95% CL for Mean	
Expense		500	98210	2313.589379	93664.4229	102755.577
Smoking	0	361	0.722000	0.019647	0.6834	0.761
	1	139	0.278000	0.019647	0.2394	0.317

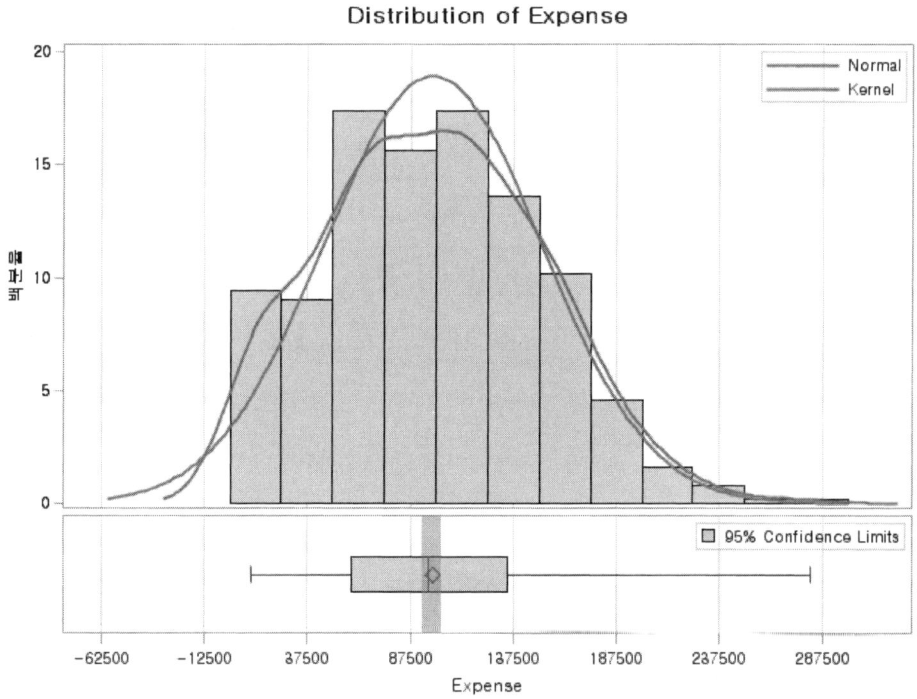

〈표 4.6〉에는 비율 추정의 주요 출력결과가 제시되어 있는데, 이 내용들을 설명하면 다음과 같다. 출력 결과에는 평균 추정의 대상이 되는 변수 Expense(지출액)의 분포도 및 상자그림(box-plot) 등도 함께 제시된다.

- Level: 범주형 변수의 각 범주를 나타낸다.
- N: 응답자 수를 나타낸다.
- Mean: 모평균에 대한 추정치를 나타낸다. 즉, 지출액 평균이 98,210원으로 추정된다. 범주형 변수에 대해서는 범주별 모비율의 추정치를 나타낸다.
- Std Error of Mean: 모평균(모비율) 추정량의 표준오차를 나타낸다.
- 95% CL for Mean: 모평균(모비율)에 대한 95% 신뢰구간을 나타낸다. 즉, $98,210 \pm 1.96 \times 2,361 = (93,569,\ 102,850)$.

〈표 4.7〉 SAS 사례 4.4의 출력결과 – 도메인 분석

Domain Statistics in College							
College	Variable	Level	N	Mean	Std Error of Mean	95% CL for Mean	
공과대학	Expense		184	82147	3638.765362	74997.550	89295.928
	Smoking	0	115	0.625000	0.034998	0.556	0.694
		1	69	0.375000	0.034998	0.306	0.444
...	...	...	...	...	...	...	...
자연과학대학	Expense		68	110868	5613.770941	99838.106	121897.188
	Smoking	0	50	0.735294	0.052463	0.632	0.838
		1	18	0.264706	0.052463	0.162	0.368

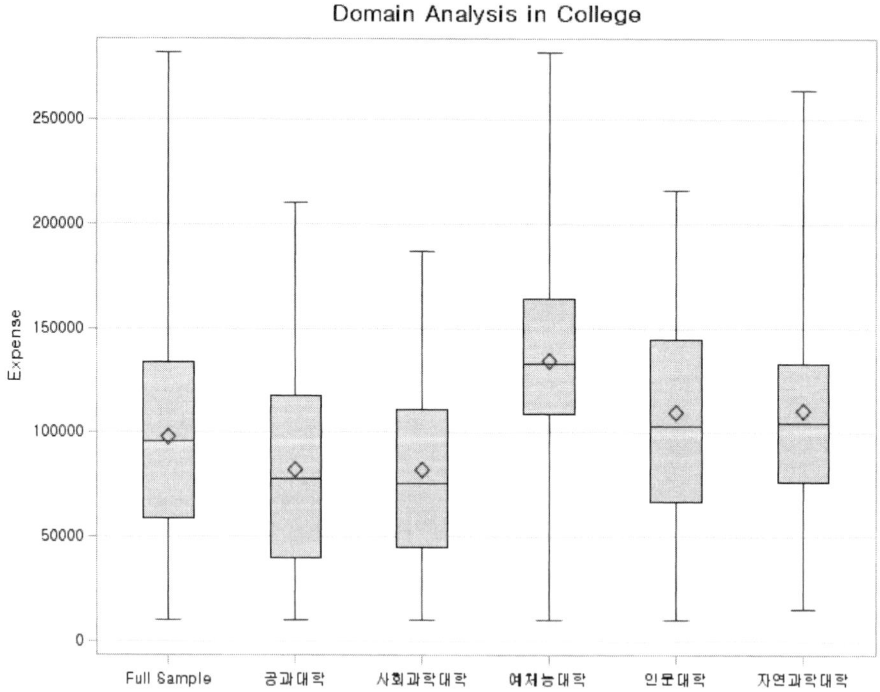

〈SAS 사례 4.3〉과 〈SAS 사례 4.4〉에서 사용한 SAS 명령문은 비복원 단순임의추출표본의 분석을 위해 사용된 명령문과 동일하고, 그 결과 역시 비복원 단순임의추출법을 가정하고 산출되는 결과와 동일하다. 따라서 이 결과의 해석을 위해서는 특별히 분산추정량을 해석하는 것에 주의가 필요하다.

서베이 통계학 분야에서는 모수 추정량과 이의 통계적 정확도를 함께 나타내기 위하여 신뢰구간이 흔히 사용되며, 특별히 비편향 분산추정량이 존재하지 않는 경우에는 추정량의 분산을 과대추정하는 분산추정량이 적용된 보수적인 신뢰구간이 고려된다.

계통추출표본의 추출을 위해서는 흔히 설계변수를 기준으로 정렬된 모집단이 사용되며, 분산추정량으로는 단순임의추출 하에서 정의되는 비편향 분산추정량이 사용된다. 이 경우 분산추정량은 일반적으로 분산을 과대추정하게 되며, 따라서 이를 이용하여 구축된 신뢰구간은 보수적인 구간으로 거의 모든 경우에서 주어진 신뢰수준을 만족하게 된다.

4.3 연습문제

1. 부록 A에 제시되어 있는 '결측이 없는 건강조사 모집단'(Health_Pop_Nomiss 데이터셋)으로부터 SAS의 SURVEYSELECT Procedure를 이용하여 1/45 계통추출표본(즉, a=45)을 추출하고, 이를 이용하여 아래의 문항에 답하시오.

(a) 표본추출과정을 요약한 SAS 출력 결과를 통해 표본추출비율(sampling fraction), 특정한 표본이 추출될 확률, 그리고 특정 개인이 추출될 확률을 제시하시오.

(b) 총 콜레스테롤의 모집단 평균과 흡연율을 추정하고 추정량의 표준오차를 제시하시오.

(c) 각 성별 흡연율을 추정하고 이의 표준오차를 제시하시오. 남녀의 흡연율에 유의한 차이가 있는지에 대한 의견을 제시하시오.

2. 먼저 '결측이 없는 건강조사 모집단'(Health_Pop_Nomiss 데이터셋)을 교육수준 변수를 이용하여 정렬한 후 1/45 계통추출표본을 추출하고, 이를 이용하여 총 콜레스테롤의 모집단 평균과 흡연율을 추정하고 추정량의 표준오차를 제시하시오.

3. 아래의 절차를 따라 계통추출법 하에서 모평균 추정량의 표본추출분포 유도하시오.

(a) 문제 1에서 사용한 정렬되지 않은 모집단으로부터 SAS의 SURVEYSELECT Procedure를 이용하여 45개의 모든 1/45 계통추출표본을 추출하고, 각 계통추출표본을 이용하여 흡연율에 대한 비편향 추정량을 구하시오.

(b) (a)에서 구한 추정량의 분포를 히스토그램을 이용하여 나타내시오.

(c) (b)의 결과를 이용하여 추정량의 기댓값과 분산을 구하시오.

4. 문제 3과 동일한 분석을 문제 2에서 사용한 정렬된 모집단에 적용하여 실시하고, 그 결과를 문제 3의 결과와 비교하시오.

4.A [부록] 식 (4.8)에 대한 증명

$N = na$의 조건하에서 가능한 계통추출표본들로부터 계산된 총합의 분산은 다음과 같이 표현된다.

$$
\begin{aligned}
S_{t_U}^2 &= \frac{1}{a-1}\sum_{r=1}^{a}(t_r - \bar{t})^2 \\
&= \frac{n}{a-1}\sum_{r=1}^{a} n\left(\bar{y}_r - \bar{y}_U\right)^2 \\
&= \frac{n}{a-1} BSS.
\end{aligned}
\tag{4.11}
$$

위의 $S_{t_U}^2$의 표현을 이용하여 계통추출 하에서의 분산은 다음과 같이 표현된다.

$$
\begin{aligned}
V_{SYS}\left(\hat{t}_{HT}\right) &= a(a-1)S_{t_U}^2 \\
&= N(SST - SSW) \\
&= N(N-1)S_{y_U}^2 - N(N-a)S_{y_w}^2 \\
&= \frac{N^2 S_{y_U}^2}{n}\left\{\frac{n(N-1)}{N} - \frac{n(N-a)}{N}(1-\delta)\right\} \\
&= \frac{N^2 S_{y_U}^2}{n}\left\{\left(1 - \frac{n}{N}\right) + (n-1)\delta\right\}
\end{aligned}
\tag{4.12}
$$

4.B [부록] R 코드

```
set.seed(8738035)
setwd("C:/Stat311/BOOK")

library(sampling)
library(survey)

# Read in a population
U_pop <- data.frame(read.csv("HU_Population.csv", header=TRUE))

# This function for selecting a systematic sample of size n from a
# population of size N.
sys.sample <- function(pop,n)
            {
```

```
          a <- ceiling(nrow(pop)/n)
          r <- sample(1:a, 1)
          sys.samp <- seq(r, r + a*(n-1), a)
          pop[sys.samp,]
         }

# Select a systematic sample and save the sample list as sam
sam <- sys.sample(U_pop,500)

# Read in the systematic sampke & survey result
sys_survey <- data.frame(read.csv("HU_sys_survey.csv",
                         header=TRUE))
sys_survey$fpc=12400

sys_design <- svydesign(id=~1,fpc=~fpc,data=sys_survey)
sys_design

svytotal(~Expense,sys_design)
svymean(~Expense,sys_design)
```

제 5 장
포아송추출법

Poisson Sampling

단순임의추출법과 계통추출법은 균등확률표본추출법으로 모집단의 모든 개체가 표본에 포함될 확률이 동일한 기본적인 표본설계이다. 이 장에서는 다양한 표본설계하에서 정의되는 추정량들의 근사분포를 유도하기 위하여 사용될 수 있는 비균등 확률표본설계(unequal probability sampling)로 포아송추출법(poisson sampling)을 살펴본다.

5.1 포아송추출법

포아송추출법에서는 모집단의 개체가 표본에 포함되는 확률은 다르나 개체의 표본 포함 여부를 나타내는 표본소속 지시함수가 서로 독립이다. 포아송추출법은 확률변수인 표본크기의 변동성 때문에 표본추출을 위해서 사용되기 보다는, 다른 비균등 확률표본설계하에서 사용되는 추정량들의 근사 분포 및 이의 통계적 성질들을 유도하기 위하여 흔히 사용되며, 비복원 확률비례추출법의 통계적 효율성을 검증하기 위하여 검토된다.

5.1.1 포아송추출법에서의 표본설계

포아송추출법을 통한 표본의 추출을 위해서는 모집단의 각 개체가 표본에 포함될 확률 $\pi_k = Pr\,(I_k \in s)$가 우선 결정되어야 한다. 여기에서 $I_k,\, k \in U$는 서로 독립인 확률변수로, $k \neq l$에 대하여 두 표본소속 지시함수의 공분산은 다음을 만족한다.

$$C_{POI}\,(I_k\ ,\ I_l) = E_{POI}\,(I_k I_l) - E_{POI}\,(I_k)\,E_{POI}\,(I_l) = 0$$

실제 표본추출은 성공확률이 $\pi_k,\ k\ \in\ U$인 N번의 독립적인 베르누이(Bernoulli) 시행을 통해 이루어진다. 즉, $\pi_1, \cdots, \pi_N$이 주어졌을 때, $\epsilon_1, \cdots, \epsilon_N$을 서로 독립인 균등분포 $Uniform(0\ ,1)$에서 추출한 후, 만약 $\epsilon_k < \pi_k$이면 개체 k를 표본에 포함하고, 그렇지 않은 경우에는 포함하지 않는 순차적인 시행을 N번 수행하여 포아송추출법을 통한 표본을 구성한다. 설명된 표본추출 과정을 통해 정의된 포아송추출법은 다음의 $p(s)$와 같다.

⟨정의 5.1⟩ 포아송추출법의 표본설계

포아송추출법을 나타내는 표본설계 $p(s),\ s \in \mathfrak{T}$는 다음과 같다.

$$p(s) = \prod_{k \in s} \pi_k \prod_{l \in U-s} (1 - \pi_l).$$

여기에서 $\mathfrak{T}$는 U의 모든 부분집합의 리스트로 크기는 2^N이며, 모든 $k \in U$에 대하여 $\pi_k > 0$을 만족한다.

포아송 표본설계하에서 표본크기 n_s는 확률변수로서 표본크기의 기댓값과 분산은 다음과 같다.

$$E_{POI}(n_s) = E_{POI}\left(\sum_{k\in U} I_k\right) = \sum_{k\in U} E_{POI}(I_k) = \sum_{k\in U} \pi_k$$

$$V_{POI}(n_s) = V_{POI}\left(\sum_{k\in U} I_k\right) = \sum_{k\in U} V_{POI}(I_k) = \sum_{k\in U} \pi_k(1-\pi_k)$$

5.1.2 SAS 사용 예 – 포아송추출

다음 사례는 12,400명의 학생 모집단 목록에서 포아송추출에 의해 학생을 추출하는 예이며, 〈표 5.1〉은 추출된 표본의 처음 3명의 자료를 제시한 것이다. 〈표 5.1〉의 SelectionProb은 π_k를, 그리고 SamplingWeight는 π_k^{-1}를 의미한다. 모집단인 Sampling.Hu_Poi_Population에는 각 개체가 표본에 포함될 확률이 변수 p로 지정되어 있다. 개체 표본포함확률 π_k의 값의 범위는 (0.05 , 0.25)이다.

〈SAS 사례 5.1〉 포아송추출

```
PROC SURVEYSELECT DATA=Sampling.Hu_Poi_Population
                  OUT=Sampling.Hu_Poi
                  METHOD=POISSON SEED=54758;
    SIZE p;
RUN;
```

- DATA=: 모집단 목록이 저장되어 있는 데이터셋을 지정한다.
- OUT=: 추출된 표본 목록이 저장될 데이터셋을 지정한다.
- METHOD=: 표본추출 방법을 지정한다(POISSON: 포아송추출).
- SIZE=: 개체표본포함확률(Inclusion Probability) 변수를 지정한다.
- SEED=: 난수 발생을 위한 초기값을 지정한다.

〈표 5.1〉 Hu_Poi 데이터셋 (일부)

OBS	IDnum	College	Department	Grade	SelectionProb	SamplingWeight
1	5302	자연과학대학	간호학과	1	0.24334	4.1095
2	5304	자연과학대학	간호학과	1	0.12370	8.0843
3	5310	자연과학대학	간호학과	1	0.21403	4.6723
4	5313	자연과학대학	간호학과	1	0.11532	8.6714
5	5316	자연과학대학	간호학과	1	0.15950	6.2696

〈표 5.2〉 SAS 사례 5.1의 출력결과

Selection Method	Poisson Sampling
Selection Probability	p
Input Data Set	HU_POI_POPULATION
Random Number Seed	54758
Total Number of Units	12400
Expected Sample Size	1861.3
Sample Size	1787
Output Data Set	HU_POI

〈표 5.2〉는 〈SAS 사례 5.1〉의 시행 후 출력된 결과로써 표본추출을 위하여 사용된 표본설계, 모집단 및 추출된 표본의 정보를 보여주고 있다. 포아송추출표본의 크기는 확률변수이며, 이 예에서 표본크기의 기댓값(expected sample size)은 $\sum_{k=1}^{12400} \pi_k = 1861.3$이나 실제 추출된 표본크기는 1,787임을 알 수 있다.

5.2 모수에 대한 추정

포아송추출하에서 정의되는 모집단 총합 및 모평균에 대한 비편향 추정량은 〈정의 2.3〉과 동일하게 다음과 같이 정의된다.

$$\text{총합}:\ \hat{t}_{HT} = \sum_{k \in s} \frac{y_k}{\pi_k}, \tag{5.1}$$

$$\text{모평균}:\ \bar{y}_{HT} = \frac{1}{N} \sum_{k \in s} \frac{y_k}{\pi_k} = \frac{\hat{t}_{HT}}{N}. \tag{5.2}$$

$$\text{모비율}:\ \bar{p}_{HT} = \frac{1}{N} \sum_{k \in s} \frac{z_k}{\pi_k}. \tag{5.3}$$

여기에서 z_k는 0과 1의 값을 갖는 이항 변수이다.

〈정리 5.1〉 포아송추출하에서 HT 추정량의 분산 및 분산추정량

포아송추출하에서 모집단 총합, 모평균, 모비율의 비편향 HT 추정량의 분산은 다음과 같다.

$$V_{POI}\left(\hat{t}_{HT}\right) = \sum_{k \in U} \left(\frac{1}{\pi_k} - 1\right) {y_k}^2, \tag{5.4}$$

$$V_{POI}\left(\bar{y}_{HT}\right) = \frac{1}{N^2}\sum_{k\in U}\left(\frac{1}{\pi_k} - 1\right) {y_k}^2, \tag{5.5}$$

$$V_{POI}\left(\hat{p}_{HT}\right) = \frac{1}{N^2}\sum_{k\in U}\left(\frac{1}{\pi_k} - 1\right) z_k. \tag{5.6}$$

(5.4)~(5.6)의 비편향 분산추정량은 다음과 같다.

$$\hat{V}_{POI}\left(\hat{t}_{HT}\right) = \sum_{k\in s}(1-\pi_k)\left(\frac{y_k}{\pi_k}\right)^2, \tag{5.7}$$

$$\hat{V}_{POI}\left(\bar{y}_{HT}\right) = \frac{1}{N^2}\sum_{k\in s}(1-\pi_k)\left(\frac{y_k}{\pi_k}\right)^2, \tag{5.8}$$

$$\hat{V}_{POI}\left(\hat{p}_{HT}\right) = \frac{1}{N^2}\sum_{k\in s}(1-\pi_k)\frac{z_k}{\pi_k^2}. \tag{5.9}$$

표본크기의 기댓값을 고정한 후, 최적의 포아송추출법을 정의하기 위한 π_k는 표본크기의 기댓값을 $\sum_{k\in U}\pi_k = n$으로 고정하고, 비편향 추정량의 분산을 최소화함으로 정의할 수 있다. 유한모집단이 주어졌을 때, $\sum_{k\in U} y_k^2$은 상수이며, 따라서 여기에서 언급한 최적화 문제는 곱의 형태인 다음의 식을 최소화하는 것과 동일하다.

$$\left(\sum_{k\in U}\frac{y_k^2}{\pi_k}\right)\left(\sum_{k\in U}\pi_k\right).$$

Cauchy-Schwartz 부등식에 의하여

$$\left(\sum_{k\in U}\frac{y_k^2}{\pi_k}\right)\left(\sum_{k\in U}\pi_k\right) \geq \left(\sum_{k\in U}y_k\right)^2$$

이며, 최솟값은 y_k/π_k가 상수일때만 만족한다. 만약, $k=1,\cdots,N$에 대하여 $y_k > 0$ 이며, $y_k \leq \sum_{l\in U} y_l/n$ 이고, 상수 λ에 대하여 $\pi_k = y_k/\lambda$를 만족하면, 최적의 π_k는 $\sum_{k\in U}\pi_k = n$의 조건하에서 다음과 같이 정의된다.

$$\pi_k = \frac{n \times y_k}{\sum_{l\in U} y_l}, \quad k = 1,\cdots,N.$$

그러나 실제 y_k는 조사를 통해서 측정이 이루어지기 때문에 표본설계 당시에는 알 수 없으며, 따라서 비편향 추정량의 분산 최소화는 이론적으로만 가능하다. 또한, 한 조사에서 고려되는 변수의 수는 일반적으로 매우 많기 때문에 한두 변수만을 기준으로 최적의 π_k를 찾는 것은 표본설계의 강건성(robustness)을 고려할 때 적절하지 않다.

만약 설계를 위한 변수로서 x_k가 추출틀에 존재하고, x_k가 조사 대상인 모든 변수와 비음(nonnegative)의 상관관계가 있는 경우에는 이를 이용하여 각 개체의 표본 포함확률을

$$\pi_k = \frac{n \times x_k}{\sum_{l \in U} x_l} \tag{5.10}$$

로 정의함으로써 포아송 표본설계의 효율성을 높일 수 있다. 식 (5.10)에 의하여 정의된 개체포함확률은 크기 x에 비례하는 (proportional to size)성질을 가지고 있으며, 이러한 표본추출법은 비복원 확률비례추출법(probability proportional sampling without replacement)의 한 종류로 생각할 수 있다.

적절한 크기 변수 x_k가 존재하는 경우에도 포아송추출법의 사용에는 주의가 필요하다. 이는 앞에서 언급한 바와 같이 표본크기가 확률변수로 변동성이 존재하고, 이러한 변동성이 비편향 추정량의 분산에 영향을 주기 때문에, 경우에 따라서는 비현실적인 추정량을 제공하는 표본을 추출할 위험이 존재한다. 이러한 표본설계의 약점을 보완하기 위한 방안으로는 편향이 존재하나 표본크기의 변동성을 고려한 다음의 편향 추정량이 사용될 수 있다.

$$\hat{t}_\pi = \frac{N}{\hat{N}} \sum_{k \in s} \frac{y_k}{\pi_k}, \tag{5.11}$$

$$\bar{y}_\pi = \frac{1}{\hat{N}} \sum_{l \in s} \frac{y_k}{\pi_k}. \tag{5.12}$$

여기에서 $\hat{N} = \sum_{k \in s} \pi_k^{-1}$이다. 추정량 (5.11)의 근사분산은 다음과 같다.

$$AV_{POI}\left(\hat{t}_\pi\right) = \sum_{k \in U} \frac{(y_k - \bar{y}_U)^2}{\pi_k} - (N-1) S_{yU}^2, \tag{5.13}$$

$$S_{yU}^2 = \frac{1}{N-1} \sum_{k \in U} (y_k - \bar{y}_U)^2 .$$

편향 추정량인 $\hat{t}_\pi$의 분산인 (5.13)의 증명은 부록에 주어져 있으며, 편향 추정량의 분산 (5.13)은 비편향 추정량의 분산보다 일반적으로 작은 것이 알려져 있다(Särndal, Swensson and Wretman, 1992).

식 (5.13)의 근사 분산에 대한 가능한 추정량으로는 다음을 고려할 수 있으며, 이는 9장과 10장에서 논의될 근사 분산추정량의 방안을 이용하여 산출되었다.

$$\hat{V}_{asy}\left(\hat{t}_\pi\right) = \left(\frac{N}{\hat{N}}\right)^2 \left(1 - \frac{n}{N}\right) \frac{n}{n-1} \sum_{k \in s} \left(\frac{y_k - \bar{y}_\pi}{\pi_k}\right)^2 \tag{5.14}$$

〈표 5.3〉 Hu_Poi_Survey 데이터셋 (첫 5개)

IDnum	College	Department	Grade	Expense	Gender	Selection Prob	Sampling Weight
5302	자연과학대학	간호학과	1	175920	1	0.24334	4.1095
5304	자연과학대학	간호학과	1	128230	1	0.12370	8.0843
5310	자연과학대학	간호학과	1	111420	1	0.21403	4.6723
5313	자연과학대학	간호학과	1	100440	2	0.11532	8.6714
5316	자연과학대학	간호학과	1	76480	2	0.15950	6.2696

5.2.1 SAS 사용 예 – 모평균 및 모비율 추정

〈표 5.3〉은 〈SAS 사례 5.1〉의 포아송추출법에 의해 표집된 558명의 학생을 조사하였다는 가정하에 작성된 가상의 데이터이다. 여기에는 〈표 5.1〉에 제시되어 있는 정보 이외에 Gender(성), Expense(학교 생활에서의 월 평균 지출액)이 포함되어 있다.

추출된 포아송 표본을 이용하여 계산되는 모평균에 대한 비편향 HT 추정량 (5.2)와 이의 표준편차 (5.8)은 다음과 같다.

$$\bar{y}_{HT} = \frac{1}{12400}\sum_{k\in s}\frac{y_k}{\pi_k} = 92,993.08,$$

$$\sqrt{\hat{V}_{POI}\left(\bar{y}_{HT}\right)} = \sqrt{\frac{1}{12400^2}\sum_{k\in s}(1-\pi_k)\left(\frac{y_k}{\pi_k}\right)^2} = 2,528.27.30.$$

SAS에서 계산되는 모평균과 모비율에 대한 추정량은 (5.12)의 $\bar{y}_\pi$로써, 모집단의 규모를 추정한 값을 이용하여 계산되며, 다음 사례는 SURVEYMEANS Procedure를 이용하여 월 평균 지출액과 성별에 대한 추정을 수행한 것이다.

〈SAS 사례 5.2〉 모평균 및 모비율 추정

```
PROC SURVEYMEANS DATA=Sampling.Hu_Poi_Survey TOTAL=12400;
     VAR Expense Gender;
     CLASS Gender;
     WEIGHT SamplingWeight;
RUN;
```

□ PROC SURVEMEANS 명령문: 모평균 및 모비율에 대한 추정을 수행한다.

- DATA=: 조사된 내용이 저장되어 있는 데이터셋을 지정한다.

〈표 5.4〉 SAS 사례 4.2의 주요 출력결과

Variable	Level	N	Mean	Std Error of Mean	95% CL for Mean	
Expense		1787	97893	1165.396878	95607.3134	100178.683
Gender	1	903	0.501364	0.012066	0.4777	0.525
	2	884	0.498636	0.012066	0.4750	0.522

- TOTAL=: 유한모집단 수정항을 정의하기 위한 N을 지정한다.

□ VAR 명령문: 평균 또는 비율 추정의 대상이 될 변수들을 나열한다.

□ CLASS 명령문: 범주형 변수들을 나열한다. 여기에 지정된 변수 중 VAR 명령문에 지정된 변수들에 대해서는 각 범주별 비율이 추정된다.

□ WEIGHT 명령문: 가중치 변수를 지정한다.

〈표 5.4〉는 〈SAS 사례 5.2〉에 의하여 수행된 결과의 일부를 나타내고 있으며 그 내용에 대한 설명은 다음과 같다.

- Level: 범주형 변수의 각 범주를 나타낸다.
- N: 응답자 수를 나타낸다.
- Mean: 모평균에 대한 추정치를 나타낸다. 즉, 지출액 평균이 97,893원으로 추정된다. 범주형 변수에 대해서는 범주별 모비율의 추정치를 나타낸다.
- Std Error of Mean: 모평균(비율) 추정량에 대한 표준오차를 나타낸다.
- 95% CL for Mean: 모평균(비율)에 대한 95% 신뢰구간을 나타낸다.

동일한 표본을 이용하여 계산된 비편향 추정량 $\bar{y}_{HT}$와 편향 추정량 $\bar{y}_{\pi}$과 추정량들의 분산추정량이 매우 다르게 나타나는 것을 알 수 있다. 특히, 분산추정량을 살펴볼 때 $\bar{y}_{alt}$의 근사 분산추정량의 값이 상대적으로 매우 작음을 알 수 있다. 이는 표본크기의 변동을 고려한 편향 추정량이 상대적으로 이를 고려하지 않은 비편향 추정량보다 효율적이기 때문이다.

5.3 베르누이추출법

베르누이추출법(Bernoulli sampling)은 포아송추출법을 정의하기 위하여 사용된 개체 포함확률이 $\pi_k = \pi$ 로, 모든 $k = 1, \cdots, N$에 대하여 상수인 표본설계이다. 즉, 베르누이추출법은 포아송추출법의 특별한 경우로 이해할 수 있으나, 또한 그 자체로도 표본설계

이론의 정립을 위하여 사용된 중요한 표본추출법이다. 베르누이추출법하에서 표본소속 지시함수 $I_1, I_2, \cdots, I_N$은 서로 독립이며, 동일한 분포를 갖는 확률변수로서 확률분포는 다음과 같다.

$$P(I_k = 1) = \pi, \quad P(I_k = 0) = 1 - \pi.$$

표본소속 지시함수의 확률분포를 이용하여 정의되는 베르누이 표본설계의 정의는 다음과 같다.

⟨정의 5.2⟩ 베르누이추출법의 표본설계

베르누이추출법을 나타내는 표본설계 $p(s)$, $s \in \mathfrak{T}$는 다음과 같다.

$$p(s) = \pi^{n_s}(1 - \pi)^{N - n_s}.$$

여기에서 $\mathfrak{T}$는 U의 모든 부분집합의 리스트로 크기는 2^N이다.

포아송 표본추출법에서와 마찬가지로 표본크기 n_s는 확률변수이며, 그 기댓값과 분산은 다음과 같다.

$$E_{BER}(n_s) = N\pi, \quad V_{BER}(n_s) = N\pi(1 - \pi).$$

95% 신뢰수준하에서 $N = 10,000$일 때 표본크기 n_s에 대한 근사 한계오차는 $1.96 \times 100\sqrt{\pi(1-\pi)}$으로, $\pi = 0.5$일 때 모집단 크기의 약 5%에 해당한다. 이는 표본크기의 변동이 유의하게 발생할 수 있으며, 따라서 베르누이 표본을 이용한 추정량의 변동 역시 증가할 수 있음을 의미한다.

5.3.1 SAS 사용 예 – 베르누이추출

다음 사례는 12,400명의 학생 모집단 목록에서 베르누이추출에 의해 학생을 추출하는 예이며, ⟨표 5.5⟩는 추출된 표본의 일부를 제시한 것이다. 모집단은 포아송추출을 위하여 사용된 Sampling.Hu_Poi_Population이 사용되었으며, 추출율은 $\pi = 0.05$로 모든 학생에 대하여 동일하다.

⟨SAS 사례 5.3⟩ 베르누이추출

```
PROC SURVEYSELECT DATA=Sampling.Hu_Poi_Population
                  OUT=Sampling.Hu_Ber
                  METHOD=BERNOULLI SAMPRATE=0.05 SEED=54758;
RUN;
```

〈표 5.5〉 Hu_Ber 데이터셋 (처음 5개)

OBS	IDnum	College	Department	Grade
1	5316	자연과학대학	간호학과	1
2	5335	자연과학대학	간호학과	1
3	5347	자연과학대학	간호학과	1
4	5387	자연과학대학	간호학과	2
5	5427	자연과학대학	간호학과	3

〈표 5.6〉 SAS 사례 4.1의 출력결과

Selection Method	Bernoulli Sampling
Input Data Set	HU_POI_POPULATION
Random Number Seed	54758
Selection Probability	0.05
Total Number of Units	12400
Expected Sample Size	620
Sample Size	557
Sampling Weight	20
Adjusted Sampling Weight	22.26212
Output Data Set	HU_BER

- DATA=: 모집단 목록이 저장되어 있는 데이터셋을 지정한다.
- OUT=: 추출된 표본 목록이 저장될 데이터셋을 지정한다.
- METHOD=: 표본추출 방법을 지정한다(BERNOULLI: 베르누이추출).
- SAMPRATE=: 개체표본포함확률(Inclusion Probability) 동일하게 추출율 값을 지정한다.
- SEED=: 난수 발생을 위한 초기값을 지정한다. 초기값을 같은 값으로 유지하면 매번 동일한 표본 목록이 추출된다.

베르누이추출의 표본크기는 확률변수이며, 이 예에서 표본크기의 기댓값은 $n \times \pi = 620$이나 실제 추출된 표본의 크기는 557임을 알 수 있다. 〈표 5.6〉의 Sampling Weight는 표본크기의 기댓값을 이용하여 12,400/620=20으로 계산되었으며, Adjusted Sampling Weight는 실제 추출된 표본의 크기인 557를 이용하여 12,400/557=22.26212로 계산되었다.

베르누이 표본설계하에서 정의되는 모집단 총합, 모평균, 모비율에 대한 비편향 추정량은 다음과 같다.

$$\text{총합}: \ \hat{t}_{HT} = \frac{1}{\pi}\sum_{k\in s} y_k \tag{5.15}$$

$$\text{모평균}: \ \bar{y}_{HT} = \frac{1}{N\pi}\sum_{k\in s} y_k \tag{5.16}$$

$$\text{모비율}: \ \hat{p}_{HT} = \frac{1}{N\pi}\sum_{k\in s} z_k \tag{5.17}$$

여기에서 정의된 비편향 추정량의 분산 및 분산추정량은 다음의 정리와 같다.

⟨정리 5.2⟩ 베르누이추출하에서 추정량의 분산 및 분산추정량

베르누이추출추출하에서 모집단 총합, 모평균, 모비율의 비편향 HT 추정량의 분산은 다음과 같다.

$$V_{BER}\left(\hat{t}_{HT}\right) = \left(\frac{1}{\pi} - 1\right)\sum_{k\in U} {y_k}^2, \tag{5.18}$$

$$V_{BER}\left(\bar{y}_{HT}\right) = \frac{1}{N^2}\left(\frac{1}{\pi} - 1\right)\sum_{k\in U} {y_k}^2, \tag{5.19}$$

$$V_{BER}\left(\hat{p}_{HT}\right) = \frac{1}{N^2}\left(\frac{1}{\pi} - 1\right)\sum_{k\in U} z_k. \tag{5.20}$$

(5.18)~(5.20)의 비편향 분산추정량은 다음과 같다.

$$\hat{V}_{BER}\left(\hat{t}_{HT}\right) = \frac{1}{\pi}\left(\frac{1}{\pi} - 1\right)\sum_{k\in s} {y_k}^2, \tag{5.21}$$

$$\hat{V}_{BER}\left(\bar{y}_{HT}\right) = \frac{1}{N^2}\frac{1}{\pi}\left(\frac{1}{\pi} - 1\right)\sum_{k\in s} {y_k}^2, \tag{5.22}$$

$$\hat{V}_{BER}\left(\hat{p}_{HT}\right) = \frac{1}{N^2}\frac{1}{\pi}\left(\frac{1}{\pi} - 1\right)\sum_{k\in s} z_k. \tag{5.23}$$

⟨정리 5.2⟩은 ⟨정리 5.1⟩의 결과에 $\pi_k = \pi$를 적용하여 얻어진다. 앞에서 언급한 바와 같이 베르누이 표본추출법하에서 확률변수인 표본크기가 비편향 추정량의 분산을 증가시킬 수 있기 때문에, 모집단 총합에 대한 비편향 추정량 대신 포아송추출 표본시 고려된 다음의 편향 추정량을 고려할 수 있다.

$$\hat{t}_{\pi} = N\left(\frac{\sum_{k\in s} y_k}{n_s}\right) = N\bar{y}_s. \tag{5.24}$$

편향 추정량 (5.24)는 베르누이 표본설계하에서 모든 개체가 표본에 포함될 확률이 π로 동일한 균등확률 표본설계임을 고려하여, 표본 평균에 모집단 크기를 곱한 형태로 정의되었다. 표본크기의 기댓값을 $E_{BER}(n_s) = N\pi = n$으로 정의할 때, $\hat{t}_\pi$은 다음과 같이 표현된다.

$$\hat{t}_\pi = \frac{n}{n_s}\hat{t}_{HT}.$$

즉, $\hat{t}_\pi$는 베르누이추출법이 갖는 표본크기의 변동으로 인한 $\hat{t}_{HT}$의 추가적인 변동성을 보정하는 추정량으로 이해할 수 있다. 편향 추정량 $\hat{t}_\pi$의 근사 분산은 다음과 같다.

$$AV_{BER}\left(\hat{t}_\pi\right) = N\left(\frac{1}{\pi} - 1\right)S_{yU}^2 = N^2\left(\frac{1}{n} - \frac{1}{N}\right)S_{yU}^2. \tag{5.25}$$

위 식은 만약 베르누이추출법을 적용하되 표본크기가 $N\pi = n$인 표본만을 고려한다면, 단순임의추출법하에서 정의되는 비편향 추정량의 통계적 성질은 베르누이추출법하에서 정의되는 $\hat{t}_\pi$과 근사적으로 일치함을 의미한다. 이러한 근사적인 관계는 포아송추출법과 비균등 표본추출법 사이에도 적용할 수 있으며, 이를 근거로 조건부 포아송추출법을 이용한 비균등 추출법의 근사분포가 이론적으로 유도되었다. 보다 상세한 내용은 Fuller(2009)를 참고하면 된다. 식 (5.25)에 주어진 근사 분산에 대한 추정량으로는 다음을 고려할 수 있다.

$$\hat{V}_{asy}\left(\hat{t}_\pi\right) = N^2\left(\frac{1}{n} - \frac{1}{N}\right)S_{ys}^2. \tag{5.26}$$

(5.18)에 주어진 비편향 추정량의 분산은 $n = N\pi$의 조건과 $cv_y = S_{yU}/\bar{y}_U$를 이용하여

$$V_{BER}\left(\hat{t}_{HT}\right) = N^2\left(\frac{1}{n} - \frac{1}{N}\right)S_{yU}^2\left[1 - \frac{1}{N} + \frac{1}{cv_y^2}\right]. \tag{5.27}$$

로 표현할 수 있고, 따라서 두 추정량의 분산의 비는 다음과 같이 정의된다.

$$\frac{V_{BER}\left(\hat{t}_{HT}\right)}{AV_{BER}\left(\hat{t}_\pi\right)} = 1 + \frac{1}{cv_y^2} \geq 1. \tag{5.28}$$

즉 베르누이 표본설계하에서는 비편향 추정량의 분산이 $\hat{t}_\pi$의 분산보다 크며, 그 정도는 관심변수의 변동계수에 의하여 결정된다. 두 추정량의 비교를 위해서는 $\hat{t}_\pi$의 편향도 고려되어야 하나, 일반적으로 비편향 추정량의 분산이 상대적으로 크다는 것이 경험적으로 알려져 있어, 포아송 표본설계에서와 마찬가지로 베르누이 표본설계 하에서는 $\hat{t}_\pi$의 사용이 주로 고려된다.

추출된 베르누이 표본을 이용하여 계산되는 모평균에 대한 비편향 HT 추정량 (5.16)과 이의 분산추정량 (5.22)는 다음과 같다.

$$\bar{y}_{HT} = \frac{1}{(12400)(0.05)}\sum_{k\in s} y_k = 87,183.44.$$

$$\sqrt{\hat{V}_{BER}(\bar{y}_{HT})} = \sqrt{\frac{1}{12400^2}\frac{1}{0.05}\left(\frac{1}{0.05}-1\right)\sum_{k\in s} {y_k}^2} = 4,091.25.$$

SAS에서 계산되는 모평균과 모비율에 대한 추정량은 $\bar{y}_s$로써 단순 표본평균과 같으며, 다음 사례는 SURVEYMEANS Procedure를 이용하여 월 평균 지출액과 성별에 대한 추정을 수행한 것이다.

⟨SAS 사례 5.4⟩ 모평균 및 모비율 추정

```
PROC SURVEYMEANS DATA=Sampling.Hu_Ber_Survey TOTAL=12400;
     VAR Expense Gender;
     CLASS Gender;
RUN;
```

□ PROC SURVEMEANS 명령문: 모평균 및 모비율에 대한 추정을 수행한다.

- DATA=: 조사된 내용이 저장되어 있는 데이터셋을 지정한다.
- TOTAL=: 유한모집단 수정항을 정의하기 위한 N을 지정한다.

□ VAR 명령문: 평균 또는 비율 추정의 대상이 될 변수들을 나열한다.

□ CLASS 명령문: 범주형 변수들을 나열한다. 여기에 지정된 변수 중 VAR 명령문에 지정된 변수들에 대해서는 각 범주별 비율이 추정된다.

⟨표 5.7⟩에 제시된 내용들의 설명은 ⟨표 5.4⟩와 같다. 포아송추출법에서와 마찬가지로 비편향 추정량 $\bar{y}_{HT}$와 편향 추정량 $\bar{y}_s$ 및 이들의 분산추정량 값의 차이가 있음을 알 수 있다. 특히, 이 예에서 편향 추정량인 $\bar{y}_s$의 분산추정량이 상대적으로 비편향 추정량 $\bar{y}_{HT}$의 분산추정량보다 유의하게 작게 나타나고 있으며, 그 원인은 포아송추출법에서와 마찬가지로 표본크기의 변동때문이다.

⟨표 5.7⟩ SAS 사례 4.2의 주요 출력결과

Vriable	Level	N	Mean	Std Error of Mean	95% CL for Mean	
Expense		557	97044	2170.253869	92781.4995	101307.298
Gender	1	297	0.533214	0.020677	0.4926	0.574
	2	260	0.466786	0.020677	0.4262	0.507

5.4 연습문제

1. 식 (5.27)와 (5.28)를 증명하시오.

2. 부록 A에 제시되어 있는 '결측이 없는 건강조사 모집단'(Health_Pop_Nomiss 데이터셋)으로부터 SAS의 SURVEYSELECT Procedure를 이용하여 크기의 기댓값이 $E_{POI}(n_s) = 500$인 포아송 표본을 추출하는 경우를 고려하자. 포아송추출법을 적용하기 위하여 모집단자료를 이용하여 다음과 같이 각 개체의 추출확률을 먼저 작성하시오. 포아송 표본을 추출하고 다음의 문제에 답하시오.

$$\pi_k = \frac{x_k \times 500}{28,451.50}.$$

(a) 총 콜레스테롤의 모집단 평균과 고혈압 유병율의 **비편향 추정량**을 구하고, 비편향 추정량들의 표준오차를 제시하시오.

(b) 총 콜레스테롤의 모집단 평균과 고혈압 유병율의 **편향 추정량**을 구하고, 비편향 추정량들의 표준오차를 제시하시오.

(c) (a)와 (b)의 결과를 비교하시오.

3. 부록 A에 제시되어 있는 '결측이 없는 건강조사 모집단'(Health_Pop_Nomiss 데이터셋)으로부터 SAS의 SURVEYSELECT Procedure를 이용하여 추출율(sampling rate)이 11%인 베르누이 표본을 추출하고 다음의 문항에 답하시오.

(a) 표본크기 n_s의 기댓값과 분산을 구하시오.

(b) 총 콜레스테롤의 모집단 평균과 고혈압 유병율의 **비편향 추정량**을 구하고, 비편향 추정량들의 표준오차를 제시하시오.

(c) 총 콜레스테롤의 모집단 평균과 고혈압 유병율의 **편향 추정량**을 구하고, 비편향 추정량들의 표준오차를 제시하시오.

(d) (b)와 (c)의 결과를 비교하시오.

5.A [부록] 정리에 대한 증명

5.A.1 ⟨정리 5.1⟩에 대한 증명

모집단 총합에 대한 HT 추정량의 분산은 다음과 같이 유도할 수 있다.

$$
\begin{aligned}
V_{POI}\left(\hat{t}_{HT}\right) =& V_{POI}\left(\sum_{k\in U}\frac{y_k}{\pi_k}I_k\right) \\
=& \sum_{k\in U}\frac{y_k^2}{\pi_k^2}V_{POI}\left(I_k\right) \\
=& \sum_{k\in U}\frac{y_k^2}{\pi_k^2}\pi_k\left(1-\pi_k\right) \\
=& \sum_{k\in U}\left(\frac{1}{\pi_k}-1\right)y_k^2.
\end{aligned}
\tag{5.29}
$$

식 (5.7)의 분산추정량의 기댓값은 다음과 같다.

$$
\begin{aligned}
E_{POI}\left[V_{POI}\left(\hat{t}_{HT}\right)\right] &= \sum_{k\in U}\left(1-\pi_k\right)\frac{y_k^2}{\pi_k^2}E_{POI}\left(I_k\right) \\
&= \sum_{k\in U}\left(1-\pi_k\right)\frac{y_k^2}{\pi_k^2}\pi_k \\
&= \sum_{k\in U}\left(\frac{1}{\pi_k}-1\right)y_k^2 \\
&= V_{POI}\left(\hat{t}_{HT}\right).
\end{aligned}
\tag{5.30}
$$

모평균 및 모비율의 분산의 계산과 분산추정량의 비편향성 증명은 위의 결과로부터 바로 유도할 수 있다.

5.A.1 식 (5.12)에 대한 증명

테일러 근사를 이용하여 $\hat{t}_{alt}/\hat{N}$의 선형 근사는 다음과 같이 유도된다.

$$
\begin{aligned}
\frac{\hat{t}_\pi}{\hat{N}} =& \frac{t}{N}+\frac{0-t}{N^2}\left(\hat{N}-N\right)+\frac{1}{N}\left(\hat{t}-t\right) \\
=& \frac{t}{N}+\frac{1}{N}\left(\hat{t}-\frac{\hat{N}}{N}t\right) \\
=& \frac{t}{N}+\frac{1}{N}\sum_{k\in s}\frac{1}{\pi_k}\left(y_k-\bar{y}_U\right).
\end{aligned}
\tag{5.31}
$$

여기에서 $\hat{N} = \sum_{k\in s} \pi_k^{-1}$, $t = \sum_{k\in U} y_k$이다. $N\hat{t}_\pi$의 선형 근사를 이용하여 유도되는 근사분산은 다음과 같다.

$$\begin{aligned} V_{POI}\left(\hat{t}_\pi\right) &\approx V_{POI}\left(\sum_{k\in U} \frac{y_k - \bar{y}_U}{\pi_k} I_k\right) \\ &= \sum_{k\in U} \left(\frac{y_k - \bar{y}_U}{\pi_k}\right)^2 V_{POI}\left(I_k\right) \\ &= \sum_{k\in U} \left(\frac{y_k - \bar{y}_U}{\pi_k}\right)^2 \pi_k \left(1 - \pi_k\right) \\ &= \sum_{k\in U} \frac{\left(y_k - \bar{y}_U\right)^2}{\pi_k} - \sum_{k\in U} \left(y_k - \bar{y}_U\right)^2. \end{aligned} \tag{5.32}$$

5.B [부록] R 코드

```
set.seed(8738035)
setwd("C:/Stat311/BOOK")

library(sampling)
library(survey)

################################################################
### Poisson sampling ###########################################
################################################################

# Read in population
pop <- data.frame(read.csv("HU_Poisson_Population.csv",
                  header=TRUE))

# Selec a poisson sample
poisson_id <- ifelse(runif(nrow(pop)) < pop$p,1,0)
poisson    <- pop[cbind(pop,poisson_id)$poisson_id ==1,]

#Read in survey data
poi_survey <- data.frame(read.csv("HU_Poi_Survey.csv",
                         header=TRUE))
poi_survey$fpc=12400
```

```
# Calculate the estimator of the population mean(proportion)
poi_design <- svydesign(id=~1,fpc=~fpc,weight=~SamplingWeight,
                        data=poi_survey)
poi_design

svymean(~Expense+Gender,poi_design)
svymean(~Expense+factor(Gender),poi_design)

#############################################################
### Bernoulli sampling ######################################
#############################################################

# Selec a Bernoulli sample
ber_id <- ifelse(runif(nrow(pop)) < 0.05,1,0)
ber    <- pop[cbind(pop,ber_id)$ber_id ==1,]

#Read in survey data
ber_survey <- data.frame(read.csv("HU_ber_Survey.csv",
                         header=TRUE))
ber_survey$fpc=12400
ber_survey$SamplingWeight=20

# Calculate the estimator of the population mean(proportion)
ber_design <- svydesign(id=~1,fpc=~fpc,weight=~SamplingWeight,
                        data=ber_survey)
ber_design

svymean(~Expense+Gender,ber_design)
svymean(~Expense+factor(Gender),ber_design)
```

제 6 장
층화단순임의추출법

Stratified Simple Random Sampling

모집단 대표성을 갖춘 표본(representative sample)을 추출하기 위해서는 추출틀에 주어진 이용 가능한 정보를 활용하는 것이 바람직하다. 예를 들어, 제4장에서 고려한 계통추출법의 경우, 추출틀에 주어진 적절한 변수를 이용하여 모집단을 정렬하고, 이로부터 표본을 추출함으로써 표본의 대표성을 확보하고, 이를 통해 추정량의 분산을 줄일 수 있음을 살펴보았다. 이 장에서는 보조정보(auxiliary information)를 활용한 대표적인 표본설계로, 일정 규모 이상의 서베이에서 흔히 사용되는 층화추출법(stratified random sampling)을 살펴본다.

6.1 층화추출법

층화추출은 모집단 U를 서로 겹치지 않는 여러 개의 층 U_h로 분할한 후, 각 층으로부터 독립적인 표본을 추출함으로 이루어진다. 이러한 층화추출법을 적용하기 위해서는 추출틀에 층화(stratification)를 위한 변수의 값이 주어져야 한다. 예를 들어, 사업체 조사의 경우에는 사업체의 산업분류와 규모가 흔히 층화변수로 고려되며, 따라서 이러한 변수들에 대한 정보가 추출틀에 포함되어 있어야 한다. 다른 예로서는 가구 조사에서 지역과 주택유형 등을 이용한 층화추출법이 있다.

6.1.1 층화추출법의 표본설계

위에서 언급한 바와 같이 층화추출을 위해서 먼저 모집단 U는 H개의 서로 중복되지 않는 크기가 N_h인 층(stratum), U_h로 분할되어야 한다. ⟨표 6.1⟩은 층화된 모집단을 표현하기 위하여 사용되는 기호들을 나타낸다. 여기에서 U_h와 N_h는 각각 h번째 모집단 층과 해당 층의 모집단 크기를 나타내며, 따라서 전체 모집단과 그 크기는 $U = \cup_{h=1}^{H} U_h$와 $N = \sum_{h=1}^{H} N_h$로 표기할 수 있다. 서로 다른 H개의 층들은 서로 겹치지 않기 때문에 모든 $h \neq h'$에 대하여 $U_h \cap U_{h'} = \emptyset$을 만족한다.

층화추출은 각 층으로부터 독립적으로 표본을 추출함으로서 이루어진다. h번째 층으로부터 추출된 크기가 n_h인 확률표본을 s_h로 표기하며, 따라서 층화추출표본은 H개의

⟨표 6.1⟩ 층화 모집단의 구조

층 번호	1	2	$\cdots$	H
모집단	U_1	U_2	$\cdots$	U_H
모집단 크기	N_1	N_2	$\cdots$	N_H

독립확률표본의 합집합인 $s = \cup_{h=1}^{H} s_h$로 정의된다. 또한, 표본크기는 각 층의 표본크기의 합인 $n = \sum_{h=1}^{H} n_h$이다.

⟨정의 6.1⟩ 층화추출법의 표본설계

크기가 $N = \sum_{h=1}^{H} N_h$인 모집단 $U = \cup_{h=1}^{H} U_h$로부터 크기가 $n = \sum_{h=1}^{H} n_h$인 표본 $s = \cup_{h=1}^{H} s_h$를 추출하는 층화추출 표본설계의 정의는 다음과 같다.

$$p(s) = \prod_{h=1}^{H} p_h(s_h). \tag{6.1}$$

여기에서 $p_h(s_h)$는 층 h로부터의 표본 s_h를 추출하기 위해 사용된 표본설계를 나타내며, s_h를 추출하기 위하여 단순임의추출법이 사용된 경우의 $p_h(s_h)$는 아래와 같다.

$$p_h(s_h) = \begin{cases} \binom{N_h}{n_h}^{-1}, & \text{if } s_h \in \mathfrak{T}_{n_h}, \\ 0, & \text{otherwise.} \end{cases} \tag{6.2}$$

여기에서 $\mathfrak{T}_{n_h}$는 크기가 n_h인 U_h의 모든 부분집합으로 구성된 집합(set)을 나타낸다.

일정 규모 이상의 서베이에서 층화추출법이 흔히 사용되는 첫 번째 이유는 이를 통해 모집단 대표성을 갖춘 표본을 얻을 수 있기 때문이다. 표본의 모집단 대표성은 추정량의 효율성과 직접적으로 관련되어 있다. 층내 개체간 이질성을 최소화하는 층화를 통해 모집단 대표성이 높은 층화추출표본을 추출할 수 있으며, 이를 통해 모든 가능한 층화추출표본으로부터 계산되어지는 비편향 추정량의 표본추출분포의 분산을 줄일 수 있다.

두 번째로 층화추출법은 특정 부모집단 추정을 위해서 사용된다. 각 부모집단별 추정량의 효율성을 표본설계 단계에서 조정하기 위해서 층과 부모집단이 일치하도록 층을 구성하고, 부모집단에 대한 추정량에 요구는 통계적 정확성에 부합하는 층별 표본크기를 결정하게 된다.

마지막으로 층화추출법은 서베이 설계의 유연성을 높이기 위해 사용된다. 층화표본추출법 하에서는 서로 다른 표본추출법과 조사 도구 등이 각 층에 적용될 수 있다. 예를 들어, 농장을 대상으로 하는 서베이에서 대형 농장과 소형 농장의 층을 구성한 후, 대형 농장의 층에서는 농장 자체를, 소형 농장의 층에서는 일정 규모의 지역(area)을 추출단위로 설정하여, 지나치게 규모가 작은 농장을 직접 추출할 경우 발생할 수 있는 추출단위 간 변동을 줄일 수 있다. 또한 각 층의 구조에 따라서 층별 자료수집 도구, 예컨대 전화조사 혹은 면접조사 등의 방법을 차별하여 적용할 수 있다.

이 장에서는 각 층으로부터 단순임의추출표본이 추출되는 층화단순임의추출법(stratified simple random sampling)을 고려하였으며, 보다 복잡한 형태의 층화추출표본의 설계 및 분석을 위해서는 제 9장의 내용을 참조하면 된다.

6.1.2 SAS 사용 예 – 층화단순임의추출법

다음 ⟨SAS 사례 6.1⟩은 12,400명의 학생 모집단 목록에서 층화단순임의추출에 의해 500명의 학생을 추출하는 예이다. 이 예에서는 단과대학과 학년을 층 변수로 고려하였으며, 결과적으로 총 20개의 층이 구성되었다. 즉, 단과대학과 학년을 층화를 위한 변수로 사용함으로 단순임의추출법을 통해 표본을 추출할 경우에 발생할 수 있는 일부 단과대학 소속 혹은 일부 학년의 학생들이 표본에 포함되지 않는 상황을 배제할 수 있다.

층화추출을 수행하기 위해서는 먼저 각 층별로 추출될 표본크기가 우선 정의되어야 한다. 이를 표본배분이라고 하는데 6.3절에서 자세히 다룬다. ⟨표 6.2⟩는 각 단과대학×학년별 20개 층에 대하여 표본크기가 정의되어 있는 데이터셋의 예이다. 이 예에서 표본크기는 대략 각 층별 모집단 크기에 비례하도록 되어 있다.

⟨표 6.2⟩ Strata_Size 데이터셋

OBS	College	Grade	_TOTAL_	SampleSize
1	공과대학	1	1140	46
2	공과대학	2	1140	46
3	공과대학	3	1140	46
4	공과대학	4	1140	46
5	사회과학대학	1	640	26
6	사회과학대학	2	640	26
7	사회과학대학	3	640	26
8	사회과학대학	4	640	26
9	예체능대학	1	505	20
10	예체능대학	2	505	20
11	예체능대학	3	505	20
12	예체능대학	4	505	20
13	인문대학	1	390	16
14	인문대학	2	390	16
15	인문대학	3	390	16
16	인문대학	4	390	16
17	자연과학대학	1	425	17
18	자연과학대학	2	425	17
19	자연과학대학	3	425	17
20	자연과학대학	4	425	17

여기에서 변수 _TOTAL_은 각 층별 모집단 크기가 저장되어 있는 변수이며, 변수 SampleSize는 각 층별 표본크기가 정의되어 있는 변수이다. SAS의 SURVEYSELECT Procedure를 사용하여 층화추출 및 모수에 대한 추정을 수행할 경우, 이 예에서와 같이 별도의 데이터셋에 모집단 크기와 표본크기를 각각 _TOTAL_과 SampleSize라는 변수 이름으로 저장해 두어야 한다.

⟨SAS 사례 6.1⟩ 층화추출

```
PROC SORT DATA=Sampling.Hu_Population;
     BY College Grade;
RUN;

PROC SORT DATA=Sampling.Strata_Size;
     BY College Grade;
RUN;

PROC SURVEYSELECT DATA=Sampling.Hu_Population
                  SAMPSIZE=Sampling.Strata_Size
                  OUT=Sampling.Hu_Strata
                  METHOD=SRS SEED=54758;
     STRATA College Grade;
RUN;
```

□ SORT Procedure: 층화추출을 위해서는 모집단 목록과 층별 표본크기가 저장되어 있는 두 데이터셋이 사전에 층 변수들에 의하여 정렬되어 있어야 한다. 그렇지 않을 경우 SORT Procedure를 이용하여 정렬을 수행해야 한다.

□ PROC SURVEYSELECT 명령문

- DATA=: 모집단 목록이 저장되어 있는 데이터셋을 지정한다.
- SAMPSIZE=: 각 층별 표본크기가 정의되어 있는 데이터셋을 지정한다. 이 데이터셋에는 층 변수들이 포함되어 있어야 하고, 층별 표본크기를 나타내는 변수는 반드시 SampleSize 또는 _NSIZE_라는 이름을 가져야 한다.
- OUT=: 추출된 표본 목록이 저장될 데이터셋을 지정한다.
- METHOD=: 표본추출 방법을 지정한다(SRS: 단순임의추출).
- SEED=: 난수 발생을 위한 초기값을 지정한다. 초기값을 같은 값으로 유지하면 매번 동일한 표본 목록이 추출된다.

□ STRATA 명령문: 층 변수들을 지정한다.

〈표 6.3〉 SAS 사례 6.1의 결과 – Hu_Strata 데이터셋 (일부)

OBS	College	Grade	IDnum	Department	SelectionProb	SamplingWeight
1	공과대학	1	5832	전기공학	0.040351	24.7826
2	공과대학	1	5847	전기공학	0.040351	24.7826
3	공과대학	1	5877	전기공학	0.040351	24.7826
4	공과대학	1	5888	전기공학	0.040351	24.7826
5	공과대학	1	5893	전기공학	0.040351	24.7826
···	···	···	···	···	···	···
496	자연과학대학	4	5274	응용통계	0.04	25
497	자연과학대학	4	5285	응용통계	0.04	25
498	자연과학대학	4	5477	간호학과	0.04	25
499	자연과학대학	4	5480	간호학과	0.04	25
500	자연과학대학	4	5800	임상병리	0.04	25

〈표 6.3〉은 층화추출법에 의하여 추출된 표본의 일부를 제시한 것이다. 이 예에서 SelectionProb로 표기된 표본포함확률(표본추출률) π_k는 평균적으로는 대략 500/12,400=4.04% 이지만 각 층별로는 조금씩 다르다. 예를 들어 '공과대학·1학년' 층의 표본포함확률은 46/1,140=4.04% 이고, '자연과학대학·4학년' 층의 표본포함확률은 17/425=4.00%이다.

참고로 SURVEYSELECT Procedure에 의하여 추출된 데이터셋에 포함되어 있는 변수 SelectionProb는 이 책의 개체 표본포함확률(inclusion probability)을 나타내며 Sampling-Weight는 이의 역수로써 표본에 포함된 각 개체가 대표하는 모집단에서의 개체수를 나타낸다.

6.2 모수에 대한 추정

층화추출표본을 이용한 모수 추정은 두 단계에 걸쳐 이루어진다. 첫 번째 단계에서는 각 층별 모수의 추정이 이루어지고, 두 번째 단계에서는 각 층별로 산출된 추정량의 가중합을 통해 최종 추정량이 산출된다.

〈정리 6.1〉 층화단순임의추출하에서의 모수 추정

각 층으로부터 크기가 n_h인 단순임의추출표본을 추출하는 층화단순임의추출하에서 정의되는 각 관심 모수별 비편향 HT 추정량은 다음과 같다.

$$\text{총합 : } \hat{t}_{HT} = \sum_{k\in s} \frac{y_k}{\pi_k} = \sum_{h=1}^{H} \sum_{k\in s_h} \frac{N_h}{n_h} y_k = \sum_{h=1}^{H} N_h \bar{y}_{s_h}. \tag{6.3}$$

$$\text{모평균}: \ \bar{y}_{HT} = \frac{1}{N}\sum_{k\in s}\frac{y_k}{\pi_k} = \sum_{h=1}^{H}\frac{N_h}{N}\bar{y}_{s_h} = \sum_{h=1}^{H} W_h \bar{y}_{s_h}. \tag{6.4}$$

$$\text{모비율}: \ \hat{p}_{HT} = \frac{1}{N}\sum_{k\in s}\frac{z_k}{\pi_k} = \sum_{h=1}^{H}\frac{N_h}{N}\bar{z}_{s_h} = \sum_{h=1}^{H} W_h \hat{p}_{s_h}. \tag{6.5}$$

여기에서 $W_h = N^{-1}N_h$는 층 h의 모집단 상대크기를, $\bar{y}_{s_h} = n_h^{-1}\sum_{k\in s_h} y_k$는 h번째 층의 표본평균을, 그리고 $\hat{p}_{s_h} = n_h^{-1}\sum_{k\in s_h} z_k$는 h번째 층의 표본비율을 나타낸다.

층화단순임의추출하에서는 각 층으로부터 크기가 n_h인 단순임의추출 표본이 독립적으로 추출되기 때문에, ⟨정리 6.1⟩에서와 같이 h번째 층에 속한 모든 개체는 동일한 표본포함확률 $\pi_k = n_h/N_h$를 갖는다.

⟨정리 6.2⟩ 층화단순임의추출하에서의 분산 및 분산추정량

층화단순임의추출하에서 ⟨정리 6.1⟩의 비편향 추정량에 대한 분산과 이의 추정량은 다음과 같다.

$$V_{STR}\left(\hat{t}_{HT}\right) = \sum_{h=1}^{H} N_h^2\left(1-\frac{n_h}{N_h}\right)\frac{S_{yU_h}^2}{n_h} \tag{6.6}$$

$$V_{STR}\left(\bar{y}_{HT}\right) = \sum_{h=1}^{H} W_h^2\left(1-\frac{n_h}{N_h}\right)\frac{S_{yU_h}^2}{n_h} \tag{6.7}$$

$$V_{STR}\left(\hat{p}_{HT}\right) = \sum_{h=1}^{H} W_h^2\,\frac{N_h-n_h}{N_h-1}\,\frac{p_h\left(1-p_h\right)}{n_h} \tag{6.8}$$

$$\hat{V}_{STR}\left(\hat{t}_{HT}\right) = \sum_{h=1}^{H} N_h^2\left(1-\frac{n_h}{N_h}\right)\frac{S_{ys_h}^2}{n_h} \tag{6.9}$$

$$\hat{V}_{STR}\left(\bar{y}_{HT}\right) = \sum_{h=1}^{H} W_h^2\left(1-\frac{n_h}{N_h}\right)\frac{S_{ys_h}^2}{n_h} \tag{6.10}$$

$$\hat{V}_{STR}\left(\hat{p}_{HT}\right) = \sum_{h=1}^{H} W_h^2\left(1-\frac{n_h}{N_h}\right)\frac{\hat{p}_{s_h}\left(1-\hat{p}_{s_h}\right)}{n_h-1} \tag{6.11}$$

여기에서 $p_h = N^{-1}\sum_{k\in U_h} z_k$는 층 h에서 정의되는 모비율을 나타내며, $S_{yU_h}^2$과 $S_{ys_h}^2$은 관심 변수의 층 h에서의 모분산과 표본분산으로 각각 다음과 같다.

$$S_{yU_h}^2 = \frac{1}{N_h-1}\sum_{k\in U_h}\left(y_k-\bar{y}_{U_h}\right)^2 \ , \ S_{ys_h}^2 = \frac{1}{n_h-1}\sum_{k\in s_h}\left(y_k-\bar{y}_{s_h}\right)^2 .$$

〈정리 6.2〉의 식들은 단순임의추출하에서의 식 (2.7)~(2.9)와 각 층으로부터 독립적인 표본이 추출되는 층화추출법의 성질에 의하여 유도된다. 〈정리 6.2〉로부터 비편향 HT 추정량의 분산은 각 층별 분산의 가중합이며, 따라서 효율적인 층화추출표본을 얻기 위해서는 개체들의 층내 분산을 최소화할 수 있도록 모집단을 층화해야 함을 알 수 있다. 이러한 층화 방안은 제4장의 계통추출법에서 고려한 가능한 표본 내의 분산을 최대화하도록 모집단을 정렬하는 것과 동일한 맥락에서 이해할 수 있다.

계통추출의 경우 a개의 가능한 표본들 중 단 하나를 선택하기 때문에 추정량의 분산은 각 표본 간 분산으로 표현되며, 따라서 표본 내 분산을 최대화하여야 대표성이 높은 표본을 얻을 수 있다. 반면 각 층으로부터 독립적인 표본을 추출하는 층화추출에서는 층내 분산을 최소화하고 층간 분산을 최대화함으로써 모집단에 존재하는 다양한 개체들을 표본에 포함시킬 수 있고, 이를 통해 표본의 대표성을 높일 수 있다.

〈예 6.1〉 층화단순임의추출하에서의 추정

층화단순임의추출하에서의 추정량과 분산추정량의 성질을 살펴보기 위하여 〈표 6.4〉의 모평균과 모비율이 각각 $\bar{y}_U = 28.39$와 $p = 0.43$이며, 크기가 $N = 23$인 모집단을 고려하자. 층화단순임의추출 표본을 얻기 위하여 각 층으로부터 $n_h = 2$개씩의 개체를 추출한 결과는

〈표 6.4〉 $N = 23$인 모집단

h	k	y	z	h	k	y	z
	1	20	0		1	30	0
	2	21	1		2	25	0
	3	22	0	3	3	28	1
1	4	25	1		4	26	1
	5	23	0		5	33	0
	6	26	0		평균	28.40	$p = 0.40$
	7	21	1		분산	10.30	$p(1-p) = 0.24$
	8	25	1		1	33	0
	평균	22.88	$p = 0.50$		2	32	0
	분산	4.98	$p(1-p) = 0.25$		3	36	1
	1	30	1	4	4	42	1
2	2	24	0		5	36	0
	3	28	0		6	36	0
	평균	27.33	$p = 0.33$		7	31	1
	분산	9.33	$p(1-p) = 0.22$		평균	35.14	$p = 0.43$
					분산	13.48	$p(1-p) = 0.24$

〈표 6.5〉 표 6.4에서 추출된 표본

h	k	y	z
1	2	21	1
	5	23	0
	평균	22.0	$\hat{p}_{s_1} = 0.5000$
	분산	2.0	$\hat{p}_{s_1}(1-\hat{p}_{s_1}) = 0.2500$
2	1	30	1
	3	28	0
	평균	29.0	$\hat{p}_{s_2} = 0.5000$
	분산	2.0	$\hat{p}_{s_2}(1-\hat{p}_{s_2}) = 0.2500$
3	1	30	0
	4	26	1
	평균	28.0	$\hat{p}_{s_3} = 0.5000$
	분산	8.0	$\hat{p}_{s_3}(1-\hat{p}_{s_3}) = 0.2500$
4	2	32	0
	4	42	1
	평균	37.0	$\hat{p}_{s_4} = 0.5000$
	분산	50.0	$\hat{p}_{s_4}(1-\hat{p}_{s_4}) = 0.2500$

〈표 6.5〉와 같다. 식 (6.4)와 (6.5)를 이용하여 계산되는 모평균과 모비율에 대한 비편향 HT 추정량은 다음과 같으며,

$$\bar{y}_{HT} = \sum_{h=1}^{H} W_h \bar{y}_{s_h} = 28.78, \quad \hat{p}_{HT} = \sum_{h=1}^{H} W_h \hat{p}_{s_h} = 0.50.$$

추출된 표본으로부터 계산된 추정량의 값은 실제 모집단의 값보다는 크게 나타나고 있다.

모평균 및 모비율의 비편향 HT 추정량의 분산추정량은 다음과 같이 계산된다.

$$\hat{V}_{STR}(\bar{y}_{HT}) = \sum_{h=1}^{H} W_h^2 \left(1 - \frac{n_h}{N_h}\right) \frac{S_{ys_h}^2}{n_h} = 1.86,$$

$$\hat{V}_{STR}(\hat{p}_{HT}) = \sum_{h=1}^{H} W_h^2 \left(1 - \frac{n_h}{N_h}\right) \frac{\hat{p}_{s_h}(1-\hat{p}_{s_h})}{n_h - 1} = 0.048.$$

참고로 식 (6.7)과 (6.8)을 통해 계산되는 추정량의 분산은 각각 $V_{STR}(\bar{y}_{HT}) = 0.84$과 $V_{STR}(\hat{p}_{HT}) = 0.028$로서, 추출된 표본으로부터 계산된 분산추정량의 값보다는 작게 나타나고 있다.

HT 추정량과 식 (6.9)~(6.11)에 주어진 분산추정량들은 비편향 추정량이기 때문에, 모든 가능한 $\binom{8}{2} \times \binom{3}{2} \times \binom{5}{2} \times \binom{7}{2} = 17,640$개의 층화 단순임의추출표본을 이용하여 비편향 HT 추정량과 분산추정량을 유도하고, 이의 기댓값을 취하면 추정하고자 하는 모수와 일치하게 된다.

〈표 6.6〉 Hu_Stara_Survey 데이터셋 (일부)

IDnum	College	Department	Grade	Gender	Smoking	Expense	Strata_Weight
5832	공과대학	전기공학	1	1	0	27000	24.7826
5847	공과대학	전기공학	1	1	1	77000	24.7826
5877	공과대학	전기공학	1	2	0	23000	24.7826
5888	공과대학	전기공학	1	2	0	63000	24.7826
5893	공과대학	전기공학	1	1	1	71000	24.7826
...	...	...	...	...	...	...	...
5247	자연과학	응용통계	4	1	0	66000	25
5285	자연과학	응용통계	4	2	0	153000	25
5477	자연과학	간호학과	4	1	0	140000	25
5480	자연과학	간호학과	4	1	0	135000	25
5800	자연과학	임상병리	4	2	0	76000	25

6.2.1 SAS 사용 예 – 비율 추정

〈표 6.6〉은 층화단순임의추출에 의해 표집된 500명의 학생을 조사하였다는 가정하에 작성된 가상의 데이터이다. 여기에서 변수 Strata_Weight는 각 층별 추출률의 역수로서 표본개체들의 가중치를 나타낸다.

나음 〈SAS 사례 6.2〉는 SURVEYFREQ Procedure를 이용하여 이 데이터셋의 변수 Smoking(흡연 여부)에 대한 비율 추정을 수행한 것이다.

〈SAS 사례 6.2〉 비율 추정

```
PROC SURVEYFREQ DATA=Sampling.Hu_Strata_Survey
                TOTAL=Sampling.Strata_Size;
     STRATA College Grade / LIST;
     TABLES Smoking Gender*Smoking;
     WEIGHT Strata_Weight;
RUN;
```

□ PROC SURVEYFREQ 명령문

- DATA=: 소사된 내용이 저장되어 있는 데이터셋을 지정한다.
- TOTAL=: 각 층별 모집단 크기가 정의되어 있는 데이터셋을 지정한다. 이 데이터셋에는 층 변수들이 포함되어 있어야 하고, 층별 모집단 크기를 나타내는 변수는 반드시 _TOTAL_라는 이름을 가져야 한다(표 6.2 참조).

〈표 6.7〉 SAS 사례 6.2의 주요 출력 결과

Table of Smoking					
Smoking	Frequency	Weighted Frequency	Std Dev of Wgt Freq	Percent	Std Err of Percent
0	350	8678	247.93865	69.9823	1.9995
1	150	3722	247.93865	30.0177	1.9995
Total	500	12400	0	100.000	

□ STRATA 명령문: 층 변수들을 지정한다. 여기에는 LIST(층별 표본크기 테이블을 출력) 옵션을 지정할 수 있다.

□ TABLES 명령문: 비율 추정에 사용될 범주형 변수들을 나열한다. 여기에는 CL(신뢰구간을 출력) 및 ALPHA=(유의수준을 설정, 기본값=0.05) 등의 옵션을 지정할 수 있다. 또한 'Gender*Smoking'과 같이 지정함으로써 층 변수가 아닌 관심변수에 대하여 도메인 분석을 수행할 수도 있다.

□ WEIGHT 명령문: 가중치 변수를 지정한다.

〈SAS 사례 6.2〉의 주요 출력 결과들을 설명하면 다음과 같다(표 6.7 참조).

- Frequency: 표본에서 조사된 빈도를 나타낸다. 즉, 500명 중 150명이 흡연 여부에 '예'라고 응답하였음을 알 수 있다.
- Weighted Frequency: 모집단 빈도의 추정량을 나타낸다. 즉, 12,400명 중 3,722명이 흡연하고 있는 것으로 추정된다.
- Std Dev of Wgt Freq: 모집단 빈도의 추정량에 대한 표준편차를 나타낸다.
- Percent: 모비율에 대한 추정치를 나타낸다. 즉, 흡연율이 30.0%로 추정된다.
- Std Err of Percent: 모비율 추정량에 대한 표준오차를 나타낸다.

6.2.2 SAS 사용 예 – 평균 추정

다음 〈SAS 사례 6.3〉은 SURVEYMEANS Procedure를 이용하여 지출액(Expanse)에 대한 평균과 흡연 여부에 대한 비율 추정을 수행한 것이다.

〈SAS 사례 6.3〉 평균 추정

```
PROC SURVEYMEANS DATA=Sampling.Hu_Strata_Survey
                 TOTAL=Sampling.Strata_Size;
```

```
      STRATA College Grade / LIST;
      CLASS Smoking;
      VAR Expense Smoking;
      WEIGHT Strata_Weight;
RUN;

PROC SURVEYMEANS DATA=Sampling.Hu_Strata_Survey
                 TOTAL=Sampling.Strata_Size;
      STRATA College Grade / LIST;
      CLASS Smoking;
      VAR Expense Smoking;
      DOMAIN Gender College Grade College*Gender Grade*Gender;
      WEIGHT Strata_Weight;
RUN;
```

□ PROC SURVEYMEANS 명령문

- DATA=: 조사된 내용이 저장되어 있는 데이터셋을 지정한다.
- TOTAL=: 각 층별 모집단 크기가 정의되어 있는 데이터셋을 지정한다. 이 데이터셋에는 층 변수들이 포함되어 있어야 하고, 층별 모집단 크기를 나타내는 변수는 반드시 _TOTAL_라는 이름을 가져야 한다(표 6.2 참조).

□ STRATA 명령문: 층 변수들을 지정한다. 여기에는 LIST(층별 표본크기 테이블을 출력) 옵션을 지정할 수 있다

□ CLASS 명령문: 범주형 변수들을 나열한다. 여기에 지정된 변수 중 VAR 명령문에 지정된 변수들에 대해서는 각 범주별 비율이 추정된다.

□ VAR 명령문: 평균 또는 비율 추정의 대상이 될 변수들을 나열한다.

□ DOMAIN 명령문: 도메인 변수 및 그들의 조합을 지정한다.

□ WEIGHT 명령문: 가중치 변수를 지정한다.

⟨SAS 사례 6.3⟩의 주요 출력 결과들을 설명하면 다음과 같다(표 6.8 참조). 출력 결과에는 평균 추정의 대상이 되는 변수 Expense(지출액)의 분포도 및 상자그림(box-plot) 등도 함께 제시된다.

- Level: 범수형 변수의 각 범주를 나타낸다.
- N: 응답자 수를 나타낸다.
- Mean: 모평균에 대한 추정치를 나타낸다. 즉, 지출액 평균이 97,576원으로 추정된다. 범주형 변수에 대해서는 범주별 비율을 나타낸다.

〈표 6.8〉 SAS 사례 6.3의 주요 출력 결과

Vriable	Level	N	Mean	Std Error of Mean	95% CL for Mean	
Expense		500	97576	2148.785688	93354.1741	101798.552
Smoking	0	350	0.699823	0.019995	0.6605	0.739
	1	150	0.300177	0.019995	0.2609	0.339

Domain Statistics in Gender							
Gender	Variable	Level	N	Mean	Std Error of Mean	95% CL for Mean	
1	Expense		283	95313	2880.414423	89653.2928	100972.852
	Smoking	0	152	0.536851	0.029057	0.4798	0.594
		1	131	0.463149	0.029057	0.4061	0.520
2	Expense		217	100529	3479.500923	93692.3909	107366.262
	Smoking	0	198	0.912456	0.018673	0.8758	0.949
		1	19	0.087544	0.018673	0.0509	0.124

- Std Error of Mean: 모평균(모비율) 추정량에 대한 표준오차를 나타낸다.
- 95% CL for Mean: 모평균(모비율) 추정량에 대한 95% 신뢰구간을 나타낸다. 즉, $97,576 \pm 1.96 \times 2,193 = (93,266,\ 101,886)$.

6.3 표본배분 및 표본크기

층화추출을 위해서는 우선적으로 전체 표본크기 및 이의 표본배분(sample allocation) 방안이 결정되어야 한다. 이 절에서는 전체 표본크기 n이 주어졌을 때 사용할 수 있는 표본배분 방안과 주어진 표본배분방안 하에서 표본크기를 결정하는 문제를 살펴본다.

6.3.1 최적배분, 네이만배분, 비례배분

전통적으로 표본배분을 위해서는, 주어진 비용의 제약하에 고려된 비편향 추정량의 분산을 최소화거나, 동일하게 주어진 추정량 분산의 허용한계 조건을 만족하는 동시에 비용을 최소화하는 방안이 고려된다. 표본크기와 비용의 관계를 나타내기 위하여 일반적으로 사용되는 관계식은 아래와 같다.

$$C = c_0 + \sum_{h=1}^{H} c_h n_h. \tag{6.12}$$

여기에서 c_0은 표본배분 방안에 의존하지 않는 고정비용이며, c_h는 층 h에서 한 개체로부터의 자료수집을 위해 사용되는 비용을 나타낸다.

최적배분(optimal allocation)은 전체 비용 C가 주어졌을 때 모수 추정량의 분산을 최소화함으로 이루어진다. 관심 모수를 모집단 총합 혹은 모평균으로 고려할 경우에 추정량의 분산은 적절한 A_h와 B를 이용하여

$$V = \sum_{h=1}^{H} \frac{A_h}{n_h} + B \tag{6.13}$$

로 표현할 수 있다. 이 장에서 고려하고 있는 층화단순임의추출 하에서 모집단 총합의 HT 추정량의 분산을 나타내는 A_h와 B는 각각 $A_h = N_h^2 S_{yU_h}^2$와 $B = -\sum_{h=1}^{H} N_h S_{yU_h}^2$로 정의된다.

주어진 비용의 제약하에서 추정량의 분산을 최소화하는(주어진 추정량의 분산 제약하에서 비용을 최소화하는) 표본 배분은 방안은 식 (6.12)과 (6.13)의 비용 및 분산의 표현을 이용하여 다음과 같이 유도된다.

$$n_{h,opt} \propto \left(\frac{A_h}{c_h}\right)^{1/2}. \tag{6.14}$$

표본크기에 대한 $\sum_h n_h = n$의 조건과 층화단순임의추출의 가정하에서 유도되는 최적배분은, 따라서, 다음과 같다.

$$n_{h,opt} = n \times \frac{N_h S_{yU_h}/\sqrt{c_h}}{\sum_{l=1}^{H} N_l S_{yU_l}/\sqrt{c_l}}. \tag{6.15}$$

최적배분은 층 내 추출단위의 수와 관심 변수의 분산이 크고, 자료수집 비용이 적은 층에 상대적으로 많은 표본을 배분하는 방안이다. 실제 조사에서는 관심변수 y의 분산을 알 수 없기 때문에, 이와 밀접한 관계가 있으며 서베이 이전에 정보가 주어진 설계변수를 이용하여 표본배분이 실시될 수 있다.

자료수집 비용 c_h가 모든 층에 대하여 동일할 때 식 (6.15)는 다음과 같이 표현되며 이는 네이만배분(Neyman allocation)으로 알려져 있다.

$$n_{h,neyman} = n \times \frac{N_h S_{yU_h}}{\sum_{l=1}^{H} N_l S_{yU_l}}. \tag{6.16}$$

최적배분과는 달리 비용 c_h가 모든 층에 대하여 동일하기 때문에, 네이만배분 방법은 모집단의 층 크기와 관심변수의 분산에만 의존한다.

층별 자료수집 비용과 더불어 분산이 모두 동일하다고 가정할 수 있을 때 사용할 수 있는 표본배분 방법은 비례배분(proportional allocation) 으로 다음과 같다.

$$n_{h,prop} = n \times \frac{N_h}{\sum_{l=1}^{H} N_l}. \tag{6.17}$$

비례배분의 경우 각 층별 표본크기는 층별 모집단 크기에 비례한다.

6.3.2 보정배분 방안

앞에서 설명한 최적배분, 네이만배분, 비례배분은 층별 자료수집 비용 및 분산에 대한 적절한 가정 하에서 모두 최선의, 즉 비용의 제약 하에 추정량의 분산을 최소화하는 배분 방안이다.

이러한 최선의 표본배분 방안 이외에 실제 층화표본추출을 위해서 다음의 여러 보정된 표본배분 방안들이 또한 사용된다.

□ 제곱근 배분(square root allocation)

$$n_h = n \frac{\sqrt{N_h}}{\sum_{l=1}^{H} \sqrt{N_l}}. \tag{6.18}$$

□ 부모집단 배분(subpopulation allocation)

$$n_h = n \frac{n_h^*}{\sum_{l=1}^{H} n_l^*}, \quad n_h^* = \frac{z_{\alpha/2}^2 S_{yU_h}^2}{e_h^2 + \frac{z_{\alpha/2}^2 S_{yU_h}^2}{N_h}}. \tag{6.19}$$

여기에서 e_h는 층 h에 부여된 모평균 $\bar{y}_U$에 대한 추정량의 한계 허용오차를 나타내고, $z_{\alpha/2}$는 표준정규확률변수 Z가 $Pr\left\{Z > z_{\alpha/2}\right\} = \alpha/2$를 만족하는 값이다.

□ 최소-최대 배분(mini-max allocation)

$$n_h = \begin{cases} n_{min} & , \text{ if } N_h < A, \\ n_h^0 & , \text{ if } A \le N_h \le B, \\ n_{max} & , \text{ if } N_h > B. \end{cases} \tag{6.20}$$

여기에서 A와 B는 모집단 크기를 기준으로 층을 분류하기 위하여 정해진 값이며, n_h^0는 미리 결정된 표본배분 방법을 통해 산출된 표본크기를 나타낸다. 예를 들어, n_h^0을 결정하기 위해서는 비례배분 혹은 제곱근 배분이 사용될 수 있다.

층간 모집단 크기에 차이가 많은 경우에 제곱근 배분과 최소-최대 배분이 흔히 사용된다. 이는 비례배분이 적용될 경우, 지나치게 많은 혹은 적은 수의 표본이 배분되는 층이 발생할 수 있고, 이로 인하여 야기되는 극단 가중치의 발생과 도메인 추정량의 낮은 효율성 문제를 최소화하기 위해서이다.

부모집단 배분은 서베이를 통해 분석하고자 하는 부모집단이 층으로 구성된 경우, 부모집단 추정량에 요구되는 통계적 정도를 만족하는 층별 표본크기를 산출하고, 이를 기준으로 비용의 제약하에서 층별로 추출될 표본수를 재배분하는 방법이다. 각 층별로 요구되는 한계 허용오차 e_h와 분산 $S_{yU_h}^2$이 동일하며 유한모집단 보정항을 무시할 수 있다면, 주어진 부모집단 배분은 모든 층에 동일한 수의 개체를 배분하는 균등배분(equal allocation)이 된다. 즉, 균등배분은 아래와 같이 정의된다.

$$n_{h,equal} = n \times \frac{1}{H}. \tag{6.21}$$

⟨예 6.2⟩ 표본배분

앞에서 설명된 표본배분 방안들을 ⟨예 6.1⟩에서 고려한 모집단에 적용하여 산출된 결과는 다음과 같다. 전체 표본크기는 $n = 8$이며, y의 층별 분산을 안다고 가정하였다. 또한 최적배분을 위하여 사용한 각 층별 조사비용은 $c_1 = 5$, $c_2 = 16$, $c_3 = 25$, $c_4 = 100$이다. 4개의 층간 모집단 크기에 차이가 나지 않기 때문에 비례배분 결과와 제곱근배분의 결과가 유사하게 나타나고 있음을 확인할 수 있다.

				배분 방안			
층	N_h	c_h	$S^2_{yu_h}$	최적 배분	네이만 배분	비례 배분	제곱근 배분
1	8	5	4.98	4	2	3	2
2	3	16	9.33	1	1	1	2
3	5	25	10.30	2	2	2	2
4	7	100	13.48	1	3	2	2

일반적으로 층이 세분화될수록, 즉 더 많은 보조정보(auxiliary information)가 층화를 위해 사용될수록 층화추출 표본의 대표성과 효율성은 높아진다. 따라서 전체 비용이 허락하는 범위 내에서 층의 수는 늘리고, 층 내에서 추출되는 표본크기를 최소화하는 표본배분 방안이 고려되는 것이 바람직하다. 그러나, 이 경우 각 층의 표본크기에 의존하는 분산 추정량의 안정성을 고려하여 층의 수와 층별 표본크기를 조정하여야 하며, 특별히 층내 개체들의 유사도가 높지 않은 경우에는 일정 수준 이상의 표본크기를 각 층에 배분하는 방안을 함께 고려해야 한다.

6.3.3 SAS 사용 예 – 표본배분

다음 ⟨SAS 사례 6.4⟩는 12,400개의 모집단 목록에서 500명의 표본을 추출하는 표본설계 하에서, 비례배분과 네이만배분을 각각 수행하는 예이다. 이 예에서는 단과대학과 학년을 층 변수로 고려하였다.

〈표 6.9〉 Hu_Var 데이터셋

OBS	College	Grade	_VAR_
1	공과대학	1	228
2	공과대학	2	215
3	공과대학	3	196
4	공과대학	4	216
5	사회과학대학	1	218
6	사회과학대학	2	292
7	사회과학대학	3	223
8	사회과학대학	4	258
9	예체능대학	1	181
10	예체능대학	2	371

OBS	College	Grade	_VAR_
11	예체능대학	3	254
12	예체능대학	4	227
13	인문대학	1	192
14	인문대학	2	193
15	인문대학	3	256
16	인문대학	4	214
17	자연과학대학	1	336
18	자연과학대학	2	350
19	자연과학대학	3	286
20	자연과학대학	4	228

네이만배분을 수행하기 위해서는 보조변수의 층별 분산이 저장되어 있는 데이터셋이 요구된다. 〈표 6.9〉는 사전에 어떤 보조변수의 층별 분산이 알려져 있다는 가정하에서 작성된 예이다. 또한 최적배분을 수행하기 위해서는 층별 비용이 저장되어 있는 데이터셋이 추가로 요구된다.

〈SAS 사례 6.4〉 표본배분

```
PROC SURVEYSELECT DATA=Sampling.Hu_Population N=500
                  OUT=Sampling.Alloc_Prop;
     STRATA College Grade / ALLOC=PROP NOSAMPLE;
RUN;

PROC SURVEYSELECT DATA=Sampling.Hu_Population N=500
                  OUT=Sampling.Alloc_Neyman;
     STRATA College Grade / ALLOC=NEYMAN NOSAMPLE
                            VAR=Sampling.Hu_Var;
RUN;
```

□ PROC SURVEYSELECT 명령문

- DATA=: 모집단 목록이 저장되어 있는 데이터셋을 지정한다.
- OUT=: 표본배분의 결과가 저장될 데이터셋을 지정한다.
- N=: 정해진 표본크기를 지정한다.

□ STRATA 명령문: 층 변수들을 나열한다.

- NOSAMPLE: 표본추출을 수행하지 않는다. 이 옵션이 지정되지 않으면 표본추출이 수행되어 추출된 표본 목록이 OUT= 데이터셋에 저장된다.
- ALLOC=: 표본배분 방법을 지정한다. 비례배분=PROP(PROPORTIONAL), 네이만 배분=NEYMAN, 최적배분=OPT(OPTIMAL).
- VAR=: 보조변수의 분산이 저장되어 있는 데이터셋을 지정한다. 이 데이터셋에는 층 변수들이 포함되어 있어야 하고, 층별 분산을 나타내는 변수는 반드시 _VAR_이라는 이름을 가져야 한다.
- COST=: 비용이 저장되어 있는 데이터셋을 지정한다. 이 데이터셋에는 층 변수들이 포함되어 있어야 하고, 층별 비용을 나타내는 변수는 반드시 _COST_라는 이름을 가져야 한다.

〈표 6.10〉 SAS 사례 6.4의 결과 – Alloc_Neyman 데이터셋

OBS	College	Grade	Total	Variance	Alloc Proportion	SampleSize	Actual Proportion
1	공과대학	1	1140	228	0.090049	45	0.090
2	공과대학	2	1140	215	0.087444	44	0.088
3	공과대학	3	1140	196	0.083491	42	0.084
4	공과대학	4	1140	216	0.087647	44	0.088
5	사회과학대학	1	640	218	0.049433	25	0.050
6	사회과학대학	2	640	292	0.057211	28	0.056
7	사회과학대학	3	640	223	0.049996	25	0.050
8	사회과학대학	4	640	258	0.053777	27	0.054
9	예체능대학	1	505	181	0.035542	18	0.036
10	예체능대학	2	505	371	0.050884	25	0.050
11	예체능대학	3	505	254	0.042103	21	0.042
12	예체능대학	4	505	227	0.039803	20	0.040
13	인문대학	1	390	192	0.028270	14	0.028
14	인문대학	2	390	193	0.028343	14	0.028
15	인문대학	3	390	256	0.032643	16	0.032
16	인문대학	4	390	214	0.029845	15	0.030
17	자연과학대학	1	425	336	0.040754	20	0.040
18	자연과학대학	2	425	350	0.041594	21	0.042
19	자연과학대학	3	425	286	0.037599	19	0.038
20	자연과학대학	4	425	228	0.033571	17	0.034

⟨표 6.10⟩은 네이만배분에 의하여 수행된 표본배분의 결과를 제시한 것이다. 여기에서 변수 SampleSize는 할당된 층별 표본크기를 나타낸다. 또한 변수 Alloc Proportion은 식 (6.16)에 의하여 계산된 할당 비율을 나타내며, Actual Proportion는 실제의 할당 비율을 나타낸다.

6.3.4 표본배분 방법이 주어졌을 때의 전체 표본크기

표본배분 방법이 주어졌을 때 전체 표본크기는 추정량의 허용 오차한계를 이용하여 산출될 수 있다. 예를 들어, 최적배분이 표본배분 방법으로 사용될 경우에 상대 표본크기 n_h/n는

$$\frac{n_h}{n} = \frac{N_h S_{yU_h}/\sqrt{c_h}}{\sum_{l=1}^{H} N_l S_{yU_l}/\sqrt{c_l}} \tag{6.22}$$

이다. 주어진 표본배분 방법을 통해 주어진 n_h/n 값을 이용하여 층화단순임의추출법 하에서 모집단 총합의 비편향 HT 추정량의 분산은 다음과 같이 표현할 수 있다.

$$V_{STR}\left(\hat{t}_{HT}\right) \le \frac{1}{n}\sum_{h=1}^{H}\frac{n}{n_h}N_h^2 S_{yU_h}^2 =: \frac{\nu}{n}. \tag{6.23}$$

위 식의 부등호는 유한모집단 수정항을 고려하지 않았기 때문에 성립된다. 또한 식에서 사용된 ν는 상수로서 다음과 같이 정의되는 값이며, 이의 계산을 위해 필요한 n/n_h 값은 주어진 표본배분 방법에 의하여 식 (6.22)으로터 얻을 수 있다.

$$\nu = \sum_{h=1}^{H}\frac{n}{n_h}N_h^2 S_{yU_h}^2.$$

모집단 총합에 대한 HT 추정량의 분산에 대한 허용한계오차 e가 주어졌을 때 (6.23) 로부터 표본크기는 다음과 같이 계산된다.

$$n = \frac{z_{\alpha/2}^2 \nu}{e^2}. \tag{6.24}$$

최적표본배분 방법 이외의 다른 표본배분 방안이 적용되었을 때 역시 동일한 방법을 통해 n_h/n와 ν값을 정의함으로 전체 표본크기를 산출할 수 있다.

6.4 사후층화 추정량

표본의 대표성 확보를 위해 사용되는 층화추출법은 층화를 위해 필요한 변수의 정보가 모든 추출단위에 대하여 추출틀에 완벽하게 주어진 경우에만 사용할 수 있다. 그러나 이러한 변수들의 부분적인 정보만이 이용가능한 경우에는 이를 추정단계에서 활용하여 비편향

HT 추정량보다 효율적인 추정량을 정의할 수 있다. 이러한 부분적인 보조정보를 활용한 대표적인 추정량이 사후층화 추정량(poststratified estimator)이다.

이 절에서는 단순임의추출법하에서 정의되는 사후층화 추정량에 대하여 살펴본다. 사후층화 추정량의 정의를 위해 ⟨표 6.1⟩에서 고려한 동일한 형태의 모집단을 고려하자. 그러나 각 개체가 속한 층에 대한 정보는 추출틀에 주어지지 않아 층화추출법을 통한 표본추출이 가능하지 않은 경우를 여기에서 고려한다. 각 개체가 속한 층에 대한 정보는 표본이 추출된 이후 측정이 이루어진 개체에서만 수집되며, 이러한 이유에서, 즉, 층 정보가 서베이 사후에 주어진다는 의미에서 이러한 층을 사후 층(post-stratum)이라 정의한다.

6.4.1 추정량과 분산

사후층화 추정량은 사후 층에 대한 부분적인 모집단 정보인 사후 층의 모집단 분포 $(N_1, N_2, \cdots, N_H)$가 서베이 외부로부터 주어졌을 때 사용될 수 있다. 예를 들어, 전국 단위 개인 조사를 위해 이용 가능한 추출틀로 가구 리스트가 주어진 경우, 각 가구 내 가구원의 성별 혹은 연령대 등은 추출틀에 주어지지 않으나, 서베이 시점의 성별 및 연령대별 전국 분포는 통계청 등의 정부 자료를 통해 알 수 있고, 이를 활용하여 사후층화 추정량을 구할 수 있다.

⟨정리 6.3⟩ 단순임의추출하에서의 사후층화 추정량

단순임의추출하에서 주어진 모집단 정보 $(N_1, N_2, \cdots, N_H)$를 활용한 모집단 총합과 모평균의 사후층화 추정량은 다음과 같다.

$$\text{총합}: \ \hat{t}_{post} = \sum_{h=1}^{H} N_h \bar{y}_{s_h}. \tag{6.25}$$

$$\text{모평균}: \ \bar{y}_{post} = \sum_{h=1}^{H} \frac{N_h}{N} \bar{y}_{s_h} = \sum_{h=1}^{H} W_h \bar{y}_{s_h}. \tag{6.26}$$

여기에서 $W_h = N_h/N$이며 $\bar{y}_{s_h}$는 h번째 사후 층의 표본평균을 나타낸다.

단순임의표본추출하에서 정의된 식 (6.26)의 사후층화 추정량은 다음과 같이 표현될 수 있다.

$$\bar{y}_{post} = \sum_{h=1}^{H} \frac{N_h}{N} \sum_{i=1}^{n_h} \frac{y_{hi}}{n_h} = \frac{1}{w_{\cdot\cdot}} \sum_{h=1}^{H} \sum_{i=1}^{n_h} w_{hi} y_{hi}. \tag{6.27}$$

여기에서 w_{hi}와 $w_{..}$은 각각 다음을 나타낸다.

$$w_{hi} = \frac{N_h}{n_h}, \quad w_{..} = \sum_{h=1}^{H}\sum_{i=1}^{n_h} w_{hi} \Big(= N \Big). \tag{6.28}$$

식 (6.27)를 통해 모평균의 사후층화 추정량은 개별 관측치 y_{hi}에 대한 가중평균으로도 정의될 수 있음을 알 수 있다. 이와 유사하게 모집단 총합에 대한 추정량도 다음과 같이 가중합으로 정의될 수 있다.

$$\hat{t}_{post} = \sum_{h=1}^{H} N_h \sum_{i=1}^{n_h} \frac{y_{hi}}{n_h} = \sum_{h=1}^{H}\sum_{i=1}^{n_h} w_{hi} y_{hi} \tag{6.29}$$

이때, 개별 관측치 y_{hi}(또는 z_{hi})에 부여되는 w_{hi}를 사후층화 가중치(poststratified weight)라고 한다. 즉, 단순임의추출법을 통해 계산되는 기본 가중치는 N/n이며, 사후층화 가중치는 이에 일종의 조정계수인 $(N_h/N)(n/n_h)$을 곱하여 계산된다.

한편, 각 셀(층)별로 가중치가 산출된다는 보다 일반적인 의미에서 w_{hi}를 셀 가중치(cell weight)라고도 한다. 즉, 셀 가중법(cell weighting method)은 (사후)층의 정의를 위해 사용된 변수들의 조합을 통해 생성되는 각 셀(층)별 추출률을 계산할 수 있을 때, 각 셀(층)별 추출률의 역수를 가중치로 적용하여 모수에 대한 추정을 수행하는 방법을 지칭한다.

⟨정리 6.3⟩의 사후층화 추정량은 층화단순임의추출하에서 정의된 비편향 추정량과 일치하나, 표본추출을 위해 사용된 표본설계가 다르기 때문에 추정량의 확률추출분포는 동일하지 않다. 다음 ⟨정리 6.4⟩는 사후층화 추정량의 근사분산과 이의 가능한 추정량을 나타내고 있다.

⟨정리 6.4⟩ 단순임의추출하에서 사후층화 추정량의 분산 및 분산추정량

단순임의추출하에서 정의된 사후층화 추정량 (6.25)과 (6.26)의 근사분산은 아래와 같다.

$$AV_{SRS}\left(\hat{t}_{post}\right) = N^2 \left(1 - \frac{n}{N}\right) \frac{1}{n} \sum_{h=1}^{H} \frac{N_h - 1}{N - 1} S^2_{yU_h} \tag{6.30}$$

$$AV_{SRS}\left(\bar{y}_{post}\right) = \left(1 - \frac{n}{N}\right) \frac{1}{n} \sum_{h=1}^{H} \frac{N_h - 1}{N - 1} S^2_{yU_h} \tag{6.31}$$

여기에서 AV는 근사분산(asymptotic variance)을 나타낸다. 아래의 식 (6.32)와 (6.33)은 사후층화추정량의 가능한 분산추정량이다.

$$\hat{V}_{SRS}\left(\hat{t}_{post}\right) = \left(1 - \frac{n}{N}\right) \sum_{h=1}^{H} N_h^2 \frac{S^2_{ys_h}}{n_h} \tag{6.32}$$

$$\hat{V}_{SRS}\left(\bar{y}_{post}\right) = \left(1 - \frac{n}{N}\right) \sum_{h=1}^{H} W_h^2 \frac{S^2_{ys_h}}{n_h} \tag{6.33}$$

여기에서 $S^2_{yU_h}$과 $S^2_{ys_h}$은 사후 층의 모분산과 표본분산으로 각각 다음과 같다.

$$S^2_{yU_h} = \frac{1}{N_h - 1} \sum_{k \in U_h} (y_k - \bar{y}_{U_h})^2 \ , \quad S^2_{ys_h} = \frac{1}{n_h - 1} \sum_{k \in s_h} (y_k - \bar{y}_{s_h})^2 . \tag{6.34}$$

⟨정리 6.4⟩에 주어진 근사분산을 유도하기 위해서는 비선형 추정량인 사후층화 추정량의 테일러 전개를 이용한 선형근사식이 이용되었다. 또한, 주어진 분산추정량 (6.32)와 (6.33)은 여러 가능한 분산추정량 중 하나이며, 이외의 다른 가능한 분산추정량에 대해서는 Särndal, Sweensson and Wretman(1992)의 제7장을 참조하면 된다. 사후층화 추정량에 대한 보다 자세한 내용은 Fuller(1966)와 Holt and Smith(1979)를 참조하면 된다.

⟨예 6.3⟩ 사후층화 추정량의 효율성

사후층화 추정량의 효율성을 살펴보기 위하여 ⟨예 6.2⟩에서 사용한 모집단과 표본을 고려하자. 다만 이 예제에서는 ⟨예 6.2⟩에서 고려된 크기가 8인 표본이 단순임의추출법을 통해 추출되었다고 가정한다. 따라서 모평균에 대한 비편향 HT 추정량과 이의 분산은 다음과 같이 계산된다.

$$\bar{y}_{HT} = \bar{y}_s = 29.00, \quad V_{SRS}\left(\bar{y}_{HT}\right) = \left(1 - \frac{n}{N}\right) \frac{S^2_{yU}}{n} = 2.75.$$

모평균에 대한 사후층화 추정량과 ⟨정리 6.4⟩를 이용한 이의 분산은 각각 다음과 같이 계산된다.

$$\bar{y}_{post} = \sum_{h=1}^{H} \frac{N_h}{N} \bar{y}_{s_h} = \sum_{h=1}^{H} W_h \bar{y}_{s_h} = 28.39,$$

$$AV_{SRS}\left(\bar{y}_{post}\right) \approx \left(1 - \frac{n}{N}\right) \frac{1}{n} \sum_{h=1}^{H} \frac{N_h - 1}{N - 1} S^2_{yU_h} = 0.65.$$

여기에서 고려한 단순한 예에서는 단순임의추출하에서 비편향 HT 추정량 대신 사후층화 추정량을 사용함으로써 약 76% 정도의 분산을 줄일 수 있음을 알 수 있다. 또한 ⟨예 6.2⟩에서 살펴본 바와 같이, 층화단순임의추출하에서 비편향 HT 추정량의 분산은 $V_{STR}\left(\bar{y}_{HT}\right) = 0.844$로 동일한 비편향 추정량이 사용되었을 때의 단순임의추출법보다 매우 효율적임을 알 수 있다. 층화추출하에서 층내 개체들이 유사할수록 비편향 추정량이 효율적인 것과 마찬가지로 사후 층내의 개체들이 서로 유사할수록 사후층화 추정량의 효율성은 높아진다.

6.4.2 SAS 사용 예 – 사후층화 추정

⟨SAS 사례 6.1⟩과 ⟨SAS 사례 6.2⟩에서 다루었던 예를 고려하자. 다만, 여기서는 단순임의추출법을 통해 표본이 추출된 것으로 가정한다. 각 학생들의 단과대학과 학년의 정보는 모집단 목록에 들어 있지만 성별에 관한 정보는 들어 있지 않다. 따라서, 표본추출시 성별을 층화 변수로 고려할 수는 없다. 그러나 단과대학×학년×성별 조합에 따른 40개의 각 층별 모집단 크기는 알고 있다고 가정하자(표 6.11의 _TOTAL_ 변수). 또한 조사를 실시한 후에는 성별을 알 수 있으므로 단과대학×학년×성별 조합에 따른 각 층별 표본크기도 계산할 수 있고, 따라서 각 층의 셀 가중치를 계산할 수 있다. 보다 간단하게는 POSTSTRATA 명령문을 이용하여 사후층화추정량 및 이의 분산 그리고 사후층화 가중치를 산출할 수 있다.

⟨SAS 사례 6.6⟩ 사후층화 추정

```
DATA Sampling.Hu_Post_Total;
     SET Sampling.Hu_Post_Cell;
     _PSTOTAL_=_Total_;
     KEEP College Grade Gender _PSTOTAL_;
RUN;

DATA Sampling.Hu_Post_Survey;
     SET Sampling.Hu_Cell_Survey;
     Srs_Weight=12400/500;
     DROP Cell_Weight;
RUN;

PROC SURVEYMEANS DATA=Sampling.Hu_Post_Survey TOTAL=12400;
     POSTSTRATA College Grade Gender
               / PSTOTAL=Sampling.Hu_Post_Total
                 OUTPSWGT=Sampling.Hu_Post_Wgt;
     VAR Expense Smoking;
     CLASS smoking;
     WEIGHT Srs_Weight;
RUN;
```

[DATA Step] ....

□ Hu_Post_Total 데이터셋: SURVEYMEANS Procedure에서 POSTSTRATA 명령문을 사용하기 위해 _TOTAL_ 변수를 _PSTOTAL_ 변수로 변경한다.

□ Hu_Post_Survey 데이터셋: 단순임의추출 하에서의 가중치를 정의하는 Srs_Weight 변수를 생성한다. 사실, 단순임의추출의 경우에는 가중치 변수가 반드시 정의되어야 하는 것은 아니다. 즉, 이 예에서는 WEIGHT 명령문을 생략해도 동일한 결과를 얻게 된다.

□ POSTSTRATA 명령문: 사후층화 변수들을 지정한다.

- PSTOTAL=: 각 사후층별 모집단 크기가 정의되어 있는 데이터셋을 지정한다. 이 데이터셋에는 사후층 변수들이 포함되어 있어야 하고, 사후층별 모집단 크기를 나타내는 변수는 반드시 _PSTOTAL_이라는 이름을 가져야 한다.
- OUTPSWGT=: 사후층화 가중치가 저장될 데이터셋을 지정한다. 사후층화 가중치는 _PSWt_라는 변수 이름으로 저장된다.

〈표 6.11〉 Hu_Post_Wgt 데이터셋 (일부)

OBS	IDnum	College	Department	Grade	Gender	Srs_Weight		_PSWt_
1	5832	공과대학	전기공학	1	1	24.8		24.1081
2	5847	공과대학	전기공학	1	1	24.8		24.1081
3	5893	공과대학	전기공학	1	1	24.8		24.1081
4	6152	공과대학	디지털제어	1	1	24.8		24.1081
5	6521	공과대학	전기공학	1	1	24.8		24.1081
⋯	⋯	⋯	⋯	⋯	⋯	⋯	→	⋯
496	4987	자연과학	한방화장품	4	2	24.8		28.6667
487	5129	자연과학	제약공학	4	2	24.8		28.6667
498	5274	자연과학	응용통계	4	2	24.8		28.6667
499	5285	자연과학	응용통계	4	2	24.8		28.6667
500	5800	자연과학	임상병리	4	2	24.8		28.6667

〈표 6.12〉 SAS 사례 6.6의 주요 출력결과

Vriable	Level	N	Mean	Std Error of Mean	95% CL for Mean	
Expense		500	97316	2103.712995	93182.4205	101448.874
Smoking	0	350	0.694472	0.018281	0.6586	0.730
	1	150	0.305528	0.018281	0.2696	0.341

6.5 모형-기반 추론

제3장에서 고려한 모형은 단순임의추출 표본과 계통추출 표본의 모형-기반 분석을 위한 가정으로 사용될 수 있으며, 모형-기반 예측치 및 이의 분산추정량은 디자인-기반 결과와 유사함을 살펴보았다.

이 장에서 고려한 층화추출 표본과 대응하는 비편향 추정량의 모형-기반 타당성은 흔히 이분산 분산분석(heterogeneous ANOVA) 모형이라고 알려진 다음의 모형에 기인한다.

$$y_{11},\ y_{12},\ \cdots,\ y_{HN_h} \sim IND\left(\mu_h\ ,\ \sigma_h^2\right), \tag{6.35}$$

모형 (6.35)는 다음의 선형모형으로 표현할 수 있다.

$$y_{hi} = x_{1,hi}\ \mu_1 + \cdots + x_{H,hi}\ \mu_H + \epsilon_{hi}, \quad \epsilon_{hi} \sim IND\left(0\ ,\ \sigma_h^2\right). \tag{6.36}$$

여기에서 $x_{l,hi}$는 개체가 속한 층을 나타내는 지시변수(indicator variable)로 다음과 같이 정의된다.

$$x_{l,hi} = \begin{cases} 1, & \text{if}\ \ hi \in U_l\ \ \text{or}\ \ h = l \\ 0, & \text{otherwise.} \end{cases}$$

식 (6.35)와 (6.36)으로 표현된 모형에서 모든 층 h에서 분산이 동일한 경우, 즉 $\sigma_h^2 = \sigma^2$을 만족하는 모형은 흔히 등분산 분산분석(homogeneous ANOVA) 모형으로 명명된다.

분산 σ_h^2이 알려진 경우에 주어진 모형 하에서 고려할 수 있는 μ_h의 최량추정량은 각 층의 표본평균으로 다음과 같다.

$$\hat{\mu}_{h,wls} = \bar{y}_{s_h} \tag{6.37}$$

표본평균은 주어진 모형하에서 최량추정량일 뿐 아니라 σ_h^2이 상수인 등분산 분산분석모형에서도 최량추정량이다. 제3장에서와 마찬가지로 유한모집단의 총합에 대한 예측치는 μ_h의 최량추정량의 가중합으로 다음과 같이 정의된다.

$$\hat{t}_{y,mod} = \sum_{h=1}^{H} N_h \hat{\mu}_{h,wls} = \sum_{h=1}^{H} N_h \bar{y}_{s_h}. \tag{6.38}$$

μ_h의 최량추정량과 마찬가지로 $\hat{t}_{y,mod}$ 역시 이분산 및 등분산 분산분석모형하에서 고려할 수 있는 최량의 예측치이다. 그러나, 예측치의 분산은 일치하지 않으며 각 모형하에서의 분산은 다음과 같다.

$$\text{이분산 모형}: \ V_m\left(\hat{t}_{y,mod}\right) = \sum_{h=1}^{H} \frac{N_h^2\ \sigma_h^2}{n_h}. \tag{6.39}$$

$$\text{등분산 모형}: \ V_m\left(\hat{t}_{y,mod}\right) = \sigma^2 \sum_{h=1}^{H} \frac{N_h^2}{n_h}. \tag{6.40}$$

추정량 $\hat{t}_{y,mod}$의 분산을 추정하기 위한 σ_h^2과 σ^2의 추정량으로는 다음을 고려할 수 있다.

$$\hat{\sigma}_h^2 = \frac{1}{n_h - 1} \sum_{k \in s_h} (y_k - \bar{y}_{s_h})^2$$

$$\hat{\sigma}^2 = \frac{1}{n - H} \sum_{h=1}^{H} (n_h - 1) \hat{\sigma}_h^2$$

즉, 두 가정된 모형하에서 추정량 $\hat{t}_{y,mod}$의 분산추정량은 식 (6.39)과 (6.40)에 σ_h^2과 σ^2의 추정량을 대입하여 얻을 수 있으며 그 결과는 다음과 같다.

$$\text{이분산 모형 :}\ \hat{V}_m\left(\hat{t}_{y,mod}\right) = \sum_{h=1}^{H} \frac{N_h^2}{n_h} \hat{\sigma}_h^2. \tag{6.41}$$

$$\text{등분산 모형 :}\ \hat{V}_m\left(\hat{t}_{y,mod}\right) = \hat{\sigma}^2 \sum_{h=1}^{H} \frac{N_h^2}{n_h}. \tag{6.42}$$

층별 모집단 분산 추정량인 $\hat{\sigma}_h^2$이 유사한 경우에는 두 분산추정량 (6.39)과 (6.40) 역시 유사하게 나타나지만, 가정된 모형에 오류가 있는 경우에는 분산추정량의 통계적 성질, 특별히 비편향성이 만족하지 못하게 된다.

6.6 연습문제

1. 부록 A에 제시되어 있는 '결측이 없는 건강조사 모집단'(Health_Pop_Nomiss 데이터셋)을 이용하여 아래의 문항에 답하시오.

(a) 지역(region)과 교육수준(edu) 변수를 층화 변수로 이용하여 크기가 $n = 500$인 층화단순임의추출표본을 추출하시오. 표본배분을 위해서는 비례배분 방안을 사용하시오.

(b) (a)에서 추출한 표본을 이용하여 총 콜레스테롤의 모평균과 음주율을 추정하고 또한 95% 신뢰구간을 구하시오.

(c) 두 지역(A시와 B시)의 음주율의 추정량 및 분산추정량을 계산하시오. 두 지역 간 음주율 차이 여부에 대하여 서술하시오.

2. 기숙사에 거주하고 있는 대학생들의 기숙사 식당에서의 저녁 식사 선호에 대한 서베이를 진행히려 한다. 대학생 표본을 언기 위하여 층화단순임의추출법이 고려되고 있으며, 이를 위한 층화 변수로는 학생들의 학년이 고려되었다. 다음 표는 모집단의 각 층별 정보를 나타내고 있다. 이 중 기숙사 내 식사에 대한 비선호 비율은 사전 조사를 통해서 예측되었다.

층 (H)	학생 수 (N_h)	비선호 비율 (p_h)	비용 (C_h)
1 학년	6,900	0.30	3.00
2 학년	4,600	0.50	4.50
3 학년	2,800	0.70	4.50
4 학년	700	0.80	6.00

(a) 크기가 $n = 200$인 층화단순임의추출표본을 추출하는 경우를 고려하자. 이때 비례배분, 네이만배분 그리고 최적배분의 결과를 제시하시오.

(b) 모집단 전체에 대한 추론뿐만 아니라 학년 변수로 정의되는 부모집단에 대한 추론 역시 이 서베이의 목적일 때, 사용 가능한 보정 배분 방안을 제시하시오. 단, 자료수집 비용은 4개의 층에서 모두 동일하다고 가정하시오.

3. 이 문제를 위해서 문제 1에서 추출된 표본을 사용하되 표본추출을 위하여 사용된 표본추출법을 단순임의추출법으로 가정하자. 즉, 이 경우 포함확률은 모든 개체에 대하여 $\pi_k = 500/4,534$로 동일하다. 지역과 교육수준에 의하여 정의되는 총 $2 \times 4 = 8$개의 그룹을 사후 층으로 사용하여 사후층화 추정량과 이의 분산추정량을 계산하고, 그 결과를 문제 1의 결과와 비교하시오. 사후층화 추정량의 정의를 위해 필요한 모집단 분포는 다음과 같다.

	교육수준			
지역	초졸 이하	중졸	고졸	대졸 이상
A	338	183	758	990
B	446	223	845	751

6.A [부록] 정리에 대한 증명

여기에서는 식 (6.14)와 ⟨정리 6.4⟩에 대한 증명을 제시한다.

6.A.1 최적배분 식 (6.14)의 유도

식 (6.12)과 (6.13)로부터 $V^* = V - B$ 그리고 $C^* = C - c_0$로 정의하자. 주어진 최적화 문제는

$$V^*C^* = \left(\sum_{h=1}^{H} \frac{A_h}{n_h}\right)\left(\sum_{h=1}^{H} c_h n_h\right) \tag{6.43}$$

를 최소화하는 문제와 동일하다. Cauchy 부등식

$$\left(\sum a_h^2\right)\left(\sum b_h^2\right) \geq \left(\sum a_h b_h\right)^2$$

에 $a_h = (A_h/n_h)^{1/2}$과 $b_h = (c_h n_h)^{1/2}$을 대입하여 다음의 부등식을 얻을 수 있다.

$$V^*C^* \geq \left[\sum_{h=1}^{H}\left(\frac{A_h}{c_h}\right)^{1/2}\right]^2. \tag{6.44}$$

V^*C^*는 a_h/b_h가 상수 일 때, 즉

$$\left(\frac{c_h n_h}{A_h/n_h}\right)^{1/2} = \text{constant} \tag{6.45}$$

혹은

$$n_h \propto \left(\frac{A_h}{c_h}\right)^{1/2} \tag{6.46}$$

일 때 최솟값을 갖는다.

6.A.2 ⟨정리 6.4⟩에 대한 증명

사후층화 추정량의 근사분산 및 분산추정량의 유도를 위해 사후 층을 나타내는 지시함수로 구성된 행백터 $\mathbf{x}_k$를 다음과 같이 정의하자.

$$\mathbf{x}_k = (x_{k1}, \cdots, x_{kH}), \tag{6.47}$$

$$x_{kh} = \begin{cases} 1, & \text{if } k \in U_h, \\ 0, & \text{otherwise.} \end{cases} \tag{6.48}$$

단순임의추출 하에서 모집단 총합 $\mathbf{t}_x = \sum_{k \in U} \mathbf{x}_k = (N_1, \cdots, N_H)$의 비편향 HT 추정량은

$$\hat{t}_{HT} = \frac{N}{n}(n_1, \cdots, n_H) \tag{6.49}$$

이며, 관심변수의 사후 층 표본평균들로 구성된 벡터는 아래와 같이 표현된다.

$$\bar{\mathbf{y}}_s = (\bar{y}_{s_1}, \cdots, \bar{y}_{s_H})' = \left(\sum_{k \in s} \mathbf{x}_k' \mathbf{x}_k\right)^{-1} \left(\sum_{k \in s} \mathbf{x}_k' y_k\right) =: \hat{\boldsymbol{\beta}}_{ols}. \tag{6.50}$$

다중선형회귀모형 하에서 최소제곱추정량인 $\hat{\boldsymbol{\beta}}_{ols}$의 성질에 의하여 잔차의 합인

$$\sum_{k \in s}\left(y_k - \mathbf{x}_k \hat{\boldsymbol{\beta}}_{ols}\right) = 0 \tag{6.51}$$

이며, 따라서 모집단 총합에 대한 사후층화 추정량은 다음과 같이 표현된다.

$$\hat{t}_{post} = \mathbf{t}_x \hat{\boldsymbol{\beta}}_{ols} = \hat{t}_{y,HT} + \left(\mathbf{t}_x - \hat{\mathbf{t}}_{x,HT}\right) \hat{\boldsymbol{\beta}}_{ols}. \tag{6.52}$$

단순임의추출 하에서 표본평균이 모평균으로 확률수렴한다는 가정 하에서 사후층화 추정량은 다음과 같이 근사할 수 있다.

$$\begin{aligned} \hat{t}_{post} =& \hat{t}_{y,HT} + \left(\mathbf{t}_x - \hat{\mathbf{t}}_{x,HT}\right) \boldsymbol{\beta}_U + \left(\mathbf{t}_x - \hat{\mathbf{t}}_{x,HT}\right) \left(\hat{\boldsymbol{\beta}}_{ols} - \boldsymbol{\beta}_U\right) \\ \approx& \hat{t}_{y,HT} + \left(\mathbf{t}_x - \hat{\mathbf{t}}_{x,HT}\right) \boldsymbol{\beta}_U. \end{aligned} \tag{6.53}$$

여기에서 $\boldsymbol{\beta}_U = \left(\sum_{k\in U} \mathbf{x}_k' \mathbf{x}_k\right)^{-1} \left(\sum_{k\in U} \mathbf{x}_k' y_k\right) = (\bar{y}_{U_1} \cdots \bar{y}_{U_H})'$는 모집단에서 정의되는 회귀계수를 나타낸다.

식 (6.53)로부터 사후층화 추정량의 근사분산을 아래와 같이 유도할 수 있다.

$$\begin{aligned} V_{SRS}\left(\hat{t}_{post}\right) \approx& V_{SRS}\left(\hat{t}_{y,HT} - \hat{\mathbf{t}}_{x,HT}\boldsymbol{\beta}_U\right) \\ =& V_{SRS}\left[\sum_{k\in s} \frac{N}{n}\left(y_k - \bar{y}_{U_h}\right)\right] \\ =& N^2\left(1 - \frac{n}{N}\right)\frac{1}{n}\sum_{h=1}^{H} \frac{N_h - 1}{N - 1} S^2_{yU_h}. \end{aligned} \tag{6.54}$$

모평균에 대한 사후층화 추정량의 근사분산은 식 (6.54)로부터 직접 산출된다.

사후층화 추정량의 분산을 추정하기 위해서 각 층별 표본크기가 충분히 크고 따라서 다음의 근사식들이 만족된다고 가정하자.

$$\begin{aligned} n(n-1) &\approx n^2, \\ n_h(n_h - 1) &\approx n_h^2, \\ n_h \approx E_{SRS}(n_h) &= n\frac{N_h}{N}. \end{aligned}$$

위의 가정 하에서 단순임의추출 하에서 정의된 제2장의 분산추정량을 이용하여 유도되는 사후층화 추정량의 분산추정량은 다음과 같다.

$$\begin{aligned} \hat{V}_{SRS}\left(\hat{t}_{post}\right) =& N^2\left(1 - \frac{n}{N}\right)\frac{1}{n}\frac{1}{n-1}\sum_{k\in s}\left(y_k - \bar{y}_{s_h}\right)^2 \\ =& N^2\left(1 - \frac{n}{N}\right)\sum_{h=1}^{H}\frac{(n_h - 1)n_h}{n(n-1)}\frac{S^2_{ys_h}}{n_h} \\ \approx& \left(1 - \frac{n}{N}\right)\sum_{h=1}^{H} N_h^2 \frac{S^2_{ys_h}}{n_h} \end{aligned} \tag{6.55}$$

모평균에 대한 사후층화 추정량의 분산추정량은 식 (6.55)로부터 유도된다.

6.B [부록] R 코드

```
set.seed(8738035)
setwd("C:/Stat311/BOOK")

library(sampling)
library(survey)

#################################################################
### Stratified sampling ##########################################
#################################################################

# Read in a population
U_pop <- data.frame(read.csv("HU_Population.csv",header=TRUE))
U_pop <- U_pop[order(U_pop$College,U_pop$Grade),]

# Population strata information
table(U_pop$College, U_pop$Grade)

# Select a stratified simple random sample
st_size <- c(46,46,46,46,26,26,26,26,20,20,20,20,16,16,16,16,
           17,17,17,17)
sts <- sampling::strata(U_pop,c("College","Grade"),
                        size=st_size,method="srswor")

# Sample strata information
table(sts$College, sts$Grade)

# Read in a survey
sts_survey <- data.frame(read.csv("HU_sts_survey.csv",
                         header=TRUE))
sts_design<-svydesign(id=~1,strata=~st,weight=~Strata_Weight,
                      data=sts_survey,fpc=~N)

# Estimate the population mean and total
svymean(~Expense+smoking,sts_design)
svytotal(~Expense+smoking,sts_design)
```

```
# Domain estimation
sts_G1 <- subset(sts_design, Gender==1)
sts_G2 <- subset(sts_design, Gender==2)
svymean(~Expense+smoking,sts_G1)
svymean(~Expense+smoking,sts_G2)

################################################################
### Post-stratified estimatior #################################
################################################################

# Read in a survey and population data
srs_ps_survey <- data.frame(read.csv("HU_post_survey.csv",
                            header=TRUE))
pop.pst <- data.frame(read.csv("pst.csv", header=TRUE))

# Define a design for calculating poststratified estimator
srs_design_ps <-svydesign(id=~1,weight=~Srs_Weight,
                          data=srs_ps_survey,
                          fpc=c(rep(12400,500)))
ps_design <- postStratify(srs_design_ps,strata=~pst,
                          population=pop.pst)

# Calculate the poststratified estimator
svytotal(~Expense,ps_design, na.rm=TRUE)
svymean(~Expense,ps_design, na.rm=TRUE)

svytotal(~Expense,srs_design_ps)
svymean(~Expense,srs_design_ps)
```

제 7 장

보조정보를 이용한 추정

Estimation Using Auxiliary Information

서베이를 통해 측정되고 수집되는 정보 이외의 모집단에 관한 정보를 흔히 보조정보(auxiliary information)로 정의하며, 이러한 정보는 그 형식에 따라 표본설계가 이루어지는 디자인 단계 혹은 자료 수집 이후에 모수 추정단계에서 사용될 수 있다. 이 장에서는 모집단에 대한 보조정보를 모수 추정 단계에서 흔히 사용되는 방안으로 비 추정량(ratio estimator), 회귀 추정량(regression estimator), 레이킹비 추정량(raking ratio estimator)에 대해 살펴본다.

7.1 개요

표본설계가 이루어지는 디자인 단계에서 보조정보가 사용되기 위해서는 해당 보조정보가 추출틀에 존재해야 한다. 디자인 단계에서 보조정보가 사용되는 예로서, 제6장에서는 각 추출단위의 층 정보가 추출틀에 주어진 경우에 모집단 대표성을 갖춘 표본을 추출하기 위한 층화추출법을 살펴보았다.

보조정보가 구체적인 형태로 추출틀에 주어지지는 않았으나 모집단에 대한 신뢰할 수 있는 보조정보가 외부로부터 주어진 경우에는 이를 이용하여 제2장에서 고려한 비편향 추정량보다 그 분산이나 평균제곱오차가 적은 효율적인 추정량을 정의할 수 있다. 효율적인 추정량의 정의를 위해 흔히 사용되는 모집단에 대한 보조정보로는 통계청에서 제공하는 성별, 연령 그룹별, 지역별 모집단 인구의 분포, 가구주 특성 별 모집단 가구의 분포, 그리고 사업체 규모 및 산업대분류 기준 모집단 사업체의 분포 등이 있다.

모수 추정 단계에서 보조정보는 추정량의 효율성 개선과 캘리브레이션(calibration) 성질의 확보를 위하여 사용된다. 캘리브레이션은 특별히 서베이를 통해 계산되는 추정량과 알려져 있는 모집단 정보가 일치하게 하기 위하여 흔히 사용되는 기법이다. 예를 들어, 대부분의 서베이 항목에 포함되어 있는 성, 연령과 같은 변수의 추정량은 통계청에서 제공하는 추계 인구 분포와 일치하는 것이 바람직하다. 캘리브레이션 추정량에 대한 통계 이론적 논의는 비교적 최근에 Devllé and Särndal(1992)에 의하여 시작되어 현재까지 활발하게 이루어지고 있다.

보조정보를 나타내는 변수를 $\mathbf{x}_k = (x_{k1}, \cdots, x_{kp})$로 표현할 때 추정량의 정의를 위해 흔히 사용되는 모집단에 대한 정보는 보조변수의 총합 $\mathbf{t}_x = \sum_{k \in U} \mathbf{x}_k$과 모평균 $\bar{\mathbf{x}}_U = N^{-1}\mathbf{t}_x$이다. 어기에서 보조변수 $\mathbf{x}$의 형식은 매우 다양하게 정의될 수 있다. 비추정량의 정의를 위해서는 일변량 숫자형 변수가 보조변수로 사용된다. 또한 제5장에서 살펴본 사후층화 추정량을 정의하기 위한 보조변수 $\mathbf{x}$는 H개의 0과 1의 값을 갖는 사후 층을 나타내는 지시변수로 정의되며, 따라서 추정량의 정의를 위해 사용되는 보조정보는 $\mathbf{t}_x = (N_1, \cdots, N_H)$

혹은 $\bar{\mathbf{x}}_U = N^{-1}(N_1, \cdots, N_H)$로서 사후 층의 모집단 분포에 대한 정보이다.

이 장에서는 우선 비 추정량의 정의를 위해 필요한 모수인 비(ratio)에 대한 추정을 살펴보고 이후 비 추정량, 회귀 추정량 그리고 레이킹비 추정량을 살펴본다.

7.2 비(ratio)에 대한 추정

모평균 혹은 모집단 총합에 대한 비 추정량을 정의하기에 앞서 두 모평균 혹은 모집단 총합의 비(ratio)로 표현되는 다음의 모수 R에 대한 추정 문제를 먼저 고려한다.

$$R = \frac{\bar{y}_U}{\bar{x}_U} = \frac{t_y}{t_x} \tag{7.1}$$

비의 형태로 표현되는 대표적인 모수로는 모평균과 도메인 평균이 있다. 예를 들어, 모평균의 형태인 사업체 당 시간제 근로자수는 전체 시간제 근로자 수와 전체 사업체 수의 비로 표현된다. 한부모 가정(single parent family) 당 자녀 수는 도메인 평균으로서 한부모 가정을 전체 가정 모집단의 도메인으로 간주할 때, 한부모 가정의 총 자녀수와 모집단 내 한부모 가정의 총 수의 비로 표현할 수 있다. 다른 예로는 소의 도축 시 몸무게 대비 판매가능 무게를 고려할 수 있다. 이 경우 x를 도축 시 소의 몸무게로, y를 판매가능 무게로 각각 정의하고, x와 y의 모평균의 비를 통해 도축 시 몸무게 대비 판매가능한 무게의 비를 계산할 수 있다.

7.2.1 추정량과 분산

비복원 단순임의추출하에서 식 (7.1)에 주어진 모수 R의 가능한 근사 비편향 추정량과 이의 분산 그리고 분산추정량은 다음의 <정리 7.1>과 같다.

〈정리 7.1〉 비에 대한 추정량과 분산 및 분산추정량

비복원 단순임의추출하에서 모수 R의 근사 비편향 추정량은 식 (7.2)와 같다.

$$\hat{R} = \frac{\hat{t}_{y,HT}}{\hat{t}_{x,HT}} = \frac{\bar{y}}{\bar{x}} \tag{7.2}$$

추정량 $\hat{R}$의 근사분산과 분산추정량은 각각 (7.3)과 (7.4)이다.

$$AV_{SRS}(\hat{R}) = \left(1 - \frac{n}{N}\right) \frac{S^2_{eU}}{n\bar{x}^2_U}, \tag{7.3}$$

$$\hat{V}_{SRS}(\hat{R}) = \left(1 - \frac{n}{N}\right) \frac{S^2_{\hat{e}s}}{n\bar{x}^2_U}. \tag{7.4}$$

여기에서 $e_k = y_k - Rx_k$와 $\hat{e}_k = y_k - \hat{R}x_k$은 각각 모집단과 표본에서 계산되는 잔차이며, 이를 이용한 모집단 및 표본에서의 분산은 각각

$$S_{eU}^2 = \frac{1}{N-1}\sum_{k\in U} e_k^2, \quad S_{\hat{e}s}^2 = \frac{1}{n-1}\sum_{k\in s}\hat{e}_k^2,$$

이다. 식 (6.3)의 표기 AV는 근사분산(asymptotic variance)을 의미한다.

식 (7.4)의 계산을 위해서는 $\bar{x}_U$에 대한 정보가 필요하다. 보조변수의 모집단 정보가 이용 가능하지 않은 경우에는 분산추정량을 계산하기 위하여 모평균의 비편향 추정량인 $\bar{x}$를 사용할 수 있다. 추정량 $\hat{R}$은 두 비편향 추정량인 $\bar{y}$와 $\bar{x}$의 비선형 함수로서, 추정량의 통계적 성질을 유도하기 위해서 테일러 전개식(Taylor expansion)을 통한 다음의 근사식이 사용되었다.

$$\begin{aligned}\hat{R} &\approx R + \frac{1}{\bar{x}_U}(\bar{y}-\bar{y}_U) - \frac{\bar{y}_U}{\bar{x}_U^2}(\bar{x}-\bar{x}_U) + \frac{\bar{y}_U}{\bar{x}_U^3}(\bar{x}-\bar{x}_U)^2 - \frac{1}{\bar{x}_U^2}(\bar{y}-\bar{x}_U)(\bar{y}-\bar{y}_U) \\ &\approx R + \frac{1}{\bar{x}_U}(\bar{y}-\bar{y}_U) - \frac{\bar{y}_U}{\bar{x}_U^2}(\bar{x}-\bar{x}_U)\end{aligned} \tag{7.5}$$

$\hat{R}$의 2차 근사 표현으로부터 계산되는 근사편향은 다음과 같다.

$$E_{SRS}\left(\hat{R}-R\right) = \left(1-\frac{n}{N}\right)\frac{1}{n\bar{x}_U^2}\left(RS_{xU}^2 - \rho_{xyU}S_{xU}S_{yU}\right). \tag{7.6}$$

여기에서 S_{xU}^2와 S_{yU}^2는 X와 Y의 모분산을 나타내며, ρ_{xyU}는 모집단에서 정의되는 X와 Y의 상관계수로

$$\rho_{xyU} = \frac{\sum_{k\in U}(x_k-\bar{x}_U)(y_k-\bar{y}_U)/(N-1)}{S_{xU}S_{yU}}$$

이다.

따라서, 추정량 $\hat{R}$의 편향은 $\bar{x}_U$가 클수록, X와 Y사이에 유의한 양의 상관관계가 나타날수록, 그리고 표본의 크기가 커질수록 0 에 가깝게 된다. 극단적으로 임의의 양수 $c > 0$에 대하여 $y = cx$를 만족할 경우, $\rho_{xyU} = 1$, $R = c$ 그리고 $S_{yU} = cS_{xU}$이며, 따라서 $\hat{R}$의 편향은 0이 된다.

⟨정리 7.1⟩에 주어진 근사분산은 추정량 $\hat{R}$의 선형근사인 식 (7.5)의 두 번째 식과 단순임의추출 표본의 분산 공식인 (3.8)을 통해서 계산된다. 추정량의 분산 역시 편향과 마찬가지로 $\bar{x}_U$가 클수록, 그리고 표본의 크기가 커질수록 0에 가깝게 된다. 또한 Rx_k가 y_k의 타당한 예측치일 때, 즉 잔차가 0에 가까울수록 $\hat{R}$의 정확도가 높아지는 것을 알 수 있다. 복합표본설계하에서 R의 추정 및 분산 추정에 대한 내용은 8장 및 9장에서 다시 다루어진다.

〈예 7.1〉 비(ratio)에 대한 추정

크기가 $N=4$인 다음의 모집단을 고려하자.

ID	X	Y
1	36	12
2	24	24
3	48	36
4	72	48
총합	180	120

크기가 $n=3$인 가능한 비복원단순임의추출 표본은 총 4개로 다음과 같다.

표본	$p(s)$	$\bar{x}$	$\bar{y}$	$\hat{R}$
$S_1=\{1,2,3\}$	1/4	36	24	2/3
$S_2=\{1,2,4\}$	1/4	44	28	7/11
$S_3=\{1,3,4\}$	1/4	52	32	8/13
$S_4=\{2,3,4\}$	1/4	48	36	3/4

위에서 계산된 $\hat{R}$의 기댓값과 분산은 각각 다음과 같다.

$$E_{SRS}\left(\hat{R}\right)=\frac{1}{4}\left(\frac{2}{3}+\frac{7}{11}+\frac{8}{13}+\frac{3}{4}\right)=0.6671\neq R=0.666\bar{6},$$

$$V_{SRS}\left(\hat{R}\right)=\frac{1}{4}\left\{\left[\frac{2}{3}-E_{SRS}\left(\hat{R}\right)\right]^2+\left[\frac{7}{11}-E_{SRS}\left(\hat{R}\right)\right]^2+\left[\frac{8}{13}-E_{SRS}\left(\hat{R}\right)\right]^2+\left[\frac{3}{4}-E_{SRS}\left(\hat{R}\right)\right]^2\right\}=0.0026$$

7.2.2 SAS 사용 예 – 비(ratio)에 대한 추정

〈표 7.1〉의 Company 데이터셋은 어떤 업종에 해당하는 800개의 기업 중 66개의 기업을 조사하여 얻은 것이다. 여기에는 각 기업의 Asset(자산), Sale(매출액), Value(가치), Profit(이익), Employee(종사자수) 등이 포함되어 있다.[1]

다음 SAS 사례는 SURVEYMEANS Procedure를 이용하여 비(ratio)에 대한 추정을 수행하는 예이다. 이 예에서는 단순임의추출을 가정하였으므로 WEIGHT 명령문에 가중치를 지정하지 않았다. 즉, 모든 개체에 동일한 가중치가 부여된다.

[1]출처: SAS/STAT User's Guide > The SURVEYMEANS Procedure > Example 96.2

〈표 7.1〉 Company 데이터셋 (첫 10개, $N = 800$, $n = 66$)

OBS	Type	Asset	Sale	Value	Profit	Employee
1	Other	2764.00	1828.00	1850.30	144.00	18.70
2	Energy	13246.20	4633.50	4387.70	462.90	24.30
3	Finance	3597.70	377.80	93.00	14.00	1.10
4	Transportation	6646.10	6414.20	2377.50	348.20	47.10
5	HiTech	1068.40	1689.80	1430.20	72.90	4.60
6	Manufacturing	1125.00	1719.40	1057.50	98.10	20.40
7	Other	1459.00	1241.40	452.70	24.50	20.10
8	Finance	2672.30	262.50	296.20	23.10	2.20
9	Finance	311.00	566.20	932.00	52.80	2.70
10	Energy	1148.60	1014.60	485.10	60.60	4.00

〈SAS 사례 7.1〉 비(ratio)에 대한 추정

```
PROC SURVEYMEANS DATA=Sampling.Company TOTAL=800;
     VAR Profit Sale Employee;
     RATIO Profit Sale / Employee;
RUN;
```

□ PROC SURVEYMEANS 명령문

- DATA=: 조사된 내용이 저장되어 있는 데이터셋을 지정한다.
- TOTAL=: 유한모집단 수정항을 정의하기 위한 N을 지정한다.

□ VAR 명령문: 모평균 또는 모비율 추정의 대상이 될 변수들을 나열한다.

□ RATIO 명령문: 비에 대한 추정을 위해 분자에 해당하는 변수들과 분모에 해당하는 변수들을 나열한다.

〈SAS 사례 7.1〉의 주요 출력결과들을 설명하면 다음과 같다(표 7.2 참조). 출력결과에는 평균 추정의 대상이 되는 변수들의 분포도 및 상자그림(box-plot) 등도 함께 제시된다.

- N: 표본크기를 나타낸다.
- Mean: 모평균에 대한 추정치를 나타낸다. 예를 들어, 변수 Profit의 평균이 129.1로 추정된다.
- Std Error of Mean: 모평균 추정량의 표준오차를 나타낸다.

〈표 7.2〉 SAS 사례 7.1의 주요 출력결과

Statistics					
Vriable	N	Mean	Std Error of Mean	95% CL for Mean	
Profit	66	129.121212	13.824279	101.51222	156.73020
Sale	66	2881.306061	407.864339	2066.74473	3695.86739
Employee	66	27.704545	4.601392	18.51493	36.89416

Ratio Analysis						
Numerator	Denominator	N	Ratio	Std Err	95% CL for Ratio	
Sale	Employee	66	104.001203	9.356315	85.3153526	122.687054
Profit	Employee	66	4.660651	0.680559	3.3014803	6.019821

- 95% CL for Mean: 모평균에 대한 95% 신뢰구간을 나타낸다. 예를 들어, 변수 Profit의 평균에 대한 신뢰구간은 $129.1 \pm 1.96 \times 13.8 = (101.5,\ 156.7)$이다.
- RATIO: $\hat{R}$에 대한 추정치를 나타낸다. 예를 들어, 변수 Sale과 Employee의 비에 대한 추정치는 다음과 같이 계산된다.

$$\hat{R} = \frac{2,881.3}{27.7} = 104.0$$

- Std Err: $\hat{R}$에 대한 표준오차를 나타낸다.
- 95% CL for Ratio: $\hat{R}$에 대한 신뢰구간을 나타낸다. 예를 들어, 변수 Sale과 Employee의 비에 대한 신뢰구간은 $104.0 \pm 1.96 \times 9.4 = (85.3,\ 122.7)$이다.

7.3 비 추정량

모집단에 대한 보조정보를 활용한 추정량 중 하나인 비 추정량(ratio estimator)은 이용 가능한 하나의 보조변수가 관심변수와 양의 상관관계가 있을 때 매우 효율적인 추정량으로 알려져 있다.

비복원 단순임의추출하에서 보조변수 x의 모집단 정보를 이용하여 정의되는 모평균과 모집단 총합에 대한 비 추정량은 각각 다음과 같다.

$$\bar{y}_{ratio} = \bar{x}_U \hat{R} = \bar{y}\ \frac{\bar{x}_U}{\bar{x}}, \tag{7.7}$$

$$\hat{t}_{y,ratio} = t_x \hat{R} = N\bar{y}\ \frac{\bar{x}_U}{\bar{x}}. \tag{7.8}$$

비복원 단순임의추출하에서 비 추정량의 근사분산 및 이의 추정량은 ⟨정리 7.1⟩의 결과로부터 직접적으로 유도되며 그 결과는 각각 다음과 같다.

⟨정리 7.2⟩ 비 추정량의 분산 및 분산추정량

식 (7.7)과 (7.8)의 근사분산 및 분산추정량은 다음과 같다.

$$AV_{SRS}\left(\bar{y}_{ratio}\right) = \left(1 - \frac{n}{N}\right)\frac{S_{eU}^2}{n}, \tag{7.9}$$

$$AV_{SRS}\left(\hat{t}_{y,ratio}\right) = N^2\left(1 - \frac{n}{N}\right)\frac{S_{eU}^2}{n}, \tag{7.10}$$

$$\hat{V}_{SRS}\left(\bar{y}_{ratio}\right) = \left(1 - \frac{n}{N}\right)\frac{S_{\hat{e}s}^2}{n}, \tag{7.11}$$

$$\hat{V}_{SRS}\left(\hat{t}_{y,ratio}\right) = N^2\left(1 - \frac{n}{N}\right)\frac{S_{\hat{e}s}^2}{n}. \tag{7.12}$$

식 (7.7) 및 (7.8)에 정의된 바와 같이 비 추정량은 비편향 추정량에 일종의 보정항인 $\bar{x}_U/\bar{x}$를 곱한 형태로 표현된다. 즉, 보조변수와 관심변수 사이에 양의 상관관계가 존재한다는 가정하에서, 비 추정량은 $\bar{x}_U > \bar{x}$인 경우에는 비편향 추정량을 보다 크게, 그리고 $\bar{x}_U < \bar{x}$인 경우에는 비편향 추정량을 보다 작도록 수정하여 효율성을 개선시킨다. 또한 비 추정량은

$$\hat{t}_{y,ratio} = \sum_{k\in s}\frac{N}{n}\frac{\bar{x}_U}{\bar{x}}y_k = w_{ratio}\sum_{k\in s}y_k$$

로 표현되어, 표본에 포함된 모든 개체에 대하여 동일한 가중치, $w_{ratio} = (n\bar{x})^{-1}N\bar{x}_U$를 적용한 선형추정량으로 정의되는 것을 알 수 있다. 7.2절에서 살펴본 바와 같이 $\hat{R}$이 모수에 대하여 편향을 갖는 추정량이기 때문에, 비 추정량 역시 모수에 대하여 편향을 갖게 되며 그 크기는 다음과 같다.

$$\begin{aligned} E\left(\hat{t}_{y,ratio} - t_y\right) &= E\left(t_x\hat{R} - t_xR\right) \\ &= t_xE\left(\hat{R} - R\right) \\ &= t_x\text{Bias}\left(\hat{R}\right). \end{aligned} \tag{7.13}$$

즉, 비 추정량의 편향을 최소화하기 위한 방안은 $\hat{R}$의 편향을 최소화하는 방안과 동일하다.

비 추정량의 분산은 잔차인 $e_k = y_k - x_kR$의 함수이며, 따라서 x와 y 사이에 유의한 양의 상관관계가 존재할 때, 즉 $y_k \approx x_kR$일 때, 비편향 추정량보다 효율적이다. 모수 R의 정의에 의하여 $\bar{y}_U - \bar{x}_UR = 0$이기 때문에 $e_k = (y_k - \bar{y}_U) - (x_k - \bar{x}_U)R$로 표현할 수

있으며, 이를 이용한 잔차 e의 분산은 다음과 같다.

$$S_{eU}^2 = S_{yU}^2 - 2\rho_{xyU} R S_{xU} S_{yU} + R^2 S_{yU}^2. \tag{7.14}$$

식 (7.14)로부터 비 추정량의 근사분산이 비편향 추정량의 분산보다 작기 위한 필요충분 조건은

$$\rho_{xyU} > \frac{1}{2}\frac{cv_{xU}}{cv_{yU}} \tag{7.15}$$

임을 알 수 있다. 만약 두 변수의 변동계수가 동일할 경우, 비 추정량은 상관계수가 $\rho_{xyU} > 0.5$의 조건을 만족할 때 비편향 추정량보다 효율적이다. 여기에서 변동계수 (cv_{xU}, cv_{yU})의 정의는 다음과 같다.

$$(cv_x, cv_y) = \left(\frac{S_{xU}}{\bar{x}_U}, \frac{S_{yU}}{\bar{y}_U}\right).$$

즉, 서베이 통계학 분야에서 대부분의 변수에 대한 변동계수 값이 양수임을 감안할 때 보조변수와 관심변수 사이에 강한 양의 상관관계가 비추정량의 효율성을 높이는 조건이며, 관심변수의 변동계수가 보조변수의 변동계수보다 상대적으로 클 때 비 추정량의 효율성은 높아진다.

⟨SAS 사례 7.2⟩ SAS 사례 7.1의 계속

변수 Employee(종사자수)에 대하여 모집단 전체의 총합이 24,000으로 알려져 있다고 가정하자. 즉, 총 종사자수는 $\hat{t}_x = 24,000$이며, 사업체 별 종사자 수는 $\bar{x}_U = 24,000/800 = 30$이다. 이때 관심변수 Sale(이익)에 대한 평균과 총합의 비 추정치를 다음과 같이 계산할 수 있다.

$$\bar{y}_{ratio} = \bar{x}_U \hat{R} = 30 \times 104 = 3,120,$$

$$\hat{t}_{y,ratio} = \hat{t}_x \hat{R} = 24,000 \times 104 = 2,496,000.$$

또한 비 추정량에 대한 표준오차는 다음과 같이 계산될 수 있다.

$$SE(\bar{y}_{ratio}) = \bar{x}_U SE(\hat{R}) = 30 \times 9.36 = 280.8.$$

$$SE(\hat{t}_{y,ratio}) = \hat{t}_x SE(\hat{R}) = 24,000 \times 9.36 = 224,640.0.$$

모수 R에 대한 추정량과는 달리 비추정량 $\hat{t}_{y,ratio}$ 혹은 $\bar{y}_{ratio}$와 이의 분산추정량은 SAS 프로시저를 통해 직접 계산할 수 없다. 그러나 ⟨SAS 사례 7.2⟩에서와 같이 R에 대한 추정량과 분산추정량을 이용하여 모집단 총합과 모평균에 대한 비추정량 및 분산추정량을 산출할 수 있다.

7.4 회귀 추정량

회귀 추정량(regression estimator)은 이용가능한 모집단에 대한 보조정보가 있을 때 비 추정량과 더불어서 흔히 고려되는 추정량이다. 실제로 비 추정량과 사후 층화 추정량 역시 일종의 회귀 추정량이며, 7.5절에서 살펴볼 레이킹비(raking ratio) 혹은 림(rim) 방안을 통해 유도되는 추정량은 회귀 추정량과 근사적으로 동일(asymptotically equivalent)하다. 비 추정량과 달리 회귀 추정량은 복수의 보조변수가 있을 때도 정의될 수 있으며, 회귀 추정량의 효율성은 보조변수들과 관심변수 사이의 선형관계 정도에 의해 결정된다.

7.4.1 회귀 추정량의 정의

회귀 추정량을 정의하는 방안들은 다양하며 이에 대한 내용은 Särndal, Swensson and Wretman(1992)와 Fuller(2002)에 자세하게 설명되어 있다. 이 책에서는 회귀모형으로부터의 회귀 추정량을 유도하는 방안을 고려하였다. 이를 위해 먼저 보조변수와 관심변수의 관계를 나타내는 다음의 다중회귀모형을 고려한다.

$$y_k = \beta_{0U} + x_{1k}\beta_{1U} + \cdots + x_{pk}\beta_{pU} + e_k. \tag{7.16}$$

여기서 $\boldsymbol{\beta}_U = (\beta_{0U}, \beta_{1U}, \cdots, \beta_{pU})'$는 모집단에서 정의되는 회귀계수로서 다음과 같다.

$$\boldsymbol{\beta}_U = \left(\sum_{k\in U} \mathbf{x}_k'\mathbf{x}_k\right)^{-1}\left(\sum_{k\in U} \mathbf{x}_k' y_k\right). \tag{7.17}$$

여기에서 행벡터 $\mathbf{x}_k = (1, x_{k1}, \cdots, x_{kp})$이고, $e_k = y_k - \mathbf{x}_k\boldsymbol{\beta}_U$는 모집단에서 계산되는 잔차로서 평균은 $\bar{e}_U = 0$ 이며, 분산은

$$S_{eU}^2 = \frac{1}{N-1}\sum_{k\in U}(y_k - \mathbf{x}_k\boldsymbol{\beta}_U)^2 = \frac{1}{N-1}\sum_{k\in U} e_k^2$$

이다. 모집단에서 회귀식을 정의하기 위하여 잔차의 모평균과 모분산 이외의 정규분포와 같은 추가적인 정의나 가정은 고려하지 않는다.

모집단 회귀모형하에서, 관심변수의 모집단 총합은 표본에 포함된 개체로부터 관측된 y의 총합과 표본에 포함되지 않은 개체에 대응하는 y의 총합의 합으로 다음과 같이 표현할 수 있다.

$$t_y = \sum_{k\in s} y_k + \sum_{l\in U\setminus s} y_l. \tag{7.18}$$

여기에서 $U \setminus s = U \cap s^c$는 표본에 포함되지 않은 개체들의 집합을 나타낸다. 식 (7.18)로부터 모집단 총합의 추정은 표본에 포함되지 않은 개체들의 관심변수에 대한 최적의 예측치를 구하여 이루어질 수 있음을 알 수 있다.

식 (7.16)의 모형하에서 표본에 포함되지 않은 개체의 예측치를 구하기 위하여, 먼저 단순임의추출하에서 $\boldsymbol{\beta}_U$의 표본 보통최소제곱(ordinary least squares) 추정량을 아래와 같이 정의한다.

$$\hat{\boldsymbol{\beta}}_{OLS} = \left(\sum_{k\in s}\mathbf{x}_k'\mathbf{x}_k\right)^{-1}\left(\sum_{k\in s}\mathbf{x}_k' y_k\right). \tag{7.19}$$

식 (7.18)의 표현과 보통최소제곱 추정량 (7.19)를 이용하여 정의되는 모집단 총합 t_y의 가능한 최적의 추정량은 아래와 같이 유도된다.

$$\begin{aligned}\hat{t}_{y,opt} &= \sum_{k\in s} y_k + \sum_{l\in U\setminus s}\hat{y}_l \\ &= \sum_{k\in s} y_k + \sum_{l\in U\setminus s}\mathbf{x}_l\hat{\boldsymbol{\beta}}_{OLS} \\ &= n\bar{y}_s + (N\bar{\mathbf{x}}_U - n\bar{\mathbf{x}}_s)\hat{\boldsymbol{\beta}}_{OLS} + (N-n)\left(\bar{y}_s - \bar{\mathbf{x}}_s\hat{\boldsymbol{\beta}}_{OLS}\right) \\ &= N\left[\bar{y}_s + (\bar{\mathbf{x}}_U - \bar{\mathbf{x}}_s)\hat{\boldsymbol{\beta}}_{OLS}\right] \\ &=: \hat{t}_{y,reg}.\end{aligned} \tag{7.20}$$

식 (7.20)에 주어진 회귀 추정량의 유도를 위해서는 정규방정식(normal equation)

$$\left(\sum_{k\in s}\mathbf{x}_k'\mathbf{x}_k\right)\hat{\boldsymbol{\beta}}_{OLS} = \sum_{k\in s}\mathbf{x}_k' y_k$$

과 $\mathbf{x}_k$의 첫번째 원소가 1이기 때문에 갖는

$$\bar{y}_s - \bar{\mathbf{x}}_s\hat{\boldsymbol{\beta}}_{OLS} = 0$$

의 성질이 사용되었다. 여기서 기호 =:는 모집단 총합에 대한 회귀 추정량 $\hat{t}_{y,reg}$를 이전 식으로 정의한다는 것을 의미한다. 식 (7.20)으로부터 모평균에 대한 회귀 추정량은 다음과 같이 정의된다.

$$\bar{y}_{reg} = \bar{y}_s + (\bar{\mathbf{x}}_U - \bar{\mathbf{x}}_s)\hat{\boldsymbol{\beta}}_{OLS}. \tag{7.21}$$

식 (7.20)와 (7.21)을 통해서 회귀 추정량은 보조변수 기준의 모집단과 표본의 차이 그리고 $\mathbf{x}$와 y의 상관관계 정보를 활용하여, 모집단 총합에 대한 비편향 추정량을 보정함으로써 정의되는 것을 알 수 있다. 비 추정량이 일종의 보정계수 $\bar{x}_U/\bar{x}_s$를 비편향 추정량에 곱하여 정의된 것에 비하여, 회귀추정량은 비편향 추정량의 보정을 위하여 $N(\bar{\mathbf{x}}_U - \bar{\mathbf{x}}_s)\hat{\boldsymbol{\beta}}_{OLS}$를 더해준 것을 알 수 있다.

회귀 추정량을 정의하기 위하여 사용된 보정 방안을 이해하기 위하여 ⟨예 7.1⟩에서 사용된 모집단을 고려해 보자. ⟨그림 7.1⟩에서는 4개의 가능한 표본 중 $s_1 = \{1,2,3\}$이 선택된

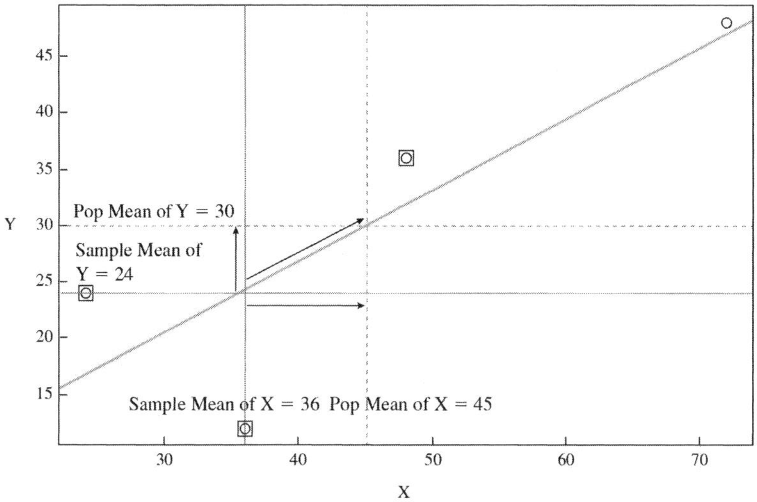

〈그림 7.1〉 회귀추정식

경우를 나타내고 있다. 이때 x의 표본평균은 36으로 x의 모평균 45보다 적음을 알 수 있다. 두 변수 x와 y 사이에 유의한 선형관계가 존재할 경우에 동일한 현상이 관심변수에서도 나타날 것이라고 예측할 수 있고, 따라서 두 변수 사이의 선형관계를 나타내는 회귀직선을 따라 $\bar{x}_U - \bar{x}_s$만큼의 거리를 이동하면 y의 표본평균 값은 $(\bar{x}_U - \bar{x}_s)\hat{\beta}_{1,OLS}$만큼 보정된다. 즉, 회귀추정량의 정의를 위하여 사용되는 보정의 크기는 보조변수를 기준으로 모집단과 표본의 차이 그리고 보조변수들과 관심변수 사이의 선형관계에 의하여 결정된다.

7.4.2 회귀 추정량의 성질

회귀 추정량은 비편향 추정량과 더불어서 서베이 통계학 분야에서 가장 많이 사용되는 추정량이며, 이는 회귀 추정량이 갖고 있는 여러 유용한 성질들 때문이다. 회귀 추정량의 정의를 위해 Mickey(1959)가 사용한 바 있는 (1) 선형성(linearity), (2) 위치-척도 불편성 (location-scale invariant), (3) 캘리브레이션(calibration) 성질을 여기에서 살펴본다.

선형성(linearity)은 추정량이 표본에 포함된 개체로부터 관측된 관심변수의 선형함수로 표현되는 것을 의미한다. 식 (7.21)의 회귀 추정량은 다음과 같이 표현되며,

$$\bar{y}_{reg} = \frac{1}{N}\sum_{k\in s} w_{k,reg}y_k, \tag{7.22}$$

$$w_{k,reg} = \frac{N}{n}\left\{1 + \left(\mathbf{t}_x - \hat{\mathbf{t}}_x\right)\left(\frac{N}{n}\sum_{l\in S}\mathbf{x}_l'\mathbf{x}_l\right)^{-1}\mathbf{x}_k'\right\}, \tag{7.23}$$

따라서 선형성의 성질을 만족한다. 위에서 정의된 $w_{k,reg}$는 회귀가중치로 흔히 명명된다.

위치-척도 불변성을 검토하기에 앞서 회귀 추정량의 캘리브레이션(calibration) 성질을 우선 살펴보자. 서베이 통계학에서 의미하는 추정량의 캘리브레이션 성질이란 보조변수 $\mathbf{x}$의 모평균 혹은 모집단 총합과 같은 모수의 추정량이 알고 있는 참값과 일치하는 것을 의미한다. 보조변수 $x_j(j=1,\cdots,p)$의 모평균에 대한 회귀 추정량은 아래와 같다.

$$\begin{aligned}
\bar{x}_{j,reg} &= \bar{x}_{j,s} + (\bar{\mathbf{x}}_U - \bar{\mathbf{x}}_s)\left(\sum_{k\in s}\mathbf{x}_k'\mathbf{x}_k\right)^{-1}\sum_{k\in s}\mathbf{x}_k' x_{jk} \\
&= \bar{x}_{j,s} + (\bar{\mathbf{x}}_U - \bar{\mathbf{x}}_s)\left(\sum_{k\in s}\mathbf{x}_k'\mathbf{x}_k\right)^{-1}\sum_{k\in s}\mathbf{x}_k'\mathbf{x}_k\mathbf{c}_j \qquad (7.24)\\
&= \bar{x}_{j,s} + (\bar{\mathbf{x}}_U - \bar{\mathbf{x}}_s)\,\mathbf{c}_j \\
&= \bar{x}_{jU}.
\end{aligned}$$

여기에서 $\mathbf{c}_j$는 j번째 원소가 1이고 나머지는 모두 0인 열벡터를 나타낸다. 즉, 보조변수 $\mathbf{x}$의 회귀 추정량은 모집단에 대한 보조정보로 주어진 보조변수의 모평균과 일치하며, 따라서 캘리브레이션 성질을 만족한다.

추정량의 위치-척도 불변성(location-scale invariant)의 성질을 정의하기 위하여 관심변수 y의 모평균에 대한 추정량을 $\hat{\theta}(y:s)$로 표기하자. 만약 추정량 $\hat{\theta}(y:s)$ 가 상수 a와 $b\neq 0$에 대하여

$$\hat{\theta}(a+by:s) = a + b\,\hat{\theta}(y:s) \qquad (7.25)$$

를 만족할 때, 추정량은 위치-척도 불변성을 만족한다고 정의된다.

위치-척도 불변성은 원자료가 주어지지 않은 경우, 동일한 변수에 대해 서로 다른 측정단위가 사용되어 추정된 값들을 비교할 때 필요한 성질이다. 예를 들어, 동일한 위도상에 있는 두 도시의 평균 온도를 비교할 때, 한 도시의 온도는 화씨(F)로 그리고 또 다른 도시의 온도는 섭씨(C)로 측정된 경우를 고려하자. 제공된 두 도시의 평균 온도 추정량의 비교를 위해서는 추정량의 변환이 필요하며, 이때 필요한 추정량의 성질이 위치-척도 불변성이다.

관심변수 y의 선형결합으로 표현되는 새로운 변수 $z=a+by(b\neq 0)$의 모평균에 대한 회귀 추정량은, 회귀 추정량의 캘리브레이션 성질, $\sum_s w_{k,reg}=N$에 의하여

$$\begin{aligned}
\bar{z}_{reg} &= \frac{1}{N}\sum_{k\in S} w_{k,reg}z_k = \frac{1}{N}\sum_{k\in S} w_{k,reg}(a+by_k) \\
&= \frac{1}{N}\left(a\sum_{k\in S} w_{k,reg} + b\sum_{k\in S} w_{k,reg}y_k\right) \qquad (7.26)\\
&= a + b\,\bar{y}_{reg}
\end{aligned}$$

로 표현되고, 따라서 회귀 추정량은 위치-척도 불변성의 성질을 갖는다.

회귀 추정량은 비 추정량과 마찬가지로 $(\mathbf{x}, y)'$의 모집단 총합에 대한 비편향 추정량의 비선형 함수이며, 따라서 추정하려는 모수의 편향 추정량이다. 회귀 추정량의 편향을 살펴보기 위하여 다음의 표현을 고려하자.

$$\begin{aligned} \bar{y}_{reg} - \bar{y}_U &= (\bar{y}_s - \bar{y}_U) + (\bar{\mathbf{x}}_U - \bar{\mathbf{x}}_s)\,\hat{\boldsymbol{\beta}}_{OLS} \\ &= (\bar{y}_s - \bar{y}_U) + (\bar{\mathbf{x}}_U - \bar{\mathbf{x}}_s)\,E_{SRS}\left(\hat{\boldsymbol{\beta}}_{OLS}\right) \\ &\quad + (\bar{\mathbf{x}}_U - \bar{\mathbf{x}}_s)\left[\hat{\boldsymbol{\beta}}_{OLS} - E_{SRS}\left(\hat{\boldsymbol{\beta}}_{OLS}\right)\right]. \end{aligned} \tag{7.27}$$

식 (7.27)로부터 회귀 추정량의 편향은 다음과 같이 표현할 수 있다.

$$E_{SRS}(\bar{y}_{reg} - \bar{y}_U) = -\mathrm{COV}_{SRS}\left(\bar{\mathbf{x}}_s\ ,\ \hat{\boldsymbol{\beta}}_{OLS}\right). \tag{7.28}$$

즉, 단순임의추출하에서 회귀 추정량의 편향은 보조변수의 표본평균과 회귀계수 추정량의 공분산 행렬에 의하여 정의되는 것을 알 수 있다. 만약 관심변수 y와 설명변수 $\mathbf{x}$가 임의의 상수 a, $b_j (j = 1, \cdots, p)$에 대하여 $y = a + \sum_{j=1}^{p} b_j x_j$를 만족한다면, 즉 보조변수들과 관심변수 사이에 완벽한 선형관계가 성립한다면, $\hat{\boldsymbol{\beta}}_{OLS}$는 상수이며, 따라서, 회귀추정량은 비편향 추정량이 된다.

식 (7.27)의 표현에서 $E_{SRS}\left(\hat{\boldsymbol{\beta}}_{OLS}\right)$ 대신 모집단에서 정의되는 회귀계수 $\boldsymbol{\beta}_U$를 사용하여 유도되는 회귀 추정량의 선형근사식은

$$\bar{y}_{reg} - \bar{y}_U \approx (\bar{y}_s - \bar{y}_U) + (\bar{\mathbf{x}}_U - \bar{\mathbf{x}}_s)\,\boldsymbol{\beta}_U \tag{7.29}$$

이다. 식 (7.29)과 $\bar{y}_U - \bar{\mathbf{x}}_U\boldsymbol{\beta}_U = 0$을 이용하여 정의되는 회귀 추정량의 근사분산은 다음과 같다.

$$\begin{aligned} AV_{SRS}(\bar{y}_{reg} - \bar{y}_U) &= V_{SRS}\left[(\bar{y}_s - \bar{y}_U) - (\bar{\mathbf{x}}_s - \bar{\mathbf{x}}_U)\,\boldsymbol{\beta}_U\right] \\ &= V_{SRS}\left[\frac{1}{N}\sum_{k\in s}\frac{N}{n}(y_k - \mathbf{x}_k\boldsymbol{\beta}_U)\right] \\ &= V_{SRS}\left(\frac{1}{n}\sum_{k\in s} e_k\right) \\ &= \left(1 - \frac{n}{N}\right)\frac{S_{eU}^2}{n}. \end{aligned} \tag{7.30}$$

여기에서 $e_k = y_k - \mathbf{x}_k\boldsymbol{\beta}_U$는 모집단에서 정의되는 잔차이며, 이의 모분산은 다음과 같다.

$$S_{eU}^2 = \frac{1}{N-1}\sum_{k\in U} e_k^2. \tag{7.31}$$

회귀 추정량의 근사분산 (7.30)에 근거하여 정의되는 분산추정량은 다음과 같다.

$$\hat{V}_{SRS}(\bar{y}_{reg} - \bar{y}_U) = \left(1 - \frac{n}{N}\right)\frac{S_{\hat{e}s}^2}{n}. \tag{7.32}$$

여기에서 $\hat{e}_k = y_k - \mathbf{x}_k\hat{\boldsymbol{\beta}}_{OLS}$는 표본에서 정의되는 잔차이며, 이의 표본분산은 다음과 같다.

$$S^2_{\hat{e}s} = \frac{1}{n-1}\sum_{k\in s}\hat{e}^2_k. \tag{7.33}$$

모집단 총합에 대한 회귀 추정량의 근사분산과 분산추정량은 식 (7.30)과 (7.32)에 의하여 아래와 같이 정의된다.

$$AV_{SRS}\left(\hat{t}_{y,reg} - t_y\right) = N^2\left(1 - \frac{n}{N}\right)\frac{S^2_{eU}}{n}, \tag{7.34}$$

$$\hat{V}_{SRS}\left(\hat{t}_{y,reg} - t_y\right) = N^2\left(1 - \frac{n}{N}\right)\frac{S^2_{\hat{e}s}}{n}. \tag{7.35}$$

회귀 추정량의 편향과 근사분산의 유도를 위해 사용된 $E_{SRS}\left(\hat{\boldsymbol{\beta}}_{OLS}\right)$과 $\boldsymbol{\beta}_U$는 근사적으로 일치하는 것으로 알려져 있다. 실제 $\hat{\boldsymbol{\beta}}_{OLS}$는 단순임의표본추출 하에서 대응되는 모집단 회귀계수에 대한 일치추정량이며, 또한 근사 비편향 추정량이다.

⟨예 7.2⟩ 비편향 추정량, 비 추정량, 회귀 추정량의 비교

모평균에 대한 비편향 추정량, 비 추정량, 회귀 추정량의 비교를 위하여 ⟨예 7.1⟩에 주어진 모집단을 고려하자. 가능한 4개의 모든 표본으로부터 계산되는 추정량들과 이의 기댓값, 분산, 평균제곱합은 다음과 같다.

표본	$\bar{y}_{HT}$	$\bar{y}_{ratio}$	$\bar{y}_{reg}$
$s_1 = \{1,2,3\}$	24.00	30.00	28.50
$s_2 = \{1,2,4\}$	28.00	28.64	28.62
$s_3 = \{1,3,4\}$	32.00	27.69	25.50
$s_4 = \{2,3,4\}$	36.00	33.75	34.50
기댓값	30.00	30.02	29.28
분산	20.00	5.31	10.65
평균제곱오차	20.00	5.31	11.17

회귀 추정량과 비 추정량은 관심변수와 유의한 선형관계를 갖는 보조변수에 대한 정보를 이용하였기 때문에 비편향 추정량에 비하여 효율성이 높은 것을 확인할 수 있다. 비록 모집단 크기가 $N = 4$로 매우 적으나, ⟨그림 7.1⟩로부터 두 변수의 관계를 나타내는 직선이 원점에 가깝고, 따라서 이 예에서는 비 추정량이 효율성 측면에서 회귀 추정량보다 우수함을 볼 수 있다.

7.4.3 회귀 추정량의 예

앞에서 이미 살펴본 비 추정량과 사후층화 추정량은 적절한 회귀모형과 회귀계수 추정량을 이용하여 회귀 추정량으로 표현된다. 회귀 추정량의 첫 번째 예는 7.2절에서 살펴본 비 추정량이다. 이의 정의를 위해서 다음의 회귀모형을 고려하자.

$$y_k = x_k \beta_U + e_k. \tag{7.36}$$

여기에서 e_k는 모집단에서 정의되는 잔차로서 평균은 $E(e_k) = 0$이며, 분산이 $V(e_k) = \sigma^2 x_k$은 x_k에 비례한다고 가정한다. 즉, 모형 (7.36)은 모집단에서 보조변수와 관심변수의 선형관계를 나타내는 직선이 원점을 지나며, x가 주어졌을 때 y의 조건부 분산은 x 값에 비례하는 것을 나타내고 있다. 주어진 모형하에서 고려할 수 있는 최적의 모집단 회귀계수 β_U는 가중최소제곱법을 이용하여 산출되는 모수로 다음과 같다.

$$\beta_U = \frac{\sum_{k \in U}(x_k y_k / x_k)}{\sum_{k \in U}(x_k^2 / x_k)} = \frac{\sum_{k \in U} y_k}{\sum_{k \in U} x_k} = R \tag{7.37}$$

주어진 모형하에서 단순임의추출 표본을 이용하여 고려할 수 있는 모집단 회귀계수 β_U의 추정량은 가중최소제곱 추정량(weighted least square estimator)으로

$$\hat{\beta}_{WLS} = \frac{\sum_{k \in S}(x_k y_k / x_k)}{\sum_{k \in S}(x_k^2 / x_k)} = \frac{\sum_{k \in S} y_k}{\sum_{k \in S} x_k} = \hat{R} \tag{7.38}$$

이며, 이는 7.2절에서 고려한 모수 R의 추정량과 일치한다. 계산된 모집단 회귀계수의 추정량을 이용한 회귀 추정량은

$$\begin{aligned} \bar{y}_{reg} &= \bar{y}_s + (\bar{x}_U - \bar{x}_s)\frac{\bar{y}_s}{\bar{x}_s} \\ &= \bar{x}_U \frac{\bar{y}_s}{\bar{x}_s} \\ &= \bar{y}_{ratio} \end{aligned} \tag{7.39}$$

이며, 이는 비 추정량과 일치한다.

회귀 추정량의 두번째 예로는 6.4절에 소개된 사후층화 추정량을 생각할 수 있다. 이를 위해 모집단에 대하여 일종의 일원분류 분산분석 모형인 아래의 선형모형을 가정한다. 사후 층 h에 속한 k번째 개체로부터 관측된 관심변수의 값 y_{hk}는

$$y_{hk} = \bar{y}_{U_h} + e_{hk} = \mathbf{x}_{hk} \boldsymbol{\beta}_U + e_{hk} \tag{7.40}$$

을 따르며, 여기에서 $\mathbf{x}_{hk}$는 h번째 원소는 1이고, 그 밖의 원소는 0인 행벡터로서 그 크기는 사후 층의 수인 H이다. 주어진 정의에 의하여 모집단 회귀계수는 각 사후 층의 모평균을

원소로 갖는

$$\boldsymbol{\beta}_U = \left(\sum_{h=1}^{H}\sum_{k\in U_h}\mathbf{x}'_{hk}\mathbf{x}_{hk}\right)^{-1}\left(\sum_{h=1}^{H}\sum_{k\in U_h}\mathbf{x}'_{hk}y_{hk}\right)$$

$$= \begin{pmatrix} N_1 & \cdots & 0 \\ 0 & \ddots & 0 \\ 0 & \cdots & N_H \end{pmatrix}^{-1}\begin{pmatrix} \sum_{k\in U_1} y_k \\ \vdots \\ \sum_{k\in U_H} y_k \end{pmatrix} \tag{7.41}$$

$$=(\bar{y}_{U_1}, \cdots, \bar{y}_{U_H})'$$

이며, $e_{hk} = y_{hk} - \mathbf{x}_{hk}\boldsymbol{\beta}_U$는 모집단에서 정의되는 평균이 0인 잔차이다. 식 (7.40)의 모형 하에서 회귀 추정량은 다음과 같이 정의된다.

$$\begin{aligned} \bar{y}_{reg} &= \bar{y}_s + (\bar{\mathbf{x}}_U - \bar{\mathbf{x}}_s)\,\hat{\boldsymbol{\beta}}_{OLS} \\ &= \bar{y}_s + \sum_{h=1}^{H}\left(\frac{N_h}{N} - \frac{n_h}{n}\right)\bar{y}_{s_h} \\ &= \sum_{h=1}^{H}\frac{N_h}{N}\bar{y}_{s_h}. \end{aligned} \tag{7.42}$$

여기에서 N_h와 n_h는 사후 층의 모집단과 표본의 크기를 각각 나타내며

$$\hat{\boldsymbol{\beta}}_{OLS} = \left(\sum_{h=1}^{H}\sum_{s_h}\mathbf{x}'_{hk}\mathbf{x}_{hk}\right)^{-1}\left(\sum_{h=1}^{H}\sum_{s_h}\mathbf{x}'_{hk}y_{hk}\right)$$

$$= \begin{pmatrix} n_1 & \cdots & 0 \\ 0 & \ddots & 0 \\ 0 & \cdots & n_H \end{pmatrix}^{-1}\begin{pmatrix} \sum_{k\in s_1} y_k \\ \vdots \\ \sum_{k\in s_H} y_k \end{pmatrix} \tag{7.43}$$

$$=(\bar{y}_{s_1}, \cdots, \bar{y}_{s_H})',$$

그리고 $\bar{y}_{s_h}$는 사후 층 h의 표본 평균을 나타낸다.

7.4.4 SAS 사용 예 – 회귀 추정량

SURVEYREG Procedure는 서베이 데이터에 대한 회귀분석을 수행하며, 단순임의추출 표본뿐만 아니라 층화추출 및 집락추출 표본에 적용할 수 있다. 가중치가 주어질 경우 SURVEYREG Procedure는 가중최소제곱법에 의한 회귀계수 추정량을 계산한다.

다음 사례는 SURVEYREG Procedure를 이용하여 회귀 추정량을 구하는 예이다. 이 예에서는 단순임의추출을 가정하였으므로 WEIGHT 명령문에 의한 가중치 지정을 수행하지 않았다. 즉, 모든 개체에 동일한 가중치가 부여된다.

⟨SAS 사례 7.3⟩ 회귀 추정량

```
PROC SURVEYREG DATA=Sampling.Company TOTAL=800;
     MODEL Sale = Employee;
     ESTIMATE 'Mean of Sale' INTERCEPT 1 Employee 30;
     ESTIMATE 'Total of Sale' INTERCEPT 800 Employee 24000;
RUN;
```

□ PROC SURVEYREG 명령문

- DATA=: 조사된 내용이 저장되어 있는 데이터셋을 지정한다.
- TOTAL=: 유한모집단 수정항을 정의하기 위한 N을 지정한다.

□ MODEL 명령문: 주어진 회귀모형을 정의한다. 등호(=)의 왼쪽에는 회귀모형의 종속변수를 지정하고 오른쪽에는 독립변수를 지정한다. 예를 들어, 두 개의 독립변수가 있을 때 'y = x1 x2 x1*x2'와 같이 주효과 및 상호작용효과를 지정할 수 있다. 이 예에서는 다음과 같은 회귀모형을 정의한 것이다.

$$\text{Sale} = \alpha + \beta\ \text{Employee} + \epsilon.$$

□ ESTIMATE 명령문: 회귀 추정량을 계산한다. 'Label'은 출력 결과에 나타낼 레이블을 의미하며, 사용자가 원하는 내용을 지정하면 된다.

ESTIMATE 명령문의 내용을 자세히 설명하기로 한다. 예를 들어, 독립변수(보조변수)의 수가 1인 단순회귀모형을 고려하자. 이때 평균과 총합에 대한 회귀 추정량은 각각 다음과 같다.

$$\bar{y}_{reg} = \bar{y}_s + b(\bar{x}_U - \bar{x}_s) = a + b\bar{x}_U, \tag{7.44}$$

$$\hat{t}_{y,reg} = aN + bN\bar{x}_U = aN + b\hat{t}_x. \tag{7.45}$$

여기에서 a와 b는 최소제곱법에 의한 회귀계수 추정량이다(단, $a = \bar{y}_s - b\bar{x}_s$).

앞 절의 사례에서와 같이 $N = 800$, $\bar{x}_U = 30$, $\hat{t}_x = 24,000$이라고 가정하자. ⟨SAS 사례 7.3⟩의 첫 번째 ESTIMATE 명령문은 평균에 대한 회귀 추정량을 구하기 위한 것으로, 절편항(intercept) a에 곱해지는 값 1과 회귀계수 b에 곱해지는 값 $\bar{x}_U = 30$을 지정한 것이다.

두 번째 ESTIMATE 명령문은 총합에 대한 회귀 추정량을 구하기 위한 것으로, 절편항 a에 곱해지는 값 $N = 800$과 계수 b에 곱해지는 값 $\hat{t}_x = 24,000$을 지정한 것이다.

위의 식 (7.44)과 (7.45)는 다중회귀모형의 경우 다음과 같이 일반화될 수 있다.

$$\begin{aligned}\bar{y}_{reg} &= \bar{y}_s + b_1(\bar{x}_{1,U} - \bar{x}_{1,s}) + \cdots + b_p(\bar{x}_{p,U} - \bar{x}_{p,s}) \\ &= a + b_1\bar{x}_{1,U} + b_2\bar{x}_{2,U} + \cdots + b_p\bar{x}_{p,U},\end{aligned} \tag{7.46}$$

$$\hat{t}_{y,reg} = aN + b_1\hat{t}_{x1} + +b_2\hat{t}_{x2} + \cdots + b_p\hat{t}_{xp}. \tag{7.47}$$

여기에서 $a = \bar{y}_s + \sum_{j=1}^{p} b_j\bar{x}_{j,s}$이다.

⟨SAS 사례 7.3⟩의 주요 출력 결과들을 설명하면 다음과 같다(표 7.3 참조).

- Fit Statistics: 회귀모형의 적합도를 나타낸다. 예를 들어, 결정계수(R^2)는 70.7%로서 전체 변동의 70.7%가 회귀모형에 의하여 설명되어 비교적 높은 적합도를 가짐을 알 수 있다.
- Estimated Regression Coefficients: 회귀계수 추정치를 나타낸다. 본 예에서는 $a = 816.8$, $b = 74.5$로 추정된다.
- 평균에 대한 추정: 변수 Sale의 모평균에 대한 회귀 추정치는 다음과 같이 계산된다.

$$\bar{y}_{reg} = a + b\bar{x}_U = 816.85 + 74.52 \times 30 = 3,052.36.$$

이에 대한 표준오차는 $SE(\bar{y}_{reg}) = 227.91$이다.

⟨표 7.3⟩ SAS 사례 7.3의 주요 출력결과

Fit Statistics	
R-Square	0.7067
Root MSE	1887.90
Denominator DF	65

Estimated Regression Coefficients				
Parameter	Estimate	Standard Error	t Value	Pr > |t|
Intercept	816.845592	233.110365	3.50	0.0008
Employee	74.517031	6.367739	11.70	<.0001

Estimate					
Label	Estimate	Standard Error	DF	t Value	Pr > |t|
Mean of Sale	3052.36	227.91	65	13.39	<.0001

Estimate					
Label	Estimate	Standard Error	DF	t Value	Pr > |t|
Total of Sale	2441885	182327	65	13.39	<.0001

- 총합에 대한 추정: 변수 Sale의 모집단 총합에 대한 회귀 추정치는 다음과 같이 계산된다.

$$\hat{t}_{y,reg} = aN + bN\bar{x}_U = a \times 800 + b \times 24,000 = 2,441,885(= 800 \times 3,052.36).$$

이에 대한 표준오차는 182,237(= 800 × 227.91)이다.

7.5 레이킹비 추정량

7.4.2절에서 살펴본 회귀 추정량의 성질 중 캘리브레이션 성질을 만족하는 선형추정량의 집합을 Deville and Särndal(1992)은 캘리브레이션 추정량으로 정의하였다. 비 추정량 및 회귀 추정량 역시 캘리브레이션 추정량이며, 이와 더불어 캘리브레이션 성질을 갖는 대표적인 추정량으로는 레이킹비 추정량(raking ratio estimator)이 있다. 모집단 총합에 대한 레이킹비 추정량은 선형추정량으로 다음과 같이 정의되며

$$\hat{t}_{y,rak} = \sum_{k \in s} w_{k,rak}\, y_k \tag{7.48}$$

비복원 단순임의추출 하에서 정의되는 레이킹비 가중치 $w_{k,rak} = (N/n)\exp(\mathbf{x}_k\boldsymbol{\lambda})$는 캘리브레이션 식(calibration equation)

$$\sum_{k \in s} w_{k,rak}\, \mathbf{x}_k = \sum_{k \in s} \frac{N}{n} \exp(\mathbf{x}_k\boldsymbol{\lambda})\, \mathbf{x}_k = \mathbf{t}_x \tag{7.49}$$

를 만족하는 벡터 $\boldsymbol{\lambda}$의 해를 구하여 정의된다. 식 (7.49)을 만족하는 벡터 $\boldsymbol{\lambda}$는 Newton-Raphson 알고리즘을 통해 계산될 수 있으며, 항상 해가 존재하는 것으로 알려져 있다(Deville, Särndal and Sautory, 1993).

7.5.1 림(RIM) 가중치

레이킹비 추정량의 대표적인 예로는 $\mathbf{x}_k$가 분할표의 주변 분포를 나타내는 지시함수로 주어진 경우에 분할표의 각 셀 확률을 추정하기 위하여 사용되는 림(Random Iterative Method: RIM) 가중치를 이용한 추정량이 있다.

⟨예 7.3⟩ 림 가중치

림 가중치 $w_{k,rak} = (N/n)\, g_{k,rak}$는 협의의 의미로 다차원 빈도표에서 각 셀의 모비율을 추정하기 위한 가중치로 흔히 사용되었다. 여기에서 $g_{k,rak} = \exp(\mathbf{x}_k\boldsymbol{\lambda})$이며, 림 가중치는 $\boldsymbol{\lambda}$의 해를 구하는 대신 반복비례적합법(iterative proportional fitting)을 통해 $g_{k,rak} = \exp(\mathbf{x}_k\boldsymbol{\lambda})$의 해를 직접 구하여 정의된다. 림 가중치의 이해를 위하여 이 예에서는 아래의 2차원 $R \times C$ 빈도표를 고려한다.

	1	$\cdots$	C	
1	N_{11}	$\cdots$	N_{1C}	$N_{1\cdot}$
$\vdots$	$\vdots$	$\ddots$	$\vdots$	$\vdots$
R	N_{R1}	$\cdots$	N_{RC}	$N_{R\cdot}$
	$N_{\cdot 1}$	$\cdots$	$N_{\cdot C}$	$N_{\cdot\cdot}$

림 가중치를 이용하여 추정하려 하는 기본적인 모수는 모집단 셀 크기 N_{rc} 혹은 이의 비율인 $N^{-1}N_{rc}$이며, 림 가중치를 적용하여 추정되는 주변 분포는 주어진 정보 $N^{-1}N_{r\cdot} = N^{-1}\sum_c N_{rc}$ 및 $N^{-1}N_{\cdot c} = N^{-1}\sum_r N_{rc}$과 일치하여야 한다. 즉, 식 (7.49)에서 $\mathbf{x}_k$를 다음과 같이 정의하여 산출되는 레이킹비 가중치와 림 가중치는 동일함을 알 수 있다.

$$\mathbf{x}_k = (x_{k,1\cdot}, \cdots, x_{k,R\cdot}, x_{k,\cdot 1}, \cdots, x_{k,\cdot C}),$$

$$x_{k,r\cdot} = \begin{cases} 1, & \text{if } k \text{ is in row } r, \\ 0, & \text{otherwise,} \end{cases} \qquad x_{k,\cdot c} = \begin{cases} 1, & \text{if } k \text{ is in column } c, \\ 0, & \text{otherwise.} \end{cases}$$

단순임의추출 표본의 분석을 위한 림 가중치는 일반적으로 반복비례적합 알고리즘을 이용하여

$$\frac{N}{n}\sum_{k\in S} g_{k,rak}\,\mathbf{x}_k = (N_{1\cdot}, \cdots, N_{R\cdot}, N_{\cdot 1}, \cdots, N_{C\cdot})$$

을 만족하는 $g_{k,rak}$의 해를 구하여 정의된다. 반복비례적합 알고리즘은 다음의 단계를 통해 이루어진다.

- 단계 0: $g_{k,rak}$의 초기값을 $g^{(0)}_{k,rak} = 1$로 정의한다.
- 단계 1: 행 r에 속한 개체 k에 대하여 $g^{(1)}_{k,rak}$을 아래와 같이 정의한다($r = 1, \cdots, R$).

$$g^{(1)}_{k,rak} = \frac{g^{(0)}_{k,rak} N_{r\cdot}}{(N/n)\sum_{k\in S} g^{(0)}_{k,rak} x_{k,r\cdot}}$$

- 단계 2: 열 c에 속한 개체 k에 대하여 $g^{(2)}_{k,rak}$을 아래와 같이 정의한다($c = 1, \cdots, C$).

$$g^{(2)}_{k,rak} = \frac{g^{(1)}_{k,rak} N_{\cdot c}}{(N/n)\sum_{k\in S} g^{(1)}_{k,rak} x_{k,\cdot c}}$$

- 이 후 단계: 단계 1과 2의 과정을 $g_{k,rak}$ 값이 수렴할 때까지 반복적으로 수행하여 최종 $g^{(F)}_{k,rak}$값을 구하며, 최종 림 가중치는 $(N/n) \times g^{(F)}_{k,rak}$ 로 정의된다.

〈표 7.4〉 Hu_Post_Rim1 데이터셋

OBS	College	Grade	Pop_Size1	OBS	College	Grade	Pop_Size1
1	공과대학	1	1140	11	예체능대학	3	505
2	공과대학	2	1140	12	예체능대학	4	505
3	공과대학	3	1140	13	인문대학	1	390
4	공과대학	4	1140	14	인문대학	2	390
5	사회과학대학	1	640	15	인문대학	3	390
6	사회과학대학	2	640	16	인문대학	4	390
7	사회과학대학	3	640	17	자연과학대학	1	425
8	사회과학대학	4	640	18	자연과학대학	2	425
9	예체능대학	1	505	19	자연과학대학	3	425
10	예체능대학	2	505	20	자연과학대학	4	425

〈표 7.5〉 Hu_Post_Rim2 데이터셋

OBS	College	Gender	Pop_Size2	OBS	College	Gender	Pop_Size2
1	공과대학	1	3377	6	예체능대학	2	1040
2	공과대학	2	1183	7	인문대학	1	547
3	사회과학대학	1	1331	8	인문대학	2	1013
4	사회과학대학	2	1229	9	자연과학대학	1	759
5	예체능대학	1	980	10	자연과학대학	2	941

7.5.2 SAS 사용 예 – 림 가중법

6.4.2절의 예에서 단과대학×학년×성별 조합에 따른 모집단 크기는 알 수 없고, 단과대학×학년(표 7.4)과 단과대학×성별(표 7.5) 모집단 크기만 알 수 있다고 가정하자. 따라서, 이 경우 6.4.2절에서와 같이 단과대학×학년×성별 셀 가중치를 계산하는 것이 가능하지 않다.

림 가중법은 셀 가중법을 사용할 수 없거나 적용하기 곤란한 경우 대안적인 방법으로 사용할 수 있으며, 반복적인 절차에 의해 일부 층화 변수들에 따른 가중치들의 주변비율(marginal propotion)을 모집단의 주변비율과 일치시키는 방법이다. 예를 들어, 단과대학×학년을 행으로, 단과대학×성별을 열로 정의할 때 림 가중치는 〈예 7.3〉에 주어진 단계에 따라 반복비례적합을 통해 계산된다.

〈표 7.6〉은 계산된 림 가중치의 일부를 나타내고 있으며 림 가중치 Rim_Weight의 '단과대학×학년'별 합계는 대응하는 모집단 크기와 같게 되고, Rim_Weight의 '단과대학×성'별 합계도 대응하는 모집단 크기와 같게 된다.

〈표 7.6〉 HU_Rim_Survey 데이터셋(일부)

OBS	IDnum	College	Department	Grade	Gender	Smoking	Expense	Rim_Weight
1	5832	공과대학	전기공학	1	1	0	178000	24.5360
2	5847	공과대학	전기공학	1	1	1	99000	24.5360
3	5893	공과대학	전기공학	1	1	0	61000	24.5360
···	···	···	···	···	···	···	···	···
498	5274	자연과학	응용통계	4	2	1	106000	25.4478
499	5285	자연과학	응용통계	4	2	0	20000	25.4478
500	5800	자연과학	임상병리	4	2	0	81000	25.4478

부록 7.A에는 이 사례에서의 림 가중치를 얻기 위한 SAS 프로그램의 예를 제시하였으니 참조하기 바란다. 또한 〈표 7.6〉은 이 프로그램에 의하여 얻어진 데이터셋의 예이다. 독자들은 이 데이터셋(HU_Rim_Survey)의 가중치와 6.4.2절의 〈표 6.12〉의 데이터셋(HU_Cell_Survey)의 가중치를 비교하여 보기 바란다.

〈SAS 사례 7.4〉 림 가중치를 이용한 추정

```
PROC SURVEYMEANS DATA=Sampling.HU_Rim_Survey
                 TOTAL=12400;
     VAR Expense Smoking;
     CLASS Smoking;
     WEIGHT Rim_Weight;
RUN;
```

□ PROC SURVEYMEANS 명령문: 평균에 대한 추정을 수행한다.
- DATA=: 조사된 내용이 저장되어 있는 데이터셋을 지정한다.
- TOTAL=: 유한모집단 수정항을 정의하기 위한 N을 지정한다.

□ VAR 명령문: 평균 또는 비율 추정의 대상이 될 변수들을 나열한다.

□ CLASS 명령문: 범주형 변수들을 나열한다. 여기에 지정된 변수 중 VAR 명령문에 지정된 변수들에 대해서는 각 범주별 비율이 추정된다.

□ WEIGHT 명령문: 가중치 변수를 지정한다.

〈SAS 사례 7.4〉는 림 가중치를 적용하여 평균에 대한 추정을 수행한 예이다. 이의 주요 출력 결과들을 설명하면 다음과 같다(표 7.7 참조).

〈표 7.7〉 SAS 사례 7.4의 출력 결과 (일부)

Vriable	Level	N	Mean	Std Error of Mean	95% CL for Mean	
Expense		500	97514	2296.032450	93002.9189	102025.084
smoking	0	350	0.700273	0.020091	0.6608	0.740
	1	150	0.299727	0.020091	0.2603	0.339

- N: 응답자 수를 나타낸다.
- Mean: 모평균에 대한 추정치를 나타낸다. 즉, 지출액 평균이 97,302원으로 추정된다. 범주형 변수에 대해서는 범주별 비율을 나타낸다.
- Std Error of Mean: 모평균(비율) 추정량에 대한 '이론적으로 맞지 않는' 표준오차를 나타낸다.
- 95% CL for Mean: 모평균(비율)에 대한 '이론적으로 맞지 않는' 95% 신뢰구간을 나타낸다.

〈SAS 사례 7.4〉에서와 같이 림 가중치를 SURVEYMEANS Procedure에 적용할 경우의 문제점은 분산추정량이 제대로 계산되지 않는다는 것이다. 림 가중법의 분산추정량을 제대로 계산하기 위한 방법 중 하나는 다음 사례에서와 같이 회귀 추정량을 이용하는 것이다. 이는 림 가중치를을 적용하여 산출되는 추정량과 회귀 추정량이 근사적으로 일치한다는 성질을 이용하는 것이다.

〈SAS 사례 7.5〉 회귀 추정량을 이용한 림 가중법의 분산추정량 계산

```
PROC SURVEYREG DATA=Sampling.Hu_Rim_Survey TOTAL=12400;
     CLASS College Grade Gender;
     MODEL Expense = College*Grade College*Gender;
     ESTIMATE 'Mean of Expense'
              INTERCEPT 12400
              College*Grade 1140 1140 1140 1140
                             640  640  640  640
                             505  505  505  505
                             390  390  390  390
                             425  425  425  425
              College*Gender 3377 1183 1331 1229  980
                             1040  547 1013  759  941
              / DIVISOR=12400 ;
RUN;
```

〈표 7.8〉 SAS 사례 7.5의 주요 출력결과

Estimate					
Label	Estimate	Standard Error	DF	t Value	Pr > |t|
Mean of Expense	97514	2139.30	499	45.58	<.0001

□ MODEL 명령문: 림 가중치가 적용된 정보를 지정한다. 이 예에서는 College*Grade(단과대학×학년)와 College*Gender(단과대학×성별)를 모형에 지정하였다.

□ ESTIMATE 명령문: DIVISOR 옵션은 각 계수를 공통으로 나누어줄 수치를 지정한다.

□ 이 예에서는 모수 추정량의 표준오차를 계산할 때 WEIGHT 명령문을 사용하지 않았다. 이는 단순임의추출법이 사용되어 설계가중치가 12,400/500으로 동일하기 때문이다.

〈SAS 사례 7.5〉의 결과는 다음의 회귀모형이 적용된 것이다.

$$\begin{aligned} Y &= \alpha + \beta_1 \mathrm{I}(\mathrm{College}=1, \mathrm{Grade}=1) + \cdots + \beta_{20}\mathrm{I}(\mathrm{College}=5, \mathrm{Grade}=4) \\ &+ \gamma_1 \mathrm{I}(\mathrm{College}=1, \mathrm{Gender}=1) + \cdots + \gamma_{10}\mathrm{I}(\mathrm{College}=5, \mathrm{Gender}=2) + \epsilon \end{aligned}$$

여기에서 $\mathrm{I}(\mathrm{College}=1, \mathrm{Grade}=1)$ 등은 1과 0을 값으로 가지는 이항 지시변수이다. 모형에서 주어진 각 지시변수들의 모집단 총합은 〈표 7.4〉 및 〈표 7.5〉에 주어진 모집단 크기이며, 이를 각각 N_{ij}^A, N_{ik}^B라고 하자($i=1,\cdots,5; j=1,\cdots,4; k=1,2$). 각 지시변수들의 모집단 평균은 각각 N_{ij}^A/N, N_{ik}^B/N이 된다(여기에서 $N = 12,400$이다). SURVEYREG Procedure에서 제공하는 회귀계수 추정치를 이용하여 산출되는 〈표 7.8〉의 평균 추정량은 다음과 같이 계산된다(SAS 사례 6.5의 ESTIMATE 명령문 참조).

$$\begin{aligned} \bar{y}(\mathrm{Expense}) &= 95263.7 - 14941.5 \times (1140/12400) - 9957.8 \times (1140/12400) + \cdots \\ &+ 0.000 \times (425/12400) + 2763.3 \times (3377/12400) \\ &+ 0.000 \times (1183/12400) + \cdots + 0.000 \times (941/12400) \\ &= 97,514 \end{aligned}$$

위의 예에서는 RIM 가중치를 이용하여 계산된 모평균 추정량과 회귀추정량이 매우 유사하나(소숫점 둘째자리까지), 일반적으로 특별히 표본의 크기가 작은 경우에는 두 추정량에 차이가 있을 수 있다. 모평균에 대한 회귀추정량의 표준오차는 2,139.30으로 계산되며, 이는 〈표 7.7〉의 2,296.03과는 다르게 나타나고 있다.

RIM 가중치를 이용한 분석시에 모평균과 모집단 총합에 대한 추정량으로는 RIM 가중치를 적용한 SURVEYMEANS Procedure의 결과나 혹은 설계 가중치를 적용한 SURVEYREG Procedure 결과를 모두를 사용할 수 있으나, 분산 추정량으로는 설계 가중치를 적용한 SURVEYREG Procedure의 결과를 사용하는 것이 이론적으로 타당하다.

7.6 연습문제

1. 부록 A에 제시되어 있는 '결측이 없는 건강조사 모집단'(Health_Pop_Nomiss 데이터셋)에 대한 다음의 모집단 정보를 이용하여 아래의 문항에 답하시오.

변수	N	평균	표준편차	합	최솟값	최댓값	레이블
HE_ht	4,534	162.71	8.92	737,736	127.60	192.00	신장
HE_wt	4,534	62.76	11.63	284,542	34.00	121.10	체중

(a) 모집단으로부터 크기가 $n = 100$인 단순임의추출 표본을 추출하고, 몸무게와 신장의 표본평균을 구하시오.

(b) 주어진 모집단의 몸무게 정보를 이용하여 체질량지수와 총 콜레스테롤의 평균에 대한 비편향 추정량, 비 추정량과 회귀 추정량 및 이의 분산추정량을 구하시오.

(c) (b)의 결과를 이용하여 세 추정량을 비교하시오.

2. 문제 1에서 추출한 표본을 이용하여 남성과 여성의 평균 체질량지수(BMI)를 추정하시오. 단, 모집단의 남성과 여성의 수는 주어지지 않았음을 가정한다. 또한 추정량의 분산추정량을 구하고 이를 이용하여 95% 신뢰구간을 구축하시오.

3. ⟨예 7.3⟩의 방법을 이용하여 다음의 2차원 빈도표의 분석을 위한 림 가중치를 구하고 각 셀별 빈도 수를 추정하시오.

	음주여부		
흡연여부	월 1잔 미만	월 1잔 이상	합계
비흡연			3,589
흡연			945
합계	2,055	2,479	4,534

7.A [부록] 림 가중치를 위한 SAS Macro 프로그램의 예

```
/*************/
/* 데이터 결합 */
/*************/

/* College*Grade */
PROC SORT DATA=Sampling.HU_Strata_Survey;
     BY College Grade;
RUN;
DATA Sampling.HU_Rim_Survey;
     MERGE Sampling.HU_Strata_Survey Sampling.HU_Post_Rim1;
     BY College Grade;
RUN;

/* College*Gender */
PROC SORT DATA=Sampling.HU_Rim_Survey;
     BY College Gender;
RUN;
DATA Sampling.HU_Rim_Survey;
     MERGE Sampling.HU_Rim_Survey Sampling.HU_Post_Rim2;
     BY College Gender;
RUN;

/*************/
/* RIM 매크로 */
/*************/

DATA Sampling.HU_Rim_Survey;
     SET Sampling.HU_Rim_Survey;
     Rim_Weight=12400/500;
RUN;

%MACRO raking_k(f_no);

%LET it_no=1;
%DO %WHILE(&it_no<=&f_no);
%PUT ***** it_no : &it_no *****;
%LET it_no=%EVAL(&it_no+1);

/* College*Grade */
PROC SUMMARY DATA=Sampling.HU_Rim_Survey NWAY;
     CLASS College Grade;
     VAR Rim_Weight;
```

```
     OUTPUT OUT=Rim1 SUM(Rim_Weight)=Rim1;
RUN;
PROC SORT DATA=Sampling.HU_Rim_Survey;
     BY College Grade;
RUN;
PROC SORT DATA=Rim1;
     BY College Grade;
RUN;
DATA Sampling.HU_Rim_Survey;
     MERGE Sampling.HU_Rim_Survey Rim1;
     BY College Grade;
     Rim_Weight=(Rim_Weight/Rim1)*Pop_Size1;
     DROP _type_ _freq_ Rim1;
RUN;

/* College*Gender */
PROC SUMMARY DATA=Sampling.HU_Rim_Survey NWAY;
     CLASS College Gender;
     VAR Rim_Weight;
     OUTPUT OUT=Rim2 SUM(Rim_Weight)=Rim2;
RUN;
PROC SORT DATA=Sampling.HU_Rim_Survey;
     BY College Gender;
RUN;
PROC SORT DATA=Rim2;
     BY College Gender;
RUN;
DATA Sampling.HU_Rim_Survey;
     MERGE Sampling.HU_Rim_Survey Rim2;
     BY College Gender;
     Rim_Weight=(Rim_Weight/Rim2)*Pop_Size2;
     DROP _type_ _freq_ Rim2;
RUN;

%END;

%MEND;

%raking_k(30);

PROC SORT DATA=Sampling.HU_Rim_Survey;
     BY IDnum;
RUN;
```

```
/*************/
/* 가중치 확인 */
/*************/

/* 가중치 합계 */
PROC MEANS DATA=Sampling.HU_Rim_Survey NWAY
           N SUM MEAN MIN MAX MAXDEC=0;
     VAR Rim_Weight;
RUN;

/* College*Grade */
PROC MEANS DATA=Sampling.HU_Rim_Survey NWAY
           N SUM MEAN MIN MAX MAXDEC=0;
     CLASS College Grade / MISSING;
     VAR Rim_Weight;
RUN;

/* College*Gender */
PROC MEANS DATA=Sampling.HU_Rim_Survey NWAY
           N SUM MEAN MIN MAX MAXDEC=0;
     CLASS College Gender / MISSING;
     VAR Rim_Weight;
RUN;
```

7.B [부록] R 코드

```
set.seed(8738035)
setwd("C:/Stat311/BOOK")

library(sampling)
library(survey)

##############################################################
### Ratio Estimation #########################################
##############################################################

# Read in a survey
srs_company <- data.frame(read.csv("company.csv",header=TRUE))
srs_company$fpc <- 800
srs_com_design <-svydesign(id=~1,weight=~wgt_srs,
                           data=srs_company,fpc=~fpc)
```

```
# Draw a scatter plots
matplot(srs_company$Employee,srs_company$Sale,type="n",
        xlab="Employee", ylab="Sale")
matpoints(srs_company$Employee,srs_company$Sale,pch=1)

matplot(srs_company$Employee,srs_company$Profit,type="n",
        xlab="Employee", ylab="Profit")
matpoints(srs_company$Employee,srs_company$Profit,pch=1)

# Estimating a ratio and rstio estimator
r <- svyratio(~Sale+~Profit,~Employee,srs_com_design)
predict(r, total=24000)
predict(r, total=30)

###############################################################
### Regression Estimation #####################################
###############################################################

# Fitting a regression model
# and estimating regression estimator
re.sale <- svyglm(Sale ~ Employee,srs_com_design)

p.totals <- data.frame(Employee = 24000)
p.mean   <- data.frame(Employee = 30)

predict(re.sale, total=800, newdata=p.totals)
predict(re.sale, total=1, newdata=p.mean)

###############################################################
### Raking Ratio Estimation ###################################
###############################################################

# Read in data and define a SRS
srs_rak <- data.frame(read.csv("HU_rak_survey.csv",
                      header=TRUE))
srs_rak_design <-svydesign(id=~1,data=srs_rak,fpc=~fpc)
```

```
# Set up the population information
pop.rim1 <- data.frame(rim1=1:20, Freq=c(1140,1140,1140,
                       1140,640,640,640,640,505,505,505,
                       505,390,390,390,390,425,425,425,425))
pop.rim2 <- data.frame(rim2=1:10, Freq=c(3377,1183,1331,
                       1229,980,1040,547,1013,759,941))

# Calculate raking ratio estimator
exp.raked <- rake(srs_rak_design, sample=list(~rim1,~rim2),
                  population=list(pop.rim1,pop.rim2))
svymean(~Expense+smoking,exp.raked)
```

제 8 장
집락추출법

Cluster Sampling

제2장에서 소개된 경제활동인구조사의 조사단위는 가구이지만, 가구의 추출을 위해서 평균 60가구로 구성된 조사구가 일차적으로 추출된다. 이 경우 추출단위는 조사구이며, 따라서, 조사단위와 추출단위는 일치하지 않는다. 이와 같이 일정 규모 이상의 서베이에서는 조사단위와 추출단위가 일치하지 않는 경우가 흔히 발생한다.

8.1 집락추출법

조사단위와 추출단위가 다른 경우 일반적으로 추출단위는 조사단위들의 집합으로 표현되며, 이때 추출단위인 집락(cluster)은 조사단위 혹은 개체(element)의 집합을 의미한다. 집락의 정의에 의하여 각 조사단위는 오직 하나의 집락에만 속하게 되며, 추출단위가 이와 같이 집락인 추출법을 집락추출법(cluster sampling) 이라 한다.

집락추출법이 사용되는 이유 중 하나는 조사단위를 기본단위로 갖는 추출틀이 존재하지 않기 때문이다. 예를 들어, 중·고등학생을 대상으로 하는 서베이의 경우에는 이용 가능한 모든 학생들의 리스트가 없을 수 있으며, 이때 중·고등학생들의 그룹으로 간주할 수 있는 중·고등학교의 리스트를 추출틀로 대신 사용할 수 있다. 이때 조사단위는 학생이며. 추출단위는 학교가 된다.

집락추출법이 사용되는 또 다른 이유는 조사비용과 밀접한 관련이 있다. 경제활동인구조사와 같은 가구조사를 위해서는 평균 60가구로 구성된 조사구를 추출단위로 사용하는 집락추출법이 흔히 사용된다.[1] 조사구는 그 정의에 따라 가까운 주변 가구들로 구성되어 있다. 자료수집 도구가 면접조사인 경우에 조사원이 직접 조사 대상 가구를 방문하여 조사를 실시해야 하며, 따라서 조사원의 이동거리는 전체 조사비용에 많은 영향을 미치게 된다. 가구를 직접 추출하는 경우에 추출된 가구가 전국의 모든 지역에 흩어질 수 있고, 이는 조사비용 및 조사기간의 증가를 초래할 수 있다. 그러나 동일한 규모의 가구 표본을 얻기 위하여 가구를 직접 추출하는 대신 집락인 조사구를 추출하여 표본을 구성하면, 동일한 조사구 내 가구들의 근접성으로 인하여 조사의 비용 및 시간을 줄일 수 있다. 비록 다른 표본추출법에 비하여 집락추출법이 비효율적인 것이 알려져 있으나, 이와 같은 현실적인 이유로 인하여 집락추출법은 대규모의 조사에서 흔히 사용된다.

집락추출법은 그 추출단계의 수에 따라 일단계 집락추출, 이단계 집락추출 그리고 다단계 집락추출법으로 구분된다. 일단계 집락추출법은 일차추출단위(primary sampling unit: PSU)를 추출하고, 추출된 집락 내의 모든 조사단위들로 표본을 구성하는 방안으로 한 번의 확률추출을 통해 표본이 구성된다. 이단계 집락추출법은 일단계에서 추출된 각 일

[1]2015년 등록센서스부터는 조사구 크기를 평균 30가구로 정의함.

차추출단위들로부터 독립적으로 조사단위 혹은 이차추출단위(secondary sampling unit: SSU)를 추출하고, 이차추출단위 내의 모든 조사단위로 표본을 구성하는 방안이다. 따라서 이단계 집락추출법에서는 두 번의 확률추출이 이루어진다. 다단계 집락추출법은 이단계 집락추출법의 확장으로 표본추출 단계가 3번 이상으로 구성된 집락추출법을 의미한다.

이 장에서는 일단계 집락추출 및 이단계 집락추출에 관한 내용을 살펴보게 되며, 이 결과들은 바로 다단계 집락추출법으로 확대하여 적용될 수 있다. 다음 절에서는 먼저 집락추출을 위하여 단순임의추출법과 함께 흔히 사용되는 확률비례추출법(probability proportional-to-size sampling)을 우선 살펴본다.

8.2 확률비례추출법

이용 가능한 모집단에 대한 정보가 추출틀에 있을 때 이를 활용하여 보다 효율적인 표본을 추출할 수 있다. 이러한 보조정보를 활용한 표본설계 방안으로 층화추출법을 제6장에서 살펴보았으며, 제4장에서는 계통추출표본을 얻기 위하여 추출틀을 정렬하는 방안을 고려하였다. 앞에서 살펴본 방안들과 더불어 각 개체 별 모수 추정에 미치는 중요도를 나타내는 크기(size) 변수가 추출틀에 존재할 때 고려할 수 있는 표본추출방안으로 이 절에서는 확률비례추출법을 살펴본다. 확률비례추출법 하에서는 각 추출단위가 추출될 확률이 각 추출단위의 크기 변수에 비례하며, 집락추출을 위해서는 크기 변수로 각 집락내 개체수가 일반적으로 사용된다.

확률비례추출법의 정의를 위하여 x_k를 k번째 추출단위의 중요도를 나타내는 크기 변수라 하자. 추출과정에서의 복원 여부에 따라 확률비례추출법은 복원 확률비례추출법과 비복원 확률비례 추출법으로 구분할 수 있다. 복원 확률비례추출법은 제2장에서 정의된 p_k, 즉, k번째 개체가 각 독립시행에서 뽑힐 확률인 선택 혹은 추출확률이 x_k에 비례하는 확률추출법이다. 확률에 대한 $\sum_{k\in U} p_k = 1$의 조건을 통해 확률비례추출을 위한 p_k는 다음과 같이 정의된다.

$$p_k = \frac{x_k}{\sum_{l\in U} x_l} = \frac{x_k}{t_x}. \tag{8.1}$$

크기가 n인 비복원 확률비례추출법의 경우에 표본 추출과 추정을 위해 사용되는 개체포함확률은 다음과 같다.

$$\pi_k = \frac{nx_k}{\sum_{l\in U} x_l} = \frac{nx_k}{t_x}. \tag{8.2}$$

즉, 비복원 확률비례추출법 하에서는 개체포함확률 π_k가 크기 변수 x_k에 비례하도록 표본설계가 정의되며, 확률표본추출법의 조건인 $0 < \pi_k \le 1$에 따라 모든 $k \in U$에 대하여 $(nx_k) \le t_x$이 만족되어야 한다.

〈표 8.1〉 Hu_Deparment 데이터셋 (첫 10개)

OBS	College	Department	Count
1	공과대학	건축공학과	200
2	공과대학	건축학과	160
3	공과대학	게임학전공	240
4	공과대학	광전자디스플레이공학전공	160
5	공과대학	국방과학기술학과	100
6	공과대학	기계공학전공	200
7	공과대학	디지털디스플레이공학전공	160
8	공과대학	디지털제어공학과	100
9	공과대학	로봇자동화공학전공	160
10	공과대학	모바일소프트웨어전공	160

8.2.1 SAS 사용 예 – 확률비례추출

여기에서는 SAS의 SURVEYSELECT Procedure를 이용한 확률비례추출 과정을 소개한다. 〈표 8.1〉에 제시되어 있는 Hu_Department 데이터셋에는 66개 학과의 목록과 학생수가 저장되어 있다. 이 예에서는 Count(학생수)를 크기변수로 고려하여 10개의 학과를 추출하였다. SAS의 SURVEYSELECT Procedure에서 복원 확률비례추출법을 지정하기 위해서는 METHOD=PPS_WR을, 그리고 비복원 확률비례추출법을 지정하기 위해서는 METHOD=PPS을 사용하였고, 각 추출법을 통해 추출된 결과는 〈표 8.2〉와 〈표 8.3〉에 제시되어 있다. 복원추출법의 경우에는 설계가중치와 더불어 각 학과의 실제 추출 횟수(NumberHits)와 기대 추출 횟수가 주어져 있으며(ExpectedHits), 기대 추출 횟수는 $m \times p_k$로 건축공학과의 경우에 $10 \times (200/12400) = 0.16129$로 계산된다. 복원추출법이 적용된 경우에 각 학과가 2번 이상 추출될 수 있으며, 본 예에서는 '광전자디스플레이공학전공'이 2회 추출된 것을 확인할 수 있다.

〈SAS 사례 8.1〉 확률비례추출

```
PROC SURVEYSELECT DATA=Sampling.Hu_Department
                  OUT=Sampling.Hu_Pps_WR
                  METHOD-PPS_WR SAMPSIZE-10 SEED-94757;
     SIZE Count;
RUN;
```

```
PROC SURVEYSELECT DATA=Sampling.Hu_Department
                  OUT=Sampling.Hu_Pps
                  METHOD=PPS SAMPSIZE=10 SEED=54758;
     SIZE Count;
RUN;
```

□ PROC SURVEYSELECT 명령문

- DATA=: 모집단 목록이 저장되어 있는 데이터셋을 지정한다.
- OUT=: 추출된 표본 목록이 저장될 데이터셋을 지정한다.
- METHOD=: 표본추출 방법을 지정한다(PPS_WR: 복원 확률비례추출. PPS: 비복원 확률비례추출).
- SAMPSIZE=: 표본크기를 지정한다.
- SEED=: 난수 발생을 위한 초기값을 지정한다.

□ SIZE 명령문: 추출단위의 중요도를 나타내는 크기 변수(size variable)를 지정한다.

⟨표 8.2⟩ Hu_Pps_WR 데이터셋(복원추출법)

OBS	College	Department	Count	Number Hits	Expected Hits	Sampling Weight
1	공과대학	건축공학과	200	1	0.16129	6.20000
2	공과대학	광전자디스플레이공학전공	160	2	0.12903	7.75000
3	공과대학	토목공학과	200	1	0.16129	6.20000
4	사회과학대학	디지털기술경영전공	280	1	0.22581	4.42857
5	예체능대학	실용음악학과	160	1	0.12903	7.75000
6	예체능대학	체육전공	140	1	0.11290	8.85714
7	인문대학	기독교학부	160	1	0.12903	7.75000
8	자연과학대학	식품공학전공	160	1	0.12903	7.75000
9	자연과학대학	한방화장품과학전공	160	1	0.12903	7.75000

⟨표 8.3⟩ Hu_Pps 데이터셋(비복원추출법)

OBS	College	Department	Count	SelectionProb	SamplingWeight
1	예체능대학	패션전공	100	0.08065	12.4000
2	인문대학	노인복지학전공	120	0.09677	10.3333
3	자연과학대학	생명과학전공	120	0.09677	10.3333
4	자연과학대학	한방화장품과학전공	160	0.12903	7.7500
5	공과대학	화학공학과	200	0.16129	6.2000
6	예체능대학	영상미디어전공	200	0.16129	6.2000
7	공과대학	게임학전공	240	0.19355	5.1667
8	인문대학	중어중국학과	240	0.19355	5.1667
9	공과대학	안전보건학과	280	0.22581	4.4286
10	사회과학대학	경영학전공	468	0.37742	2.6496

8.2.2 모수에 대한 추정

비복원 확률비례추출법하에서 정의되는 비편향 HT 추정량과 이의 분산 및 분산추정량은 ⟨정의 2.3⟩과 ⟨정리 2.1⟩에 식 (8.2)를 적용하여 유도할 수 있다. 다만 분산 및 분산추정량의 공식은 이차포함확률 π_{kl}을 포함하고 있으며, 9장에서 살펴볼 복합표본설계하에서는 이의 계산은 일반적으로 가능하지 않다. 이러한 이유로 대부분의 통계 프로그램에서는 이의 이차포함확률을 포함하지 않는 근사식이 사용된다. 복합표본설계하에서의 분산 및 분산추정에 관한 내용은 9장을 참고하면 된다.

복원 확률비례추출법하에서 정의되는 비편향 pwr 추정량과 이의 분산 및 분산추정량은 ⟨정의 2.4⟩과 ⟨정리 2.2⟩에 $p_k = x_k/t_x$를 적용하여 정의할 수 있다. 비복원 확률비례추출에서 정의되는 분산추정량과는 달리 ⟨정리 2.2 ⟩에서 정의된 분산추정량은 p_k만의 함수로써 실제 계산이 용이하다.

식 (2.9)와 (2.17)은 효율적인 표본설계의 충분조건이 π_k와 p_k가 관심변수 y_k에 비례하는 것임을 나타내고 있다. 즉, y_k/π_k 그리고 y_k/p_k가 상수일 때 대응하는 비편향 추정량인 HT 추정량과 pwr 추정량의 분산이 0이 된다. 실제로는 조사 이전에 y_k를 알 수 없기 때문에 관심변수와 양의 상관관계가 있는 설계변수 x_k에 비례하도록 π_k와 p_k가 정의되는 표본설계를 통해 비편향 추정량의 효율성을 높일 수 있다.

8.3 일단계 집락추출법

일단계 집락추출은 N개의 집락으로 구성된 집락 모집단 $U_c = (1, 2, \cdots, N)$로부터 n개의 집락으로 구성된 표본 $s_c = (1, 2, \cdots, n)$를 추출한 후, 추출된 집락 U_i, $i \in s_c$의 모든 개체를 표본으로 구성함으로 이루어진다. 집락추출법을 정의하기 위하여 사용된 기호들을 정리하면 다음과 같다.

- 집락모집단: $U_c = (1, 2, \cdots, N)$
- 집락표본: $s_c = (1, 2, \cdots, n)$
- 집락 i의 개체: $U_i = (1, 2, \cdots, M_i)$
- 모집단 크기: $K = \sum_{i \in U_c} M_i$

즉, N은 모집단 내 집락의 수를 나타내며, 집락 i에 포함된 조사단위의 수는 M_i이고, 전체 모집단의 크기를 나타내기 위해서는 K를 사용하였다. 정의된 모집단 구조하에서 모집단 총합은 다음과 같이 표현할 수 있다.

$$t_y = \sum_{k \in U} y_k = \sum_{i \in U_c} \sum_{j \in U_i} y_{ij} = \sum_{i \in U_c} t_i. \tag{8.3}$$

여기에서 첨자 ij는 i번째 집락의 j번째 개체를 의미하며, $t_i = \sum_{j \in U_i} y_{ij}$는 관심변수 y의 i번째 집락 총합을 나타낸다. 이 절에서는 집락을 추출하는 방안으로 단순임의추출법과 집락의 크기를 이용한 복원 확률비례추출법이 적용되는 경우를 살펴본다. 비복원 확률비례추출법이 적용된 결과에 대해서는 제9장을 참고하면 된다.

8.3.1 일단계 단순임의집락추출법

일단계 단순임의집락추출법(single stage simple random cluster sampling)은 집락의 추출을 위하여 단순임의추출법이 사용된 추출방안이다. N개의 집락으로 구성된 집락 모집단 U_c로부터 추출된 크기가 n인 단순임의집락추출 표본을 s_c라 하자. 일단계 집락추출 하에서는 추출된 집락에 속한 모든 조사단위가 표본에 포함되기 때문에 추출된 조사단위로 구성된 최종 표본은 $s = \cup_{i \in s_c} U_i$이며, 표본크기는 $\sum_{i \in s_c} M_i$이다. 따라서 일단계 단순임의집락추출 하에서 표본 집락수를 나타내는 n은 상수이나 최종 표본 수인 $\sum_{i \in s_c} M_i$는 추출된 집락표본에 따라 달라지는 확률변수이다.

일단계 집락추출하에서는 일단계에서 추출된 집락에 속한 모든 조사단위가 조사되기 때문에 추출된 집락의 총합, 즉 t_i, $i \in s_c$는 조사를 통해 측정되는 값으로 추정치가 아닌 참값이다. 따라서 일단계 단순임의집락추출법은 추출단위 및 조사단위가 집락인 단순임의추출법과 구조적으로 동일하다. 이러한 일단계 단순임의집락추출법의 특성을 이용하여 정의되는 모집단 총합과 모평균에 대한 HT 비편향 추정량은 다음과 같다.

$$\text{총합}: \ \hat{t}_{HT} = \frac{N}{n} \sum_{i \in s_c} t_i = N \bar{t}_s, \tag{8.4}$$

$$\text{모평균}: \ \bar{y}_{HT} = \frac{1}{K} \frac{N}{n} \sum_{i \in s_c} t_i = \frac{N}{K} \bar{t}_s. \tag{8.5}$$

여기에서 $\bar{t}_s = n^{-1} \sum_{i \in s_c} t_i$로 t_i들의 표본평균을 나타낸다. 집락 i에 속한 개체 j가 표본에 포함될 확률 π_{ij}는 개체가 속한 집락이 추출될 확률과 동일하며, 따라서 $\pi_{ij} = n/N$이다. 위에서 정의된 비편향 HT 추정량의 분산 및 분산추정량은 ⟨정리 8.1⟩과 같다.

⟨정리 8.1⟩ 비편향 HT 추정량의 분산 및 분산추정량

일단계 단순임의집락추출법하에서 비편향 HT추정량의 분산은 아래와 같다.

$$V_{SRSC1}\left(\hat{t}_{HT}\right) = N^2 \left(1 - \frac{n}{N}\right) \frac{S_{tU}^2}{n}. \tag{8.6}$$

$$V_{SRSC1}\left(\bar{y}_{HT}\right) = \frac{N^2}{K^2} \left(1 - \frac{n}{N}\right) \frac{S_{tU}^2}{n}. \tag{8.7}$$

여기에서 S_{tU}^2는 t_i들의 모집단 분산으로

$$S_{tU}^2 = \frac{1}{N-1}\sum_{i\in U_c}(t_i - \bar{t}_U)^2 \tag{8.8}$$

이며, $\bar{t}_U = N^{-1}\sum_{i\in U_c} t_i$로서 t_i들의 모평균을 나타낸다. 아래의 식 (8.9)와 (8.10)은 비편향 분산추정량을 나타낸다.

$$\hat{V}_{SRSC1}\left(\hat{t}_{HT}\right) = N^2\left(1-\frac{n}{N}\right)\frac{S_{ts}^2}{n}. \tag{8.9}$$

$$\hat{V}_{SRSC1}\left(\bar{y}_{HT}\right) = \frac{N^2}{K^2}\left(1-\frac{n}{N}\right)\frac{S_{ts}^2}{n}. \tag{8.10}$$

여기에서 S_{ts}^2는 t_i들의 표본분산으로 다음과 같다.

$$S_{ts}^2 = \frac{1}{n-1}\sum_{i\in s_c}(t_i - \bar{t}_s)^2 \tag{8.11}$$

⟨정리 8.1⟩은 ⟨정리 3.1⟩에 관심변수로 y 대신 t를 적용하여 얻을 수 있다. 여기에서 $\bar{y}_{U_i} = M_i^{-1}\sum_{j\in U_i} y_{ij}$는 집락 i내 y의 모평균을 나타낸다. 일단계 집락추출법의 효율성을 평가하기 위하여 집락 모집단의 구조 하에서 다음의 오차제곱합의 분할을 고려하자.

$$\sum_{k\in U}(y_k - \bar{y}_U)^2 = \sum_{i\in U_c}\sum_{j\in U_i}(y_{ij} - \bar{y}_{U_i})^2 + \sum_{i\in U_c} M_i(\bar{y}_{U_i} - \bar{y}_U)^2. \tag{8.12}$$
$$[TSS = SSW + BSS]$$

만약 집락의 크기 M_i가 M으로 모두 동일한 경우, 집락 총합 t_i들의 분산인 S_{tU}^2과 $\hat{t}_{HT}$의 분산은 위의 오차제곱합의 분할을 이용하여 각각 다음과 같이 표현할 수 있다.

$$S_{tU}^2 = \frac{M}{N-1}BSS. \tag{8.13}$$

$$V_{SRSC1}\left(\hat{t}_{HT}\right) = N^2\left(1-\frac{n}{N}\right)\frac{1}{n}\frac{M}{N-1}BSS. \tag{8.14}$$

⟨정리 8.1⟩과 식 (8.14)를 통해서 집락 간 t_i 혹은 $\bar{y}_{U_i}$의 변동이 적을 때 집락추출법이 효율적임을 알 수 있다. 즉, 집락추출법의 효율성을 높이기 위해서는 집락 구성시 집락내 변동(SSW)을 최대화하고 집락간 변동(BSS)은 최소화해야 한다.

단순임의집락추출법의 설계효과(design effect)를 살펴보기 위하여 $\hat{t}_{HT}$의 분산 (8.6)을 집락내 동질성 지수 δ, 집락크기 M_i과 $M_i\bar{y}_{U_i}^2$의 공분산의 함수로 표현하면 다음과 같고, 이의 증명은 부록에 주어져 있다.

$$V_{SRSC1}\left(\hat{t}_{HT}\right) = \left(1+\frac{K-N}{N-1}\delta\right)\gamma\bar{M}_U S_{yU}^2 + \gamma Cov. \tag{8.15}$$

여기에서 $\bar{M}_U = N^{-1}\sum_{i\in U_c} M_i$이며 δ, γ, Cov는 각각 다음과 같다.

$$\delta = 1 - \frac{K-1}{K-N}\frac{SSW}{TSS}, \tag{8.16}$$

$$\gamma = N^2\left(1-\frac{n}{N}\right)\frac{1}{n}, \tag{8.17}$$

$$Cov = Cov\left(M_i\ ,\ M_i\bar{y}^2_{U_i}\right) = \frac{\sum_{i\in U_c}\left(M_i - \bar{M}_U\right)M_i\bar{y}^2_{U_i}}{N-1}. \tag{8.18}$$

일단계 단순임의집락추출하에서 표본크기는 앞에서 언급한 바와 같이 확률변수이며 그 기댓값은 다음과 같다.

$$E_{SRSC1}\left(\sum_{i\in s_c} M_i\right) = \frac{n}{N}\sum_{i\in U_c} M_i = n\bar{M}_U. \tag{8.19}$$

단순임의집락추출하에서 계산된 표본크기의 기댓값을 이용하여 단순임의추출법하에서 HT 추정량의 분산은 다음과 같이 표현된다.

$$V_{SRS}\left(\hat{t}_{HT}\right) = K^2\left(1-\frac{n\bar{M}_U}{K}\right)\frac{S^2_{yU}}{n\bar{M}_U} = \gamma\bar{M}_U S^2_{yU}. \tag{8.20}$$

따라서, 위의 단순임의추출법하에서의 HT 추정량의 분산을 이용하여 정의되는 일단계 단순임의집락추출법의 설계효과는 아래와 같다.

$$\text{Deff}\left(SRSC,\hat{t}_{HT}\right) = \frac{V_{SRSC1}\left(\hat{t}_{HT}\right)}{V_{SRS}\left(\hat{t}_{HT}\right)} = 1 + \frac{K-N}{N-1}\delta + \frac{Cov}{\bar{M}_U S^2_{yU}}. \tag{8.21}$$

단순임의집락추출법의 효율성을 설명하기 위하여 δ 이외에 사용되는 또 다른 통계량으로는 급내상관계수(intra-class correlation:ICC) 혹은 집락내상관계수(intra-cluster corrlation:ICC)라 불리는 통계량이 있으며, $M_i = M$으로 동일할 때 그 정의는 다음과 같다.

$$\text{ICC} = 1 - \frac{M}{M-1}\frac{SSW}{TSS}. \tag{8.22}$$

만약, $M_i = M$이며 $1/K \approx 0$인 경우, 식 (8.15)에 주어진 δ와 ICC는 동일하다.

집락 크기가 동일할 때, 일단계 단순임의집락추출하에서 비편향 추정량의 분산은 ICC를 이용하여 다음과 같이 표현된다.

$$V_{SRSC1}\left(\hat{t}_{HT}\right) = N^2\left(1-\frac{n}{N}\right)\frac{1}{n}\frac{NM-1}{N-1}S^2_{yU}\left[1+(M-1)ICC\right]. \tag{8.23}$$

따라서, 모든 $i = 1,\cdots,N$에 대하여 $M_i = M$일 때, 일단계 단순임의집락추출법의 설계효과는 다음과 같이 표현된다.

$$\text{Deff}\left(SRSC1,\hat{t}_{HT}\right) = \frac{NM-1}{M(N-1)}\left[1+(M-1)ICC\right]. \tag{8.24}$$

식 (8.21)에 주어진 설계효과에 대한 정의는 집락 크기의 변동을 고려한 보다 보편적인 표현이며, 집락 크기가 동일한 경우 $Cov = 0$이고, 이는 근사적으로 (8.24)와 동일하다.

식 (8.21)과 (8.24)로부터 일단계 단순임의집락추출법은 '$\delta < 0$이고 $Cov < 0$일 때' 또는 '$Cov = 0$이고 ICC< 0일 때', 즉 집락내 관심변수의 분산이 크고 집락간 집락 크기의 변동이 거의 없는 경우에, 단순임의추출법에 비하여 상대적으로 효율적임을 알 수 있다. 그러나 집락추출법이 사용되는 일반적인 상황은 집락 내 개체들이 유사할 때이며, 이는 δ와 ICC 모두 0보다 큰 경우를 의미한다. 이론적으로 효율적인 집락의 구성은 현장에서는 비용의 제약하에서 고려되지 않으며, 따라서 조사비용을 고려하여 유사한 개체로 구성된 집락을 추출하는 집락추출법은 일반적으로 단순임의추출법보다 비효율적이라고 알려져 있다.

설계효과는 또한 비편향 추정량의 분산을 동일한 수준으로 유지하기 위하여 단순임의추출법이 아닌 일단계 집락추출법을 사용할 때 필요한 상대 표본크기를 나타낸다. 예를 들어 $\text{Deff}\left(SRSC, \hat{t}_{HT}\right) = 1.5$인 경우, 단순임의추출법과 동일한 수준의 추정량의 분산을 유지하기 위해서는 일단계 집락추출표본을 통해 조사되는 개체의 수는 약 1.5배 이상이 되어야함을 나타낸다.

모평균에 대한 비편향 HT 추정량 (8.5)를 계산하기 위해서는 모집단의 크기인 K값을 알아야 한다. 그러나 많은 경우, 예를 들어 집락의 리스트로 구성된 추출틀에 각 집락의 크기가 주어지지 않은 경우에는 정확한 K값을 알 수 없고, 따라서 주어진 비편향 HT 추정량을 구할 수 없다. 이때 사용할 수 있는 추정량으로 다음의 추정량을 고려할 수 있다.

$$\bar{y}_\pi = \frac{\hat{t}_{HT}}{\hat{K}_{HT}} = \frac{\sum_{i \in s_c} t_i}{\sum_{i \in s_c} M_i} = \bar{y}_s. \tag{8.25}$$

여기에서 $\hat{K}_{HT} = (N/n) \sum_{i \in s_c} M_i$는 전체 모집단 크기에 대한 비편향 추정량이다. 일단계 단순임의집락추출하에서 각 조사단위가 표본에 포함될 확률이 같기 때문에 $\bar{y}_\pi$은 표본평균과 일치한다. 또한 모든 집락이 동일한 수의 개체를 포함하고 있을 때, 즉 $K = N \times M$일 때 $\bar{y}_{HT} = \bar{y}_\pi = \bar{y}_s$이다. 다음의 ⟨정리 8.2⟩는 모평균에 대한 비추정량의 근사 분산 및 분산추정량을 나타낸다.

⟨정리 8.2⟩ 추정량 $\bar{y}_\pi$의 분산 및 분산추정량

일단계 단순임의집락추출법하에서 비추정량의 근사 분산과 분산추정량은 각각 다음과 같다.

$$AV_{SRSC1}\left(\bar{y}_\pi\right) = \frac{N^2}{K^2}\left(1 - \frac{n}{N}\right)\frac{S^2_{MyU}}{n}. \tag{8.26}$$

$$\hat{V}_{SRSC1}\left(\bar{y}_\pi\right)=\frac{N^2}{\hat{K}_{HT}^2}\left(1-\frac{n}{N}\right)\frac{S_{Mys}^2}{n}=\frac{1}{\bar{M}_s^2}\left(1-\frac{n}{N}\right)\frac{S_{Mys}^2}{n}. \tag{8.27}$$

여기에서 S_{MyU}^2와 S_{Mys}^2는 다음과 같이 정의된다.

$$S_{MyU}^2=\frac{1}{N-1}\sum_{i\in U_c}M_i^2\left(\bar{y}_{U_i}-\bar{y}_U\right)^2=\frac{1}{N-1}\sum_{i\in U_c}\left(t_i-M_i\bar{y}_U\right)^2, \tag{8.28}$$

$$S_{Mys}^2=\frac{1}{n-1}\sum_{i\in s_c}M_i^2\left(\bar{y}_{U_i}-\bar{y}_\pi\right)^2=\frac{1}{n-1}\sum_{i\in s_c}\left(t_i-M_i\bar{y}_\pi\right)^2. \tag{8.29}$$

⟨정리 8.2⟩에 주어진 $\bar{y}_\pi$의 분산을 통해서, 집락추출하에서 정의된 $\bar{y}_\pi$ 역시 비편향 추정량들과 마찬가지로 그 효율성을 높이기 위해서는 집락간 변동이 최소화되도록 집락이 구성되어야 함을 알 수 있다. 그러나 현실에서 집락추출법이 사용되는 목적이 앞에서 언급한 바와 같이 조사비용의 절감에 있고, 이를 위해서는 근접한 거리에 있는 조사단위들이 집락으로 구성되기 때문에, 집락간 변동이 최소화되도록 집락을 구성하는 것은 가능하지 않다. 즉, 일반적으로 층화와 같은 다른 표본추출 방안이 병합되어 사용되지 않는 한, 일단계 단순임의추출법은 다른 확률 추출법과 비교하여 상대적으로 비효율적인 것으로 알려져 있다.

⟨예 8.1⟩ 단순임의집락추출법

크기가 $K=10$인 다음의 모집단을 고려하자. 각 집락의 크기는 $M_1=2$, $M_2=3$, $M_3=5$이다.

집락 i	집락 내 개체 j	개체번호 k	y_{ij}	t_i
1	1	1	4	
	2	2	6	$t_1=10$
	1	3	7	
2	2	4	9	
	3	5	10	$t_2=26$
	1	6	9	
	2	7	12	
3	3	8	14	
	4	9	13	
	5	10	16	$t_3=64$

총 3개의 집락으로부터 2개의 집락을 단순임의추출법을 통해 추출하는 일단계 단순임의집락추출법을 고려하자. 총 3개의 가능한 표본과 대응되는 추정량들은 다음 표와 같다. HT 추정량의 기댓값은 $(5.4+11.1+13.5)/3 = 10.0$으로 비편향 추정량이며, $\bar{y}_\pi$의 기댓값은 $(7.2+10.6+11.3)/3 = 9.7$로 편향이 존재함을 알 수 있다. 그러나 각 추정량들의 분산은 각 각 $V_{SRSC1}(\bar{y}_{HT}) = 11.54$과 $V_{SRSC1}(\bar{y}_\pi) = 3.14$ 로 비추정량의 분산이 상대적으로 매우 적은 것을 알 수 있다. 이는 추정량 $\bar{y}_\pi$가 확률변수인 표본크기 $\sum_{i\in s_c} M_i$의 변동을 고려한 추정량이기 때문이다. 실제로 모든 집락의 크기가 동일한 경우 두 추정량은 동일하다.

집락 표본 (s_c)	개체 표본 ($k \in s$)	t	$\bar{y}_{HT}$	$\bar{y}_\pi$
{1, 2}	{1, 2, 3, 4, 5}	{10, 26}	5.4	7.2
{1, 3}	{1, 2, 6, 7, 8, 9, 10}	{10, 64}	11.1	10.6
{2, 3}	{3, 4, 5, 6, 7, 8, 9, 10}	{26, 64}	13.5	11.3

각 가능한 표본으로부터 산출되는 비편향 HT 추정량과 $\bar{y}_\pi$의 분산추정량은 다음과 같다. 비추정량의 분산 추정을 위해서는 식 (8.27)을 사용하였다.

집락 표본 (s_c)	개체 표본 ($k \in s$)	$\hat{V}_{SRSC1}(\bar{y}_{HT})$	$\hat{V}_{SRSC1}(\bar{y}_\pi)$
{1, 2}	{1, 2, 3, 4, 5}	1.92	1.03
{1, 3}	{1, 2, 6, 7, 8, 9, 10}	21.87	3.38
{2, 3}	{3, 4, 5, 6, 7, 8, 9, 10}	10.83	1.25
	평균	11.54	1.89

비편향 HT 추정량의 분산추정량의 기댓값은 11.54로 추정량의 분산을 편향없이 추정하고 있음을 확인할 수 있다. 이 예에서 고려한 작은 규모의 모집단과 표본 하에서는 $\bar{y}_\pi$의 선형근사에 근거한 분산추정량이 실제 분산을 유의하게 과소추정하고 있음을 확인할 수 있다. 그러나 대표본 이론(large sample theory)에 근거하여 표본과 모집단의 수가 충분히 큰 경우에는 ⟨정리 8.2⟩에 주어진 분산추정량의 편향은 매우 작게 된다.

8.3.2 SAS 사용 예 - 단순임의집락추출법

다음의 ⟨SAS 사례 8.2⟩는 66개 학과에 속한 12,400명의 학생으로 구성된 모집단으로부터 일단계 단순임의집락추출법을 통해 10개의 학과를 추출한 후, 추출된 모든 학과 학생들의 성별(Gender)과 용돈(Allowance)에 대한 조사를 수행한 후 남성과 여성의 모비율 그리고 모집단에서의 평균 용돈 금액을 추정하는 예이다. 학과를 추출하기 위하여 단순임의추출법이 사용되었기 때문에 각 학과 및 학과내 학생들에게 부여되는 표본 가중치는 $66/10 = 6.6$이다.

⟨SAS 사례 8.2⟩ 표본추출 및 추정

```
PROC SURVEYSELECT DATA=Sampling.Hu_Population_C
     SAMPSIZE=10
     OUT=Sampling.Hu_Srs_1
     METHOD=SRS SEED=54758;
     CLUSTER Department;
RUN;

DATA Sampling.Hu_Srs_1;SET Sampling.Hu_Srs_1;
  SamplingWeight = 6.6;
RUN;

PROC SURVEYMEANS DATA=Sampling.Hu_Srs_1 TOTAL=66;
     CLASS Gender;
     CLUSTER Department;
     VAR Gender Allowance;
     WEIGHT SamplingWeight;
RUN;
```

□ PROC SURVEYSELECT 명령문

- DATA=: 모집단 목록이 저장되어 있는 데이터셋을 지정한다.
- SAMPSIZE=: 추출할 표본 집락의 수를 지정한다.
- OUT=: 추출된 표본 목록이 저장될 데이터셋을 지정한다.
- METHOD=: 표본추출방법을 지정한다.
- SEED=: 난수발생을 위한 초기값을 지정한다.

□ CLUSTER 명령문: 추출단위를 지정한다. 일단계 집락추출의 경우에는 PSU변수를 지정한다.

□ PROC SURVEYMEANS 명령문

- DATA=: 조사된 내용이 저장되어 있는 데이터셋을 지정한다.
- TOTAL=: 집락 모집단의 크기를 지정한다.

□ CLASS=: 분석 대상 변수 중 비율 추정을 위한 범주형 변수를 지정한다.

〈표 8.4〉 SURVEYMEANS Output

Statistics						
Variable	Level	N	Mean	Std Error of Mean	95% CL for Mean	
allowance		2,072	1,996,373	5373.733	1,984,217.13	2,008,529.59
gender	0	1,034	0.499035	0.0106	0.48	0.52
	1	1,038	0.500965	0.0106	0.48	0.52

□ VAR=: 분석대상 변수를 지정한다.

□ WEIGHT=: 분석을 위해 사용한 표본가중치를 지정한다.

〈SAS 사례 8.2〉의 주요 출력결과들을 설명하면 다음과 같다(표 8.4 참조).

- Level: 범주형 변수의 각 범주를 나타낸다.
- N: 응답자 수를 나타낸다.
- Mean: 모평균에 대한 추정치(범주형 변수에 대해서는 범주별 비율)를 나타낸다.
- Std Error of Mean: 모평균(모비율)에 대한 표준오차를 나타낸다.
- 95% CL for Mean: 평균(비율)에 대한 95% 신뢰구간을 나타낸다.

8.3.3 일단계 복원 확률비례집락추출법

일단계 복원 확률비례추출법은 집락추출을 위해 집락내 개체수를 나타내는 M_i를 크기 변수로 사용한 집락추출법이다. 대부분의 서베이에서 관심변수는 양의 값을 취하며, 따라서 집락 총합 $t_i = M_i \times \bar{y}_{U_i}$ 는 집락크기 M_i에 비례하게 된다. 특별히 집락간 관심변수의 모평균이 유사한 경우, 선택확률이 $p_i = M_i/K$인 복원 확률비례추출법을 집락추출을 위해 사용함으로써 모집단 총합 및 모평균에 대한 추정량들의 효율성을 높일 수 있다.

복원 확률비례추출법을 통하여 일단계에서 m번의 독립적인 선택으로 이루어진 순서집락표본을 $os_c = (c_1, c_2, \cdots, c_m)$로, 그리고 os_c에 속한 서로 다른 집락으로 구성된 표본을 s_c로 정의하자. 또한 Q_i를 집락 i가 m번의 시행 중 선택된 횟수로 정의하자. 〈정의 2.4〉에 주어진 pwr 추정량을 이용하여 정의된 일단계 복원 확률비례추출법하에서 비편향 pwr 추정량은 다음과 같다.

$$\text{종합}: \ \hat{t}_{wr} = \frac{1}{m}\sum_{i\in os_c} Z_i = \frac{1}{m}\sum_{i\in s_c} Q_i\frac{t_i}{p_i} = \frac{1}{m}\sum_{i\in s_c} K\bar{y}_{U_i}, \tag{8.30}$$

$$\text{모평균}: \ \hat{\bar{y}}_{wr} = \frac{1}{K}\frac{1}{m}\sum_{i\in os_c} Z_i = \frac{1}{K}\frac{1}{m}\sum_{i\in s_c} Q_i\frac{t_i}{p_i} = \frac{1}{m}\sum_{i\in s_c} \bar{y}_{U_i}. \tag{8.31}$$

여기에서 Z_i는

$$Z_i = \begin{cases} p_c^{-1} t_c, & \text{if} \quad c_i = c, \\ 0, & \text{otherwise}, \end{cases} \tag{8.32}$$

로서 i번째 선택된 집락이 c일 때 $p_c^{-1}t_c$의 값을 갖는 확률변수이다. ⟨정리 2.2⟩로부터 유도되는 일단계 확률비례집락추출법하에서의 비편향 pwr 추정량의 분산과 분산추정량은 다음과 같다.

⟨정리 8.3⟩ pwr 추정량의 분산 및 분산추정량

식 (8.30)과 (8.31)의 pwr 추정량의 분산은 다음과 같다.

$$V_{ppsc1}\left(\hat{t}_{wr}\right) = \frac{1}{m}\sum_{i\in U_c}\left(\frac{t_i}{p_i} - t_y\right)^2 p_i = \frac{K}{m}\sum_{i\in U_c} M_i\left(\bar{y}_{U_i} - \bar{y}_U\right)^2 \tag{8.33}$$

$$V_{ppsc1}\left(\bar{y}_{wr}\right) = \frac{1}{K^2} V_{ppsc1}\left(\hat{t}_{wr}\right) \tag{8.34}$$

아래의 식 (8.35) 그리고 (8.36)은 pwr 추정량의 비편향 분산추정량이다.

$$\begin{aligned} \hat{V}_{ppsc1}\left(\hat{t}_{wr}\right) &= \frac{1}{m(m-1)}\sum_{i\in os_c}\left(Z_i - \hat{t}_{wr}\right)^2 \\ &= \frac{1}{m(m-1)}\sum_{i\in s_c} Q_i\left(\frac{t_i}{p_i} - \hat{t}_{wr}\right)^2. \end{aligned} \tag{8.35}$$

$$\hat{V}_{ppsc1}\left(\bar{y}_{wr}\right) = \frac{1}{K^2}\hat{V}_{ppsc1}\left(\hat{t}_{pwr}\right). \tag{8.36}$$

일단계 확률비례집락추출법하에서 모집단의 크기 K를 모르는 경우에도, 식 (8.25)에서와 마찬가지로 K대신 이의 추정량 $\hat{K}_{wr}$을 이용하여 모평균의 비추정량을 정의할 수 있다. M_i를 크기변수로 사용하는 확률비례집락추출표본을 이용한 모집단 크기에 대한 추정량은 아래와 같이 실제로는 상수이다.

$$\hat{K}_{wr} = \frac{1}{m}\sum_{i\in s_c} Q_i \frac{M_i}{p_i} = \frac{K}{m}\sum_{i\in s_c} Q_i = K. \tag{8.37}$$

즉 p_i만 주어진 경우에 이를 이용하여 계산되는 모집단 전체 크기에 대한 추정량 $\hat{K}_{wr}$은 비편향 추정량이며, 또한 상수로서 모수와 정확하게 일치한다. 따라서 이를 이용하여 정의되는 $\bar{y}_\pi$는 비편향 추정량과 일치한다. 두 추정량이 항상 일치하기 때문에 $\bar{y}_\pi$의 분산 및 분산추정량은 ⟨정리 8.3⟩에 주어진 결과와 동일하다.

확률비례집락추출법의 효율성은 관심변수와 크기변수의 관계에 의존한다. 앞에서 언급한 바와 같이 집락추출하에서 각 집락총합은 일반적으로 집락크기인 M_i에 비례하며, 이를 이용한 확률비례집락추출법은 다른 집락추출법에 비하여 효율적임이 알려져 있다.

⟨예 8.2⟩ 일단계 확률비례집락추출법

⟨예 8.1⟩에서 사용한 모집단으로부터 집락 크기 M_i를 크기 변수로 사용하는 확률비례추출법을 통해 두 개의 집락을 추출한 후, 추출된 집락내 모든 개체를 최종 표본으로 구성하는 일단계 확률비례집락추출 방안을 고려하자. 총 9개의 가능한 표본과 표본으로부터 계산되는 pwr 추정량은 다음과 같다. 참고로 각 집락에 부여되는 선택확률은 $p_1 = 2/10$, $p_2 = 3/10$, $p_3 = 5/10$이다.

순서 집락 표본(os_c)	$p(os) = p_i \times p_j$	t	$\bar{y}_{wr}$	$\hat{V}_{ppsc1}(\bar{y}_{wr})$
{1, 1}	$0.2 \times 0.2 = 0.04$	{10 , 10}	5.00	0.00
{1, 2}	$0.2 \times 0.3 = 0.06$	{10 , 26}	6.83	3.36
{1, 3}	$0.2 \times 0.5 = 0.10$	{10 , 64}	8.90	15.21
{2, 1}	$0.3 \times 0.2 = 0.06$	{26 , 10}	6.83	3.36
{2, 2}	$0.3 \times 0.3 = 0.09$	{26 , 26}	8.67	0.00
{2, 3}	$0.3 \times 0.5 = 0.15$	{26 , 64}	10.73	4.27
{3, 1}	$0.5 \times 0.2 = 0.10$	{64 , 10}	8.90	15.21
{3, 2}	$0.5 \times 0.3 = 0.15$	{64 , 26}	10.73	4.27
{3, 3}	$0.5 \times 0.5 = 0.25$	{64 , 64}	12.80	0.00
	기댓값		$E_{ppsc1}(\bar{y}_{wr}) = 10.00$	$E_{ppsc1}\left[\hat{V}_{ppsc1}(\bar{y}_{wr})\right] = 4.73$
	분산		$V_{ppsc1}(\bar{y}_{wr}) = 4.73$	

확률비례추출법이 복원추출이기 때문에 동일한 집락이 2번 추출되는 경우를 포함하고 있고, 따라서 이 경우에는 집락 총합이 동일하기 때문에 분산추정량이 0임을 알 수 있다. pwr 추정량은 비편향 추정량으로 추정량의 기댓값이 모평균과 일치하며, 비편향 분산추정량 역시 그 기댓값이 분산과 일치함을 확인할 수 있다. ⟨예 8.1⟩과 비교하여 볼 때, 일단계 단순임의집락추출하에서의 비편향 추정량의 분산이 일단계 확률비례집락추출하에서의 비편향 추정량의 분산에 약 2.4배로서, 예제에서 고려된 모집단에서는 확률비례집락추출법이 상대적으로 매우 효율적임을 알 수 있다.

8.3.4 SAS 사용 예 - 확률비례집락추출법

다음의 ⟨SAS 사례 8.3⟩는 66개 학과에 속한 12,400명의 학생으로 구성된 모집단으로부터 일단계 확률비례집락추출법을 학과를 추출한 후 추출된 모든 학과 학생들의 성별(Gender)과 용돈(Allowance)에 대한 조사를 수행한 후 남성과 여성의 모비율 그리고 모집단에서의 평균 용돈 금액을 추정하는 예이다. 각 학과의 추출율은 집락인 학과에 속한 학생수에 비례하도록 하였다. 즉, 학과의 구성원인 학생 수가 많을수록 해당 학과가 추출될 확률이 비례하여 커지게 된다. 확률비례추출법을 적용하기 위하여 SURVEYSELECT 명령문 내의 METHOD를 PPS_WR로 지정하였다.

⟨SAS 사례 8.3⟩ 확률비례추출 집락표본 및 추정

```
PROC SURVEYSELECT DATA=Sampling.Hu_Population_c
      OUT=Sampling.Hu_Pps_1
      METHOD=PPS_WR SAMPSIZE=10 SEED=54758;
      CLUSTER Department/PPS;
RUN;

PROC SURVEYMEANS DATA=Sampling.Hu_Pps_1 TOTAL=66;
     CLASS Gender;
     CLUSTER Department;
     VAR Gender Allowance;
     WEIGHT SamplingWeight;
RUN;
```

⟨표 8.5⟩ SURVEYSELECT Output

Department	variables	gender	allowance	Unit Size	Number Hits	Expected Hits	Sampling Weight
⋮	⋯	⋮	⋮	⋮	⋮	⋮	⋮
전자공학전공	⋯	0	2,184,036	320	1	0.25806	3.8750
전자공학전공	⋯	0	1,941,085	320	1	0.25806	3.8750
전자공학전공	⋯	1	1,996,921	320	1	0.25806	3.8750
화학공학과	⋯	1	1,793,882	200	1	0.16129	6.2000
화학공학과	⋯	0	1,854,924	200	1	0.16129	6.2000
⋮	⋯	⋮	⋮	⋮	⋮	⋮	⋮

〈표 8.6〉 SURVEYMEANS Output

Statistics						
Variable	Level	N	Mean	Std Error of Mean	95% CL for Mean	
allowance		1,852	2,000,284	2,846.826	1,993,844.02	2,006,723.95
gender	0	911	0.493526	0.0123	0.47	0.52
	1	941	0.506474	0.0123	0.48	0.53

〈표 8.5〉는 SAS의 SURVEYSELECT Procedure를 이용하여 추출된 확률비례추출표본의 일부를 나타내고 있다. 전자공학과의 학생수는 320명이고 화학공학과의 학생수는 200명으로, 전자공학과가 표본에 추출될 확률은 화학공학과에 비하여 상대적으로 크게 나타나고 있다. 〈표 8.5〉의 결과표에 대한 설명은 다음과 같다

- Unit Size: 집락의 크기를 나타낸다. 본 에에서는 각 학과의 학생 수를 나타낸다.
- Number Hits: 해당 집락이 추출된 횟수를 나타낸다. 복원 추출법이 사용되었기 때문에 1보다 크거나 같은 값을 갖는다.
- Expected Hits: 해당 집락이 표본에 추출될 기대 도수를 나타낸다. 예를 들어 전자공학과의 경우에는 $10 \times (320/12,400) = 0.025806$이다.
- Sampling Weight: 근사 표본포함확률(π_k)의 역수로서 전자공학과의 경우 $12,400/(10 \times 320) = 3.875$이다.

〈표 8.6〉은 SAS의 SURVEYMEANS Procedure를 이용하여 산출된 추정량과 이의 표준오차 그리고 모수의 95% 신뢰구간을 나타내고 있다. 〈표 8.4〉의 결과와 비교할 때, 확률비례추출 표본을 이용하여 산출된 변수 용돈(allowance)의 모평균 추정량의 정확성은 향상된 것으로 나타나고 있으나, 남성과 여성 비율에 대한 추정량의 정확성의 개선은 나타나고 있지 않다. 이는 용돈의 경우에 학과의 학생수가 커짐에 따라 용돈 총합의 값이 커지게 되어, 확률비례추출을 위하여 사용된 크기 변수와 양의 상관관계가 있기 때문이다. 남성 혹은 여성 학생의 수는 상대적으로 학과의 학생수와 낮은 상관관계로 인하여 확률비례추출법의 사용이 추정량의 분산을 줄이는 데 큰 역할을 하지 못하는 것으로 판단된다.

8.4 이단계 집락추출법

이단계 집락추출은 일단계에서 추출된 일차추출단위로부터 조사단위 혹은 이차추출단위를 추출함으로 이루어진다. 일단계에서 집락이 추출된 후, 이단계에서는 일단계에서 추출된 크기가 M_i인 집락 U_i로부터 크기가 $m_i < M_i$인 표본 s_i가 추출된다. 따라서 최종 표본은 일단계에서 추출된 집락으로부터 추출된 조사단위들의 합집합인 $s = \cup_{i \in s_c} s_i$이며, 표본

크기는 $\sum_{i \in s_c} m_i$이다. 이단계 집락추출표본을 이용하여 정의되는 추정량들의 통계적 성질을 유도하기 위해서는 표본추출 과정에 대한 불변성(invariance)과 독립성(independence)의 가정이 필요하다.

불변성(invariance)은 두번째 단계에서 이루어지는 이차추출단위의 추출방법이 일단계에서 이루어진 집락추출 결과에 의존하지 않음을 의미하며, 이를 위해서는 집락으로부터 개체를 추출하기 위한 표본설계 방안이 일차추출단위의 추출 전에 미리 결정되어 있어야 한다. 즉, 불변성의 조건을 만족하는 표본설계하에서는 일단계 집락표본이 주어졌을 때, 특정 집락 i로부터의 조사단위를 추출하기 위한 표본설계는 다음의 조건을 만족해야 한다.

$$p_i(\cdot|s_c) = p_i(\cdot). \tag{8.38}$$

여기에서 $p_i(\cdot|s_c)$는 일단계에서 추출된 집락표본이 주어졌을 때 집락 i로부터의 이차추출단위의 추출을 위한 조건부 표본설계를 나타낸다. 따라서 불변성의 조건 아래서, 위 식은 집락 i로부터의 표본추출은 일단계에서 추출된 집락표본의 결과에 의존하지 않음을 나타내는 것이다.

독립성(independence)은 각 집락으로부터의 조사단위 추출이 집락간에 서로 독립임을 의미하고, 따라서 독립성의 가정하에서는 다음의 확률에 대한 성질이 만족된다.

$$Pr\left(s = \cup_{i \in s_c} s_i | s_c\right) = \prod_{i \in s_c} Pr\left(s_i | s_c\right). \tag{8.39}$$

이단계 집락추출법이 사용되는 근본적인 이유 중 하나는 일단계 집락추출법이 갖는 비효율성 문제를 현실적인 제약하에서 극복하기 위함이다. 집락은 일반적으로 유사한 조사단위로 구성되어 있으며, 따라서 동일한 규모의 다른 확률표본설계 방안을 통해 추출된 표본에 비하여 집락추출 표본은 상대적으로 적은 양의 정보를 제공하게 된다. 예를 들어 동일한 읍지역에 사는 주민들은 지역개발과 관련된 질문에 대하여 동일한 의견을 제시할 수 있고, 이때 동일한 읍지역의 모든 주민을 조사하는 것은 비용이나 수집되는 정보의 양 측면에서 모두 비효율적이다. 이러한 일단계 집락추출법의 한계를 부분적으로 극복하면서 동시에 조사비용 및 조사기간과 같은 현실적인 제약 또한 고려하는 추출방안으로 이단계 집락추출법이 고려될 수 있다.

이단계 집락추출법은 주어진 현실적인 제약하에서 각 집락으로부터 추출되는 조사단위의 수를 조정함으로서, 보다 다양한 조사단위들을 표본에 포함시켜 표본의 모집단 대표성을 일정 수준 유지하는 것을 가능하게 한다. 이 절에서는 일단계와 이단계 모두에서 단순임의추출법이 적용된 경우, 그리고 집락추출을 위해서는 복원 확률비례추출법이 사용되고 이단계에서는 단순임의추출법이 사용된 경우를 살펴본다. 일단계에서 비복원 확률비례추출법이 사용된 경우의 결과는 제9장을 참고하면 된다.

8.4.1 이단계 단순임의집락추출법

일단계에서 단순임의추출법을 통해 집락이 추출되고, 이단계에서 역시 추출된 집락으로부터 조사단위를 추출하기 위해 단순임의추출법이 사용된 경우를 고려하자. 이 경우 이단계에서의 추출은 일단계에서 추출된 각 집락을 층으로 생각하고, 각 층으로부터 독립적인 단순임의추출 표본을 추출하는 층화단순임의추출 과정으로 생각할 수 있다.

이단계 단순임의집락추출법을 통해 산출되는 집락 i에 속한 조사단위 j가 표본에 포함될 확률은

$$\pi_{ij} = \Pr\{i \in s_c\} \Pr\{j \in s_i | i \in s_c\} = \pi_i \times \pi_{j|i} = \left(\frac{n}{N}\right)\left(\frac{m_i}{M_i}\right) \tag{8.40}$$

이다. 식 (8.40)의 각 개체의 표본 포함확률을 이용하여 정의되는 모집단 총합과 모평균에 대한 비편향 HT 추정량은 다음과 같다.

$$\text{총합}:\ \hat{t}_{HT} = \sum_{i\in s_c} \frac{N}{n} \sum_{j\in s_i} \frac{M_i}{m_i} y_{ij} = \sum_{i\in s_c} \frac{N}{n} \hat{t}_i \tag{8.41}$$

$$\text{모평균}:\ \bar{y}_{HT} = \frac{1}{K} \sum_{i\in s_c} \frac{N}{n} \hat{t}_i \tag{8.42}$$

여기에서 $\hat{t}_i = \sum_{j\in s_i} m_i{}^{-1} M_i\, y_{ij}$는 집락 i로부터 추출된 이차추출단위의 단순임의추출표본 s_i를 이용하여 계산된 집락 i의 총합 t_i에 대한 비편향 HT 추정량이다. ⟨정리 8.4⟩는 비편향 HT 추정량의 분산과 비편향 분산추정량을 보여주고 있다.

⟨정리 8.4⟩ 비편향 추정량의 분산 및 분산추정량

모집단 총합과 모평균의 비편향 HT 추정량의 분산은 다음과 같다.

$$V_{SRSC2}\left(\hat{t}_{HT}\right) = N^2\left(1 - \frac{n}{N}\right)\frac{S^2_{tU}}{n} + \frac{N}{n}\sum_{i\in U_c} M_i^2 \left(1 - \frac{m_i}{M_i}\right)\frac{S^2_{yU_i}}{m_i}, \tag{8.43}$$

$$V_{SRSC2}\left(\bar{y}_{HT}\right) = \frac{1}{K^2} V_{SRSC2}\left(\hat{t}_{HT}\right). \tag{8.44}$$

여기에서 $S^2_{yU_i}$는 집락 i에서 관심변수의 모분산으로 다음과 같다.

$$S^2_{yU_i} = \frac{1}{M_i - 1}\sum_{j\in U_i}\left(y_{ij} - \bar{y}_{U_i}\right)^2. \tag{8.45}$$

비편향 HT 추정량의 분산 (8.43)와 (8.44)의 비편향 분산추정량은 다음과 같다.

$$\hat{V}_{SRSC2}\left(\hat{t}_{HT}\right) = N^2\left(1 - \frac{n}{N}\right)\frac{S^2_{\hat{t}s}}{n} + \frac{N}{n}\sum_{i\in s_c} M_i^2 \left(1 - \frac{m_i}{M_i}\right)\frac{S^2_{ys_i}}{m_i}, \tag{8.46}$$

$$\hat{V}_{SRSC2}\left(\bar{y}_{HT}\right)=\frac{1}{K^2}\hat{V}_{SRSC2}\left(\hat{t}_{HT}\right). \tag{8.47}$$

여기에서

$$S_{\hat{t}s}^2=\frac{1}{n-1}\sum_{i\in s_c}\left(\hat{t}_i-\bar{\hat{t}}_s\right)^2,\quad S_{ys_i}^2=\frac{1}{m_i-1}\sum_{j\in s_i}\left(y_{ij}-\bar{y}_{s_i}\right)^2 \tag{8.48}$$

이며, $\bar{\hat{t}}_s=n^{-1}\sum_{i\in s_c}\hat{t}_i$는 각 집락 총합 추정량들의 평균을, $\bar{y}_{s_i}=m_i^{-1}\sum_{j\in s_i}y_{ij}$는 집락 i 내의 관심변수 y의 표본평균을 각각 나타낸다.

이단계 집락추출하에서 비편향 추정량들의 분산은 독립성과 불변성의 성질을 만족하는 두번의 확률추출로 인해 발생하는 변동을 나타내는 두 항의 합으로 표현된다. 식 (8.43)의 첫 번째 항은 일단계에서 집락을 추출함으로 발생하는 집락간 변동을 나타내며, 두 번째 항은 집락 내에서 조사단위를 추출하는 두 번째 단계에서 발생하는 변동을 반영하고 있다. 분산추정량들은 두 분산 항의 비편향 추정량을 이용하여 유도된다. 자세한 증명은 이 장의 부록에 주어져 있다.

모집단의 크기인 K를 모르는 경우에 모평균에 대한 추정량으로 다음의 추정량을 사용할 수 있다.

$$\bar{y}_\pi=\frac{\hat{t}_{HT}}{\hat{K}_{HT}}=\frac{\sum_{i\in s_c}M_i\bar{y}_{s_i}}{\sum_{i\in s_c}M_i}. \tag{8.49}$$

⟨정리 8.5⟩ 추정량 $\bar{y}_\pi$의 분산 및 분산추정량

모평균의 비추정량 (8.49)의 근사 분산은 다음과 같다.

$$\begin{aligned}V_{SRSC2}\left(\bar{y}_\pi\right)=\frac{1}{K^2}\Bigg[&N^2\left(1-\frac{n}{N}\right)\frac{S_{rU}^2}{n}\\&+\frac{N}{n}\sum_{i\in U_c}M_i^2\left(1-\frac{m_i}{M_i}\right)\frac{S_{yU_i}^2}{m_i}\Bigg]\end{aligned} \tag{8.50}$$

여기에서 S_{rU}^2은 다음과 같다.

$$S_{rU}^2=\frac{1}{N-1}\sum_{i\in U_c}\left[M_i\left(\bar{y}_{U_i}-\bar{y}_U\right)\right]^2. \tag{8.51}$$

식 (8.50)의 근사 분산의 추정량으로는 다음을 고려할 수 있다.

$$\begin{aligned}\hat{V}_{SRSC2}\left(\bar{y}_\pi\right)=&\frac{1}{\bar{M}_s^2}\left(1-\frac{n}{N}\right)\frac{S_{rs}^2}{n}\\&+\frac{1}{nN\bar{M}_s^2}\sum_{i\in s_c}M_i^2\left(1-\frac{m_i}{M_i}\right)\frac{S_{ys_i}^2}{m_i}\end{aligned} \tag{8.52}$$

여기에서 $\bar{M}_s = n^{-1}\sum_{i\in s_c} M_i$이며 S_{rs}^2은 다음과 같다.

$$S_{rs}^2 = \frac{1}{n-1}\sum_{i\in s_c}\left[M_i\left(\bar{y}_{s_i} - \bar{y}_r\right)\right]^2. \tag{8.53}$$

〈정리 8.5〉의 결과는 〈정리 8.5〉를 비추정량의 선형근사인

$$\begin{aligned}\bar{y}_\pi \approx & \bar{y}_U + \frac{1}{K}\left(\hat{t}_{HT} - \bar{y}_U\hat{K}_{HT}\right)\\ =& \bar{y}_U + \frac{1}{K}\left\{\sum_{i\in s_c}\sum_{j\in s_i}\frac{N}{n}\frac{M_i}{m_i}\left(y_{ij} - \bar{y}_U\right)\right\}\end{aligned} \tag{8.54}$$

를 적용하여 얻을 수 있다.

〈예 8.3〉 이단계 단순임의집락추출법

이단계 단순임의집락추출하에서 고려된 추정량의 성질을 살펴보기 위하여 〈예 8.1〉에서 사용한 모집단을 고려하자. 다음은 일단계에서 단순임의추출법을 통하여 2개의 집락이 추출되고, 각 추출된 집락으로부터 동일한 수인 2개의 개체가 추출되는 이단계 단순임의 집락추출법을 통해 얻어진 하나의 가능한 표본을 나타낸다.

표본 집락 i	표본 개체 j	y	$\hat{t}_i$	$S_{ys_i}^2$
2	{1, 3}	{7, 10}	25.5	4.5
3	{2, 4}	{12, 13}	62.5	0.5

추출된 하나의 표본을 이용하여 계산되는 모평균에 대한 비편향 HT 추정량과 분산추정량은 각각 다음과 같다.

$$\bar{y}_{HT} = \frac{1}{K}\sum_{i\in s_c}\frac{N}{n}\hat{t}_i = 13.2.$$

$$\begin{aligned}\hat{V}_{SRSC2}\left(\bar{y}_{HT}\right) =& \frac{1}{K^2}\left[N^2\left(1-\frac{n}{N}\right)\frac{S_{\hat{t}s}^2}{n} + \frac{N}{n}\sum_{i\in U_i}M_i^2\left(1-\frac{m_i}{M_i}\right)\frac{S_{ys_i}^2}{m_i}\right]\\ =& \frac{1}{100}\left(1,026.75 + 15.75\right)\\ =& 10.43.\end{aligned}$$

이단계 집락추출 하에서 추정량의 분산은 대부분은 집락간 변동으로 설명된다. 이는 실제 조사에서 유사한 개체들이 하나의 집락으로 정의되는 것이 일반적이기 때문이다. 앞에서 고려한 〈예 8.3〉에서는 추정된 전체 분산 중 98%가 일차 추출단위인 집락간 변동으로 설명되고 있는 것을 확인할 수 있다.

8.4.2 SAS 사용 예 - 이단계 단순임의집락추출법

다음의 ⟨SAS 사례 8.4⟩는 ⟨SAS 사례 8.2⟩에서 단순임의추출법을 통해 추출된 각 학과로부터 단순임의추출법을 통해 학생들을 추출하고, 이를 이용하여 모수를 추정하는 예이다. 모수 추정을 위해 필요한 가중치 산출을 위하여 일단계 추출의 과정에서 제공된 표본 가중치 'SamplingWeight' 변수를 'SamplingWeight1'으로 지정하여 이단계 추출을 위한 추출틀 'Sampling.HU_Srs_1_Frame'을 작성하였다. 이단계 집락추출법의 이단계에서는 일단계에서 추출된 각 집락으로부터 조사단위를 추출되며, 이 과정은 일단계에서 추출된 집락을 층으로 간주하고, 각 층으로부터 독립적으로 표본을 추출하는 층화추출법과 동일하다. 따라서 최종 표본을 추출하기 위하여서 집락인 'Department'를 층 변수로 지정하고, 각 집락크기(학생수)에 비례하도록 총 200명의 학생을 추출하도록 하였다. 모수 추정을 위하여 필요한 가중치 π_{ij}^{-1}는 일단계에서 산출된 가중치와 이단계에서 산출된 가중치의 곱으로 'SamplingWeight_F = SamplingWeight1*SamplingWeight'의 식을 통해 계산되었다.

⟨SAS 사례 8.4⟩ 이단계 단순임의집락추출 표본 및 추정

```
DATA Sampling.Hu_Srs_1_Frame; SET Sampling.Hu_Srs_1;
        SamplingWeight1=SamplingWeight;
        DROP SamplingWeight;
RUN;

PROC SURVEYSELECT DATA=Sampling.Hu_Srs_1_Frame
             OUT=Sampling.Hu_Srs_2
             METHOD=SRS
             SAMPSIZE=200
             SEED=54758;
     STRATA Department/ALLOC=PROP;
RUN;

DATA Sampling.Hu_Srs_2; SET Sampling.Hu_Srs_2;
       SamplingWeight_F =  SamplingWeight1*SamplingWeight;
RUN;

PROC SURVEYMEANS DATA=Sampling.Hu_Srs_2 TOTAL=66;
        CLASS Gender;
        CLUSTER Department;
        VAR Gender Allowance;
```

```
        WEIGHT SamplingWeight_F;
RUN;
```

⟨표 8.7⟩은 SAS의 SURVEYSELECT Procedure를 이용하여 추출된 최종 이단계 단순임의집락추출표본의 일부를 나타내고 있다. 일단계에서 정의되는 각 학과의 표본가중치는 학과의 추출을 위하여 단순임의추출법이 사용되었기 때문에 SamplingWeight1=6.6으로 모두 동일하나, 이단계에서 학생 추출을 위하여 비례배분이 사용되었음에도 불구하고 표본 수 계산시 적용되는 정수화로 인하여 표본 학생에게 부여되는 조건부 가중치, SamplingWeight=$\pi_{j|i}^{-1}$는 학과에 따라 약간의 차이를 보이고 있다.

⟨표 8.8⟩은 SAS의 SURVEYMEANS Procedure 이용하여 산출된 모평균에 대한 비추정량과 이의 표준오차 그리고 모수의 95% 신뢰구간을 나타내고 있다. ⟨표 8.4⟩와 비교할 때, 동일한 수의 학과를 추출하였음에도 불구하고 표본 학생 수의 감소로 인하여 추정량의 표준오차가 증가한 것을 알 수 있다. 이는 학과별로 학생들이 쓰는 용돈에 유의한 차이가 없음을 의미하고, 따라서 디자인 효과가 거의 1 에 가까울 것임을 예측할 수 있다. 이는 또한, 디자인 효과가 1에 가까울 경우에 집락 표본의 규모가 동일하면 일단계 집락추출법과 이단계 집락추출법의 상대 효율은 이차 추출단위(SSU)의 수에 의존함을 보여준다.

⟨표 8.7⟩ SURVEYSELECT Output

Department	⋯	IDnum	gender	allowance	Sampling Weight1	Sampling Weight	Sampling Weight_F
⋮	⋯	⋮	⋮	⋮	⋮	⋮	⋮
영상미디어전공	⋯	11638	1	2,005,044	6.6	10.5263	69.4737
영상미디어전공	⋯	11640	0	2,077,543	6.6	10.5263	69.4737
영상미디어전공	⋯	11670	1	2,095,024	6.6	10.5263	69.4737
응용통계학과	⋯	5166	1	2,016,441	6.6	10.0000	66.0000
응용통계학과	⋯	5168	0	2,246,725	6.6	10.0000	66.0000
응용통계학과	⋯	5186	1	2,417,560	6.6	10.0000	66.0000
⋮	⋯	⋮	⋮	⋮	⋮	⋮	⋮

⟨표 8.8⟩ SURVEYMEANS Output

Statistics						
Variable	Level	N	Mean	Std Error of Mean	95% CL for Mean	
allowance		200	1,993,043	13,600	1,962,277	2,023,810
gender	0	88	0.439726	0.0225	0.39	0.49
	1	112	0.560274	0.0225	0.51	0.61

8.4.3 이단계 복원 확률비례집락추출법

이단계 복원 확률비례집락추출은 일단계에서 집락표본을 얻기 위하여 집락크기를 이용한 복원 확률비례추출법을 적용하고, 이단계에서는 집락으로부터 단순임의추출법을 이용하여 조사단위를 추출하는 과정을 통해 이루어진다. 집락추출을 위하여 복원추출방법이 사용되기 때문에 동일한 집락이 한 번 이상 일단계에서 추출될 수 있다. 일단계에서 한 번 이상 추출된 집락으로부터는 반복추출된 수만큼의 조사단위 표본이 이단계에서 집락으로부터 독립적으로 추출된다. 예를 들어 집락 i가 Q_i번 일단계에서 추출된 경우, 집락 i로부터 Q_i개의 조사단위 표본이 이단계에서 독립적으로 추출된다. 이단계 복원 확률비례딥락추출법을 통해 표본이 추출되었을 때 모집단 총합과 모평균에 대한 비편향 추정량을 다음과 같이 정의할 수 있다.

$$\text{총합}: \ \hat{t}_{wr} = \frac{1}{m}\sum_{i\in os_c}\hat{Z}_i = \frac{1}{m}\sum_{i\in s_c}\sum_{j=1}^{Q_i}\frac{\hat{t}_{ij}}{p_i}, \tag{8.55}$$

$$\text{모평균}: \ \bar{y}_{wr} = \frac{1}{K}\frac{1}{m}\sum_{i\in os_c}\hat{Z}_i = \frac{1}{K}\frac{1}{m}\sum_{i\in s_c}\sum_{j=1}^{Q_i}\frac{\hat{t}_{ij}}{p_i}. \tag{8.56}$$

여기에서 $os_c = (c_1, \cdots, c_m)$는 일단계에서 확률비례추출법을 통해 얻어진 집락의 순서표본을 나타내며, 서로 독립인 확률변수 $\hat{Z}_i$는 다음과 같다.

$$\hat{Z} = \begin{cases} \frac{\hat{t}_c}{p_c}, & \text{if } \ c_i = c, \\ 0, & \text{otherwise.} \end{cases} \tag{8.57}$$

또한 p_i는 각 집락의 크기로 정의되는 추출확률을 나타내며, $\hat{t}_{ij}$는 집락 i로부터 j번째 추출된 표본 s_{ij}를 이용하여 계산된 t_i에 대한 비편향 추정량으로서 각각 다음과 같이 정의된다.

$$p_i = \frac{M_i}{\sum_{l\in U_c} M_l} = \frac{M_i}{K}, \qquad \hat{t}_{ij} = \sum_{l\in s_{ij}}\frac{M_i}{m_i}y_l. \tag{8.58}$$

〈정리 8.6〉 비편향 pwr 추정량의 분산 및 분산추정량

이단계 확률비례집락추출법하에서 모집단 총합과 모평균에 대한 비편향 pwr 추정량의 분산은 다음과 같다.

$$V_{ppsc2}\left(\hat{t}_{wr}\right) = \frac{1}{m}\sum_{i\in U_c}\left(\frac{t_i}{p_i} - t\right)^2 p_i + \frac{1}{m}\sum_{i\in U_c}\frac{V_i}{p_i}, \tag{8.59}$$

$$V_{ppsc2}\left(\bar{y}_{wr}\right) = \frac{1}{K^2}V_{ppsc2}\left(\hat{t}_{wr}\right) \tag{8.60}$$

여기에서 V_i는 아래와 같으며, 이는 일단계에서 추출한 집락들로부터 조사단위를 추출한 이단계 추출 과정에서 발생하는 변동을 나타낸다.

$$V_i = V_{SRS}\left(\hat{t}_{ij}\right) = M_i^2\left(1-\frac{m_i}{M_i}\right)\frac{S^2_{yU_i}}{m_i}. \tag{8.61}$$

아래의 식 (8.62)과 (8.63)는 pwr 추정량의 비편향 분산추정량이다.

$$\hat{V}_{ppsc2}\left(\hat{t}_{wr}\right) = \frac{1}{m(m-1)}\sum_{i\in s_c}\sum_{j=1}^{Q_i}\left(\frac{\hat{t}_{ij}}{p_i}-\hat{t}_{wr}\right)^2 \tag{8.62}$$

$$\hat{V}_{ppsc2}\left(\bar{y}_{wr}\right) = \frac{1}{K^2}\hat{V}_{ppsc2}\left(\hat{t}_{wr}\right). \tag{8.63}$$

모집단 크기 K를 모르는 경우에는 이전과 마찬가지로 $\hat{K}_{wr}$을 이용한 비추정량을 고려할 수 있다. 이때 $\hat{K}_{wr}$은 모집단 크기에 대한 pwr 추정량으로 일단계에서 각 집락의 크기에 비례하여 집락이 추출되었기 때문에, 전체 모집단 크기인 K 와 동일하게 다음과 같이 나타난다.

$$\hat{K}_{wr} = \frac{1}{m}\sum_{i\in os_c}\frac{\hat{M}_{i,HT}}{p_i} = \frac{1}{m}\sum_{i\in os_c}\frac{M_i}{p_i} = \frac{1}{m}\sum_{i\in os_c}\frac{M_i}{M_i/K} = K. \tag{8.64}$$

모집단 크기 K에 대한 추정량을 이용하여 정의되는 모평균에 대한 비추정량은 다음과 같다.

$$\bar{y}_\pi = \frac{\hat{t}_{wr}}{\hat{K}_{wr}} = \frac{\hat{t}_{wr}}{K} = \bar{y}_{wr}. \tag{8.65}$$

비편향 추정량과 추정량 $\bar{y}_\pi$가 일치하기 때문에, 모평균에 대한 추정량 $\bar{y}_\pi$의 분산 및 분산추정량은 식 (8.60)과 (8.63)로 정의된다.

〈예 8.4〉 이단계 확률비례집락추출법

이단계 확률비례집락추출 하에서 고려된 추정량의 성질을 살펴보기 위하여 〈예 8.3〉에서 고려한 표본을 다시 고려하자. 다만 이 예에서는 집락표본을 얻기 위하여 집락크기를 이용한 확률비례추출법이 사용되었다고 가정하자.

표본 집락 i	표본 개체 k	y	$\hat{t}_{ij}$	p_i
2	{3, 5}	{7, 10}	25.5	0.3
3	{7, 9}	{12, 13}	62.5	0.5

추출된 하나의 위의 표본을 이용하여 계산되는 모평균에 대한 비편향 pwr 추정량과 이의 분산추정량은 각각 다음과 같다.

$$\bar{y}_{wr} = \frac{1}{K}\frac{1}{m}\sum_{i\in os_c}\hat{Z}_i = \frac{1}{10}\frac{1}{2}\left[\frac{10}{3}(25.5) + \frac{10}{5}(62.5)\right] = 10.5$$

$$\begin{aligned}\hat{V}_{ppsc2}(\bar{y}_{wr}) =& \frac{1}{K^2}\frac{1}{m(m-1)}\sum_{i\in s_c}\sum_{j=1}^{Q_i}\left(\frac{\hat{t}_{ij}}{p_i} - \hat{t}_{wr}\right)^2 \\ =& \frac{1}{10^2}\frac{1}{2}\left\{\left[\frac{10}{3}(25.5) - 105\right]^2 + \left[\frac{10}{5}(62.5) - 105\right]^2\right\} \\ =& 4.\end{aligned}$$

⟨예 8.3⟩에 주어진 비편향 HT 추정량의 분산추정치인 10.43과 비교하여 볼 때, 이단계 확률비례집락추출하에서 정의된 비편향 pwr 추정량의 분산추정치가 4로 매우 작아서 상대적 효율성이 높은 것을 확인할 수 있다. 이는 고려한 모집단에서 각 집락의 모집단 총합인 t_i가 집락의 크기인 M_i에 비례하고 있기 때문이다.

8.4.4 SAS 사용 예 – 이단계 확률비례집락추출

다음의 ⟨SAS 사례 8.5⟩는 ⟨SAS 사례 8.3⟩에서 확률비례추출법을 통해 추출된 각 학과로부터 단순임의추출법을 통해 학생들을 추출하고, 이를 이용하여 모수를 추정하는 예이다. 모수 추정을 위해 필요한 가중치 산출의 과정은 ⟨SAS 사례 8.4⟩와 동일하다. 다만, 이단계에서 표본추출을 위한 배분 방안으로는 일단계에서 사용한 확률비례추출법의 효율성을 살리기 위하여 학생들에게 부여되는 최종 가중치가 동일한 균등배분을 사용하였다.

⟨SAS 사례 8.5⟩ 이단계 확률비례 집락추출

```
DATA Sampling.Hu_pps_1_Frame; SET Sampling.Hu_pps_1;
      SamplingWeight1=SamplingWeight;
      DROP SamplingWeight;
RUN;

PROC SURVEYSELECT DATA=Sampling.Hu_pps_1_Frame
                  OUT=Sampling.Hu_pps_2
                  METHOD=SRS
                  SAMPSIZE=200
                  SEED=54758;
```

```
    STRATA Department/
             ALLOC=(0.1,0.1,0.1,0.1,0.1,0.1,0.1,0.1,0.1,0.1);
RUN;

DATA Sampling.Hu_pps_2; SET Sampling.Hu_pps_2;
     SamplingWeight_F= SamplingWeight1*SamplingWeight;
RUN;

PROC SURVEYMEANS DATA=Sampling.Hu_pps_2 TOTAL=66;
    CLASS Gender;
    CLUSTER Department;
    VAR Gender Allowance;
    WEIGHT SamplingWeight_F;
RUN;
```

⟨표 8.9⟩는 SAS의 SURVEYSELECT Procedure를 이용하여 추출된 최종 이단계 확률비례집락추출표본의 일부를 나타내고 있다. 일단계에서 정의되는 각 학과의 표본가중치는 학과의 추출을 위하여 확률비례추출법이 사용되었기 때문에 SamplingWeight이 학생 수에 반비례하고 이단계에서 학생 추출을 위하여 균등배분이 사용되어 최종가중치는 62로 모두 동일함을 알 수 있다.

⟨표 8.10⟩은 SAS의 SURVEYMEANS Procedure를 이용하여 산출된 모평균에 대한 비추정량과 이의 표준오차 그리고 모수의 95% 신뢰구간을 나타내고 있다. ⟨표 8.7⟩의 모평균

⟨표 8.9⟩ SURVEYSELECT Output

Department	IDnum	gender	allowance	⋯	Sampling Weight1	Sampling Weight	Sampling Weight_F
⋮	⋮	⋮	⋮	⋯	⋮	⋮	⋮
전자공학전공	9214	1	2,337,747	⋯	3.875	16	62
전자공학전공	9216	0	1,829,734	⋯	3.875	16	62
전자공학전공	9221	0	1,993,189	⋯	3.875	16	62
화학공학과	7011	0	2,007,679	⋯	6.200	10	62
화학공학과	7015	0	1,881,528	⋯	6.200	10	62
화학공학과	7026	0	1,758,514	⋯	6.200	10	62
⋮	⋮	⋮	⋮	⋯	⋮	⋮	⋮

〈표 8.10〉 SURVEYMEANS Output

Statistics						
Variable	Level	N	Mean	Std Error of Mean	95% CL for Mean	
allowance		200	2,012,689	6,395	1,998,221	2,027,158
gender	0	96	0.48000	0.0268	0.42	0.54
	1	104	0.52000	0.0268	0.46	0.58

추정량의 표준오차와 비교할 때 이단계 확률비례추출법이 이단계 단순임의추출법보다 효율적임을 알 수 있다.

8.5 모형-기반 추론

집락모집단의 표현을 위한 모형으로는 집락내 변동과 집락간 변동을 모두 반영할 수 있는 혼합선형모형(mixed linear model)을 고려할 수 있다. 혼합선형모형을 포함한 보다 일반적인 모형하에서 최적의 추정량과 그의 성질을 유도하기 위하여서 Royall(1976)과 Valliant, Dorfman and Royall(2000)은 다음의 모형을 고려하였다.

$$E_m(\mathbf{y}) = \mathbf{X}\boldsymbol{\beta}, \quad Var_m(\mathbf{y}) = \mathbf{V}. \tag{8.66}$$

모형하에서 정의되는 각 벡터와 행렬은 다음과 같다. 여기에서 첨자 s와 r은 각각 표본과 이의 모집단 대비 여집합, 즉 $r = U\backslash s$를 나타낸다. 논의의 편의를 위하여 표본에 포함된 개체를 각 벡터와 행렬의 앞부분에 배치하였다. 또한, 추정량의 정의를 위하여서 $\mathbf{V}_{ss}$를 양정치(positive definite) 행렬로 가정한다.

$$\mathbf{y} = \begin{bmatrix} \mathbf{y}_s \\ \mathbf{y}_r \end{bmatrix}, \ \mathbf{X} = \begin{bmatrix} \mathbf{X}_s \\ \mathbf{X}_r \end{bmatrix}, \ \mathbf{V} = \begin{bmatrix} \mathbf{V}_{ss} & \mathbf{V}_{sr} \\ \mathbf{V}_{rs} & \mathbf{V}_{rr} \end{bmatrix} \tag{8.67}$$

모형 (8.66)하에서 정의되는 모수 $\boldsymbol{\gamma}'\mathbf{y} = \sum_{k\in U}\gamma_k y_k$의 최량선형비편향예측량(Best Linear Unbiased Predictor: BLUP)과 이의 분산은 다음과 같이 유도된다. 모수의 정의를 위해 사용된 $\boldsymbol{\gamma}$는 주어진 상수 벡터이다. 모집단 총합의 추정을 위해서는 모든 원소가 1인 벡터가 $\boldsymbol{\gamma}$로 정의되며, 모평균의 추정을 위해서는 $\boldsymbol{\gamma}$의 각 원소를 $1/N$으로 정의하면 된다.

〈정리 8.7〉 최량선형비편향예측량 및 분산

모수 $\theta = \boldsymbol{\gamma}'\mathbf{y}$에 대한 모든 가능한 비편향 선형 예측량 중에서 모형 (8.66)하에서 추정량의 분산을 최소화하는 예측량은 다음과 같다.

$$\hat{\theta}_{BLUP} = \boldsymbol{\gamma}_s'\mathbf{y}_s + \boldsymbol{\gamma}_r'\left[\mathbf{X}_r\hat{\boldsymbol{\beta}} + \mathbf{V}_{rs}\mathbf{V}_{ss}^{-1}\left(\mathbf{y}_s - \mathbf{X}_s\hat{\boldsymbol{\beta}}\right)\right], \tag{8.68}$$

$$\hat{\boldsymbol{\beta}} = \left(\mathbf{X}_s'\mathbf{V}_{ss}\mathbf{X}_s\right)^{-1}\mathbf{X}_s'\mathbf{V}_{ss}\mathbf{y}_s$$

또한 (8.68)에 주어진 $\hat{\theta}_{BLUP}$의 모형-기반 분산은 다음과 같다.

$$\begin{aligned} Var_m\left(\hat{\theta}_{BLUP} - \theta\right) &= \boldsymbol{\gamma}_r'\left(\mathbf{V}_{rr} - \mathbf{V}_{rs}\mathbf{V}_{ss}^{-1}\mathbf{V}_{sr}\right)\boldsymbol{\gamma}_r \\ &+ \boldsymbol{\gamma}_r'\left(\mathbf{X}_r - \mathbf{V}_{rs}\mathbf{V}_{ss}^{-1}\mathbf{X}_s\right)\left(\mathbf{X}_s'\mathbf{V}_{ss}^{-1}\mathbf{X}_s\right)^{-1}\left(\mathbf{X}_r - \mathbf{V}_{rs}\mathbf{V}_{ss}^{-1}\mathbf{X}_s\right)'\boldsymbol{\gamma}_r \end{aligned} \tag{8.69}$$

이에 대한 자세한 증명을 위해서는 Royall(1976)을 참조하면 된다. 식 (8.68)로부터 모수에 대한 최량의 추정량은 표본에서 관측되지 않은 모집단의 y에 대한 최적의 예측치를 이용하여 정의된 것임을 알 수 있다. 또한, 분산의 정의를 위해서는 표본에서 관측된 부분에 대한 오차는 고려되지 않았음을 확인할 수 있다. 이 장에서 고려한 집락모집단을 나타내기 위하여 사용할 수 있는 기본적인 모형은 식 (8.66)에 적절한 **X**와 **V**를 적용하여 얻을 수 있다.

이단 구조를 가지고 있는 집락모집단의 표현을 위하여 사용할 수 있는 모형은 다음과 같다.

$$E_m(\mathbf{y}) = \mathbf{1}\mu \quad , \quad Var_m(\mathbf{y}) = \mathbf{V} = \mathbf{Z}\boldsymbol{\Sigma}_{\eta\eta}\mathbf{Z}' + \boldsymbol{\Sigma}_{\epsilon\epsilon}, \tag{8.70}$$

여기에서 **1**은 모든 원소가 1인 열백터를 나타내며, 각 개체의 소속 집락을 나타내는 지시함수로 구성된 행렬 **Z**와 분산행렬은 다음과 같다

$$\mathbf{Z} = (\mathbf{z}_1, \mathbf{z}_2, \cdots, \mathbf{z}_N)', \ \mathbf{z}_k = (z_{k1}, \cdots, z_{kN}), \ z_{ki} = \begin{cases} 1 & k \in U_i \\ 0 & \text{otherwise.} \end{cases} \tag{8.71}$$

$$\boldsymbol{\Sigma}_{\eta\eta} = \sigma_\eta^2\mathbf{I} = \rho\sigma_\epsilon^2\mathbf{I} \ , \ \boldsymbol{\Sigma}_{\epsilon\epsilon} = \sigma_\epsilon^2\mathbf{I} \tag{8.72}$$

즉, 집락모집단을 정의하기 위해서 사용된 모형은 식 (8.68)에 $\mathbf{X} = \mathbf{1}$과 $\mathbf{V} = \mathbf{Z}\boldsymbol{\Sigma}_{\eta\eta}\mathbf{Z}' + \boldsymbol{\Sigma}_{\epsilon\epsilon}$를 적용하여 정의되며, 이는 혼합선형모형으로 알려진 아래의 모형과 동일하다.

$$y_{ij} = \mu + \eta_i + \epsilon_{ij}, \tag{8.73}$$

$$\eta_i \sim IND\left(0 \ , \ \sigma_\eta^2 = \rho\sigma_\epsilon^2\right) \quad , \quad \epsilon_{ij} \sim IND\left(0 \ , \ \sigma_\epsilon^2\right)$$

Park and Fuller(2009)는 식 (8.70) 혹은 (8.73)로 정의된 모형하에서 적용 가능한 모집단 총합 및 모평균의 BLUP 및 Empirical BLUP를 정의하고 이의 통계적 성질을 살펴보았다.

일단계집락추출하에서 정의되는 모집단 총합 $t_y = \sum_{k\in U} y_k$의 BLUP는 식(8.68)과 모형 (8.70) 혹은 (8.73)으로부터 다음과 같이 정의된다.

$$\hat{t}_{y,BLUP} = \sum_{i\in s_c}\sum_{U_i} y_{ij} + \sum_{U_c\setminus s_c} M_i\hat{\mu}. \tag{8.74}$$

여기에서 표본에 포함되지 않은 개체의 y에 대한 예측치로는 각 집락의 크기와 집락내 상관계수의 함수를 가중치로 사용하는 가중평균의 형태를 갖는 다음의 $\hat{\mu}$가 사용된다.

$$\hat{\mu} = \sum_{i\in s_c} u_i \bar{y}_{s_i}. \tag{8.75}$$

여기에서 u_i는 다음과 같이 정의된다.

$$u_i = \left(\sum_{k\in s_c} M_k/\nu_{M_k}\right)^{-1} (M_i/\nu_{M_i}), \quad \nu_{M_i} = \sigma_\epsilon^2\left[1 + (M_i - 1)\rho.\right] \tag{8.76}$$

만약 각 집락의 크기가 $M_i = M$로 상수인 경우, ν_{M_i}와 $u_i = 1/n$는 상수이며, 따라서 BLUP는 다음과 같이 단순임의집락추출하에서 정의된 비편향 추정량과 일치한다.

$$\begin{aligned}\hat{t}_{y,BLUP} &= \sum_{i\in s_c}\sum_{U_i} y_{ij} + \sum_{U_c\setminus s_c} M_i\hat{\mu} \\ &= M\sum_{i\in s_c}\bar{y}_{U_i} + (N-n)M\frac{\bar{y}_{U_i}}{n} \\ &= \frac{N}{n}M\sum_{i\in s_c}\bar{y}_{U_i} \\ &= \hat{t}_{HT}.\end{aligned} \tag{8.77}$$

일단계집락추출법하에서 정의된 BLUP의 분산은 식 (8.69)로부터 다음과 같이 유도된다.

$$Var_m\left(\hat{t}_{y,BLUP} - t_y\right) = \sum_{i\in U_c\setminus s_c} M_i\nu_{M_i} + \frac{\left(K - \sum_{i\in s_c} M_i\right)^2}{\sum_{i\in s_c} M_i/\nu_{M_i}}. \tag{8.78}$$

만약 각 집락의 크기가 $M_i = M$로 상수인 경우, $\nu_{M_i} = \nu = \sigma_\epsilon^2\left[1 + (M-1)\rho\right]$는 상수이며, 따라서 (8.78)에 주어진 분산은 다음과 같이 표현된다.

$$\begin{aligned}Var_m\left(\hat{t}_{y,BLUP} - t_y\right) &= \nu(N-n)M + \frac{\nu M^2(N-n)^2}{nM}. \\ &= N^2\left(1 - \frac{n}{N}\right)\left(\frac{NM - M}{N-1}\right)\frac{\nu}{n}\end{aligned} \tag{8.79}$$

모집단에서 정의되는 집락간 분산의 정의를 위하여 고려되는 자유도가 무시할 수준이라면, 즉 $M \approx (NM-1)/(N-1)$인 경우에는, 식 (8.14)에 주어진 일단계 단순임의집락추출하에서의 모집단 총합에 대한 비편향 추정량의 분산과 식 (8.79)는 일치하며, 따라서 일단계 단순임의추출하에서 정의되는 비편향 추정량과 이의 분산은 식 (8.70) 혹은 (8.73)의 모형하에서 타당성을 갖는다.

일단계에서 추출된 집락내의 모든 개체를 조사하지 않고 이 중 일부를 추출하여 조사하는 이단계 집락추출의 경우, 식 (8.68)에 의하여 정의되는 BLUP는 보다 복잡한 형태를 갖는다. 집락모집단 총합은 이단계집락추출법의 구조하에서 다음과 같이 표현할 수 있다.

$$\begin{aligned} t_y = \sum_{i\in U_c}\sum_{j\in U_i} y_{ij} &= \sum_{i\in s_c}\sum_{j\in s_i} y_{ij} + \sum_{i\in s_c}\sum_{j\in U_i\setminus s_i} y_{ij} + \sum_{i\in U_c\setminus s_c}\sum_{j\in U_i} y_{ij} \\ &= t_{y,1} + t_{y,2} + t_{y,3} \end{aligned} \tag{8.80}$$

식 (8.80)의 표현과 (8.70) 혹은 (8.73)에 주어진 모형으로부터 정의되는 BLUP는 다음과 같다.

$$\hat{t}_{y,BLUP} = \sum_{i\in s_c}\sum_{s_i} y_{ij} + \sum_{i\in s_c}(M_i - m_i)\left[a_i\bar{y}_{s_i} + (1-a_i)\hat{\mu}\right] + \sum_{i\in U_c\setminus s_c} M_i\hat{\mu}. \tag{8.81}$$

모집단 총합에 대한 BLUP를 정의하기 위하여 사용된 각 기호는 다음과 같다.

$$a_i = \frac{m_i\rho}{1+(m_i-1)\rho},\ \hat{\mu} = \sum_{i\in s_c} u_i\bar{y}_{s_i},\ u_i = \frac{m_i/\nu_i}{\sum_{k\in s_c} m_k/\nu_k},\ \nu_i = \sigma_\epsilon^2\left[1+(m_i-1)\rho\right].$$

식 (8.81)의 첫 번째 항은 표본에서 관측된 값으로 예측이 필요없는 부분이며, 두 번째 항은 일단계에서 추출된 집락의 총합을 예측하기 위한 항으로 이해할 수 있다. 마지막 항은 일단계에서 추출되지 않은 집락 내에 있는 개체들의 예측값의 총합에 해당한다. 따라서 일단계에서 추출된 집락의 평균에 대한 최량의 예측치는 직접추정량과 합성추정량(synthetic estimator)의 가중평균으로 정의되고 있다. 또한 관측되지 않은 y에 대한 예측치로 사용되는 $\hat{\mu}$은 관측된 집락의 표본평균의 가중합으로써 가중치는 각 추정량의 분산의 역수에 비례한다. 따라서 분산이 적은, 즉 통계적 정확성이 높은 추정량에 높은 가중치를 부여하여 예측이 이루어진다.

만약 $\rho = 0$일 경우, 즉 집락내 개체들 간의 상관관계가 전혀 없는 경우에는 $\hat{t}_{y,BLUP}$은 단순임의추출하에서 정의되는 비편향 추정량 $\hat{t}_{y,SRS} = K\bar{y}_s$와 일치하게 된다. $\hat{t}_{y,BLUP}$의 분산은 다음과 같이 식 (8.69)으로부터 아래와 같이 유도된다.

$$\begin{aligned} Var_m\left(\hat{t}_{y,BLUP}\right) = \nu &- \rho\sigma_\epsilon^2\sum_{s_c}(M_i - m_i)\,a_i \\ &+ \frac{\left[K - \sum_{i\in s_c} m_i - \sum_{i\in s_c}(M_i - m_i)\,a_i\right]^2}{\sum_{i\in s_c} m_i/\nu_i}, \end{aligned} \tag{8.82}$$

여기에서 상수 ν는 다음과 같다.

$$\nu = \sigma_\epsilon^2 \left\{ \sum_{i \in s_c} (M_i - m_i)\left[1 + (M_i - m_i - 1)\rho\right] + \sum_{i \in U_c \backslash s_c} M_i \left[1 + (M_i - 1)\rho\right] \right\}.$$

분산 (8.78)과 (8.82)의 추정량을 구하기 위해서는 분산성분(variance component)에 해당하는 σ_ϵ^2과 ρ의 추정이 필요하다. 분산성분 추정을 위해서 흔히 사용되는 방안으로는 분산분석 추정 방안과 최대가능도(maximum likelihood) 추정 방안이 고려된다. 분산성분에 대한 자세한 내용은 Valliant, Dorfman and Royall(2000)을 참조하면 된다. 모집단 총합의 모형-기반 분산추정량은 식 (8.78)과 (8.82)에 주어진 분산에 추정된 분산성분 값을 대입하여 얻을 수 있다. 분산 추정을 위한 추가적인 정보, 즉 M_i, $i \in U_c \backslash s_c$가 존재하지 않은 경우에는 이에 대한 적절한 추정치를 사용하여야 한다.

8.6 연습문제

1. 부록 A에 제시되어 있는 '결측이 없는 건강조사 모집단'(Health_Pop_Nomiss 데이터셋)에서 '가구(Id_Fam)'를 집락으로 사용하여 모집단의 BMI 평균과 흡연율을 추정하는 문제를 고려하자.

(a) SAS의 SURVEYSELECT Procedure를 이용하여 모집단으로부터 $N = 2,552$의 가구 중 $n = 100$의 단순임의추출 가구 표본을 추출하고, 추출된 가구 내 모든 가구원으로 구성된 일단계단순임의추출표본을 구축하시오.

(b) (a)의 표본을 이용하여 BMI의 모평균과 흡연율의 추정량 및 이들의 분산추정량을 구하시오.

(c) (a)에서 주어진 표본을 단순임의추출 표본으로 가정하고 BMI의 모평균 추정량 및 이의 분산추정량을 구하시오.

(d) (b)와 (c)의 결과를 비교하고 일단계집락추출법의 효율성에 대하여 설명하시오.

2. 부록 A에 제시되어 있는 '결측이 없는 건강조사 모집단'(Health_Pop_Nomiss 데이터셋)에서 '조사구(Psu)'를 일차추출단위로, '가구(Id_Fam)'를 이차추출단위로 정의하여 모집단의 BMI 평균과 흡연율을 추정하는 문제를 고려하자.

(a) SAS의 SURVEYSELECT Procedure를 이용하여 모집단으로부터 $N = 164$의 조사구 중 $n = 50$의 단순임의추출 조사구 표본을 추출하고, 추출된 각 조사구 내에서 5개의 가구를 단순임의추출법을 통해 추출한 후, 추출된 가구 내 가구원 모두를 조사하기 위한 이단계단순임의추출 표본을 구축하시오.

(b) (a)에서 조사구 추출을 위하여 조사구 내 가구원 수를 크기(size)변수로 사용한 확률비례추출법을 적용하여 이단계확률비례 표본을 추출하시오.

(c) (a)와 (b)에서 추출된 표본을 이용하여 BMI의 모평균과 흡연율의 비편향 추정량 및 이들의 분산추정량을 구하시오.

(d) (c)의 결과를 통해 두 표본설계 방안을 비교하시오.

8.A [부록] 정리에 대한 증명

여기에서는 식 (8.15), ⟨정리 8.2⟩, ⟨정리 8.4⟩, ⟨정리 8.6⟩에 대한 증명을 제시한다.

8.A.1 식 (8.15)에 대한 증명

식 (8.15)에 주어진 S_{tU}^2는 다음과 같이 표현할 수 있다.

$$\begin{aligned}
S_{tU}^2 =& \frac{1}{N-1}\sum_{i\in U_c}(t_i - \bar{t}_U)^2 \\
=& \frac{1}{N-1}\left(\sum_{i\in U_c} M_i^2\bar{y}_{U_i}^2 - N\bar{M}_U^2\bar{y}_U^2 - \bar{M}_U\sum_{i\in U_c} M_i\bar{y}_{U_i}^2 + \bar{M}_U\sum_{i\in U_c} M_i\bar{y}_{U_i}^2\right) \\
=& Cov + \frac{1}{N-1}\bar{M}_U\left(\sum_{i\in U_c} M_i\bar{y}_{U_i}^2 - N\bar{M}_U\bar{y}_U^2\right) \\
=& Cov + \frac{1}{N-1}\bar{M}_U\left(\sum_{i\in U_c} M_i\bar{y}_{U_i}^2 - K\bar{y}_U^2\right) \\
=& Cov + \frac{1}{N-1}\bar{M}_U BSS.
\end{aligned}$$

여기서 BSS와 COV는 각각 다음과 같다.

$$BSS = \sum_{i\in U_c} M_i\bar{y}_{U_i}^2 - K\bar{y}_U^2.$$

$$Cov = \frac{1}{N-1}\left(\sum_{i\in U_c} M_i^2\bar{y}_{U_i}^2 - \bar{M}_U\sum_{i\in U_c} M_i\bar{y}_{U_i}^2\right).$$

주어진 S_{tU}^2의 표현과 δ 그리고 γ의 정의에 의하여 식 (8.15)를 얻을 수 있다.

8.A.2 〈정리 8.2〉에 대한 증명

식 (8.26)의 비추정량의 근사분산을 유도하는 추정량 $\bar{y}_\pi$의 선형근사는 다음과 같다.

$$\begin{aligned}\bar{y}_\pi &\approx \bar{y}_U + \frac{1}{K}\left(\hat{t}_{HT} - t\right) - \frac{t}{K^2}\left(\hat{K}_{HT} - K\right) \\ &= \bar{y}_U + \frac{1}{K}\left(\hat{t}_{HT} - \bar{y}_U \hat{K}_{HT}\right) \\ &= \bar{y}_U + \frac{1}{K}\left\{\frac{N}{n}\sum_{i\in s_c} M_i\left(\bar{y}_{U_i} - \bar{y}_U\right)\right\}.\end{aligned} \tag{8.83}$$

추정량 $\bar{y}_\pi$의 선형근사식을 이용하여 $\bar{y}_\pi$의 분산은 다음과 같이 유도된다.

$$V_{SRSC1}\left(\bar{y}_\pi\right) = \frac{N^2}{K^2}\left(1 - \frac{n}{N}\right)\frac{S^2_{MyU}}{n}. \tag{8.84}$$

분산추정량 (8.27)은 위의 분산식에 S^2_{MyU}과 K^2을 각각 대응되는 비편향 추정량 S^2_{Mys}과 $\hat{K}^2_{HT}$ 으로 대체하여 정의된다.

8.A.3 〈정리 8.4〉에 대한 증명

〈정리 8.4〉에 주어진 분산과 분산추정량의 불편성을 유도하기 위해서는 다음의 이중 기댓값 정리를 이용한다. 확률변수 X의 무조건부 평균과 분산은 사건 A가 주어졌을 때의 조건부 기댓값과 분산을 이용하여 아래와 같이 표현된다.

$$E\left(X\right) = E_A\left[E\left(X|A\right)\right] \tag{8.85}$$

$$V\left(X\right) = V_A\left[E\left(X|A\right)\right] + E_A\left[V\left(X|A\right)\right] \tag{8.86}$$

이중 기댓값 정리와 단순임의추출하에서의 비편향 HT 추정량의 통계적 성질을 이용하여, 이단계 단순임의집락추출하에서 모집단 총합에 대한 비편향 HT 추정량의 분산은 아래와 같이 유도된다.

$$\begin{aligned}&V_{SRSC2}\left(\hat{t}_{HT}\right) \\ =&V_{SRS}\left[E_{SRS}\left(\hat{t}_{HT}|s_c\right)\right] + E_{SRS}\left[V_{SRS}\left(\hat{t}_{HT}|s_c\right)\right] \\ =&V_{SRS}\left[\sum_{i\in s_c}\frac{N}{n}t_i\right] + E_{SRS}\left[\sum_{i\in s_c}\frac{N^2}{n^2}M_i^2\left(1 - \frac{m_i}{M_i}\right)\frac{S^2_{yU_i}}{m_i}\right] \\ =&N^2\left(1 - \frac{N}{n}\right)\frac{S^2_{tU}}{n} + \frac{N}{n}\sum_{i\in U_c} M_i^2\left(1 - \frac{m_i}{M_i}\right)\frac{S^2_{yU_i}}{m_i} \\ =:&V_{psu} + V_{ssu}\end{aligned} \tag{8.87}$$

모든 가능한 s_c에 대하여 일단계 집락표본 s_c가 주어졌을 때 단순임의추출하에서 $S^2_{ys_i}$은 $S^2_{yU_i}$의 비편향 추정량이기 때문에 V_{ssu}의 비편향 추정량은

$$\hat{V}_{ssu} = \frac{N^2}{n^2}\sum_{i\in s_c} M_i^2\left(1-\frac{m_i}{M_i}\right)\frac{S^2_{ys_i}}{m_i} \tag{8.88}$$

로 정의할 수 있다. V_{psu}의 비편향 추정량을 정의하기 위하여 먼저 $\hat{t}_i$들의 표본분산의 기댓값을 살펴보면 다음과 같다.

$$\begin{aligned}
&E_{SRSC2}\left(S^2_{\hat{t}s}\right)\\
=&E_{SRS}\left\{E_{SRS}\left(\frac{1}{n-1}\left[\sum_{i\in s_c}\hat{t}_i^2-\frac{1}{n}\left(\sum_{i\in s_c}\hat{t}_i\right)^2\right]\middle| s_c\right)\right\}\\
=&E_{SRS}\left\{\frac{1}{n-1}\left[\sum_{i\in s_c}(V_i+t_i^2)-\frac{1}{n}\left(\sum_{i\in s_c}V_i+\left[\sum_{i\in s_c}t_i\right]^2\right)\right]\right\}\\
=&E_{SRS}\left\{\frac{1}{n-1}\left[\frac{n-1}{n}\sum_{i\in s_c}V_i+(n-1)S^2_{ts}\right]\right\}\\
=&\frac{1}{N}\sum_{i\in U_c}V_i+S^2_{tU}.
\end{aligned} \tag{8.89}$$

여기에서 V_i는 다음과 같다.

$$V_i = \sum_{i\in U_c} M_i^2\left(1-\frac{m_i}{M_i}\right)\frac{S^2_{yU_i}}{m_i}. \tag{8.90}$$

따라서 식 (8.89)를 이용하여 V_{psu}의 비편향 추정량을 아래와 같이 정의할 수 있으며

$$\hat{V}_{psu} = N^2\left(1-\frac{n}{N}\right)\frac{S^2_{\hat{t}s}}{n} + N^2\left(1-\frac{n}{N}\right)\frac{1}{n}\frac{1}{N}\frac{N}{n}\sum_{i\in s_c}\hat{V}_i, \tag{8.91}$$

따라서 이단계 단순임의집락추출하에서의 모집단 총합에 대한 불편 분산추정량은 $\hat{V}_{psu}$와 $\hat{V}_{ssu}$의 합으로 아래와 같이 표현된다.

$$\hat{V}_{SRSC2} = N^2\left(1-\frac{n}{N}\right)\frac{S^2_{\hat{t}s}}{n} + \frac{N}{n}\sum_{i\in s_c}\hat{V}_i. \tag{8.92}$$

여기에서 $\hat{V}_i$은 다음의 식을 나타낸다.

$$\hat{V}_i = \sum_{i\in s_c} M_i^2\left(1-\frac{m_i}{M_i}\right)\frac{S^2_{ys_i}}{m_i}. \tag{8.93}$$

모평균에 대한 비편향 HT 추정량의 분산과 비편향 분산추정량은 추정량의 정의와 모집단 총합에 대한 추정량의 분산과 분산추정량의 결과로부터 직접 얻을 수 있다.

8.A.4 〈정리 8.6〉에 대한 증명

모평균과 모집단의 총합을 추정하기 위하여 정의된 Z_i는 서로 독립인 확률변수로서 이단계 확률비례집락추출하에서 그 기댓값과 분산은 다음과 같다.

$$E_{ppsc2}\left(\hat{Z}_i\right) = E_{pps}\left[E_{SRS}\left(\hat{Z}_i \middle| os_c\right)\right] = E_{pps}\left[Z_i\right] = t. \tag{8.94}$$

$$\begin{aligned} V_{ppsc2}\left(\hat{Z}_i\right) =& V_{pps}\left[E_{SRS}\left(\hat{Z}_i \middle| os_c\right)\right] + E_{pps}\left[V_{SRS}\left(\hat{Z}_i \middle| os_c\right)\right] \\ =& \sum_{i\in U_c} p_i \left(\frac{t_i}{p_i} - t\right)^2 + \sum_{i\in U_c} \frac{M_i^2}{p_i}\left(1 - \frac{m_i}{M_i}\right)\frac{S_{yU_i}^2}{m_i} \\ =:& V_z. \end{aligned} \tag{8.95}$$

모집단 총합에 대한 비편향 pwr 추정량은 서로 독립인 m개의 Z_i의 평균이기 때문에 $\hat{t}_{wr}$의 분산은 다음과 같으며

$$V_{ppsc2}\left(\hat{t}_{wr}\right) = \frac{1}{m}V_z \tag{8.96}$$

이의 비편향 추정량은 $\hat{Z}_i$의 표본분산을 이용하여 다음과 같이 정의된다.

$$\hat{V}_{ppsc2}\left(\hat{t}_{wr}\right) = \frac{1}{m(m-1)}\sum_{i\in os_c}\left(\hat{Z}_i - \hat{t}_{wr}\right)^2. \tag{8.97}$$

주어진 $\hat{V}_{ppsc2}\left(\hat{t}_{wr}\right)$의 비편향성은 다음 식들을 이용하여 직접 증명된다.

$$E_{ppsc2}\left(\hat{Z}_i^2\right) = V_{ppsc2}\left(\hat{Z}_i\right) + \left[E_{ppsc2}\left(\hat{Z}_i\right)\right]^2 = V_z + t^2 \tag{8.98}$$

$$E_{ppsc2}\left(\hat{t}_{wr}^2\right) = V_{ppsc2}\left(\hat{t}_{wr}\right) + \left[E_{ppsc2}\left(\hat{t}_{wr}\right)\right]^2 = \frac{V_z}{m} + t^2 \tag{8.99}$$

모평균에 대한 pwr 추정량에 대한 결과는 모집단 총합에 대한 추정량의 결과로부터 바로 유도된다.

8.B [부록] R 코드

```
set.seed(8738035)
setwd("C:/Stat311/BOOK")

library(survey)

# Select a pps sample
pop    <- data.frame(read.csv("HU_Department.csv",
                    header=TRUE))
```

```
pop$id <-seq(1:nrow(pop))
pps_id <- sample(pop$id,size=10,prob=pop$count,replace=TRUE)
pps    <- pop[pps_id,]

# Select a single stage simple random cluster sample &
# estimate the population parameter
pop_c <- data.frame(read.csv("HU_Population_C.csv",
                    header=TRUE))
srscl_id <- sample(unique(pop_c$Department),size=10,replace=F)
srscl    <- pop_c[pop_c$Department %in% srscl_id,]

srscl_survey <- data.frame(read.csv("HU_srs_1.csv",
                           header=TRUE))
srscl_survey$fpc <- 66

srscl_design <- svydesign(id=~Department,
                          weight=~SamplingWeight,
                          fpc=~fpc,data=srscl_survey)
svymean(~allowance+factor(gender),srscl_design,na.rm=TRUE)

# Select a single stage pps cluster sample & estimate the
# population parameter
tmp      <- data.frame(table(pop_c$Department))
ppscl_id <- sample(tmp$Var1,size=10,prob=tmp$Freq,
                   replace=TRUE)
ppscl    <- pop_c[pop_c$Department %in% ppscl_id,]

ppscl_survey <- data.frame(read.csv("HU_pps_1.csv",
                           header=TRUE))
ppscl        <- svydesign(id=~Department,
                          weight=~SamplingWeight,
                          data=ppscl_survey)

svymean(~allowance+factor(gender),ppscl,na.rm=TRUE)

# Estimate the population parameter using two stage
# simple random and pps cluster samples
```

```
srsc2_survey <- data.frame(read.csv("HU_srs_2.csv",
                                header=TRUE))
srsc2        <- svydesign(id=~Department,
                              weight=~SamplingWeight_F,
                              data=srsc2_survey)
svymean(~allowance+factor(gender),srsc2,na.rm=TRUE)

ppsc2_survey <- data.frame(read.csv("HU_pps_2.csv",
                                header=TRUE))
ppsc2        <- svydesign(id=~Department,
                              weight=~SamplingWeight_F,
                              data=ppsc2_survey)

svymean(~allowance+factor(gender),ppsc2,na.rm=TRUE)
```

제 9 장
복합 표본설계

Complex Sampling Design

이 책에서 지금까지 논의된 표본설계 방안들은 일반적으로 현실에서 복합적으로 함께 적용된다. 예를 들어, 경제활동인구조사를 위한 표본설계에서는 일단계에서 광역시·도를 나타내는 변수와 읍면부와 동부를 구분하는 변수를 이용하여 일차추출단위인 조사구를 층화한 후, 각 조사구의 가구수를 크기변수로 이용한 비복원 확률비례추출법을 통하여 조사구 표본이 추출되고, 이단계에서 추출된 조사구로부터 가구가 추출되는 층화 이단계 비복원 확률비례집락추출법이 사용된다.

이 장에서는 여러 표본설계 방안들이 복합적으로 사용된 복합 표본설계 하에서의 모집단 총합 및 모평균에 대한 추정과 분산 추정 방안을 살펴본다. 복합 표본설계는 일차추출단위의 추출을 위하여 복원추출이 사용되었는지의 여부에 따라 복원 복합 표본설계와 비복원 복합설계로 구분할 수 있다. 앞에서 살펴본 바와 같이 비복원추출이 사용된 경우에는 HT 추정량이, 그리고 복원추출이 사용된 경우에는 pwr 추정량이 비편향 추정량으로 사용될 수 있다.

복원 복합 표본설계하에서의 추정 및 분산추정은 상대적으로 비복원 복합 설계보다는 용이하나, 동일한 개체가 반복적으로 선택되는 복원추출의 단점으로 인하여 현실에서는 비복원 추출방안이 일반적으로 더 선호된다. 이 장에서는 비복원 복합 표본설계하에서의 모수 및 추정량의 분산추정 방안에 대하여 살펴본다.

9.1 비편향 추정과 분산 추정

비복원 복합 표본설계하에서의 비편향 추정량과 이의 분산 및 분산추정량은 ⟨정의 2.3⟩과 ⟨정리 2.1⟩에서 다루었으며, 이를 정리하면 다음과 같다.

⟨정리 9.1⟩ Horvitz-Thompson(HT) 추정량

모집단 총합에 대한 비편향 HT 추정량은 다음과 같다.

$$\hat{t}_{HT} = \sum_{k \in s} \frac{y_k}{\pi_k}. \tag{9.1}$$

식 (9.1)에서 정의된 비편향 HT 추정량의 분산 및 이의 비편향 분산추정량은 각각 다음과 같다.

$$V\left(\hat{t}_{HT}\right) = \sum\sum_{k \in U, l \in U} \Delta_{kl} \frac{y_k}{\pi_k} \frac{y_l}{\pi_l}, \tag{9.2}$$

$$\hat{V}_{HT}\left(\hat{t}_{HT}\right) = \sum\sum_{k \in s, l \in s} \frac{\Delta_{kl}}{\pi_{kl}} \frac{y_k}{\pi_k} \frac{y_l}{\pi_l}, \tag{9.3}$$

여기에서 $\pi_{kl} = Pr(k, l \in s)$은 두 개체 k와 l이 동시에 표본에 포함될 이차 개체포함확률을 나타내고, Δ_{kl}은 두 표본소속 지시함수의 공분산으로 다음과 같다.

$$\Delta_{kl} = Cov\left(I_k\ ,\ I_l\right) = \begin{cases} \pi_k(1-\pi_k), & \text{if } \ k = l, \\ \pi_{kl} - \pi_k\pi_l, & \text{if } \ k \neq l. \end{cases} \tag{9.4}$$

모평균에 대한 비편향 HT 추정량인

$$\bar{y}_{HT} = \frac{1}{N}\hat{t}_{HT} \tag{9.5}$$

의 분산 및 분산추정량은 다음과 같다.

$$V\left(\bar{y}_{HT}\right) = \frac{1}{N^2}\sum\sum_{k\in U, l\in U} \Delta_{kl}\frac{y_k}{\pi_k}\frac{y_l}{\pi_l}, \tag{9.6}$$

$$\hat{V}_{HT}\left(\bar{y}_{HT}\right) = \frac{1}{N^2}\sum\sum_{k\in s, l\in s} \frac{\Delta_{kl}}{\pi_{kl}}\frac{y_k}{\pi_k}\frac{y_l}{\pi_l}. \tag{9.7}$$

제2장에서 살펴본 바와 같이 표본크기 n이 고정된 경우, 비편향 HT 추정량의 분산은 또한 다음과 같이 표현된다.

$$V\left(\hat{t}_{HT}\right) = -\frac{1}{2}\sum\sum_{k\in U, l\in U} \Delta_{kl}\left(\frac{y_k}{\pi_k} - \frac{y_l}{\pi_l}\right)^2. \tag{9.8}$$

Sen(1953)과 Yates and Grundy(1953)는 식 (9.8)에 근거한 분산추정량을 다음의 식으로 제안하였다.

$$\hat{V}_{SYG}\left(\hat{t}_{HT}\right) = -\frac{1}{2}\sum\sum_{k\in s, l\in s} \frac{\Delta_{kl}}{\pi_{kl}}\left(\frac{y_k}{\pi_k} - \frac{y_l}{\pi_l}\right)^2. \tag{9.9}$$

식 (9.8)은 조건 $\pi_k \propto y_k$가 모집단 총합 혹은 모평균에 대한 비편향 HT 추정량의 분산을 최소화 할 수 있는 표본설계의 충분조건임을 보여주고 있다. 관심변수 y는 조사 전에 알 수 없기 때문에, 이와 선형관계를 갖는 x변수를 이용하여 $\pi_k \propto x_k$를 만족하는 비복원 πps 표본설계 방안이 추정량의 효율성을 높이기 위하여 사용되기도 한다. 표본크기의 기댓값이 고정된 상수 n이 되는 πps 추출법하에서 정의되는 π_k는 다음과 같다.

$$\pi_k = \frac{n x_k}{\sum_{l\in U} x_l}. \tag{9.10}$$

모든 k와 l에 대하여 식 (9.10)과 $\pi_{kl} > 0$의 조건을 만족하는 표본을 얻기 위한 알고리즘으로는 Brewer and Hanif(1983)과 Sunter(1977) 그리고 systematic πps 추출 방안이

있다. 자세한 내용은 Särndal, Swensson and Wretman(1991)에 주어져 있으며, SAS의 SURVEYSELECT Procedure의 METHOD 명령문에 PPS 또는 PPS_SYS를 지정하여 크기가 n인 πps 표본을 얻을 수 있다.

현실에서 사용되는 대부분의 복합 표본설계하에서 비편향 HT 추정량의 계산을 위한 개체포함확률 π_k는 표본설계 단계에서 쉽게 계산할 수 있으나, 분산추정을 위한 이차 개체포함확률 π_{kl}의 계산은 표본설계의 복잡성으로 인하여 매우 어렵다. 또한 이차 개체포함확률이 주어진 경우에도 표본크기가 큰 대규모의 조사에서는 ⟨정리 9.1⟩에 주어진 분산추정량의 계산은 부담스러운 작업이 된다. 이로 인하여 대부분의 통계 패키지에서는 다음에 소개되는 두 가지 가정하에서 유도되는 근사 분산추정량이 사용된다.

근사 분산추정을 위한 첫 번째 가정은 모집단의 크기가 표본크기에 비하여 상대적으로 크고, 따라서 비복원 표본설계하에서 추정량의 분산을 추정하기 위해서 복원 표본설계하에서 정의되는 분산추정량을 사용될 수 있다는 것이다. 이러한 가정하에서 복원추출 하에서 정의되는 선택확률 p_k는 0에 가까운 값이 되며, 따라서 비복원추출하에서 정의되는 π_k와 복원추출 하에서 사용되는 p_k의 관계를 다음과 같이 유도할 수 있다.

$$
\begin{aligned}
\pi_k &= 1-(1-p_k)^n \\
&\approx n\,(1-p_k)^{n-1}\,|_{p_k=0}\,(p_k-0) \\
&= np_k.
\end{aligned}
\tag{9.11}
$$

즉, 추출율이 낮은 대규모의 조사에서는 하나의 개체가 n번의 시행에서 두 번 이상 선택될 확률이 매우 작아 비복원 표본설계와 복원 표본설계가 매우 유사하며, 이 경우 각 시행에서 개체 k가 선택될 확률인 p_k는 0에 가까운 값이고, 따라서 개체 포함확률 π_k는 성공확률이 p_k인 n번의 독립시행으로부터 정의되는 이항 확률변수의 기댓값인 np_k로 근사될 수 있다.

식 (9.11) 및 복원 추출과 비복원 추출과의 관계를 통해서 비편향 HT 추정량은

$$
\hat{t}_{HT} \approx \hat{t}_{wr} = \frac{1}{n}\sum_{k\in s}\frac{y_k}{p_k} \approx \frac{1}{n}\sum_{k\in s}\frac{ny_k}{\pi_k}
\tag{9.12}
$$

로 근사할 수 있으며, 복원추출하에서의 분산추정량을 식 (9.12)에 적용하여 비편향 HT 추정량의 근사 분산추정량으로 다음의 식을 유도할 수 있다.

$$
\begin{aligned}
\hat{V}_{asy}\left(\hat{t}_{HT}\right) - \left(1-\frac{n}{N}\right)\frac{1}{n}\frac{1}{n-1}\sum_{k\in s}\left(\frac{ny_k}{\pi_k}-\frac{1}{n}\sum_{l\in s}\frac{ny_l}{\pi_l}\right)^2 \\
=\left(1-\frac{n}{N}\right)\frac{n}{n-1}\sum_{k\in s}\left(w_k y_k-\frac{1}{n}\sum_{l\in s}w_l y_l\right)^2.
\end{aligned}
\tag{9.13}
$$

여기에서 $w_k = \pi_k^{-1}$는 표본에 추출된 개체 k에 의하여 대표되는 모집단의 개체수를 나타내는 **표본가중치**(sampling weight)이다. 유한모집단 수정항 $(1 - n/N)$는 실제 사용된 표본설계가 비복원 추출법임을 감안하여 고려되었다. 단순임의추출하에서는 식 (9.13)로부터 계산되어지는 분산추정량과 제3장에서 유도된 HT 추정량의 분산추정량과 동일하다.

근사 분산추정량의 유도를 위해 사용되는 또 하나의 가정은 이단계 혹은 다단계 집락추출법하에서 발생하는 추정량 변동의 대부분은 일단계에서의 표본추출로 인한 일차추출단위 간의 변동으로 설명이 된다는 것이다. 일반적으로 대부분의 조사에서 집락 구성의 특성 상 집락내 개체들은 서로 유사하고 집락간은 서로 상이하며, 따라서 집락간 변동이 추정량 변동의 대부분을 차지하게 된다.

복원추출법과 비복원추출법의 관계에 대한 가정과 집락간 변동이 전체 변동의 대부분을 차지한다는 가정하에서 고려할 수 있는 근사 분산추정량의 유도를 위해, H개의 층으로 구성된 집락 모집단의 각 층으로부터 독립적으로 집락 표본이 일단계에서 추출되고, 추출된 집락으로부터 이차 추출단위가 또한 독립적으로 추출되는 층화 이단계집락추출법을 고려하자. 집락의 추출 및 집락내 이차추출단위의 추출을 위한 표본추출 방안으로는 임의의 확률표본설계가 사용될 수 있다.

기호 $w_{hij} = \pi_{hij}^{-1} = \pi_{hi}^{-1}\pi_{j|hi}^{-1}$와 y_{hij}를 각각 층 h의 집락 i에 속한 j번째 개체에 부여된 표본가중치와 측정된 관심변수의 값으로 정의하자. 이때 모집단 총합에 대한 비편향 HT 추정량은 다음과 같이 표현할 수 있다.

$$\hat{t}_{HT} = \sum_{h=1}^{H}\sum_{i=1}^{n_h}\sum_{j=1}^{m_{hi}} w_{hij}\; y_{hij} \tag{9.14}$$

여기에서 n_h는 층 h에서 추출된 집락의 수를, m_{hi}는 집락 i로부터 추출된 이차 추출단위의 수를 나타낸다. 이단계 집락추출 하에서의 추정량의 분산은 일단계의 집락간 변동으로 대부분 설명된다는 가정 하에서, ⟨정리 9.1⟩에 주어진 비편향 HT 추정량의 이단계 집락추출하에서의 근사 분산추정량은 다음과 같다.

$$\sum_{h=1}^{H}\sum_{i=1}^{n_h}\sum_{i'=1}^{n_h} \frac{\pi_{hii'} - \pi_{hi}\pi_{hi'}}{\pi_{hii'}} \frac{\hat{t}_{hi}}{\pi_{hi}} \frac{\hat{t}_{hi'}}{\pi_{hi'}}. \tag{9.15}$$

여기에서 $\hat{t}_{hi} = \sum_{j=1}^{m_{hi}} \pi_{j|hi}^{-1}\; y_{hij}$는 i번째 집락 총합에 대한 비편향 추정량을, π_{hi}와 $\pi_{hii'}$은 각각 일차와 이차 집락의 표본포함확률을 나타낸다. 식 (9.15)에 주어진 근사 분산추정량은 일단계에서 발생하는 집락간 변동만을 고려하기 때문에 일반적으로 실제 분산을 과소추정하는 것으로 알려져 있다.

일단계에서 발생하는 변동만을 고려한 근사 분산추정량 (9.15) 역시 이차 집락 포함확률을 포함하고 있으며, 따라서 실제 분산추정량을 얻기 위하여 이를 사용하기에는 계산상의 어려움이 있다. 식 (9.13)와 ⟨정리 9.1⟩의 식 (9.6)의 관계를 이용하여 (9.15)에 주어진 일차 근사 분산추정량의 근사식을 유도하면 그 결과는 다음과 같다.

$$\begin{aligned}
&\hat{V}_{asy}\left(\hat{t}_{HT}\right)\\
&=\sum_{h=1}^{H}\left(1-\frac{n_h}{N_h}\right)\frac{n_h}{n_h-1}\sum_{i=1}^{n_h}\left(\pi_{hi}^{-1}\hat{t}_{hi}-\frac{1}{n_h}\sum_{i'=1}^{n_h}\pi_{hi'}^{-1}\hat{t}_{hi'}\right)^2\\
&=\sum_{h=1}^{H}\left(1-\frac{n_h}{N_h}\right)\frac{n_h}{n_h-1}\sum_{i=1}^{n_h}\left(\sum_{j=1}^{m_i}w_{hij}y_{hij}-\frac{1}{n_h}\sum_{i'=1}^{n_h}\sum_{j'=1}^{m_{i'}}w_{hi'j'}y_{hi'j'}\right)^2 \qquad (9.16)\\
&=\sum_{h=1}^{H}\left(1-\frac{n_h}{N_h}\right)\frac{n_h}{n_h-1}\sum_{i=1}^{n_h}\left(y_{hi\cdot}-\bar{y}_{h\cdot\cdot}\right)^2\\
&=:\sum_{h=1}^{H}\hat{V}_h.
\end{aligned}$$

여기에서 $y_{hi\cdot}$과 $\bar{y}_{h\cdot\cdot}$은 각각 다음과 같이 정의된다.

$$y_{hi\cdot}=\sum_{j=1}^{m_{hi}}w_{hij}y_{hij}, \qquad (9.17)$$

$$\bar{y}_{h\cdot\cdot}=\frac{1}{n_h}\sum_{i'=1}^{n_h}y_{hi'\cdot}=\frac{1}{n_h}\sum_{i'=1}^{n_h}\sum_{j'=1}^{m_{hi'}}w_{hi'j'}y_{hi'j'}. \qquad (9.18)$$

식 (9.16)에 주어진 분산추정량은 대부분의 통계 패키지에서 사용되고 있는 분산추정량의 공식이며, 단순한 표본설계 방안, 예컨대 층화 단순임의추출법의 경우에는 기존의 교재에서 제공되는 공식과 동일한 결과를 제공하나, 대부분의 집락추출을 포함한 복합 표본설계 하에서 근사 분산추정량과 비편향 분산추정량은 서로 다른 결과를 제공한다.

모평균에 대한 비편향 HT 추정량의 근사 분산추정량은 추정량의 정의인 $\bar{y}_{HT}=K^{-1}\hat{t}_{HT}$와 분산의 성질에 의하여 아래와 같이 유도된다.

$$\hat{V}_{asy}\left(\hat{t}_{HT}\right)=\frac{1}{K^2}\hat{V}_{asy}\left(\hat{t}_{HT}\right). \qquad (9.19)$$

여기에서 K는 모집단의 크기를 나타낸다. 다단계 집락추출하에서의 근사 분산추정량의 결과는 앞에서 살펴본 이단계 집락추출하에서의 분산추정량의 결과를 바로 확장하여 얻을 수 있다. 즉, 식 (9.15)에 주어진 일차 추출단위의 모집단 총합에 대한 추정량 $\hat{t}_{hi}$를 다단계 집락추출하에서 계산한 후, 동일한 과정을 통해 근사 분산추정량을 유도하면 된다.

모집단의 크기에 대한 정보가 없는 경우, 앞 장에서 살펴본 바와 같이 비형식의 추정량이 사용될 수 있다. 비형식을 갖는 추정량의 근사 분산추정량의 유도는 고려된 비복원 표본설계의 근사와 해당 추정량의 선형근사를 통해 이루어진다. 모평균에 대한 추정량 $\bar{y}_\pi$의 오차는 다음과 같이 표현된다.

$$\begin{aligned}\bar{y}_\pi - \bar{y}_U &= \frac{\hat{t}_{HT}}{\hat{K}_{HT}} - \bar{y}_U \\ &\approx \frac{1}{K}\sum_{k\in s}\frac{y_k - \bar{y}_U}{\pi_k} \\ &= \frac{1}{K}\sum_{k\in s}\frac{E_k}{\pi_k} \\ &= \frac{1}{K}\sum_{h=1}^{H}\sum_{i=1}^{n_h}\sum_{j=1}^{m_{hi}}\frac{E_{hij}}{\pi_{hij}}.\end{aligned} \tag{9.20}$$

모평균에 대한 비 형식의 추정량에 대한 근사 분산추정량은 식 (9.20)의 $E_{hij} = y_{hij} - \bar{y}_U$ 대신 $e_{hij} = y_{hij} - \bar{y}_\pi$를, K 대신 $\hat{K}_{HT} = \sum_h \sum_i \sum_j w_{hij}$를 식 (9.16)에 적용하여 유도할 수 있으며, 이단계 집락추출 하에서 그 결과는 다음과 같다.

$$\begin{aligned}\hat{V}_{asy}(\bar{y}_\pi) =& \frac{1}{w_{\cdots}^2}\sum_{h=1}^{H}\left(1-\frac{n_h}{N_h}\right)\frac{n_h}{n_h-1}\sum_{i=1}^{n_h}(e_{hi\cdot} - \bar{e}_{h\cdot\cdot})^2 \\ =:& \sum_{h=1}^{H}\left(1-\frac{n_h}{N_h}\right)\frac{n_h}{n_h-1}\sum_{i=1}^{n_h}(r_{hi\cdot} - \bar{r}_{h\cdot\cdot})^2 .\end{aligned} \tag{9.21}$$

여기에서 $e_{hi\cdot}$, $\bar{e}_{h\cdot\cdot}$, $r_{hi\cdot}$, $\bar{r}_{h\cdot\cdot}$은 각각 다음과 같이 정의된다.

$$e_{hi\cdot} = \sum_{j=1}^{m_{hi}} w_{hij}e_{hij}, \tag{9.22}$$

$$\bar{e}_{h\cdot\cdot} = \frac{1}{n_h}\sum_{i'=1}^{n_h}\sum_{j'=1}^{m_{hi'}} w_{hi'j'}e_{hi'j'}, \tag{9.23}$$

$$r_{hi\cdot} = \sum_{j=1}^{m_{hi}} \frac{w_{hij}e_{hij}}{w_{\cdots}}, \tag{9.24}$$

$$r_{h\cdot\cdot} = \frac{1}{n_h}\sum_{i=1}^{n_h}\frac{e_{hi\cdot}}{w_{\cdots}}, \tag{9.25}$$

$$w_{\cdots} = \sum_{h=1}^{H}\sum_{i=1}^{n_h}\sum_{j=1}^{m_{hi}} w_{hij}. \tag{9.26}$$

〈표 9.1〉 Hu_Complex_Allo 데이터셋

OBS	College	_TOTAL_	SampleSize
1	공과대학	4,560	7
2	사회과학대학	2,560	4
3	예체능대학	2,020	3
4	인문대학	1,560	3
5	자연과학대학	1,700	3

9.1.1 SAS 사용 예 – 층화 이단계 집락추출

〈SAS 사례 8.1〉에서 다루었던 예를 고려하자. 여기에서는 20개의 학과(집락)을 추출하되, 단과대학(층)별로 모집단 크기에 대략 비례하여 학과를 추출하고, 추출된 학과에서 30명씩의 학생을 추출하는 표본설계를 고려하자.

〈표 9.1〉은 단과대학별로 추출될 학과 수를 배정한 것으로, 배정된 학과 수는 SampleSize라는 변수로 저장되어 있다.

〈SAS 사례 9.1〉 층화 이단계 집락추출

```
PROC SURVEYSELECT DATA=Sampling.Hu_Department
                  SAMPSIZE=Sampling.Hu_Complex_Allo
                  OUT=Sampling.Hu_Complex_Pps
                  METHOD=PPS SEED=1284320;
     STRATA College;
     SIZE Count;
RUN;

DATA Sampling.Hu_Complex_Pps;
     SET Sampling.Hu_Complex_Pps;
     SampleSize=30;
RUN;

PROC SORT DATA=Sampling.Hu_Population;
     BY Department;
RUN;

PROC SORT DATA=Sampling.Hu_Complex_Pps;
```

```
    BY Department;
RUN;

PROC SURVEYSELECT DATA=Sampling.Hu_Population_2
    SAMPSIZE=Sampling.Hu_Complex_Pps
    OUT=Sampling.Hu_Complex_Twostep
    METHOD=SRS SEED=243250;
    STRATA Department;
RUN;
```

□ PROC SURVEYSELECT 명령문

- DATA=: 모집단 목록이 저장되어 있는 데이터셋을 지정한다.
- SAMPSIZE=: 각 층(집락)별 표본크기가 정의되어 있는 데이터셋을 지정한다. 이 데이터셋에는 층(집락) 변수들이 포함되어 있어야 하고, 층(집락)별 표본크기를 나타내는 변수는 반드시 SampleSize 또는 _NSIZE_라는 이름을 가져야 한다.
- OUT=: 추출된 표본 목록이 저장될 데이터셋을 지정한다.
- METHOD=: 표본추출 방법을 지정한다(PPS: 확률비례추출, SRS: 단순임의추출).
- SEED=: 난수 발생을 위한 초기값을 지정한다.

□ STRATA 명령문: 층(집락)을 구분하는 변수들을 나열한다.

이 사례에서 먼저 첫 번째 SURVEYSELECT Procedure는 단과대학(층)별로 비복원 확률비례추출에 의해 20개의 학과(집락)를 추출하기 위해 작성되었다. 이때 크기변수는 각

⟨표 9.2⟩ Hu_Complex_Pps 데이터셋 (첫 10개)

OBS	College	Department	Count	SelectionProb	SamplingWeight
1	공과대학	건축공학과	200	0.30702	3.25714
2	사회과학대학	국제지역통상전공	252	0.39375	2.53968
3	자연과학대학	물리치료학과	160	0.28235	3.54167
4	사회과학대학	법학과	200	0.31250	3.20000
5	예체능대학	사회체육전공	160	0.23762	4.20833
6	사회과학대학	산업심리학과	200	0.31250	3.20000
7	공과대학	소방방재학과	240	0.36842	2.71429
8	자연과학대학	식품공학전공	160	0.28235	3.54167
9	공과대학	안전보건학과	280	0.42982	2.32653
10	예체능대학	연극전공	120	0.17822	5.61111

학과별 학생수이다. 추출된 학과의 목록은 Hu_Complex_Pps 데이터셋(표 9.2)에 저장되었다. 두 번째 SURVEYSELECT Procedure는 추출된 각 학과에서 단순임의추출에 의해 30명씩의 학생을 추출하기 위해 작성되었다. 1단계에서 추출된 학과에 속한 학생들의 목록은 Hu_Population_2에 저장되어 사용되었다. 이와 같은 과정을 통해 추출된 600명의 학생 목록은 Hu_Complex_Twostep 데이터셋에 저장되었다.

9.1.2 SAS 사용 예 – 층화 이단계 집락추출에서의 추정

⟨표 9.3⟩은 앞의 사례를 통해 추출된 600명의 학생을 조사하였다는 가정하에 작성된 가상의 데이터이다. 여기에는 Gender(성), Smoking(흡연 여부), Expense(학교 생활에서의 월 평균 지출액) 등이 포함되어 있다.

이 사례에서는 각 층(단과대학)에서 일차추출단위인 집락(학과)은 학생수를 기준으로 비복원 확률비례추출법으로 선정하고, 추출된 표본 학과에서는 이차추출단위인 학생을 단순임의추출하였으므로, 'h번째 층에 속한 i번째 집락의 j번째 표본'의 추출률을 다음 식으로 나타낼 수 있다.

$$f_{hij} = m_h \times \frac{B_{hi}}{N_h} \times \frac{30}{B_{hi}} = \frac{30 \times m_h}{N_h} = \frac{n_h}{N_h}$$

여기에서 m_h는 h번째 층의 표본 집락수, N_h는 h번째 층의 모집단 크기, B_{hi}는 h번째 층에 속한 i번째 집락의 크기, $n_h(= 30 \times m_h)$는 h번째 층의 표본크기를 나타낸다. 따라서 표본 추출률의 역수인 $w_{hij} = N_h/n_h$가 가중치로 계산되었으며 Complex_Weight라는 변수로 생성되었다.

⟨표 9.3⟩ Hu_Complex_Survey 데이터셋 (일부)

IDnum	College	Department	Grade	Gender	Smoking	Expense	Complex_Weight
7203	공과대학	건축공학과	1	1	0	118000	21.7143
7210	공과대학	건축공학과	1	1	0	69000	21.7143
7213	공과대학	건축공학과	1	1	0	165000	21.7143
7214	공과대학	건축공학과	1	1	0	36000	21.7143
7215	공과대학	건축공학과	1	2	0	22000	21.7143
···	···	···	···	···	···	···	···
911	인문대학	한국어문화	3	1	1	77000	17.3333
912	인문대학	한국어문화	3	2	0	46000	17.3333
913	인문대학	한국어문화	3	1	0	138000	17.3333
921	인문대학	한국어문화	3	2	0	96000	17.3333
945	인문대학	한국어문화	3	2	0	194000	17.3333

⟨SAS 사례 9.2⟩ 평균 추정

```
PROC SURVEYMEANS DATA=Sampling.Hu_Complex_Survey
                 TOTAL=Sampling.Hu_Complex_Allo;
     STRATA College / LIST;
     CLUSTER Department;
     VAR Expense Smoking;
     CLASS Smoking;
     WEIGHT Complex_Weight;
RUN;
```

□ PROC SURVEYMEANS 명령문

- DATA=: 조사된 내용이 저장되어 있는 데이터셋을 지정한다.
- TOTAL=: 각 층별 부모집단 크기가 정의되어 있는 데이터셋을 지정한다. 이 데이터셋에는 층 변수들이 포함되어 있어야 하고, 층별 부모집단 크기를 나타내는 변수는 반드시 _TOTAL_라는 이름을 가져야 한다(표 9.1 참조).

□ STRATA 명령문: 층 변수들을 지정한다. 여기에는 LIST(층별 표본크기 테이블을 출력) 옵션을 지정할 수 있다.

□ CLUSTER 명령문: 집락 변수들을 지정한다.

□ VAR 명령문: 평균 또는 비율 추정의 대상이 될 변수들을 나열한다.

□ CLASS 명령문: 범주형 변수들을 나열한다. 여기에 지정된 변수 중 VAR 명령문에 지정된 변수들에 대해서는 각 범주별 비율이 추정된다.

- WEIGHT 명령문: 가중치 변수를 지정한다.

⟨SAS 사례 9.2⟩의 주요 출력 결과들을 설명하면 다음과 같다(표 9.4 참조).

- Level: 범주형 변수의 각 범주를 나타낸다.
- N: 응답자 수를 나타낸다.

⟨표 9.4⟩ SAS 사례 9.2의 주요 출력 결과

Vriable	Level	N	Mean	Std Error of Mean	95% CL for Mean	
Expense		600	91257	1546.140887	87961.8469	94552.8894
Smoking	0	423	0.70234	0.021718	0.6560	0.7486
	1	177	0.29766	0.021718	0.2514	0.3440

- Mean: 평균에 대한 추정치를 나타낸다. 즉, 지출액 평균이 91,257원으로 추정된다. 범주형 변수에 대해서는 범주별 비율을 나타낸다.
- Std Error of Mean: 모평균(모비율)에 대한 추정량의 표준오차를 나타낸다.
- 95% CL for Mean: 모평균(모비율)에 대한 95% 신뢰구간을 나타낸다. 즉, $91,257 \pm 1.96 \times 1,546 = (87,962,\ 94,553)$.

9.2 보조정보를 이용한 추정

제7장에서 소개된 비 추정법, 회귀 추정법, 레이킹비 추정법 역시 비편향 추정량과 마찬가지로 복합 표본설계 하에서도 사용할 수 있다. 이러한 추정량들은 일반적으로 추정량에 요구되는 대표본 성질(large sample property)인 근사 비편향성(asymptotic unbiasedness)과 일치성(consistency)을 확보하기 위하여, 표본가중치를 가능한 한 최소한으로 조정한 가중치로 계산된 선형추정량으로 정의된다. 이 절에서는 일반적인 복합표본설계 하에서 정의되는 비 추정량과 회귀 추정량에 대해 살펴본다.

9.2.1 비 추정법

비복원 확률추출법하에서 일변량 보조변수 x의 모평균 $\bar{x}_U = N^{-1}\sum_{k\in U} x_k$이 주어졌을 때 정의되는 비 추정량은 다음과 같다.

$$\text{총합}:\ \hat{t}_{y,ratio} = t_x\hat{R} = t_x\frac{\hat{t}_{y,HT}}{\hat{t}_{x,HT}}, \tag{9.27}$$

$$\text{모평균}:\ \bar{y}_{ratio} = \bar{x}_U\hat{R} = \bar{x}_U\frac{\bar{y}_{HT}}{\bar{x}_{HT}}. \tag{9.28}$$

비 추정량의 근사 분산 및 분산추정량의 유도를 위해서는 이의 선형근사를 고려해야 하며, 이를 위해 유한모집단, 표본, 비편향 추정량의 수열(sequence)에 대한 다음의 가정이 필요하다.

$$[(\bar{x}_{HT}\ ,\ \bar{y}_{HT}) - (\bar{x}_U\ ,\ \bar{y}_U)]\,|\mathcal{F}_N = O_p\left(n^{-1/2}\right). \tag{9.29}$$

여기에서 $\mathcal{F}_N = (\mathbf{z}_1', \cdots, \mathbf{z}_N')'$, $\mathbf{z}_k = (x_k, y_k)$로서 유한모집단을 나타낸다. 기호 $O_p(g_n)$은 g_n에 의한 확률적 유계(bounded in probability by g_n) 를 나타낸다. 즉, 식 $\hat{\theta}-\theta = O_p(g_n)$은 모든 $\epsilon > 0$에 대하여

$$Pr\left\{\left|\hat{\theta}-\theta\right| > M_\epsilon g_n\right\} < \epsilon \tag{9.30}$$

을 만족하는 $M_\epsilon < \infty$가 존재하는 것을 의미한다. 따라서 식 (9.29)는 비편향 추정량이 모평균으로 확률 수렴함을 의미한다. 제3장에서 고려한 단순임의추출하에서의 단순평균은 (9.29)의 가정을 만족하며, 또한 일반적으로 고려되는 대부분의 표본설계하에서 모평균에

대한 비편향 HT 추정량은 식 (9.29)을 만족한다. Isaki and Fuller(1982)는 서베이 통계학에서의 확률 수렴을 정의하기 위하여 모집단, 표본, 추정량의 수열(sequence)을 설정하고, 이의 확률적 성질을 규명하였다.

식 (9.29)의 가정하에서 테일러 전개를 통해 유도되는 비추정량의 선형 근사식은 다음과 같다.

$$\begin{aligned}\bar{y}_{ratio} &= \bar{x}_U \frac{\bar{y}_{HT}}{\bar{x}_{HT}} \\ &= \bar{x}_U \left[\frac{\bar{y}_U}{\bar{x}_U} - \frac{\bar{y}_U}{\bar{x}_U^2}(\bar{x}_{HT} - \bar{x}_U) + \frac{1}{\bar{x}_U}(\bar{y}_{HT} - \bar{y}_U)\right] + O_p(n^{-1}) \\ &= \bar{y}_U + \frac{1}{N}\sum_{k\in s}\frac{E_k}{\pi_k} + O_p(n^{-1}).\end{aligned} \tag{9.31}$$

여기에서 $E_k = y_k - Rx_k = y_k - (t_y/t_x)x_k$로 모집단에서 정의되는 잔차를 나타낸다.

다음의 ⟨정리 9.2⟩는 식 (9.31)를 이용하여 유도되는 비 추정량의 근사 분산과 분산추정량을 나타낸다.

⟨정리 9.2⟩ 비 추정량의 근사 분산 및 분산추정량

비복원 확률 표본설계하에서 정의되는 모평균에 대한 비 추정량의 근사 분산과 분산추정량은 다음과 같다.

$$AV_p(\bar{y}_{ratio}) = V_p(\bar{E}_{HT}) = \frac{1}{N^2}\sum\sum_{k\in U, l\in U}\Delta_{kl}\frac{E_k}{\pi_k}\frac{E_l}{\pi_l}, \tag{9.32}$$

$$\hat{V}_p(\bar{y}_{ratio}) = \frac{1}{\hat{N}_{HT}^2}\left(\frac{\bar{x}_U}{\bar{x}_{HT}}\right)^2\sum\sum_{k\in s, l\in s}\frac{\Delta_{kl}}{\pi_{kl}}\frac{e_k}{\pi_k}\frac{e_l}{\pi_l} \approx \frac{1}{\hat{N}_{HT}^2}\sum\sum_{k\in s, l\in s}\frac{\Delta_{kl}}{\pi_{kl}}\frac{e_k}{\pi_k}\frac{e_l}{\pi_l} \tag{9.33}$$

여기에서 $e_k = y_k - x_k\hat{R}$으로 표본에서 계산되는 잔차이며, $\hat{N}_{HT} = \sum_{k\in s}\pi_k^{-1}$은 추정된 모집단 크기를 나타낸다. 모집단 총합에 대한 비 추정량의 근사 분산과 분산추정량은 다음과 같다.

$$AV_p(\hat{t}_{y,ratio}) = N^2 AV_p(\bar{y}_{ratio}) = \sum\sum_{k\in U, l\in U}\Delta_{kl}\frac{E_k}{\pi_k}\frac{E_l}{\pi_l}, \tag{9.34}$$

$$\hat{V}_p(\hat{t}_{y,ratio}) = \left(\frac{\bar{x}_U}{\bar{x}_{HT}}\right)^2\sum\sum_{k\in s, l\in s}\frac{\Delta_{kl}}{\pi_{kl}}\frac{e_k}{\pi_k}\frac{e_l}{\pi_l} \approx \sum\sum_{k\in s, l\in s}\frac{\Delta_{kl}}{\pi_{kl}}\frac{e_k}{\pi_k}\frac{e_l}{\pi_l} \tag{9.35}$$

(9.33)에 주어진 두 분산추정량은 근사적으로 일치하나, Särndal, Swensson and Wretman(1989)는 보조변수 x의 모평균과 이의 비편향 HT 추정량의 비율을 이용한 분산추정

량이 표본설계와 비추정량의 효율성을 평가하기 위하여 일반적으로 가정되는 선형모형 하에서 보다 나은 통계적 성질을 가지고 있음을 보였다.

앞에서 언급된 바와 같이 ⟨정리 9.2⟩에 주어진 이론적인 분산추정량은 복합 표본설계하에서 계산이 매우 어려워 9.1절에서 고려된 근사 분산추정량이 흔히 사용된다. 비 추정량의 근사 분산추정량의 정의를 위해서 H개의 층으로 구성된 집락 모집단의 각 층으로부터 집락이 추출되고, 추출된 집락내의 조사단위가 다음 단계에서 추출되는 층화 이단계 집락 추출법을 고려하자. 주어진 표본설계하에서 사용할 수 있는 모집단 총합과 모평균에 대한 비 추정량의 근사 분산추정량은 각각 다음과 같다.

$$\hat{V}_{asy}\left(\bar{y}_{ratio}\right)=\frac{1}{w_{\cdots}^{2}}\sum_{h=1}^{H}\left(1-\frac{n_h}{N_h}\right)\frac{n_h}{n_h-1}\sum_{i=1}^{n_h}\left(e_{hi\cdot}-\bar{e}_{h\cdot\cdot}\right)^2 \tag{9.36}$$

$$\hat{V}_{asy}\left(\hat{t}_{y,ratio}\right)=\sum_{h=1}^{H}\left(1-\frac{n_h}{N_h}\right)\frac{n_h}{n_h-1}\sum_{i=1}^{n_h}\left(e_{hi\cdot}-\bar{e}_{h\cdot\cdot}\right)^2 \tag{9.37}$$

여기에서 $e_{hij}=y_{hij}-\hat{R}x_{hij}$이며, $e_{hi\cdot}$, $\bar{e}_{h\cdot\cdot}$와 $w_{\cdots}$는 각각 다음과 같이 정의된다.

$$e_{hi\cdot}=\sum_{j=1}^{m_{hi}}w_{hij}e_{hij}, \tag{9.38}$$

$$\bar{e}_{h\cdot\cdot}=\frac{1}{n_h}\sum_{i=1}^{n_h}\sum_{j=1}^{m_{hi}}w_{hij}e_{hij}, \tag{9.39}$$

$$w_{\cdots}=\sum_{h=1}^{H}\sum_{i=1}^{n_h}\sum_{j=1}^{m_{hi}}w_{hij}. \tag{9.40}$$

9.2.2 회귀 추정법

비 추정량과 마찬가지로 회귀 추정량 역시 복합 표본설계 하에서 비편향 HT 추정량보다 효율적인 추정량으로 흔히 고려된다. 단순임의추출 하에서 정의된 회귀 추정량을 복합 표본설계에 적용하여 모집단 총합에 대한 회귀 추정량을 다음과 같이 정의할 수 있다.

$$\begin{aligned}\hat{t}_{y,reg}&=\hat{t}_{y,HT}+\left(\mathbf{t}_x-\hat{\mathbf{t}}_{x,HT}\right)\hat{\boldsymbol{\beta}}_{WLS}\\&=\sum_{k\in s}w_{r,reg}y_k.\end{aligned} \tag{9.41}$$

여기에서 회귀계수 추정량 $\hat{\boldsymbol{\beta}}_{WLS}$와 회귀가중치 $w_{k,reg}$는 다음과 같다.

$$\hat{\boldsymbol{\beta}}_{WLS}=\left(\sum_{k\in s}\pi_k^{-1}\phi_k\mathbf{x}_k'\mathbf{x}_k\right)^{-1}\left(\sum_{k\in s}\pi_k^{-1}\phi_k\mathbf{x}_k'y_k\right), \tag{9.42}$$

$$\begin{aligned} w_{k,reg} &= \pi_k^{-1} g_k \\ &= \pi_k^{-1} \left[1 + \left(\mathbf{t}_x - \hat{\mathbf{t}}_{x,HT} \right) \left(\sum_{l \in s} \pi_l^{-1} \phi_l \mathbf{x}_l' \mathbf{x}_l \right)^{-1} \phi_k \mathbf{x}_k' \right] \end{aligned} \tag{9.43}$$

회귀계수 추정량의 정의를 위해서 사용된 ϕ_k는 주어진 상수로 연구자가 선택할 수 있다. 예를 들어, $\phi_k = \pi_k$일 때 $\hat{\boldsymbol{\beta}}_{WLS}$는 최소제곱추정량과 일치하며, $\phi_k = 1$인 경우에는 $\hat{\boldsymbol{\beta}}_{WLS}$는 모집단 회귀계수에 대한 근사 비편향 추정량이다. 가중최소제곱추정량 $\hat{\boldsymbol{\beta}}_{WLS}$의 정의를 위해서는 흔히 $\phi_k = 1$와 $\mathbf{c}'\mathbf{x}_k' > 0$을 만족하는 열벡터 $\mathbf{c}$에 대하여 $\phi_k = \mathbf{c}'\mathbf{x}_k'$가 사용된다.

비편향 HT 추정량에 대한 가정 (9.29)과

$$\left(\hat{\boldsymbol{\beta}}_{WLS} - \boldsymbol{\beta}_U \right) | \mathcal{F}_N = O_p \left(n^{-1/2} \right) \tag{9.44}$$

의 가정하에서 회귀 추정량은 다음과 같이 표현할 수 있다.

$$N^{-1} \hat{t}_{y,reg} = N^{-1} \left[\hat{t}_{y,HT} + \left(\mathbf{t}_x - \hat{\mathbf{t}}_{x,HT} \right) \boldsymbol{\beta}_U \right] + O_p \left(n^{-1} \right). \tag{9.45}$$

여기에서

$$\boldsymbol{\beta}_U = \left(\sum_{k \in U} \phi_k \mathbf{x}_k' \mathbf{x}_k \right)^{-1} \left(\sum_{k \in U} \phi_k \mathbf{x}_k' y_k \right) \tag{9.46}$$

는 모집단 회귀계수를 나타낸다.

다음의 ⟨정리 9.3⟩은 식 (9.45)을 이용하여 유도되는 회귀 추정량의 근사 분산과 분산추정량을 나타낸다.

⟨정리 9.3⟩ 회귀 추정량의 근사 분산 및 분산추정량

비복원 확률 표본설계하에서 정의되는 모평균 대한 회귀 추정량

$$\bar{y}_{reg} = \bar{y}_{HT} + \left(\bar{\mathbf{x}}_U - \bar{\mathbf{x}}_{HT} \right) \hat{\boldsymbol{\beta}}_{WLS} \tag{9.47}$$

의 근사 분산과 분산추정량은 다음과 같다.

$$AV_p \left(\bar{y}_{reg} \right) = V_p \left(\bar{E}_{HT} \right) = \frac{1}{N^2} \sum_{k \in U, l \in U} \sum \Delta_{kl} \frac{E_k}{\pi_k} \frac{E_l}{\pi_l}, \tag{9.48}$$

$$\hat{V}_p \left(\bar{y}_{reg} \right) = \frac{1}{\hat{N}_{HT}^2} \sum_{k \in s, l \in s} \sum \frac{\Delta_{kl}}{\pi_{kl}} \frac{g_k e_k}{\pi_k} \frac{g_l e_l}{\pi_l} \tag{9.49}$$

여기에서 $\hat{N}_{HT}$은 모집단 크기에 대한 HT 추정량이며, $E_k = y_k - \mathbf{x}_k \boldsymbol{\beta}_U$와 $e_k = y_k - \mathbf{x}_k \hat{\boldsymbol{\beta}}_{WLS}$는 각각 모집단과 표본에서 계산되는 잔차를 나타내며, g_k는 식 (9.41)에서 회귀가중치의 정의를 위해 사용된 보정계수이다.

모집단 총합에 대한 회귀추정량의 근사 분산과 분산추정량은 다음과 같다.

$$AV_p\left(\hat{t}_{y,reg}\right) = N^2 AV_p\left(\bar{y}_{reg}\right) = \sum\sum_{k\in U, l\in U} \Delta_{kl}\frac{E_k}{\pi_k}\frac{E_l}{\pi_l}, \tag{9.50}$$

$$\hat{V}_p\left(\hat{t}_{y,reg}\right) = N^2 \hat{V}_p\left(\bar{y}_{reg}\right) = \sum\sum_{k\in s, l\in s} \frac{\Delta_{kl}}{\pi_{kl}}\frac{g_k e_k}{\pi_k}\frac{g_l e_l}{\pi_l} \tag{9.51}$$

분산추정량의 정의를 위해 사용된 g_k는 회귀모형 하에서 분산추정량의 조건부 비편향성을 유지하기 위하여 Särndal, Swensson and Wretman(1989)에 의하여 제시되었다. 표본크기가 충분히 큰 경우에는 $g_k \approx 1$로 근사할 수 있고, ⟨정리 9.3⟩에 주어진 분산추정량에 $g_k = 1$을 대입하여 보다 단순한 형태의 분산추정량을 정의할 수 있다.

9.1절에서 살펴본 바와 같이 ⟨정리 9.3⟩에 주어진 이론적인 분산추정량의 계산을 위해서는 이차 개체 표본포함확률이 필요하며, 복합 표본설계하에서 이의 계산은 매우 복잡하거나 가능하지 않을 수 있다. 이러한 문제의 해결을 위하여 9.2절에서 고려된 근사 분산추정 방안을 살펴본다. 이를 위한 가장 일반적인 표본설계법으로 H개의 층으로 구성된 집락 모집단의 각 층으로부터 집락이 추출되고, 추출된 집락 내의 조사단위가 다음 단계에서 추출되는 층화 이단계 집락추출법을 고려한다. 주어진 표본설계하에서 사용할 수 있는 모집단 총합과 모평균에 대한 회귀 추정량의 근사 분산추정량은 각각 다음과 같다.

$$\hat{V}_{asy}\left(\bar{y}_{reg}\right) = \frac{1}{w_{\cdots}^2}\sum_{h=1}^{H}\left(1-\frac{n_h}{N_h}\right)\frac{n_h}{n_h-1}\sum_{i=1}^{n_h}\left(e_{hi\cdot}-\bar{e}_{h\cdot\cdot}\right)^2 \tag{9.52}$$

$$\hat{V}_{asy}\left(\hat{t}_{y,reg}\right) = \sum_{h=1}^{H}\left(1-\frac{n_h}{N_h}\right)\frac{n_h}{n_h-1}\sum_{i=1}^{n_h}\left(e_{hi\cdot}-\bar{e}_{h\cdot\cdot}\right)^2 \tag{9.53}$$

여기에서 $e_{hij} = y_{hij} - x_{hij}\hat{\boldsymbol{\beta}}_{WLS}$이며, $e_{hi\cdot}$, $\bar{e}_{h\cdot\cdot}$와 $w_{\dots}$은 각각 다음과 같이 정의된다.

$$e_{hi\cdot} = \sum_{j=1}^{m_{hi}} w_{hij,reg}e_{hij}, \tag{9.54}$$

$$\bar{e}_{h\cdot\cdot} = \frac{1}{n_h}\sum_{i=1}^{n_h}\sum_{j}^{m_{hi}} w_{hij,reg}e_{hij}, \tag{9.55}$$

$$w_{\dots} = \sum_{h=1}^{H}\sum_{i=1}^{n_h}\sum_{j=1}^{m_{hi}} w_{hij,reg}. \tag{9.56}$$

잔차를 제외하고 식 (9.52)과 (9.53)에서 사용된 기호는 8.1절에서 정의된 것과 동일하다. 식 (9.52)에서 정의된 모평균에 대한 회귀 추정량의 근사 분산추정량의 정의를 위해서는 모집단의 크기를 나타내는 K 대신 이의 추정량 $\hat{K} = w_{\cdots}$을 사용하였다.

이 장에서 정의된 회귀 추정량은 제7장에서 살펴본 회귀 추정량의 성질, 선형성, 위치-척도 변환 불변성, 캘리브레이션 성질을 만족한다. 또한 회귀 추정량의 비편향 추정량에 대한 상대효율 역시 보조변수들과 관심변수의 선형관계의 강도에 의하여 결정된다. 식 (9.41)에서 고려된 회귀 추정량은

$$\sum_{k \in s} \frac{1}{\pi_k} \left(y_k - \mathbf{x}_k \hat{\boldsymbol{\beta}}_{WLS} \right) = 0 \tag{9.57}$$

의 조건이 만족될 때 다음과 같이 표현된다.

$$\hat{t}_{y,reg} = \mathbf{t}_x \hat{\boldsymbol{\beta}}_{WLS}. \tag{9.58}$$

Park and Fuller(2009)와 Fuller(2002)는 식 (9.57)의 조건에 대한 자세한 내용 및 회귀 추정량의 효율성에 대해 살펴보았다.

9.2.3 레이킹비 추정법

비복원 복합 표본설계하에서의 레이킹비 추정량은 7.5절에 소개된 단순임의추출하에서의 레이킹비 추정량에 대한 결과를 이용하여 다음과 같이 정의된다.

$$\begin{aligned} \hat{t}_{y,rak} &= \sum_{k \in s} \pi_k^{-1} \exp\left(\mathbf{x}_k \boldsymbol{\lambda}\right) y_k \\ &= \sum_{k \in s} \pi_k^{-1} \exp\left(\sum_{j=1}^{p} x_{kj} \lambda_j \right) y_k \\ &= \sum_{k \in s} \pi_k^{-1} \left(\prod_{j=1}^{p} \mu_{kj} \right) y_k \end{aligned} \tag{9.59}$$

여기에서 $\boldsymbol{\lambda} = (\lambda_1, \cdots, \lambda_p)'$, $\mathbf{x}_k = (x_{k1}, \cdots, x_{kp})$ 그리고 $\mu_{kj} = \exp(x_{kj}\lambda_j)$이며 $\boldsymbol{\lambda}$는 다음의 식

$$\sum_{k \in s} \pi_k^{-1} \exp\left(\boldsymbol{\lambda}' \mathbf{x}_k'\right) \mathbf{x}_k = \mathbf{t}_x \tag{9.60}$$

의 해이다. 모평균에 대한 레이킹비 추정량은 (9.59)를 이용하여 다음과 같이 정의된다.

$$\bar{y}_{rak} = \frac{1}{N} \sum_{k \in s} \pi_k^{-1} \exp\left(\mathbf{x}_k \boldsymbol{\lambda}\right) y_k. \tag{9.61}$$

레이킹비 추정량의 근사 분산과 분산추정량은 레이킹비 추정량과 회귀 추정량의 근사 일치성을 보인 Deville and Särndal(1992)의 결과를 이용하여 유도할 수 있다. 즉, 레이킹비 추정량과 회귀 추정량의 관계는 다음의 식으로 표현된다.

$$N^{-1}\left(\hat{t}_{y,rak} - \hat{t}_{y,reg}\right)\left|\mathcal{F}_N = O_p\left(n^{-1}\right)\right. \tag{9.62}$$

여기에서 회귀 추정량은 다음과 같으며

$$\hat{t}_{y,reg} = \hat{t}_{y,HT} + \left(\mathbf{t}_x - \hat{\mathbf{t}}_{x,HT}\right)\hat{\boldsymbol{\beta}}_a, \tag{9.63}$$

회귀계수 추정량은 다음과 같다.

$$\hat{\boldsymbol{\beta}}_a = \left(\sum_{k\in s}\pi_k^{-1}\mathbf{x}_k'\mathbf{x}_k\right)^{-1}\left(\sum_{k\in s}\pi_k^{-1}\mathbf{x}_k' y_k\right) \tag{9.64}$$

식 (9.62)로부터 레이킹비 추정량의 근사 분산 및 분산추정량은 회귀 추정량의 근사 분산과 분산추정량으로 정의된다. 즉 표본크기가 충분히 큰 경우 레이킹비 추정량은 동일한 보조정보를 사용하여 정의되는 회귀 추정량과 근사적으로 일치하며, 따라서 레이킹비 추정량의 근사 분산추정량으로는 (9.52)과 (9.53)를 사용할 수 있다.

9.2.4 SAS 사용 예 – 층화추출에서의 회귀 추정량

SURVEYREG Procedure는 서베이 데이터에 대한 회귀분석을 수행하며, 단순임의추출뿐민 아니라 층화추출 및 집락추출 그리고 복합표본설계를 통해 추출된 표본에 적용힐 수 있다. 가중치가 주어질 경우 SURVEYREG Procedure는 가중최소제곱법에 의한 회귀계수 추정량을 계산한다.

⟨표 9.5⟩의 Farms 데이터셋은 235개 농장 중 19개의 농장을 조사하여 얻은 것이다. 여기에는 State(주), Region(지역), FarmArea(농장면적), CornYield(옥수수 수확량), Weight(가중치) 등이 포함되어 있다.[1] 이 데이터에서 변수 State와 Region은 층 변수이며, 이 두 변수의 조합에 의해 5개의 층이 존재한다. ⟨표 9.6⟩의 FarmsTotal 데이터셋에는 각 층별 부모집단 농장의 수가 저장되어 있다.

이 데이터에 대하여 다음과 같은 회귀모형을 고려하자.

$$\begin{aligned}\text{CornYield} &= \alpha + \beta\,\text{FarmArea} + \gamma_{11}I(State=1)I(Region=1)\\ &\quad + \cdots + \gamma_{22}I(State=2)I(Region=2) + \epsilon\end{aligned}$$

여기에서 $I(\cdot)$는 괄호안의 내용이 참이면 1, 그렇지 않으면 0의 값을 가지는 가변수(dummy variable)이다.

[1]출처: SAS/STAT User's Guide > The SURVEYMEANS Procedure > Example 98.4

〈표 9.5〉 Farms 데이터셋 ($N = 235$, $n = 19$)

OBS	State	Region	FarmArea	CornYield	Weight
1	Iowa	1	100	54	33.333
2	Iowa	1	83	25	33.333
3	Iowa	1	25	10	33.333
4	Iowa	2	120	83	10.000
5	Iowa	2	50	35	10.000
6	Iowa	2	110	65	10.000
7	Iowa	2	60	35	10.000
8	Iowa	2	45	20	10.000
9	Iowa	3	23	5	5.000
10	Iowa	3	10	8	5.000
11	Iowa	3	350	125	5.000
12	Nebraska	1	130	20	5.000
13	Nebraska	1	245	25	5.000
14	Nebraska	1	150	33	5.000
15	Nebraska	1	263	50	5.000
16	Nebraska	1	320	47	5.000
17	Nebraska	1	204	25	5.000
18	Nebraska	2	80	11	20.000
19	Nebraska	2	48	8	20.000

〈표 9.6〉 FarmsTotal 데이터셋

OBS	State	Region	_TOTAL_
1	Iowa	1	100
2	Iowa	2	50
3	Iowa	3	15
4	Nebraska	1	30
5	Nebraska	2	40

변수 CornYield를 Y, FarmArea를 X로 표기하자. 그러면 수확량의 총합을 다음과 같이 추정할 수 있다(앞의 식에서 양변에 합을 취함으로써 쉽게 유도된다).

$$\hat{t}_{y,reg} = \hat{\alpha}N + \hat{\beta}t_x + \hat{\gamma}_{11}N_{11} + \hat{\gamma}_{12}N_{12} + \cdots + \hat{\gamma}_{22}N_{22}$$

또한, 수확량의 평균을 다음과 같이 추정할 수 있다(단, $\bar{x}_U = t_x/N$).

$$\bar{y}_{reg} = \hat{\alpha} + \hat{\beta}\bar{x}_U + \hat{\gamma}_{11}\frac{N_{11}}{N} + \hat{\gamma}_{12}\frac{N_{12}}{N} + \cdots + \hat{\gamma}_{22}\frac{N_{22}}{N}$$

여기에서 N은 전체 모집단 농장의 수이고 N_{11}, N_{12}, N_{13}, N_{21}, N_{22}는 각 층별 부모집단

〈표 9.7〉 Farms 데이터셋에 대한 정보

층			농장의 수		FarmArea
층	State	Region	모집단	표본	총합
1	Iowa	1	100	3	13,200
2		2	50	5	
3		3	15	3	
4	Nebraska	1	30	6	8,750
5		2	40	2	
전체			235	19	21,950

농장의 수이다. 모집단 농장의 수와 전체 면적(t_x)은 알려져 있다고 가정하며, 이에 대한 내용은 〈표 9.7〉에 제시되어 있다.

〈SAS 사례 9.3〉 회귀 추정량

```
PROC SURVEYREG DATA=Sampling.Farms TOTAL=Sampling.FarmsTotal;
     STRATA State Region / LIST;
     CLASS State Region;
     MODEL CornYield = FarmArea State*Region / SOLUTION;
     WEIGHT Weight;
     ESTIMATE 'Total of CornYield'
              INTERCEPT 235 FarmArea 21950
              State*Region 100 50 15 30 40 / E;
RUN;
```

☐ PROC SURVEYREG 명령문

- DATA=: 조사된 내용이 저장되어 있는 데이터셋을 지정한다.
- TOTAL=: 각 층별 부모집단 크기가 정의되어 있는 데이터셋을 지정한다. 이 데이터셋에는 층 변수들이 포함되어 있어야 하고, 층별 부모집단 크기를 나타내는 변수는 반드시 _TOTAL_이라는 이름을 가져야 한다(표 8.6 참조).

☐ STRATA 명령문: 층 변수들을 지정한다. 여기에는 LIST(층별 표본크기 테이블을 출력) 옵션을 지정할 수 있다.

☐ CLASS 명령문: 분석에 사용될 변수들 중 범주형 변수들을 지정한다. 그러면 필요한 가변수(dummy variable)들이 생성되어 사용된다.

☐ MODEL 명령문: 회귀모형을 정의한다. 등호의 왼쪽에는 종속변수를, 오른쪽에는 회귀모형의 항들을 지정한다. 예를 들어, 두 개의 독립변수가 있을 때 'y = x1 x2 x1*x2'와 같이 주효과 및 상호작용효과를 지정할 수 있다.

□ WEIGHT 명령문: 가중치 변수를 지정한다.

□ ESTIMATE 명령문: 회귀 추정량을 계산한다. 'Label'은 출력 결과에 나타낼 레이블을 의미하며, 사용자가 원하는 내용을 지정하면 된다. 여기에는 모형에 포함되어 있는 효과들과 각 계수에 곱해질 수치들을 지정해야 한다. 이 예에서는 INTERCEPT($\hat{\alpha}$)에 대응되는 235(N), FarmArea($\hat{\beta}$)에 대응되는 21950(t_x), State*Region($\hat{\gamma}_{ij}$)에 대응되는 100(N_{11}), 50(N_{12}), $\cdots$, 40(N_{22})을 지정하였다.

⟨SAS 사례 9.3⟩은 회귀분석을 수행하고 수확량의 총합을 추정하는 예이다.[2] 이에 대한 주요 출력결과들을 설명하면 다음과 같다(표 9.8 참조).

- Fit Statistics: 회귀모형의 적합도를 나타낸다. 예를 들어, 결정계수(R^2)는 81.9%로서 비교적 높은 적합도를 가짐을 알 수 있다.
- Estimated Regression Coefficients: 회귀계수 추정치를 나타낸다. 예를 들어 $\hat{\alpha} = -13.276$, $\hat{\beta} = 0.356$, $\hat{\gamma}_{11} = 18.269$, $\cdots$, $\hat{\gamma}_{22} = 0$으로 추정된다.

[2] 7.4.4절 및 7.5.2절 SAS 사례의 내용을 참조하여라.

⟨표 9.8⟩ SAS 사례 8.3의 주요 출력결과

Fit Statistics	
R-Square	0.8185
Root MSE	12.8578
Denominator DF	14

Estimated Regression Coefficients				
Parameter	Estimate	Standard Error	t Value	Pr > |t|
Intercept	-13.275875	5.3399654	-2.49	0.0262
FarmArea	0.355873	0.0362367	9.82	<.0001
State*Region Iowa 1	18.268677	9.2200997	1.98	0.0675
State*Region Iowa 2	33.473650	8.307888	4.03	0.0012
State*Region Iowa 3	13.842749	5.9626987	2.32	0.0359
State*Region Nebraska 1	-31.208366	11.1396715	-2.8	0.0141
State*Region Nebraska 2	0	0	.	.

Estimate					
Label	Estimate	Standard Error	DF	t Value	Pr > |t|
Total of CornYield	7463.52	926.84	14	8.05	<.0001

- Estimate: 변수 CornYield의 모집단 총합에 대한 회귀 추정치는 다음과 같이 계산된다.

$$\begin{aligned}\hat{t}_{y,reg} &= 13.276 \times 235 + 0.356 \times 21,950 + 18.269 \times 100 + \cdots + 0 \times 40 \\ &= 7463.52\end{aligned}$$

  이에 대한 표준오차는 926.84이다.

한편, 변수 CornYield의 모평균에 대한 회귀 추정치는 7463.52/235=31.76이며, 이에 대한 표준오차는 926.84/235=3.94이다. 이는 ESTIMATE 명령문에 다음과 같이 DIVISOR= 옵션을 사용함으로써 쉽게 얻을 수 있다.

```
ESTIMATE 'Mean of CornYield'
         INTERCEPT 235 FarmArea 21950
         State*Region 100 50 15 30 40 / DIVISOR=235 E;
```

9.3 이상추출법

살펴본 바와 같이 모집단에 대한 보조정보는 효율적인 표본설계 혹은 추정량의 분산을 줄이기 위해 사용될 수 있다. 예를 들어 추출틀에 주어진 보조정보는 층화를 위해 사용되며, 보조변수에 대한 모집단 총합 혹은 모평균은 비추정량 혹은 회귀추정량을 계산하기 위하여 사용될 수 있다. 이상추출법(two phase sampling or double sampling)은 사용 가능한 보조정보가 없는 경우 혹은 부족한 경우에 적용할 수 있는 표본설계로 Neyman(1938)에 의하여 처음으로 제안되었다.

이상추출법은 두 단계에 걸쳐 이루어진다. 일상(first phase)에서는 확률 표본설계에 기반한 대규모의 표본이 추출되어 상대적으로 적은 비용으로 보조변수에 대한 정보가 수집된다. 이상(send phase)에서는 일상표본으로부터 표본이 추출되며, 이 과정에서 일상에서 수집된 정보가 활용된다. 이상추출법이 활용되는 대표적인 예로는 층화를 위한 이상추출로써 일상에서 획득한 정보가 이상표본 추출을 위한 추출틀인 일상표본의 층화를 위해 사용되는 경우이다.

구조적으로 이상추출법은 이단계 집락추출법과 상당히 유사하나 근본적인 차이가 존재한다. 이단계 집락추출법은 독립성과 불변성이 만족하는 표본설계이나 이상추출법의 경우에는 일상에서 추출된 표본의 정보가 이상에서 표본추출 및 추정을 위해 사용되기 때문에 기본적으로 불변성이 만족하지 않는다. 또한 이상추춘법하에서는 비편향 HT 추정량의 계산을 위한 개체 포함확률 π_k의 계산이 가능하지 않다. 이를 살펴보기 위하여 일상표본을 s_a 그리고 최종 표본을 s로 정의하자. 이때 개체포함확률 π_k는 다음과 같이 정의할 수 있다.

$$
\begin{aligned}
\pi_k &= \sum_{s \ni k} p(s) = \sum_{s \ni k} \sum_{s_a \supset s} p_a(s_a) p(s|s_a) \\
&= \sum_{s_a \ni k} \sum_{\substack{s_a \supset s \\ s \ni k}} p_a(s_a) p(s|s_a) = \sum_{s_a \ni k} p_a(s_a) \left[\sum_{\substack{s_a \supset s \\ s \ni k}} p(s|s_a) \right] \qquad (9.65) \\
&= \sum_{s_a \ni k} p_a(s_a) \pi_{k|s_a}.
\end{aligned}
$$

여기에서 $p_a(s_a)$는 일상표본 s_a를 추출하기 위하여 사용된 표본설계를 나타낸다. 즉, π_k를 계산하기 위해서는 가능한 모든 s_a에 대하여 $p_a(s_a)$와 $\pi_{k|s_a}$를 알아야 하나, 일상표본추출 결과에 의존하는 $\pi_{k|s_a}$의 경우에 이를 계산할 수 없는 경우가 발생할 수 있다. 예를 들어, 일상에서 단순임의추출법을 통해 표본이 추출되고, 이상에서는 일상표본에서 측정된 보조 변수 x_k의 값을 이용한 비복원 확률비례추출법이 적용되었다고 하자. 이때 $p_a(s_a)$와 $\pi_{k|s_a}$는 다음과 같이 정의할 수 있다.

$$
p_a(s_a) = \frac{1}{\binom{N}{n_a}}, \ \pi_{k|s_a} = \frac{n x_k}{\sum_{l \in s_a} x_l}.
$$

여기에서 n_a와 n은 일상표본과 최종 표본의 크기를 각각 나타낸다. 일상표본설계인 $p_a(s_a)$는 모든 s_a에 대하여 상수로써 알 수 있는 값이나, $\pi_{k|s_a}$는 s_a에 의존하는 값으로 실제 일상에서 추출된 하나의 표본 s_a에 대해서만 계산이 가능한 값이다. 따라서 k가 속한 s를 포함하는 모든 s_a에 대한 합으로 정의되는 $\pi_{k|s_a}$의 계산은 가능하지 않다.

Särndal, Swensson and Wretman(1992)은 계산이 가능하지 않은 HT 추정량 대신 모집단 총합에 대한 비편향 π^* 추정량을 제안하였고, 그 정의는 다음과 같다.

$$
\hat{t}_{\pi^*} = \sum_{k \in s} \frac{y_k}{\pi_{ak}\pi_{k|s_a}} = \sum_{k \in s} \frac{y_k}{\pi_k^*}. \qquad (9.66)
$$

여기에서 $\pi_k^* = \pi_{ak}\pi_{k|s_a}$, $\pi_{ak} = Pr(k \in s_a)$이며, 추정량의 계산을 위해서는 일상에서 추출된 s_a이 주어졌을 때 조건부 확률 $\pi_{k|s_a}$이 사용된다. 식 (9.65)에서 정의된 π_k와 식 (9.66)에서의 π_k^*는 다음과 같이 서로 다른 확률을 나타낸다.

$$
\begin{aligned}
\pi_k =& \pi_{ak}\frac{\pi_k}{\pi_{ak}} = Pr\left(k \in s_a\right) \frac{Pr\left[(k \in s_a) \cap (k \in s)\right]}{Pr\left(k \in s_a\right)} \\
=& Pr\left(k \in s_a\right) Pr\left[(k \in s) | (k \in s_a)\right] \\
\neq& \pi_{ak}\pi_{k|s_a} = \pi_k^*
\end{aligned}
$$

이중 기댓값 정리에 의하여 다음과 같이 π^* 추정량의 비편향성이 유도된다.

$$\begin{aligned}E\left(\hat{t}_{\pi^*}\right) =&E_{p_a}E_p\left(\hat{t}_{\pi^*}|s_a\right)\\ =&E_{p_a}\left(\sum_{k\in s_a}\frac{y_k}{\pi_{ak}}\right)\\ =&\sum_{k\in U}y_k.\end{aligned}$$

이상추출법하에서 $\hat{t}_{\pi^*}$의 분산을 유도하는 과정에서는 다음의 성질이 사용되었으며, 그 결과가 ⟨정리 9.4⟩에 주어져 있다.

$$V\left(\hat{t}_{\pi^*}\right) = V_{p_a}E_p\left(\hat{t}_{\pi^*}|s_a\right) + E_{p_a}V_p\left(\hat{t}_{\pi^*}|s_a\right).$$

⟨정리 9.4⟩ 이상추출하에서의 분산 및 분산추정량

식 (9.66)에 주어진 비편향 π^* 추정량에 대한 이론적 분산과 이의 비편향 추정량은 다음과 같다.

$$V_{tp}\left(\hat{t}_{\pi^*}\right) = \sum\sum_{k\in U, l\in U}\Delta_{akl}\frac{y_k}{\pi_{ak}}\frac{y_l}{\pi_{al}} + E_{p_a}\left(\sum\sum_{k\in s_a, l\in s_a}\Delta_{kl|s_a}\frac{y_k}{\pi_k^*}\frac{y_l}{\pi_l^*}\right) \tag{9.67}$$

$$\hat{V}\left(\hat{t}_{\pi^*}\right) = \sum\sum_{k\in s, l\in s}\frac{\Delta_{akl}}{\pi_{kl}^*}\frac{y_k}{\pi_{ak}}\frac{y_l}{\pi_{al}} + \sum\sum_{k\in s, l\in s}\frac{\Delta_{kl|s_a}}{\pi_{kl|s_a}}\frac{y_k}{\pi_k^*}\frac{y_l}{\pi_l^*} \tag{9.68}$$

여기에서 추가로 사용된 기호는 다음과 같다.

$$\pi_{kl}^* = \pi_{akl}\pi_{kl|s_a}\ ,\ \Delta_{akl} = \pi_{akl} - \pi_{ak}\pi_{al},$$

$$\pi_{akl} = Pr\left[(k\in s_a)\cap(l\in s_a)\right]\ ,\ \pi_{kl|s_a} = Pr\left[(k\in s)\cap(l\in s)|s_a\right]$$

(9.68)에 주어진 분산추정량은 일상과 이상에서 정의되는 이차 개체포함확률과 이중합을 포함하고 있다. 일상과 이상에서 매우 단순한 표본추출법이 사용되지 않은 경우에 이를 계산하는 것은 매우 부담스러운 작업이며, 경우에 따라서는 계산이 불가능하다. 그러나 일상에서는 대규모의 표본이 추출되고 이상에서는 일상에서 얻어진 정보를 활용하여 표본설계 및 추정이 이루어지는 이상추출법의 특성상, 이상에서는 일반적으로 집락추출법이 사용되지 않으며, 자료 수집 비용이 크지 않은 정보를 수집하는 일상에서는 이단계 이상의 집락추출법이 사용되지 않는 것이 일반적이다. 그럼에도 불구하고 일상과 이상에서 모두 층화 이단계 집락추출법이 사용되었다고 가정한다면 9.1절에서 고려한 근사 분산추정 방안을 적용하여 분산추정량을 유도할 수 있다.

일상에서는 N_h개의 집락으로 구성된 층 $h,(h=1,\cdots,H)$로부터으로 n_{ah}개의 집락을 추출하고, 추출된 집락 내 M_{ahi}개의 개체 중 m_{ahi}개의 개체를 추출한다. 이상에서는 일상에서 추출된 개체들로 집락을 정의하고 층화한다. 이상에서는 n_{ag}개의 집락으로 구성된 층 $g,(g=1,\ldots,G)$으로부터 n_g개의 집락을 추출한 후, 추출된 집락 내 M_{gk}개의 개체 중 m_{gk}개의 개체를 추출한다. 일상과 이상에서 사용한 표본설계를 구분하기 위하여 첨자를 별도로 정의한다. 즉, 첨자 hij는 일상에서 정의한 층 h 내 i 번째 집락에 속한 개체 j를 나타내며, 첨자 gkl는 이상에서 정의한 층 g 내 k 번째 집락에 속한 개체 l를 나타낸다. 조건부 그리고 무조건부 가중치를 각각 $w_{gkl|s_a}=\pi^{-1}_{gkl|s_a}$과 $w^*_{gkl}=w_{gkl|s_a}\times\pi^{-1}_{agkl}$로 정의할 때 유도되는 모집단 총합에 대한 비편향 π^* 추정량의 근사 분산 추정량은 다음과 같다.

$$\hat{V}_{asy}=\hat{V}_{asy,1}+\hat{V}_{asy,2}, \tag{9.69}$$

$$\hat{V}_{asy,1}=\sum_{h=1}^{H}\left(1-\frac{n_{ah}}{N_h}\right)\frac{n_{ah}}{n_{ah}-1}\left(\hat{y}_{hi\cdot}-\bar{\hat{y}}_{h\cdot\cdot}\right)^2,$$

$$\hat{y}_{hi\cdot}=n_{ah}\frac{\sum_{g=1}^{G}\sum_{k=1}^{n_g}\sum_{l=1}^{m_{gk}}w^*_{gkl}\times y_{gkl}\times z_{gkl}(hi)}{\sum_{g=1}^{G}\sum_{k=1}^{n_g}\sum_{l=1}^{m_{gk}}w_{gkl|s_a}\times z_{gkl}(hi)}$$

$$\bar{\hat{y}}_{h\cdot\cdot}=\frac{1}{n_{ah}}\hat{y}_{hi\cdot}$$

$$z_{gkl}(hi)=\begin{cases}1, & \text{개체 }(gkl)\text{이 일상의 }h\text{번째 층 내 집락 }i\text{에 속한 경우,}\\ 0, & \text{elsewhere.}\end{cases}$$

$$\hat{V}_{asy,2}=\sum_{g=1}^{G}\left(1-\frac{n_g}{n_{ag}}\right)\frac{n_g}{n_g-1}\sum_{i=1}^{n_g}\left(\dot{y}_{gk\cdot}-\bar{\dot{y}}_{g\cdot\cdot}\right)^2,$$

$$\bar{\dot{y}}_{g\cdot\cdot}=\frac{1}{n_g}\sum_{k=1}^{n_g}\dot{y}_{gk\cdot},\ \ \dot{y}_{gk\cdot}=\sum_{l=1}^{m_{gk}}\frac{y_{gkl}}{\pi_{agkl}\pi_{gkl|s_a}}$$

최종표본에 포함된 개체가 속한 1상표본에서의 집락의 수를 나타내는 $\hat{n}_{ah}<n_{ah}$이다. 즉, 이는 최종표본에 일상에서 추출된 모든 집락이 최종표본에 포함되지 않을 수 있음을 나타낸다.

식 (9.69)에 주어진 $\hat{V}_{asy,1}$의 유도를 위해서는 1상 표본이 모두 측정되었다는 가정 하에서 정의되는 다음의 식을 이용하였다.

$$\tilde{V}_1=\sum_{h=1}^{H}\left(1-\frac{n_{ah}}{N_h}\right)\frac{n_{ah}}{n_{ah}-1}\sum_{i=1}^{n_{ah}}\left(y_{hi\cdot}-\bar{y}_{h\cdot\cdot}\right)^2 \tag{9.70}$$

여기서 $y_{hi\cdot}=\sum_{j=1}^{m_{ahi}}\pi^{-1}_{ahij}y_{hij}$이며, $\sum_{i=1}^{n_h}\dot{y}_{hi\cdot}$는 $\sum_{i=1}^{n_{ah}}y_{hi\cdot}$의 비편향 추정량이다.

⟨예 9.1⟩ 층화를 위한 이상추출법

이 예에서는 일상에서 단순임의추출법이 사용되고, 이상에서는 일상에서 수집된 정보를 활용한 층화 단순임의추출법이 사용된 경우를 고려한다. 일상에서는 크기가 N인 모집단 U로부터 크기가 n_a인 표본 s_a가 단순임의추출법을 통해 추출된다. 일상표본 s_a는 수집된 정보를 활용하여 G개의 서로 배반적인(mutually exclusive) 층 s_{ag}, $g = 1, \cdots, G$로 층화가 이루어진다. 이상에서는 각 층 g로부터 단순임의추출법을 이용하여 크기가 n_g인 표본 s_g가 독립적으로 추출된다. 주어진 표본설계하에서 정의되는 포함확률 및 비편향 π^* 추정량은 다음과 같다.

$$\pi_{ak} = \frac{n_a}{N} \quad \text{for all } k \in s = \cup_{g=1}^{G} s_g,$$

$$\pi_{k|s_a} = \frac{n_g}{n_{ag}} \quad \text{for all } k \in s_g,\ g = 1, \cdots, G,$$

$$\hat{t}_{\pi^*} = \sum_{k \in s} \frac{y_k}{\pi_{ak}\pi_{k|s_a}} = \sum_{g=1}^{G}\sum_{k=1}^{n_g}\left(\frac{N}{n_a}\right)\left(\frac{n_{ag}}{n_g}\right) y_{gk} = N\sum_{g=1}^{G} w_{ag}\bar{y}_{s_g}$$

여기에서 $w_{ag} = n_a^{-1} n_{ag}$ 그리고 $\bar{y}_{s_g} = n_g^{-1}\sum_{k=1}^{n_g} y_{gk}$이다.

주어진 표본설계, 즉 집락이 없는 구조하에서 층 s_g 내 개체 k에 대응하는 $\dot{y}_{gk}$와 $\bar{\dot{y}}_{g\cdot}$ 다음과 같다.

$$\dot{y}_{gk} = \left(\frac{N}{n_a}\right)\left(\frac{n_{ag}}{n_g}\right) y_{gk}\ ,\ \bar{\dot{y}}_{g\cdot} = \frac{1}{n_g}\left(\frac{N}{n_a}\right)\left(\frac{n_{ag}}{n_g}\right)\sum_{k=1}^{n_g} y_{gk}.$$

따라서 편차 $\dot{y}_{gk} - \bar{\dot{y}}_{g\cdot}$과 $\hat{V}_{asy,2}$은 다음과 같다.

$$\dot{y}_{gk} - \bar{\dot{y}}_{g\cdot} = \left(\frac{N}{n_a}\right)\left(\frac{n_{ag}}{n_g}\right)\left(y_{gk} - \bar{y}_{s_g}\right)$$

$$\hat{V}_{asy,2} = N^2 \sum_{g=1}^{G} w_{ag}^2 \left(1 - \frac{n_g}{n_{ag}}\right)\frac{S_{ys_g}^2}{n_g} \tag{9.71}$$

여기에서 $S_{ys_g}^2 = (n_g - 1)^{-1}\sum_{k=1}^{n_g}\left(y_{gk} - \bar{y}_{s_g}\right)^2$이다.

일상에서 단순임의추출표본이 추출되었음을 고려하면 식 (9.70)은 다음과 같이 표현할 수 있다.

$$\left(1 - \frac{n_a}{N}\right)\frac{n_a}{n_a - 1}\frac{N^2}{n_a^2}\sum_{k \in s_a}\left(y_k - \bar{y}_{s_a}\right)^2 \tag{9.72}$$

이상표본 s를 이용하여 (9.72)을 추정하기 위해서 $\bar{y}_{s_a}$와 $t_2 = \sum_{k \in s_a} y_k^2$에 대한 다음의 조건부 비편향 추정량을 고려한다.

$$\hat{\bar{y}}_{s_a} = \frac{1}{n_a}\sum_{g=1}^{G} n_{ag}\bar{y}_{s_g} = \sum_{g=1}^{G} w_{ag}\bar{y}_{s_g}$$

$$\hat{t}_2 = \sum_{k \in s} \frac{y_k^2}{\pi_{k|s_a}} = \sum_{g=1}^{G} \sum_{k=1}^{n_g} \frac{n_{ag}}{n_g} y_{gk}^2$$

위에서 정의한 비편향 추정량을 (9.69)의 $\hat{V}_{asy,1}$에 대응하는 다음의 추정량을 얻을 수 있다.

$$\begin{aligned} \hat{V}_{asy,1} =& \left(1 - \frac{n_a}{N}\right) \frac{n_a}{n_a - 1} \frac{N^2}{n_a^2} \left[\sum_{g=1}^{G} \sum_{k=1}^{n_g} \frac{n_{ag}}{n_g} y_{gk}^2 - n_a \left(\sum_{g=1}^{G} w_{ag} \bar{y}_{s_g} \right)^2 \right] \\ =& N^2 \left(1 - \frac{n_a}{N}\right) \frac{1}{n_a - 1} \left[\sum_{g=1}^{G} \sum_{k=1}^{n_g} \frac{w_{ag} y_{gk}^2}{n_g} - \left(\sum_{g=1}^{G} w_{ag} \bar{y}_{s_g} \right)^2 \right]. \end{aligned} \tag{9.73}$$

일상표본에서 정의되는 식 (9.72)의 추정을 위한 또 다른 방안을 검토하기 위하여 일상표본에서 정의되는 y의 오차 제곱합을 담으과 같이 표현하자.

$$\begin{aligned} & \sum_{k \in s_a} (y_k - \bar{y}_{s_a})^2 \\ =& \sum_{g=1}^{G} \sum_{k=1}^{n_{ag}} \left[\left(y_{kg} - \bar{y}_{s_{ag}} \right)^2 + \left(\bar{y}_{s_{ag}} - \bar{y}_{s_a} \right)^2 \right] \\ =& \sum_{g=1}^{G} (n_{ag} - 1) S_{y_{ag}}^2 + \sum_{g=1}^{G} n_{ag} \left(\bar{y}_{s_{ag}} - \bar{y}_{s_a} \right)^2 \end{aligned} \tag{9.74}$$

여기에서 $\bar{y}_{s_{ag}} = n_{ag}^{-1} \sum_{k=1}^{n_{ag}} y_{gk}$, $S_{y_{ag}}^2 = (n_{ag} - 1)^{-1} \sum_{k=1}^{n_{ag}} (y_{gk} - \bar{y}_{s_{ag}})^2$, 그리고 n_{ag}는 일상표본에서 정의된 층 g에 속한 개체의 수를 나타낸다. 식 (9.74)에 주어진 오차제곱합의 표현을 이용하여 식 (9.72)은 다음의 결과를 얻을 수 있다.

$$\begin{aligned} & \left(1 - \frac{n_a}{N}\right) \frac{n_a}{n_a - 1} \frac{N^2}{n_a^2} \sum_{k \in s_a} (y_k - \bar{y}_{s_a})^2 \\ \approx& N^2 \left(1 - \frac{n_a}{N}\right) \frac{n_a}{n_a - 1} \frac{1}{n_a} \sum_{g=1}^{G} w_{ag} \left[S_{y_{ag}}^2 + \left(\bar{y}_{s_{ag}} - \bar{y}_{s_a} \right)^2 \right] \\ \approx& N^2 \left(1 - \frac{n_a}{N}\right) \frac{1}{n_a} \sum_{g=1}^{G} w_{ag} \left[S_{y_{ag}}^2 + \left(\bar{y}_{s_{ag}} - \bar{y}_{s_a} \right)^2 \right]. \end{aligned} \tag{9.75}$$

식 (9.75)의 $S_{y_{ag}}^2$, $\bar{y}_{s_{ag}}$, $\bar{y}_{s_a}$의 추정량을 대입하여 다음의 (9.72)의 추정량을 구할 수 있다.

$$\hat{V}_{asy,1}^{(2)} = \left(1 - \frac{n_a}{N}\right) \frac{1}{n_a} \sum_{g=1}^{G} w_{ag} \left[S_{ys_g}^2 + \left(\bar{y}_{s_g} - \bar{y}_{\pi^*} \right)^2 \right] \tag{9.76}$$

여기에서 $\bar{y}_{\pi^*} = \left[\sum_{k \in s} (\pi_k^*)^{-1} \right]^{-1} \hat{t}_{\pi^*}$이다.

따라서 $\hat{t}_{\pi^*}$의 근사 분산추정량은 식 (9.73) 혹은 (9.76)과 (9.71)의 합으로 다음과 같이 정의할 수 있다.

$$\hat{V}\left(\hat{t}_{\pi^*}\right) = \hat{V}_{asy,1} + \hat{V}_{asy,2}.$$

$$\hat{V}^{(2)}\left(\hat{t}_{\pi^*}\right) = \hat{V}^{(2)}_{asy,1} + \hat{V}_{asy,2}.$$

9.4 연습문제

1. 총 콜레스테롤의 모평균을 추정하기 위해 '결측이 없는 건강조사 모집단'(Health_Pop_Nomiss 데이터셋)으로부터 층화 이단계 집락추출법이 적용된 경우를 고려하자.

(a) SAS의 SURVEYSELECT Procedure를 이용하여 층화 이단계 집락추출표본을 구축하시오. 이 때 일차추출단위는 조사구이며 조사구 추출을 위한 층화변수로는 지역을 사용하시오. 즉, 일단계에서는 지역을 층으로 정의하여 총 $n = 50$개의 조사구를 추출하되, 각 층으로부터 $n_h = 25$개의 조사구를 단순임의추출법을 이용하여 추출하시오. 이단계에서는 일단계에서 추출된 각 조사구로부터 $m_i = 10$개의 가구를 단순임의추출법을 이용하여 추출하시오. 따라서 추출된 전체 가구수는 $50 \times 10 = 500$ 가구이며, 최종 표본은 추출된 가구 내 모든 가구원으로 정의하시오.

(b) (a)의 표본을 이용하여 총콜레스테롤의 모평균에 대한 비편향 추정량 및 이의 분산추정량을 구하시오.

2. 총 콜레스테롤과 밀접한 관계가 있을 것으로 예측되는 BMI, 신장, 몸무게에 대한 추가적인 모집단 정보가 주어진 상황을 고려하자. 주어진 모집단 정보는 모평균 및 모집단 크기이며 그 정보는 다음과 같다.

	$K = 4,534$	BMI	신장	몸무게
모평균	1	23.62	162.71	62.76

(a) 문제 1에서 추출된 표본을 이용하여 관심변수인 총 콜레스테롤 및 3개의 보조변수(BMI, 신장, 몸무게)간의 산포도를 작성하고 변수들 간의 상관관계를 살펴보시오.

(b) (a)에서 살펴본 결과 및 주어진 모집단 정보를 이용하여 총 콜레스테롤의 모평균에 대한 회귀 추정량 및 이의 분산추정량을 구하시오.

(c) 문제 1의 비편향 추정량과 회귀 추정량의 통계적 효율성을 비교하시오.

9.A [부록] R 코드

```
set.seed(8738035)
setwd("C:/Stat311/BOOK")

library(survey)

# Estimation of the population mean (9.1.2)
complex_survey <- data.frame(read.csv("HU_Complex_Survey.csv",
                                      header=TRUE))
complex        <- svydesign(id=~Department, strata=~College,
                            weight=~Complex_Weight,
                            data=complex_survey)

svymean(~Expense+factor(smoking),complex)


# Regression estimation (9.2.4)
complex_reg_survey <- data.frame(read.csv("Farms.csv",
                                 header=TRUE))
complex_reg_design <- svydesign(id=~1, weight=~Weight,
                      strata=~factor(strata),fpc=~fpc,
                      data=complex_reg_survey)
complex_reg <- svyglm(CornYield ~ FarmArea+s1+s2+s3+s4+s5-1,
                      complex_reg_design)

p.total <- data.frame(FarmArea=21950,s1=100,s2=50,s3=15,
                      s4=30,s5=40)

predict(complex_reg,total=235,newdata=p.total)
```

제 10 장
분산 추정법

Variance Estimation

주어진 표본설계하에서 모수에 대한 추정량의 통계적 정확성을 나타내는 분산을 추정하는 것은 서베이 통계학 분야에서 매우 중요한 주제이다. 이는 서베이 통계학에서의 주요 관심이 단순 모수 추정에 있고, 점추정량(point estimator)의 정확성 측정 및 구간추정(interval estimation) 혹은 신뢰구간의 구축에 있어서 분산 추정량의 역할이 매우 중요하기 때문이다. 일반적으로 분산추정량에 요구되는 기본적인 성질은 다음과 같다.

1. 계산 가능 (computable)
2. 항상 양의 값을 제공 (positive)
3. (근사) 비편향성 (approximately unbiasedness)
4. 분산 및 평균제곱오차 기준 효율성 (small variance or MSE)
5. 신뢰구간의 근사적 신뢰수준 만족 (pivotal)

비편향 분산추정량의 사용이 가능하지 않은 경우에는 분산을 과대 추정하는 분산추정량의 사용이 바람직하다. 이는 분산을 과소 추정하는 분산추정량을 이용하여 정의되는 신뢰구간의 실제 신뢰수준은 명목상의 신뢰수준보다 낮기 때문이며, 특별히, 표본크기가 작은 경우에 그 차이는 더욱 심해지기 때문이다.

이 책에서 각 표본설계하에서 다양한 모수에 대한 추정량에 대한 분산추정량으로 비복원 추출법하에서의 HT 그리고 SYG 분산 추정량, 그리고 복원 추출법하에서의 pwr 분산추정량과 같은 비편향 분산추정량이 주로 고려되었다. 그러나, 비복원 복합표본설계하에서 고려한 비편향 분산추정량을 사용하기 위해서는 이차 개체 표본포함확률(second order inclusion probability), π_{kl}이 필요하나 실제 상황에서 이를 계산하기 가능하지 않은 경우가 흔히 발생한다. 모집단과 표본의 크기가 충분히 크고 추출율이 0에 가까운 경우에는 비복원 추출법과 복원 추출법의 관계를 이용하여 근사 분산추정량을 (9.12)와 같이 계산할 수 있다.또한, 다단계 집락추출법하에서 모수에 대한 추정량의 분산이 PSU간의 분산에 의하여 설명된다는 연구 결과에 의하여 근사 분산추정량으로 (9.15) 를 사용할 수 있다. 식 (9.15)은 대부분의 서베이 자료 분석을 위한 통계 프로그램에서 사용되고 있다.

이 장에서는 이전 장들에서 고려한 분산추정량외에 다양한 모수에 대한 추정량에 대한 분산추정량으로 테일러 근사를 통한 분산추정량과 반복 분산추정(replicate variance estimation) 방안을 살펴본다.

10.1 테일러 근사를 통한 분산 추정

모집단에서 정의되는 회귀계수는 모집단 총합들의 비선형 함수로 다음과 같이 표현할 수 있다.

$$\beta_U = \frac{\sum_{k\in U} x_k y_k - \left[\left(\sum_{k\in U} x_k\right)\left(\sum_{k\in U} y_k\right)/N\right]}{\sum_{k\in U} x_k^2 - \left[\left(\sum_{k\in U} x_k\right)^2/N\right]} = \frac{t_5 - t_2 t_3/t_1}{t_4 - t_2^2/t_1},$$

여기에서 $t_1, \cdots, t_5$는 모집단 회귀계수를 정의하기 위하여 사용된 모집단 총합으로 다음과 같다.

$$t_1 = N = \sum_{k\in U} 1,\ t_2 = \sum_{k\in U} x_k,\ t_3 = \sum_{k\in U} y_k,\ t_4 = \sum_{k\in U} x_k^2,\ t_5 = \sum_{k\in U} x_k y_k.$$

모집단에서 정의되는 분산 역시 모집단 총합의 비선형 함수로 다음과 같이 정의할 수 있다.

$$S_{y,U}^2 = \frac{1}{\left(\sum_{k\in U} 1\right) - 1}\left[\sum_{k\in U} y_k^2 - \frac{\left(\sum_{k\in U} y_k\right)^2}{\sum_{k\in U} 1}\right] = \frac{1}{t_1 - 1}\left(t_6 - \frac{t_3^2}{t_1}\right),$$

여기에서 $t_1 = \sum_{k\in U} 1$과 $t_3 = \sum_{k\in U} y_k$로 위의 정의와 같고, $t_6 = \sum_{k\in U} y_k^2$이다.

모집단에서 정의되는 회귀계수나 분산과 같이 모집단 총합 혹은 모평균의 비선형 함수로 정의되는 모수는 적절한 함수 $f(\cdot)$을 이용하여 다음과 같이 표현할 수 있다

$$\theta = f\left(t_1, \cdots, t_q\right). \tag{10.1}$$

여기에서 $(t_1, \cdots, t_q)$는 q개 변수의 모집단 총합으로 다음과 같다.

$$(t_1, \cdots, t_q) = \sum_{k\in U} \left(y_{1k}, \cdots, y_{qk}\right).$$

모수 θ에 대한 직관적인 추정량은 일종의 적률 추정량으로 $(t_1, \cdots, t_q)$에 대한 추정량 $(\hat{t}_1, \cdots, \hat{t}_q)$을 이용하여 다음과 같이 정의할 수 있다.

$$\hat{\theta} = f\left(\hat{t}_1, \cdots, \hat{t}_q\right). \tag{10.2}$$

여기에서, $j = 1, \cdots, q$에 대하여, $\hat{t}_j$는 t_j의 일치 추정량(consistent estimator)으로써 임의의 $\epsilon > 0$에 대하여 다음의 성질을 만족한다.

$$\lim_{\nu\to\infty} Pr\left(\frac{1}{N_\nu}\left|\hat{t}_{q,n_\nu} - t_{q,N_\nu}\right| > \epsilon\right) = 0. \tag{10.3}$$

여기에서 n_ν과 N_ν은 각각 ν번째 표본 크기와 모집단 크기를 나타내며, 모든 $\nu = 1, 2, \cdots, \infty$에 대하여, $n_\nu < N_\nu$, $n_1 < n_2 < \cdots$, $N_1 < N_2 < \cdots$ 그리고 $\lim_{\nu\to\infty}(n_\nu/N_\nu) = c < 1$을 만족한다. 모집단, 표본, 추정량 수열(sequence)의 대표본 성질은 Fuller(2009)의 1장에 자세하게 기술되어 있다.

주어진 가정하에서 모수 θ에 대한 추정량 $\hat{\theta}$은 $\left(\hat{t}_1, \cdots, \hat{t}_q\right)$의 선형함수로 다음과 같이 표현할 수 있다.

$$
\begin{aligned}
\hat{\theta} =& f(\hat{t}_1, \cdots, \hat{t}_q) \\
=& f(t_1, \cdots, t_q) + \sum_{j=1}^{q} \left.\frac{\partial f(\hat{t}_1, \cdots, \hat{t}_q)}{\partial \hat{t}_j}\right|_{(\hat{t}_1, \cdots, \hat{t}_q)=(t_1, \cdots, t_q)} \left(\hat{t}_j - t_j\right) + R \\
\approx& \theta + \sum_{j=1}^{q} a_j \left(t_1, \cdots, t_q\right) \left(\hat{t}_j - t_j\right) \\
=:& \hat{\theta}_0
\end{aligned}
\tag{10.4}
$$

여기에서 R은 0으로 확률수렴하며, 그 속도는, $\alpha > 0$와 $\delta > 0$에 대하여, $N^{-1}\left(\hat{t}_j - t_j\right) = O_p\left(n^{-\alpha}\right)$일 때 $N^{-1}R = O_p\left[n^{-(\alpha+\delta)}\right]$를 만족한다. 또한 선형근사를 정의하기 위하여 정의된 계수 a_j는 다음과 같다.

$$
a_j\left(t_1, \cdots, t_q\right) = \left.\frac{\partial f(\hat{t}_1, \cdots, \hat{t}_q)}{\partial \hat{t}_j}\right|_{(\hat{t}_1, \cdots, \hat{t}_q)=(t_1, \cdots, t_q)}.
$$

식 (10.4)에서 정의된 $\hat{\theta}_0$의 분산은 다음 식의 분산과 동일하다.

$$
\begin{aligned}
\sum_{j=1}^{q} \alpha_j\left(t_1, \cdots, t_q\right) \hat{t}_j =& \sum_{j=1}^{q} \alpha_j\left(t_1, \cdots, t_q\right) \sum_{k \in s} \frac{y_{jk}}{\pi_k} \\
&- \sum_{k \in s} \left[\sum_{j=1}^{q} \alpha_j\left(t_1, \cdots, t_q\right) y_{jk}\right] \frac{1}{\pi_k}.
\end{aligned}
\tag{10.5}
$$

$\hat{t}_j$이 비편향 HT 추정량일 때 모수 θ의 추정량 $\hat{\theta}$의 선형근사식 (10.4)를 이용하여 고려할 수 있는 근사 분산은 다음과 같다.

$$
V\left(\hat{\theta}\right) \approx V\left(\hat{\theta}_0\right) = \sum_{k \in U} \sum_{l \in U} \Delta_{kl} \frac{u_k}{\pi_k} \frac{u_l}{\pi_l}. \tag{10.6}
$$

여기에서 u_k는 다음과 같다.

$$
u_k = \sum_{j=1}^{q} a_j\left(t_1, \cdots, t_q\right) y_{jk}.
$$

식 (10.6)와 ⟨정리 9.1⟩을 활용하여 다음의 분산 추정량을 고려할 수 있다.

$$
\hat{V}\left(\hat{\theta}\right) = \sum_{k \in s} \sum_{l \in s} \frac{\Delta_{kl}}{\pi_{kl}} \frac{\hat{u}_k}{\pi_k} \frac{\hat{u}_l}{\pi_l}, \tag{10.7}
$$

$$
\hat{u}_k = \sum_{j} a_j\left(\hat{t}_1, \cdots, \hat{t}_q\right) y_{jk}.
$$

대표적인 복합 표본설계인 층화 이단계 집락추출법하에서는 일반적으로 π_{kl}의 계산이 가능하지 않다. 모집단과 표본의 크기가 충분히 크고 추출율이 0에 가까운 경우, 주로 사용되는 근사 분산 추정량은 식 (9.16)을 활용하여 다음과 같이 정의할 수 있다.

$$\hat{V}_{asy}\left(\hat{\theta}\right) = \sum_{h=1}^{H}\left(1 - \frac{n_h}{N_h}\right)\frac{n_h}{n_h - 1}\sum_{i=1}^{n_h}\left(\hat{u}_{hi\cdot} - \bar{\hat{u}}_{h\cdot\cdot}\right)^2 \tag{10.8}$$

w_{hij}를 층 h에 속한 집락 i내 j번째 개체에 부여된 표본가중치 π_{hij}^{-1}로 정의하면, $\hat{u}_{hi\cdot}$과 $\bar{\hat{u}}_{h\cdot\cdot}$은 각각 다음과 같다.

$$\hat{u}_{hi\cdot} = \sum_{j=1}^{m_{hi}} w_{hij}\hat{u}_{hij}, \tag{10.9}$$

$$\bar{\hat{u}}_{h\cdot\cdot} = \frac{1}{n_h}\sum_{i'=1}^{n_h}\hat{u}_{hi\cdot} = \frac{1}{n_h}\sum_{i'=1}^{n_h}\sum_{j'=1}^{m_{hi'}} w_{hi'j'}\hat{u}_{hi'j'}. \tag{10.10}$$

여기에서 m_{hi}는 h번째 층 내 i번째 집락에 속한 표본 개체의 수를 나타낸다.

테일러 근사에 근거하여 모집단 총합 혹은 모평균의 비선형 함수로 정의되는 θ의 추정량인 $\hat{\theta}$의 분산추정량은 편향 추정량이나, 대부분의 표본설계하에서 표본의 크기가 커짐에 따라 0으로 확률수렴하는 것이 알려져 있다[Fuller(2002), Särndal, Swensson and Wretman(1991)]. 그러나 표본의 규모가 작은 경우에는 테일러 근사에 근거한 분산추정량은 실제 분산을 과소추정하며, 따라서 PSU 기준 표본의 규모가 크지 않은 경우에는 그 사용에 주의가 필요하다.

⟨예 10.1⟩ 모집단 비에 대한 추정량의 분산추정

테일러 근사에 기반한 분산추정의 예로 모집단 비의 추정 및 추정량의 분산추정을 고려하자. 모집단에서 정의되는 y와 x의 비, 그리고 추정량은 다음과 같다.

$$R_U = \frac{\sum_{k\in U} y_k}{\sum_{k\in U} x_k} = \frac{t_2}{t_1}$$

$$\hat{R} = \frac{\sum_{k\in s} y_k/\pi_k}{\sum_{k\in s} x_k/\pi_k} = \frac{\hat{t}_2}{\hat{t}_1}$$

분산추정을 위한 $\hat{R}$의 선형 근사식은 다음과 같다.

$$\begin{aligned}\hat{R} \approx & \frac{t_2}{t_1} + \frac{0 - t_2}{t_1^2}\left(\hat{t}_1 - t_1\right) + \frac{1}{t_1}\left(\hat{t}_2 - t_2\right) \\ =& R + \frac{1}{t_1}\left(\hat{t}_2 - R\hat{t}_1\right) \\ =& R + \frac{1}{t_1}\sum_{k\in s}\frac{y_k - Rx_k}{\pi_k} \\ =:& R + \frac{1}{t_1}\sum_{k\in s}\frac{E_k}{\pi_k}.\end{aligned} \tag{10.11}$$

여기에서 $E_k = y_k - Rx_k$를 나타낸다. 모집단 비의 추정량인 $\hat{R}$을 선형 근사식 (10.11)을 이용하여 산출되는 근사 분산 및 이의 추정량은 다음과 같다.

$$AV\left(\hat{R}\right) = V\left(\frac{1}{t_1}\sum_{k\in s}\frac{E_k}{\pi_k}\right) = \frac{1}{t_1^2}\sum_{k\in U}\sum_{l\in U}\Delta_{kl}\frac{E_k}{\pi_k}\frac{E_l}{\pi_l}, \tag{10.12}$$

$$\hat{V}\left(\hat{R}\right) = \frac{1}{\hat{t}_1^2}\sum_{k\in s}\sum_{l\in s}\frac{\Delta_{kl}}{\pi_{kl}}\frac{\hat{e}_k}{\pi_k}\frac{\hat{e}_l}{\pi_l}, \tag{10.13}$$

$$\hat{e}_k = y_k - \hat{R}x_k.$$

제3장에서 살펴본 단순임의추출법하에서 정의되는 $\hat{R}$의 분산추정량은 다음과 같다.

$$\hat{V}_{SRS}\left(\hat{R}\right) = \left(\frac{1}{\bar{x}}\right)^2\left(1 - \frac{n}{N}\right)\frac{S_{\hat{e}_s}}{n} \tag{10.14}$$

$$S_{\hat{e}_s} = \frac{1}{n-1}\sum_{k\in s}\hat{e}_k^2.$$

보다 일반적인 표본설계하에서의 근사 분산추정량을 정의하기 위하여 제9장에서 살펴본 층화 이단계 집락추출법을 고려하였다. 이때 정의되는 근사 분산추정량은 다음과 같다.

$$\hat{V}_{asy}\left(\hat{R}\right) = \sum_{h=1}^{H}\left(1 - \frac{n_h}{N_h}\right)\frac{n_h}{n_h - 1}\sum_{i=1}^{n_h}\left(r_{hi\cdot} - \bar{r}_{h\cdot\cdot}\right)^2, \tag{10.15}$$

$$r_{hi\cdot} = \frac{\sum_{j=1}^{m_{hi}} w_{hij}\hat{e}_{hij}}{\sum_{h=1}^{H}\sum_{i=1}^{n_h}\sum_{j=1}^{m_{hi}} w_{hij}x_{hij}},$$

$$r_{h\cdot\cdot} = \frac{\sum_{i=1}^{n_h} r_{hi\cdot}}{n_h}.$$

10.1.1 SAS 사용 예 – 테일러 근사 기반 분산 추정

테일러 근사 기반 분산 추정량을 살펴보기 위하여 부록에 주어진 결측이 없는 모집단 자료 Health_Pop_Nomiss로부터 층화 이단계 집락추출법을 통해 표본을 추출하였다. 일단계에서는 지역(region)과 주택유형(apt_t)을 층화변수로 고려하고, 비례배분 방안을 적용한 후 각 층으로부터 집락인 조사구(psu)를 추출하였다. 일단계에서는 30개의 조사구가 추출되었다. 이단계에서는 일단계에서 추출된 조사구 내에서 총 100 가구(id_fam)를 추출하였다. 각 조사구 내에서 추출되는 가구의 수는 조사구 내 가구수에 비례하도록 하였다. 최종 가구원 표본은 이단계에서 추출된 가구에 속한 모든 개인으로 구성되었다.

관심 모수는 몸무게(x) 대비 총콜레스테롤(y)의 변동으로 다음의 모집단 비와 회귀계수를 고려하였다.

$$R_U = \frac{t_y}{t_x} = \frac{\bar{y}_U}{\bar{x}_U}, \quad \beta_U = \frac{\sum_{k\in U} x_k y_k}{\sum_{k\in U} x_k^2}.$$

모집단 회귀계수 β_U는 y절편이 0인 단순회귀모형하에서 정의되는 최소제곱추정량이다.

⟨SAS 사례 10.1⟩ 모집단 비 및 회귀계수 추정 및 분산 추정

```
PROC SURVEYMEANS DATA=Sampling.Health_twostage_sample;
    STRATA region apt_t;
    CLUSTER psu;
    RATIO he_chol/he_wt;
    WEIGHT SamplingWeight_F;
RUN;

PROC SURVEYREG DATA=Sampling.Health_twostage_sample;
    STRATA region apt_t;
    CLUSTER psu;
    MODEL he_chol=he_wt / NOINT;
    WEIGHT SamplingWeight_F;
RUN;
```

□ PROC SURVEYMEANS 명령문: 모집단 총합, 모평균, 모비율 그리고 모집단 비에 대한 추론을 수행한다. 이 예에서는 모집단에서 정의되는 비(ratio)의 추정 및 추정량의 테일러 기반 분산추정량을 살펴본다.

□ PROC SURVEYREG 명령문: 모집단 총합, 모평균, 모비율 그리고 모집단 회귀계수에 대한 추론을 수행한다. 이 예에서는 모집단에서 정의되는 회귀계수의 추정 및 추정량의 테일러 기반 분산추정량을 살펴본다.

〈표 10.1〉 SURVEYMEANS 출력결과 일부

Ratio Analysis						
Numerator	Denominator	N	Ratio	Std Err	95% CL for Ratio	
HE_chol	HE_wt	179	3.033146	0.059346	2.91115894	3.15513316

〈표 10.2〉 SURVEYREG 출력결과 일부

Estimated Regression Coefficients				
Parameter	Estimate	Standard Error	t Value	Pr > $\|t\|$
HE_wt	2.92254585	0.06716263	43.51	<.0001

□ STRATA 명령문: 층을 구분하는 변수들을 나열한다.

□ CLUSTER 명령문: 1차 추출단위(PSU)를 나타내는 변수를 지정한다.

□ WEIGHT 명령문: 분석을 위해 사용되는 가중치, 주로 표본가중치를 나타내는 변수를 지정한다. 본 예에서 가중치는 각 개인이 추출될 확률의 역수로, 추출확률은 조사구 추출확률과 가구 추출확률의 곱으로 계산되어 표본 데이터셋에 포함되었다.

□ RATIO 명령문: 모집단 비의 추론을 수행한다.

□ MODEL 명령문: 분석을 위해 사용되는 회귀모형을 지정한다.

- NOINT: 절편(intercept)이 없는 회귀모형을 지정한다.

〈표 10.1〉은 추출된 표본을 이용하여 추정된 $\hat{R}$의 값과 테일러 기반 분산 추정값을 나타내고 있다. 층화 이단계 집락추출법을 통해 추출된 총 179명의 자료를 이용하여 추정된 $\hat{R} = 3.03$이며, 이의 분산추정값은 $\hat{V}(\hat{R}) = 0.059^2$으로 나타난다.

〈표 10.2〉는 추정된 $\hat{\beta}$의 값과 이의 테일러 기반 분산 추정값을 나타내고 있다. 층화 이단계 집락추출법을 통해 추출된 총 179명의 자료를 이용하여 추정된 $\hat{\beta} = 2.92$이며, 이의 분산추정값은 $\hat{V}(\hat{\beta}) = 0.067^2$으로 나타난다.

10.2 반복 분산 추정법

10.1절에서는 복합표본설계하에서 테일러 근사를 통해 비선형 추정량의 선형 근사식을 찾고, 이를 이용하여 분산을 추정하는 방안을 살펴보았다. 표본크기가 충분히 큰 경우에는 테일러 근사 분산추정량의 편향은 무시할 수 있으나, 그렇지 않은 경우에는 실제 분산이 과소 추정될 수 있으며, 이로 인하여 테일러 근사 분산추정량을 이용하여 구축된 신뢰구간의 신뢰수준은 명목상의 신뢰수준을 만족하지 못하는 경우가 발생할 수 있다.

반복 분산추정법은 표본의 재추출(re-sampling) 혹은 그룹화를 통해 생성된 각 부표본으로부터 계산되는 추정량의 변동성을 활용하는 분산추정법이다. 서베이 통계학 분야에서 주로 사용되는 반복 분산추정법으로는 잭나이프(Jackknife) 분산추정법과 반복이분표본(balanced half sample or balanced repeated replication: BRR)이 있으며, 이 절에서는 두 분산추정 방안을 살펴본다.

10.2.1 잭나이프 분산 추정법

잭나이프 분산추정을 위한 반복 표본은 일반적으로 하나의 개체를 표본으로부터 제거함으로써 정의된다. 즉, 크기가 n인 표본이 주어진 경우에 각 개체를 제외함으로 n개의 크기가 $n-1$인 반복 표본이 생성된다. Quenouille(1956)과 Durbin(1959)에 의하여 추정량의 편향을 줄이기 위한 방안으로 사용된 잭나이프 기법을 Tukey(1958)는 서베이 통계학 분야에서 분산 추정을 위하여 처음 적용하였다.

잭나이프 분산 추벙법을 살펴보기 위하여 비복원 단순임의추출법을 통해 추출된 크기가 n인 표본을 고려하자. k번째 개체가 제외된 반복 표본으로부터 계산된 표본평균은, $k=1,\cdots,n$에 대하여 다음과 같이 표현된다.

$$\bar{y}^{(k)} = \frac{1}{n-1}\left[\left(\sum_{l=1}^{n} y_l\right) - y_k\right].$$

또한 $\bar{y}^{(k)}$의 평균은 표본평균 $\bar{y}$로 다음과 같다.

$$\begin{aligned}\frac{1}{n}\sum_{k=1}^{n}\bar{y}^{(k)} =& \frac{1}{n}\frac{1}{n-1}\sum_{k=1}^{n}(n\bar{y}-y_k)\\ =& \frac{1}{n}\frac{1}{n-1}\left(n^2\bar{y}-n\bar{y}\right)\\ =& \bar{y}.\end{aligned} \tag{10.16}$$

잭나이프 분산추정량의 정의를 위해 사용되는 잭나이프 편차(jackknife deviation)는 다음과 같다.

$$\begin{aligned}d_k =& \bar{y}^{(k)} - \bar{y}\\ =& \frac{1}{n-1}(n\bar{y}-y_k) - \bar{y}\\ =& \frac{1}{n-1}\bar{y} - \frac{1}{n-1}y_k\\ =& -\frac{1}{n-1}(y_k-\bar{y}).\end{aligned} \tag{10.17}$$

잭나이프 편차의 제곱합은

$$\sum_{k=1}^{n} d_k^2 = \left(\frac{1}{n-1}\right)^2 \sum_{k=1}^{n} (y_k - \bar{y})^2 = \frac{1}{n-1} S_{ys}^2$$

으로 단순임의추출법하에서 $\bar{y}$에 대한 비편향 분석 추정량과 같도록 잭나이프 분산추정량을 정의하면 다음과 같다.

$$\hat{V}_{JK} = \left(1 - \frac{n}{N}\right) \frac{n-1}{n} \sum_{k=1}^{n} d_k^2. \tag{10.18}$$

일반적인 표본설계하에서 다양한 추정량에 대한 잭나이프 분산추정량을 정의하기 위하여 관심 모수를 θ, 그리고 이의 추정량을 $\hat{\theta}$ 으로 정의하자. k번째 개체를 제외하여 정의되는 k번째 반복 표본을 통해 동일한 방법으로 계산되는 추정량을 $\hat{\theta}^{(k)}$로 표기할 때 잭나이프 편차는 다음과 같다.

$$d_k = \hat{\theta}^{(k)} - \hat{\theta}.$$

잭나이프 편차를 이용하여 정의되는 잭나이프 분산추정량은 다음과 같다.

$$\begin{aligned} \hat{V}_{JK} &= \left(1 - \frac{n}{N}\right) \frac{n-1}{n} \sum_{k=1}^{n} d_k^2 \\ &\approx \frac{n-1}{n} \sum_{k=1}^{n} d_k^2. \end{aligned} \tag{10.19}$$

Fuller(2009)는 2차 미분 가능 함수 $g(\cdot)$를 이용하여 모수 θ가 $g(\bar{y}_U)$로 정의될 때, $\hat{\theta} = g(\bar{y})$의 잭나이프 분산추정량이 $\hat{\theta}$의 분산에 대한 일치 추정량임을 보였다. 여기에서 $\bar{y}$는 $\bar{y}_U$의 일치추정량을 나타낸다.

잭나이프 분산추정량 (10.19)의 계산을 위해서는 n개의 $\hat{\theta}^{(k)}$의 계산이 필수적이다. 비편향 추정량과 회귀 추정량을 포함한 대부분의 서베이에서 고려되는 추정량이 선형 추정량으로 $\sum_{k\in s} w_k y_k$의 형식을 갖기 때문에, n개의 $\hat{\theta}^{(k)}$을 계산하는 것과 n개의 가중치 세트를 구하는 것이 같으며, 이러한 가중치를 흔히 잭나이프 반복 가중치로 정의한다.

앞에서 살펴본 단순임의추출법의 경우에는 모든 k에 대하여 $\hat{\theta}^{(k)}$의 계산을 위하여 $n-1$개의 개체에 부여된 가중치는 $N/(n-1)$로서, 이는 삭제된 개체에 부여된 가중치 N/n을 나머지 $n-1$개의 개체에 균등하게 배분한 결과이다.

⟨예 10.2⟩ 잭나이프 반복 가중치 – 층화단순임의추출법

층화단순임의추출법하에서 정의되는 선형 추정량의 분산 추정을 위한 잭나이프 반복 가중치 산출을 위하여 $h = 2$, $N_1 = 48$, $N_2 = 40$인 모집단으로부터 추출된 $n_1 = 4$, $n_2 = 2$인 다음의 경우를 고려하자.

층	개체 번호	표본 가중치	잭나이프 반복 가중치					
(h)	(i)	(w_{hi})	1	2	3	4	5	6
	1	12	0	16	16	16	12	12
1	2	12	16	0	16	16	12	12
	3	12	16	16	0	16	12	12
	4	12	16	16	16	0	12	12
2	1	20	20	20	20	20	0	40
	2	20	20	20	20	20	40	0

모집단 총합에 대한 HT 추정량은 다음과 같다.

$$\hat{t}_{HT} = \sum_{h=1}^{2} \sum_{i \in s_h} \frac{N_h}{n_h} y_{hi} =: \sum_{h=1}^{2} \sum_{i \in s_h} w_{hi} y_{hi}.$$

각 층으로부터 독립적으로 표본이 추출되었기 때문에, 잭나이프 분산추정을 위해 제외된 개체의 가중치는 동일한 층에 속한 개체들에게 균등하게 배분되었다. h번째 층의 i번째 개체가 제외된 잭나이프 반복 표본으로부터 계산되는 모집단 총합에 대한 추정량은 다음과 같다.

$$\hat{t}_{HT}^{(hi)} = \sum_{h'=1}^{2} \sum_{i' \in s'_h} w_{h'i'}^{(hi)} y_{h'i'},$$

$$w_{h'i'}^{(hi)} = \begin{cases} 0, & h = h',\ i = i', \\ N_h/(n_h - 1), & h = h',\ i \neq i', \\ N_h/n_h, & h \neq h'. \end{cases}$$

따라서 식 (10.19)에 의하여 계산되는 잭나이프 분산추정량은 다음과 같다.

$$\begin{aligned} \hat{V}_{JK}\left(\hat{t}_{HT}\right) =& \sum_{i=1}^{4} \left(1 - \frac{4}{48}\right) \frac{3}{4} \left[\hat{t}_{HT}^{(1i)} - \hat{t}_{HT}\right]^2 + \sum_{i=1}^{2} \left(1 - \frac{2}{40}\right) \frac{1}{2} \left[\hat{t}_{HT}^{(2i)} - \hat{t}_{HT}\right]^2 \\ =& \frac{33}{48} \left[\hat{t}_{HT}^{(1i)} - \hat{t}_{HT}\right]^2 + \frac{19}{40} \left[\hat{t}_{HT}^{(2i)} - \hat{t}_{HT}\right]^2 \end{aligned}$$

비균등추출법이 적용된 경우에 잭나이프 반복 가중치는 k번째 개체에 부여된 가중치 w_k를 나머지 $n-1$개의 개체에 부여하되, 남은 개체의 가중치에 비례하도록 배분한다[1].

[1]층화 추출의 경우 각 층별로 잭나이프 반복 가중치가 작성됨.

즉, k번째 개체가 제외된 반복 표본에 속한 j번째 개체에 부여되는 가중치는 다음과 같다.

$$w_j^{(k)} = w_j + \frac{w_j}{\sum_{l \neq k} w_l} w_k = w_j \left(1 + \frac{w_k}{\sum_{l \neq k} w_l}\right). \tag{10.20}$$

작성된 $w_j^{(k)}$의 합은 다음의 성질을 갖는다.

$$\sum_{j \in s, j \neq k} w_j^{(k)} = \left(\sum_{j \in s, j \neq k} w_j\right) + w_k = \sum_{l \in s} w_l.$$

잭나이프 분산추정량은 비편향 분산추정량을 직접 계산할 수 있는 경우보다는, 복합 표본설계하에서 정의되는 비선형 추정량의 분산과 같이 직접적인 비편향 분산추정량의 계산이 가능하지 않을 때 흔히 사용된다. 다단계 집락추출법의 경우에는 잭나이프 분산추정량을 계산하기 위하여서 각 일차추출단위(PSU)를 제외하여 잭나이프 반복표본을 정의한다. 이는 다단계 집락추출법하에서 정의되는 추정량의 변동이 대부분 일차추출단위의 변동에 의하여 설명되기 때문이다.

잭나이프 분산추정량이 테일러 근사에 근거한 분산추정량보다 선호되는 하나의 이유는 잭나이프 분산추정량이 실제 분산을 과대추정하기 때문이다. 이를 살펴보기 위하여 단순임의추출법하에서의 모집단 비 추정문제를 고려하자.

〈예 10.3〉 모집단 비 추정량의 잭나이프 분산 추정

단순임의추출법하에서 모집단 비 $R = t_y/t_x$의 추정량과 잭나이프 분산 추정을 위해 정의되는 편차는 다음과 같다.

$$\hat{R} = \frac{\bar{y}}{\bar{x}} = \frac{\sum_{j \in s} y_j}{\sum_{j \in s} x_j},$$

$$\begin{aligned}
\hat{R}^{(k)} - \hat{R} =& \frac{\sum_{j \in s, j \neq k} y_j}{\sum_{j \in s, j \neq k} x_j} - \hat{R} \\
=& \frac{1}{\left(\sum_{j \in s} x_j\right) - x_k} \left\{ \left[\left(\sum_{j \in s} y_j\right) - y_k \right] - \left[\left(\sum_{j \in s} x_j\right) - x_k \right] \hat{R} \right\} \\
=& - \frac{y_k - x_k \hat{R}}{\left(\sum_{j \in s} x_j\right) - x_k},
\end{aligned}$$

여기에서 $\sum_{j \in s}(y_k - \hat{R} x_j) = 0$ 이다.

잭나이프 편차를 이용하여 산출되는 잭나이프 분산추정량은 다음과 같다.

$$\begin{aligned}\hat{V}_{JK}\left(\hat{R}\right) =& \frac{n-1}{n}\left[\left(\sum_{j\in s} x_j\right) - x_k\right]^{-2}\left(y_k - x_k\hat{R}\right)^2 \\ =& \frac{1}{n(n-1)}\sum_{k=1}^{n}\left[\bar{x}^{(k)}\right]^{-2}\left(y_k - x_k\hat{R}\right)^2.\end{aligned}$$

유한모집단 수정항을 무시할 경우에 테일러 근사에 근거한 $\hat{R}$의 분산추정량은 다음과 같다.

$$\hat{V}_{Taylor}\left(\hat{R}\right) = \frac{1}{n(n-1)}\sum_{k=1}^{n}\bar{x}^{-2}\left(y_k - x_k\hat{R}\right)^2.$$

k번째 개체를 제외하고 정의되는 평균의 함수인 $[\bar{x}^{(k)}]^{-2}$은 $\bar{x}$의 볼록 함수(convex function)로써 $x_k > 0,\ k \in U$에 대하여 다음의 식을 만족한다.

$$E\left\{\left[\bar{x}^{(k)}\right]^{-2}\right\} \geq E\left(\bar{x}^{-2}\right).$$

대부분의 조사에서 $|y_k - Rx_k|$는 x_k와 양의 상관관계가 존재하며, 따라서 $\bar{x}^{(k)}$는 $|y_k - Rx_k|$와 음의 상관관계를 갖는다. 이때

$$E\left\{\left[\bar{x}^{(k)}\right]^{-2}(y_k - x_kR)^2\right\} \geq E\left[\bar{x}^{-2}(y_k - x_kR)^2\right]$$

이며, 잭나이프 분산추정량은 테일러 근사에 근거한 분산추정량보다 평균적으로 크다.

10.2.2 SAS 사용 예 – 잭나이프 분산 추정

이 예에서는 ⟨SAS 사례 10.1⟩에서 고려한 모집단 및 표본을 고려하되, 분산 추정방안으로 테일러 기반 분산 추정량이 아닌 잭나이프 분산추정법을 통해 분산을 추정하였다. 잭나이프 분산추정을 위한 SAS Procedure는 ⟨SAS 사례 10.1⟩와 동일하나, 분산추정 방법 및 그 결과인 잭나이프 반복 가중치를 저장하기 위한 SAS 데이터 이름은 명시해 주어야 한다.

⟨SAS 사례 10.2⟩ 모집단 비 및 회귀계수 추정 및 잭나이프 분산 추정

```
PROC SURVEYMEANS DATA=Sampling.Health_twostage_sample
                        VARMETHOD=JACKKNIFE(OUTWEIGHTS=jack) ;
    STRATA region apt_t;
    CLUSTER psu;
```

```
    RATIO he_chol/he_wt;
    WEIGHT SamplingWeight_F;
RUN;

PROC SURVEYREG DATA=Sampling.Health_twostage_sample
                    VARMETHOD=JACKKNIFE(OUTWEIGHTS=jack) ;
    STRATA region apt_t;
    CLUSTER psu;
    MODEL  he_chol=he_wt/NOINT;
    WEIGHT SamplingWeight_F;
RUN;
```

□ VARMETHOD= 분산추정 방안을 지정한다. JACKKNIFE는 잭나이프 분산 추정방안을 나타낸다. 분산추정방안이 명시되지 않은 경우에는 테일러 근사 기반 분산 추정 방안이 사용된다.

- OUTWEIGHTS=: 잭나이프 반복 가중치를 저장할 SAS 데이터 이름을 지정한다.

〈표 10.3〉은 추출된 표본을 이용하여 추정된 $\hat{R}$의 값과 잭나이프 분산 추정값을 나타내고 있다. 층화 이단계 집락추출법을 통해 추출된 총 179명의 자료를 이용하여 추정된 $\hat{R} = 3.03$이며, 이의 잭나이프 분산추정값은 $\hat{V}_{JK}(\hat{R}) = 0.059478^2$으로 테일러 기반 분산 추정량인 $\hat{V}_{Taylor}(\hat{R}) = 0.059346^2$보다 크게 나타남을 확인할 수 있다.

〈표 10.4〉는 추정된 $\hat{\beta}$의 값과 이의 잭나이프 분산 추정값을 나타내고 있다. 층화 이단계 집락추출법을 통해 추출된 총 179 명의 자료를 이용하여 추정된 $\hat{\beta} = 2.92$이며, 이의 분산추정값은 $\hat{V}_{JK}(\hat{\beta}) = 0.06786917^2$으로 테일러 기반 분산추정량인 $\hat{V}_{Taylor}(\hat{\beta}) = 0.06716263^2$보다 그 값이 크게 나타나고 있다.

〈표 10.3〉 SURVEYMEANS 출력결과 일부

Ratio Analysis						
Numerator	Denominator	N	Ratio	Std Err	95% CL for Ratio	
HE_chol	HE_wt	179	3.033146	0.059478	2.91088812	3.15540398

〈표 10.4〉 SURVEYREG 출력결과 일부

Estimated Regression Coefficients				
Parameter	Estimate	Standard Error	t Value	Pr > $\|t\|$
HE_wt	2.92254585	0.06786917	43.06	<.0001

〈표 10.5〉 jack 데이터 일부

OBS	PSU	RepWt_1	RepWt_2	RepWt_3	⋯	RepWt_28	RepWt_29	RepWt_30
1	A869	0.00	24.89	28.00	⋯	24.89	24.89	24.89
2	A869	0.00	24.89	28.00	⋯	24.89	24.89	24.89
3	A869	0.00	24.89	28.00	⋯	24.89	24.89	24.89
4	A871	24.00	0.00	24.00	⋯	24.00	24.00	24.00
5	A871	24.00	0.00	24.00	⋯	24.00	24.00	24.00

잭나이프 분산추정을 위해 작성된 잭나이프 반복 가중치의 일부는 〈표 10.5〉와 같다. 30개의 1차 추출단위(PSU)로 표본이 구성되었기 때문에, 잭나이프 분산 추정을 위한 반복 가중치는 각 PSU를 제외했을 경우마다 작성되었고, 따라서 총 30개의 잭나이프 반복 가중치, RepWt_1 ~ RepWt_30가 제공되었다.

10.2.3 균형이분표본 분산 추정법

모집단에서 정의되는 층의 수가 매우 많고, 각 층으로부터 추출되는 표본의 수가 매우 작은 경우에 사용할 수 있는 분산추정 방안으로는 균형이분표본[balanced half sample or balanced repeated replication(BRR)] 분산추정법을 고려할 수 있다. 균형이분표본 분산 추정법은 US Census Bureau에서 각 층으로부터 2개의 개체를 추출하는 two-per-stratum 표본설계하에서 사용할 수 있는 방안으로 McCarthy(1969)의 결과를 바탕으로 제안되었다.

균형이분표본 분산 추정법의 설명을 위하여 $n_h = 2$, $h = 1, \cdots, H$이며, 전체 표본크기가 $2H$인 층화 단순임의추출표본을 고려하자. 모집단 총합에 대한 비편향 HT 추정량과 이의 비편향 분산추정량은 다음과 같다.

$$\hat{t}_{HT} = \sum_{h=1}^{H} N_h \bar{y}_{s_h} = \sum_{h=1}^{H} N_h \frac{y_{h1} + y_{h2}}{2},$$

$$\hat{V}\left(\hat{t}_{HT}\right) = \sum_{h=1}^{H} N_h^2 \left(1 - \frac{n_h}{N_h}\right) \frac{S_{ys_h}^2}{n_h} \approx \sum_{h=1}^{H} N_h^2 \frac{\left(y_{h1} - y_{h2}\right)^2}{4},$$

$$S_{ys_h}^2 = \sum_{i=1}^{2} \left(y_{hi} - \bar{y}_{s_h}\right)^2 = \frac{1}{2}\left(y_{h1} - y_{h2}\right)^2.$$

각 층으로부터 하나의 개체를 임의로 선택하여 구성되는 크기가 H인 하나의 균형이분표본 s_a로부터 계산되는 모집단 총합에 대한 추정량을 정의하기 위하여 다음의 지시함수를 고려하자.

$$\delta_{ah} = \begin{cases} 1, & h1 \in s_a, \\ 0, & h1 \notin s_a. \end{cases}$$

즉, δ_{ah}는 h번째 층의 첫번째 개체 $h1$이 s_a에 속하면 1, 그렇지 않으면 0의 값을 갖는 지시함수이다. 하나의 균형이분표본 s_a를 이용하여 정의되는 모집단 총합의 추정량은 다음과 같다.

$$\hat{t}_a = \sum_{h=1}^{H} \left[N_h \delta_{ah} y_{h1} + N_h \left(1 - \delta_{ah}\right) y_{h2} \right]. \tag{10.21}$$

균형이분표본 분산추정을 위한 편차 $\hat{t}_a - \hat{t}$은 다음과 같이 정의할 수 있다.

$$\begin{aligned} \hat{t}_a - \hat{t} &= \frac{N_h}{2} \sum_{h=1}^{H} \left[(2\delta_{ah} - 1) y_{h1} - (2\delta_{ah} - 1) y_{h2} \right] \\ &= \frac{N_h}{2} \sum_{h=1}^{H} \left[\epsilon_{ah} \left(y_{h1} - y_{h2} \right) \right] \\ &=: \frac{N_h}{2} \sum_{h=1}^{H} \epsilon_{ah} d_h \end{aligned} \tag{10.22}$$

여기에서 $d_h = y_{h1} - y_{h2}$, $\epsilon_{ah} = (2\delta_{ah} - 1)$이며, 모든 a와 h에 대하여 $\epsilon_{ah}^2 = 1$이다.

균형이분표본 분산추정을 위해서는 하나의 반복표본 s_a가 아닌 $1 < A < 2^H$ 개의 반복표본이 사용된다. 여기서 2^H는 각 층으로부터 1 개의 개체를 재추출하여 구성되는 크기가 H인 표본의 수, 즉 이분표본(half sample)의 수를 나타낸다. 특별히, A개의 반복표본이 다음의 조건을 만족할 경우에 이러한 A개의 반복표본이 직교균형(orthogonal balanced) 이분표본의 조건을 만족한다고 한다.

$$\begin{aligned} &\text{조건 1:} \quad \textstyle\sum_{a=1}^{A} \epsilon_{ah} = 0, \\ &\text{조건 2:} \quad \textstyle\sum_{a=1}^{A} \epsilon_{ah} \epsilon_{ah'} = 0, \quad h \neq h'. \end{aligned}$$

(조건 1)의 가정하에서

$$\sum_{a=1}^{A} (\hat{t}_a - \hat{t}) = \sum_{a=1}^{A} \sum_{h-1}^{H} \epsilon_{ah} \frac{N_h}{2} d_h = \sum_{a=1}^{A} \epsilon_{ah} \sum_{h-1}^{H} \frac{N_h}{2} d_h = 0$$

이며, 따라서 $\hat{t}$은 다음과 같다.

$$\hat{t} = \frac{1}{A} \sum_{a} \hat{t}_a.$$

또한 추가적으로 (조건 2)의 가정하에서

$$
\begin{aligned}
\sum_a (\hat{t}_a - \hat{t})^2 =& \sum_{h=1}^{H} \sum_{h'=1}^{H} \left(\sum_a \epsilon_{ah}\epsilon_{ah'} \right) \frac{N_h N_{h'}}{4} d_h d_{h'} \\
=& \sum_{h=1}^{H} \left(\sum_a \epsilon_{ah}^2 \right) \frac{N_h^2}{4} d_h^2 \\
=& A \sum_h \frac{N_h^2}{4} d_h^2
\end{aligned}
$$

이며, 따라서 균형이분표본 분산추정량은 다음과 같이 정의할 수 있다.

$$
\hat{V}_{BH}\left(\hat{t}_{HT}\right) = \frac{1}{A} \sum_a \left(\hat{t}_a - \hat{t}\right)^2 .
$$

(조건 1)과 (조건 2)를 만족하는 이분표본은 Hadamard 행렬을 이용하여 정의할 수 있다. Hadamard 행렬 $\mathbf{H}$는 1과 -1로 구성된 정방행렬로 1, 2 또는 4의 배수 값을 갖는 k에 대하여 $\mathbf{H}\mathbf{H}' = A\mathbf{I}$의 조건을 만족한다. Hadamard 행렬을 이용한 직교균형이분표본을 구성하는 방법을 살펴보기 위하여다음의 8×8 행렬 $\mathbf{H}$를 고려하자.

$$
\mathbf{H} = \begin{bmatrix}
1 & 1 & 1 & 1 & 1 & 1 & 1 & 1 \\
1 & -1 & 1 & -1 & 1 & -1 & 1 & -1 \\
1 & 1 & -1 & -1 & 1 & 1 & -1 & -1 \\
1 & -1 & -1 & 1 & 1 & -1 & -1 & 1 \\
1 & 1 & 1 & 1 & -1 & -1 & -1 & -1 \\
1 & -1 & 1 & -1 & -1 & 1 & -1 & 1 \\
1 & 1 & -1 & -1 & -1 & -1 & 1 & 1 \\
1 & -1 & -1 & 1 & -1 & 1 & 1 & -1
\end{bmatrix}
$$

주어진 $\mathbf{H}$를 이용하여 $H \leq 8$인 경우에 $A = 8$개의 직교균형이분표본을 정의할 수 있으며, 이때 $\mathbf{H}$의 각 행은 각 직교균형이분표본의 구성을 나타내며 각 열은 층을 나타낸다. 예를 들어, $H = 8$인 경우에 첫 번째 반복표본은 $\mathbf{H}$의 첫 행의 모든 값이 1이기 때문에 모든 층의 첫 번째 개체로 구성된다. 두 번째 반복표본은 층 1, 3, 5, 7의 첫번째 개체 그리고 층 2, 4, 6, 8의 두 번째 개체로 구성된다. 총 층의 수 H가 8보다 작은 경우에는 처음 H개 열을 이용하여 8개의 직교균형이분표본을 구성하면 된다.

균형이분표본 분산추정량은 각 층으로부터 2개의 1차 추출단위(PSU)가 추출된 표본이 주어졌을 때 사용가능한 분산추정량이다. Hadamard 행렬을 이용하여 각 층으로부터 하나의 PSU를 선택하여 구성된 a번째 반복 표본으로부터 산출되는 모수 θ의 추정량을 $\hat{\theta}_a$

로 정의할 때, 총 A개의 반복 표본을 이용하여 산출되는 $\hat{\theta}$의 균형이분표본 분산추정량은 다음과 같다.

$$\hat{V}_{BH}\left(\hat{\theta}\right) = \frac{1}{A}\sum_{a=1}^{A}\left(\hat{\theta}_a - \hat{\theta}\right)^2. \tag{10.23}$$

10.2.4 SAS 사용 예 – 균형이분표본 분산 추정

균형이분표본 분산추정법을 살펴보기 위하여 이 예에서는 SAS Example 99.5의 내용을 고려하였다. 샌프란시스코 시립 철도사는 이용자의 편의를 위하여 각 이용자가 평균적으로 지하철에 탑승하기 위하여 기다리는 평균 시간을 추정하기로 하고 설문조사를 수행하였다. 표본설계 방안으로는 층화 집락추출법이 사용되었다. 층으로는 각 지하철 노선이 사용되었다. 총 6개의 노선은 F, J, K, L, M, N이며, 1차 추출단위인 집락은 조사가 이루어진 날에 운행한 열차이고, 각 노선에서 단순임의추출법을 통해 2개의 열차가 추출되었다. 추출된 열차에 탑승한 모든 승객의 분포는 ⟨표 10.6⟩ 과 같고, 각 승객이 전철 탑승까지 기다린 시간을 포함한 표본 데이터 $MUNIsurvey$의 일부는 ⟨표 10.7⟩과 같다.

⟨SAS 사례 10.3⟩ 균형이분표본 분산 추정법

```
PROC SURVEYMEANS DATA=MUNIsurvey MEAN VARMETHOD=BRR CLM;
     STRATA line;
     CLUSTER vehicle;
     VAR waittime;
```

⟨표 10.6⟩ 표본 열차 승객 분포

샌프란시스코 시립 철도 노선	PSU (전철)	승객수
F	1	65
	2	102
J	1	101
	2	142
K	1	145
	2	180
L	1	135
	2	185
M	1	139
	2	203
N	1	306
	2	234

〈표 10.7〉 표본 $MUNIsurvey$ 데이터 일부

OBS	노선 (line)	열차 (vehicle)	승객 (passenger)	대기 시간 (waittime)	가중치 (weight)
1	F	1	1	18	59
2	F	1	2	0	59
3	F	1	3	16	59
4	F	1	4	13	59
5	F	1	5	5	59
6	F	1	6	13	59
7	F	1	7	7	59
8	F	1	8	5	59
9	F	1	9	16	59
10	F	1	10	5	59

〈표 10.8〉 SAS 분산추정 결과 일부

분산추정방안	모평균 추정량	반복수	표준 오차	신뢰구간
Taylor	7.333012	N/A	0.231236	(6.76719731 , 7.89882618)
Jackknife	7.333012	12	0.232211	(6.76481105 , 7.90121244)
BRR	7.333012	8	0.237557	(6.75172983 , 7.91429366)

```
    WEIGHT weight;
RUN;
```

□ PROC SURVEYMEANS: 모평균 및 모집단 총합에 대한 추론을 수행한다.

- VARMETHOD=: 분산추정 방안을 지정한다. BRR은 균형이분표본 분산 추정방안을 나타낸다.
- MEAN: 모평균에 대한 추론을 수행한다.
- CLM: 모평균에 대한 95% 신뢰구간을 제공한다.

〈표 10.8〉은 열차 이용자의 평균 대기시간에 대한 추정량과 이의 3가지 다른 분산 추정량을 나타내고 있다. w_k와 y_k를 각각 표본의 개체 k에 부여된 가중치와 측정된 대기 시간으로 정의할 때, 3가지 모든 분산 추정 방안에서 모평균에 대한 추정량은 아래의 공식에 의하여 계산되었다.

$$\bar{y}_\pi = \frac{\sum_{k\in s} w_k y_k}{\sum_{k\in s} w_k} = 7.333012.$$

모평균의 추정량에 대한 분산의 추정량을 살펴보면 그 크기가 Taylor<Jackknife<BRR 순서임을 알 수 있다. 표본으로 추출된 열차의 수가 12개이기 때문에 잭나이프 분산 추정의 경우에는 반복의 수가 12로 나타나고 있다. 층의 수가 6인 상황에서 균형이분표본 분산추정을 위해서는 총 8개의 반복표본이 사용되었으며 이를 위해서는 8×8 Hadamard 행렬이 사용되었다.

10.3 연습문제

1. 9장 1번에서 구한 총콜레스테롤의 모평균에 대한 비편향 추정량의 Jackknife 분산 추정량을 구하시오.

2. 9장 2번에서 구한 총콜레스테롤의 모평균에 대한 회귀추정량의 Jackknife 분산 추정량을 구하시오.

10.A [부록] R 코드

```
set.seed(8738035)
setwd("C:/Stat311/BOOK")

cluster2_survey <- data.frame(read.csv(
                        "health_twostage_sample.csv",
                        header=TRUE))
library(survey)

cluster2 <- svydesign(id=~psu, strata=~region+apt_t,
                      weight=~SamplingWeight_F,
                      data=cluster2_survey)

# Generate Jackknife replicate
cluster2jkn <- as.svrepdesign(cluster2,type="JKn")

# Unbiased estimation & Jackknife variance estimation
svymean(~HE_chol,cluster2jkn)

# Ratio estimation & Jackknife variance estimation
r_jk<-svyratio(~HE_chol,~HE_wt,cluster2jkn)
```

```
predict(r_jk, total=65)

# Regression estimation & Jackknife variance estimation
reg_jk <- svyglm(HE_chol ~ HE_wt,cluster2jkn)
p.mean <- data.frame(HE_wt = 65)
predict(reg_jk, total=1,newdata=p.mean)

MUNIsurvey <- data.frame(read.csv("MUNIsurvey.csv",
                         header=TRUE))
MUNIdesign <- svydesign(id=~vehicle_n,strata=~line,
                        weight=~weight,data=MUNIsurvey)

# Unbiased estimation & BRR variance estimation
MUNIbrr <- as.svrepdesign(MUNIdesign,type="BRR")
svymean(~waittime,MUNIbrr)
```

제 11 장
비표본오차

Nonsampling Error

제1장에서 소개된 바와 같이 전체 서베이 오차는 표본오차와 비표본오차의 합으로 표현된다. 이 중에서 표본오차(sampling error)는 모집단 전체가 아닌 그 일부인 표본만을 대상으로 조사하기 때문에 발생하는 오차로서, 모집단 전체가 조사 대상이 되는 전수조사 혹은 센서스의 경우에는 존재하지 않는다. 표본오차의 크기는 확률표본설계하에서 편향과 분산을 통해 측정되며, 제2장부터 제10장에서 고려된 편향과 분산 및 이의 추정량은 모두 표본오차를 측정하기 위하여 사용되었다.

알려진 바와 같이 거의 모든 서베이 과정에서 비표본오차의 발생은 불가피하다. 비표본오차(nonsampling error)는 그 발생 원인에 따라 다양하게 구분할 수 있으나 크게 추출틀 오차(frame error), 무응답 오차(nonreponse error), 측정 오차(measurement error)로 구분된다. 각 오차들에 대한 기본적인 설명은 1.3절에 주어졌다. 이 장에서는 특별히 무응답 오차와 측정 오차를 살펴보고, 현장에서 흔히 사용되는 이의 처리 방안들을 간략히 소개한다.

11.1 무응답 오차

무응답은 서베이 과정에서 표본으로부터 얻고자 하는 자료를 일부 혹은 모두를 얻지 못하는 경우를 의미하여, 그 형태에 따라서 개체 무응답과 항목 무응답으로 구분된다. 개체 무응답(unit nonresponse)은 조사 단위의 부재(not-at-home)와 응답 거절(refusal) 등의 이유로 표본에 포함된 개체로부터 응답을 전혀 얻지 못할 때 발생한다. 최근 개인 정보보호에 대한 강조 등의 이유로 조사환경이 악화됨에 따라 개체무응답의 비율은 점점 높아지고 있다. 항목 무응답(item nonresponse)은 표본에 포함된 조사단위가 서베이에 응하되 일부 항목에 대하여 응답을 하지 않는 경우에 발생하는 무응답으로, 주로 사회적 혹은 도덕적으로 민감한 문항들에 대하여 발생하게 된다.

무응답은 표본오차와 마찬가지로 추정량의 편향과 분산에 영향을 주며, 이를 측정하기 위해서는 응답 여부에 대한 통계적 모형이 필요하다. 일반적으로 무응답 오차가 추정량의 분산에 미치는 영향은 실제 측정이 이루어진 표본크기가 무응답으로 인하여 감소하기 때문에 발생하며, 이는 과대표집(over-sampling) 등의 방법을 통해 일정 부분 해결할 수 있다. 그러나 무응답오차가 추정량의 편향에 미치는 영향은 서베이 전에 예측하거나 혹은 자료 수집 후에 조정하기 매우 어렵고, 또한 추후 조정이 가능한 경우에도 무응답에 대한 타당한 가정이 필요하다.

무응답이 추정량의 편향에 미치는 영향을 간단하게 살펴보기 위하여 ⟨표 11.1⟩에 주어진 모집단의 표현을 살펴보자. 여기에서 주어진 모집단의 표기를 이용하여 응답자만을

〈표 11.1〉 모집단에서의 무응답

응답여부	크기	총합	모평균
응답	N_R	t_R	$\bar{y}_{RU}$
무응답	N_M	t_M	$\bar{y}_{MU}$
전체 모집단	N	t	$\bar{y}_U$

이용한 추정량의 편향은 다음과 같이 표현된다.

$$E\left(\bar{y}_R - \bar{y}_U\right) = \left(\bar{y}_{RU} - \bar{y}_U\right) \times \text{무응답률}. \tag{11.1}$$

여기에서 $\bar{y}_R$은 $\bar{y}_{RU}$의 비편향 추정량으로 가정되었다. 즉, 식 (11.1)은 응답자만을 이용한 추정량의 편향은 응답자와 무응답자의 평균적 차이와 무응답율에 의하여 결정됨을 알 수 있다. 만약 응답자군과 무응답자군 사이에 관심변수 기준으로 평균적인 차이가 없다고 가정할 수 있다면, 응답자만을 이용한 추정량의 사용은 적절할 수 있다. 그러나 일반적으로 이 두 그룹간의 체계적인 차이 여부를 알 수 없으며, 또한 한 조사에서 고려되는 변수는 매우 다양하고 그 수도 많기 때문에, 무응답율을 최소화하는 것이 서베이에서 무응답으로 인하여 발생할 수 있는 추정량의 편향을 최소화할 수 있는 최선의 방법이 될 것이다.

따라서, 위에서 언급된 무응답으로 인해 발생하는 문제를 해결하는 이상적인 방안은 조사설계와 자료수집 단계에서 무응답을 최소화하는 것이다. 이를 위해 흔히 인센티브(incentive) 제공, 재방문과 재접촉 등이 고려되나, 이를 수행하기 위해서는 추가적인 시간과 비용이 요구된다. 조사방법론(survey methodology)의 분야에서는 무응답 방지(non-response prevention)에 관한 많은 연구가 이루어졌고, 이에 대한 연구 결과는 Groves et al.(2004)에 정리되어 있다.

자료수집 이후의 무응답 처리를 위한 통계적 기법들을 살펴보기에 앞서 응답여부를 나타내는 확률변수와 이를 이용한 응답 메카니즘을 정의해야 한다. 응답여부를 나타내는 확률변수 R_k는 다음과 같이 정의된다.

$$R_k = \begin{cases} 1, & \text{개체 } k\text{가 응답한 경우,} \\ 0, & \text{개체 } k\text{가 응답하지 않은 경우.} \end{cases} \tag{11.2}$$

정의에 의하여 확률변수 R_k는 베르누이(Bernoulli) 분포를 따르며, 모수인 응답확률은 $\phi_k = Pr\left(R_k = 1\right)$로 표기한다. 응답확률 ϕ_k는 흔히 서베이 통계학 분야에서 성향점수(propensity score)로 명명되기도 한다.

무응답에 대한 통계적 처리를 위해서는 응답여부를 나타내는 확률변수에 대한 모형 및 가정들이 필요하다. 이는 기본적으로 무응답자에 대해서는 추출틀에 존재하는 정보 이외에 서베이로부터의 자료수집은 불가능하고, 따라서 적절한 모형과 가정 하에서만 통계적인 처리가 가능하기 때문이다. 응답여부의 메카니즘은 일반적으로 완전임의무응답(missing completely at random: MCAR), 조건부임의무응답(missing at random given covariate: MAR), 그리고 무시할 수 없는 결측(nonignorable missing: NM)의 3가지로 분류된다.

MCAR(완전임의무응답)은 응답여부가 완전한 랜덤 메카니즘에 의하여 발생하는 경우를 의미하고, 따라서 응답확률은 표본추출이나 서베이 과정에서 사용되거나 혹은 관측되는 그 어떤 변수에 의존하지 않는다. 즉, 이 경우 $\bar{y}_{RU} - \bar{y}_{MU} = 0$으로서 응답자만을 이용한 추정량들의 편향은 존재하지 않는다. MAR(조건부임의무응답)은 응답확률이 추출틀에 존재하는 보조변수에 의해 설명되는 응답 메카니즘으로, 서베이를 통해 측정되는 관심변수와는 독립인 응답 구조를 의미한다. 즉, 보조변수가 주어졌을 때 응답 여부를 나타내는 변수 R_k의 분포는 완전임의무응답조건을 만족한다. 대부분의 통계적 무응답 처리 방안은 조건부임의무응답 가정 하에서 유도되었다. 마지막으로 NM(무시할 수 없는 결측)은 응답여부가 서베이에서 고려하는 관심변수에 의하여 결정되는 무응답 메카니즘으로, 자료수집 이후 통계적 처리를 통해 무응답 편향을 제거하는 것이 매우 어려운 무응답 메카니즘이다.

이 장에서는 MAR 가정 하에서 자료수집 이 후에 고려할 수 있는 무응답 처리방안으로 가중치 조정법(weighting adjustment)과 무응답 대체법(imputation)을 소개한다. 가중치 조정법은 개체 무응답으로 인한 편향을 부분적으로 해결하기 위해 흔히 사용되며, 무응답 대체법은 항목 무응답으로 인해 발생하는 문제를 해결하기 위해 일반적으로 사용된다.

11.2 가중치 조정을 통한 무응답 처리

비편향 HT 추정량은 응답여부를 나타내는 이항변수 R_k를 이용하여 다음과 같이 표현된다.

$$\hat{t}_{y,HT} = \sum_{k\in s} \frac{y_k R_k}{\pi_k} = \sum_{k\in s_R} \frac{y_k R_k}{\pi_k} + \sum_{l\in s_M} \frac{y_l R_l}{\pi_l}. \tag{11.3}$$

여기에서 s_R과 s_M은 각각 표본에 추출된 개체 중 응답자와 무응답자의 집합을 나타낸다. 즉 HT 추정량의 경우에 무응답자의 집합에 대응되는 $\sum_{l\in s_M} \pi_l^{-1} y_l R_l = 0$이며, 따라서 무응답자가 존재할 때 HT 추정량은 응답자만을 이용한 추정량으로 편향이 존재하게 된다.

응답확률 p_k가 주어진 경우, 이를 반영한 추정량으로 다음을 고려할 수 있다.

$$\tilde{t}_{y,wa} = \sum_{k\in s_R} \frac{y_k}{\pi_k p_k} \tag{11.4}$$

추정량 $\tilde{t}_{y,wa}$의 표본설계 및 응답여부 기반 기댓값은

$$\begin{aligned} E\left(\tilde{t}_{y,wa}\right) &= E_p E_R \left(\sum_{k \in s_R} \frac{y_k}{\pi_k p_k} \middle| s \right) \\ &= E_p \left(\sum_{k \in s} \frac{y_k}{\pi_k} \right) \\ &= t_y \end{aligned} \tag{11.5}$$

로서 추정량 $\tilde{t}_{y,wa}$은 비편향성의 성질을 갖는다. 여기에서, $E_R(\cdot)$은 응답여부를 나타내는 확률변수 R_k의 확률분포로부터 계산되는 기댓값을 나타낸다. 식 (11.4)에 주어진 가중치 조정(weight-adjusted) 추정량은 무응답으로 인하여 발생한 표본크기의 감소를 보완하기 위하여 표본가중치 π_k^{-1} 대신 $(p_k \pi_k)^{-1}$를 사용하여 정의되는 비편향 추정량이다.

가중치 조정 추정량의 계산을 위해서 필요한 응답확률 p_k는 대부분의 서베이에서는 알 수 없는, 따라서 추정이 필요한 일종의 모수이다. 조사 현장에서 흔히 사용되는 응답확률의 추정량으로는 응답여부를 나타내는 확률변수의 분포가 동일하다고 가정되는 셀을 구성하여 셀별 응답확률을 예측하는 방안과 로지스틱 회귀분석을 이용하여 응답확률을 예측하는 방안이 있다. 각 방안을 간략하게 설명하면 다음과 같다.

11.2.1 셀 가중치 보정

응답확률 p_k의 추정을 위한 셀 가중치 보정(cell weighting adjustment) 방안은 먼저 응답여부를 나타내는 R_k의 분포가 동일하다고 판단되는 개체들의 셀을 구성함으로써 이루어진다. 각 개체의 응답여부에 대한 가정을 수학적 기호를 이용하여 표현하면 다음과 같다.

$$\begin{aligned} &Pr\left(k \in s_R | s\right) = p_k = \theta_h, \quad k \in \text{cell } h, \\ &Pr\left(k \in s_R,\ l \in s_R | s\right) = p_k p_l, \quad k \neq l \end{aligned} \tag{11.6}$$

즉, 셀 가중치 보정방안을 정의하기 위하여 동일한 셀 내에 속한 개체의 응답확률은 동일하고, 응답여부는 서로 독립임을 가정한다. Särndal, Swensson and Wretman(1992)은 (11.6)의 가정을 응답동일그룹(response homogeneity group: RHG) 모형으로 정의하였다. 즉, 주어진 모형 하에서 셀 구분이 주어졌을 때, 응답여부가 각 셀 내에서 MCAR 조건을 만족하며, 따라서, 식 (11.6)의 가정 하에서는 MAR 조건이 만족된다. 조사 현장에서 셀 구성을 위해 흔히 사용되는 변수로는 개인 조사의 경우 지역, 성, 연령그룹 그리고 사업체 조사의 경우에는 지역, 사업체 구모, 산업 분류 등이 있다.

주어진 RHG 가정하에서 응답확률, p_k, $k \in$ cell h의 가능한 추정량으로는 다음을 고려할 수 있다.

$$\hat{p}_k = \hat{p}_h = \frac{\sum_{l \in s_{R_h}} \pi_l^{-1}}{\sum_{l \in s_h} \pi_l^{-1}}. \tag{11.7}$$

여기에서 $s_{R_h} = s_R \cap s_h$로서 셀 h에 속한 표본 개체 중 응답자의 집합을 나타낸다. 모든 개체에 대하여 동일한 표본포함확률이 적용되는 단순임의추출 하에서 계산되는 p_k, $k \in s_h$는

$$\hat{p}_k = \hat{p}_h = \frac{n_h - m_h}{n_h} \tag{11.8}$$

로서 셀 h에서의 단순응답율을 나타낸다. 여기에서 n_h와 m_h는 각각 셀 h에 속한 표본 개체 수와 무응답자 수를 나타낸다.

식 (11.4)와 (11.7)을 이용하여 주어진 표본설계와 RHG 모형 하에서 정의되는 근사비편향 추정량은 다음과 같다.

$$\hat{t}_{y,wa} = \sum_{k \in s_R} \frac{y_k}{\pi_k \hat{p}_k} = \sum_{h=1}^{H} \frac{1}{\hat{p}_h} \sum_{k \in s_{R_h}} \frac{y_k}{\pi_k}. \tag{11.9}$$

만약 RHG 모형을 만족하는 셀 구성이 제6장에서 고려한 사후 층과 일치할 경우, 셀 가중치 조정 추정량으로 사후층화 추정량을 고려할 수 있다. 흔히 조사 현장에서는 무응답 조정을 캘리브레이션 과정에서 함께 처리하기 위하여 다음의 사후층화 추정량을 고려한다.

$$\hat{t}_{y,post} = \sum_{h=1}^{H} N_h \bar{y}_{s_{R_h}} = \sum_{h=1}^{H} N_h \frac{\sum_{k \in s_{R_h}} \pi_k^{-1} y_k}{\sum_{k \in s_{R_h}} \pi_k^{-1}}. \tag{11.10}$$

셀 가중치 조정을 통해 산출되는 무응답 조정 추정량의 통계적 타당성은 가정한 무응답 모형의 타당성에 의하여 결정된다. 즉, MAR 가정 및 주어진 RHG 모형이 적절할 때 셀 가중치 조정을 통해 계산되는 추정량은 통계적으로 타당하며, 따라서 셀 가중치 조정 방안의 적용을 위해서는 무응답 모형을 결정하는 셀 구성을 위하여 특별히 많은 주의를 기울여야 한다.

11.2.2 로지스틱 회귀모형을 이용한 가중치 조정

MAR 가정을 만족하는 경우에 셀 가중치 조정 방안의 적용을 위해서는 조건부 공변량 변수로 지역, 성, 연령그룹과 같은 범주형 변수들이 사용되었다. 만약 응답확률에 영향을 줄 수 있는 공변량으로 범주형 변수 및 연속형 변수 모두를 고려할 수 있는 경우에는 보다 복잡한 모형을 응답여부의 분포를 나타내기 위하여 사용해야 한다. 이를 위해 일반적으로 고려되는 모형이 로지스틱 회귀모형(logistic regression model)이다.

주어진 R_k의 정의 하에서 응답확률 p_k와 공변량 $\mathbf{x}_k = (1, x_{k1}, \cdots, x_{kp})$의 관계를 다음의 모형으로 가정하자.

$$\log\left(\frac{p_k}{1-p_k}\right) = \beta_0 + \beta_1 x_{k1} + \cdots + \beta_p x_{kp}. \tag{11.11}$$

응답확률 p_k의 추정량은 로지스틱 회귀모형 (11.11)으로부터 추정된 $\hat{\boldsymbol{\beta}} = (\hat{\beta}_0, \cdots, \hat{\beta}_p)'$을 이용하여 아래와 같이 정의된다.

$$\hat{p}_k = \left[1 + \exp\left(-\mathbf{x}_k\hat{\boldsymbol{\beta}}\right)\right]^{-1}. \tag{11.12}$$

여기에서 회귀계수 추정량 $\hat{\boldsymbol{\beta}}$는 가중 스코어 함수(weighted score function)

$$\sum_{k\in s} \pi_k^{-1} \left\{R_k - [1 + \exp(-\mathbf{x}_k\boldsymbol{\beta})]\right\} \mathbf{x}_k' = 0 \tag{11.13}$$

의 해로 정의된다. 만약 π_k가 상수인 경우에는 $\boldsymbol{\beta}$의 해는 일반적인 최대우도추정량(Maximum likelihood estimator)이 된다.

로지스틱 회귀모형과 표본설계에 대한 적절한 가정 하에서 $\hat{\boldsymbol{\beta}}$은 모수 $\boldsymbol{\beta}$의 일치추정량이며, 이의 함수인 $\hat{p}_k$ 역시 p_k로 확률수렴한다. 따라서, 식 (11.12)을 이용하여 계산되는 무응답 조정 추정량

$$\hat{t}_{y,lwa} = \sum_{k\in s_R} \frac{y_k}{\pi_k \hat{p}_k} \tag{11.14}$$

는 모수에 대한 일치추정량이며, 또한, 근사 비편향 추정량이다.

추정량 (11.14)의 통계적 성질 및 타당성은 셀 가중 방안에서와 마찬가지로 로지스틱 회귀모형에 근거한 MAR 가정의 타당성에 의하여 결정되며, 따라서 가중치 조정을 통한 무응답 조정 추정량의 사용 이전에 모형의 타당성에 대한 검토가 이루어져야 한다.

이 장에서 소개한 가중치 조정을 통한 무응답 처리에 대한 평가는 사용된 표본설계와 가정된 모형 하에서 유도되는 추정량의 기댓값과 분산과 같은 통계적 성질을 고려하여 이루어져야 한다. 고려된 가중치 조정 방안을 포함한 다양한 무응답 처리 방안에 대한 연구로는 Särndal, Swensson and Wretman(1992), Chen and Quin(1993), Kott(2006) 그리고 Kim and Park(2010) 등이 있다.

11.3 무응답 대체

항목 무응답이 발생한 경우 조사 대상자가 대답한 항목들과 응답하지 않은 항목들간의 관계를 예측하고, 이를 이용하여 자료의 빈 곳을 채워주는 통계적 기법을 무응답 대체 혹은

결측값 대체(missing value imputation)라고 한다. 항목 무응답이 발생한 개체를 분석에서 제외하는 전통적인 방식이 초래하는 표본크기 감소 및 검정력(statistical power) 손실을 막고자, 사회과학분야의 연구자들이 고려했던 대체 방안들이 통계학 내에서 집중적으로 연구되어, 현재는 사회과학분야를 포함한 많은 분야에서 데이터 처리 과정 중 하나의 과정으로 적용되고 있다.

개체 무응답의 문제를 해결하기 위하여 사용된 가중치 조정 방안에서와 마찬가지로 무응답 대체를 위해서는 기본적으로 MAR 가정이 필요하며, 또한 대체가 필요한 문항과 나머지 문항들과의 관계를 설명하기 위한 통계적 모형이 필요하다. 실제 무응답 대체에 대한 연구는 매우 다양한 분야에서 방대하게 이루어지고 있다. 여기에서는 서베이 통계학 분야에서 흔히 사용되는 단순하지만 효과적인 몇 가지 대체방안들을 간략히 소개한다.

□ 평균 대체법 (Mean Imputation)

평균 대체는 그 방법의 단순함으로 현장에서 가장 많이 사용되는 대체법으로 결측값을 해당 변수의 평균으로 대체하는 방법이다. 일반적으로 표본 전체의 평균을 이용하기 보다는, 셀 가중법에서와 같이 표본을 관심변수 및 응답여부 변수의 분포가 동일하다고 생각되는 여러 셀로 구분하고, 각 셀 내에서 발생하는 결측값을 셀 내 응답자들의 평균으로 대체하는 셀 평균 대체법(cell mean imputation)이 주로 사용된다.

평균 대체법은 적용이 쉽고 직관적으로 이해하기 쉬운 장점이 있다. 또한 평균 대체법을 통해 얻은 대체된 데이터(imputed data)를 이용하여 모평균 혹은 모집단 총합과 같은 단순 모수를 알려진 비편향 추정법을 사용하여 추정할 경우, 추정량은 사용된 표본설계와 응답여부의 확률분포에 대한 가정 하에서 비편향성을 만족한다.

그러나 동일한 수치인 평균값이 모든 결측치 혹은 셀 내 모든 결측치를 대체하기 때문에 표본의 분포를 왜곡하게 되는 문제가 발생할 수 있으며, 이로 인하여 추정량의 표본분산이 심각하게 과소추정될 수 있다. 또한 회귀계수나 상관계수의 추정을 위해 대체된 자료가 사용될 경우 추정량들은 유의한 편향을 가질 수 있다.

□ 핫덱 대체법 (Hot-deck Imputation)

평균 대체법이 가지는 문제점을 보완함과 동시에 평균적으로 단순 모수에 대한 추정량의 비편향성을 유지하기 위한 대체법으로 핫덱 대체법이 흔히 사용된다. 핫덱 대체를 위해서는 일반적으로 표본을 응답여부 및 관심변수를 기준으로 동일하다고 판단되는 배타적인 셀들의 합집합으로 구성한 후에 셀 내에서 관측된 값들 중 임의의 값을 무작위 추출하여 결측값을 대체한다.

셀 평균 대체법과는 달리 결측치마다 임의의 관측된 값이 선택되어 대체되기 때문에 분포의 왜곡을 막을 수 있는 장점이 있다. 또한 한 개체의 여러 변수에 결측이 발생한 경우, 결측이 발생한 해당 항목들에 모두 응답한 응답자 중 한 명을 임의 선택하여 결측이 발생한 모든 항목을 대체하는 방안을 적용할 수 있기 때문에, 대체 과정을 단순화 할 수 있을 뿐 아니라 결측 변수들 간의 상관구조를 유지할 수 있는 장점이 있다. 그러나 핫덱 대체의 경우 대체를 위한 추가적인 응답자 추출로 인한 분산이 발생하며, 이를 감안하지 않는 대체된 자료의 분석은 추정량의 분산추정량과 검정력에 영향을 미친다.

□ 회귀 대체법 (Regression Imputation)

회귀 대체법은 응답자들을 대상으로 회귀모형을 적합하고 이를 이용하여 결측값을 예측하는 방법이다. 예를 들어, 설명변수 $x_1, \cdots, x_p$와 결측이 있는 관심변수 y 모두에 응답한 자료를 이용하여 다중회귀식

$$y_k = \beta_0 + \beta_1 x_{k1} + \cdots + \beta_p x_{kp} + \epsilon_k$$

을 적합하여 $(\hat{\beta}_0, \hat{\beta}_1, \cdots, \hat{\beta}_p)'$을 구하고, 결측치 y_m을 다음 식으로 대체하는 것이다.

$$\hat{y}_m = \hat{\beta}_0 + \hat{\beta}_1 x_{m1} + \cdots + \hat{\beta}_p x_{mp} \tag{11.15}$$

식 (11.15)에 주어진 $\hat{y}_m$은 $(x_{m1}, \cdots, x_{mp})$이 주어졌을 때의 y의 조건부 기댓값에 대한 추정량으로 볼 수 있기 때문에, 이를 조건부 평균대체법으로 정의할 수도 있다.

이와 같은 회귀 대체법은 비록 설명변수의 값에 따라 y의 예측치가 동일하지는 않으나, 설명변수의 값이 동일한 개체는 여전히 동일한 값으로 결측이 대체되기 때문에 평균대체가 갖는 약점을 부분적으로 갖게된다. 이러한 문제를 해결하기 위하여 y의 결측치를

$$\hat{y}_m = \hat{\beta}_0 + \hat{\beta}_1 x_{m1} + \cdots + \hat{\beta}_p x_{mp} + \hat{\epsilon}_m \tag{11.16}$$

으로 대체하는 방안이 사용될 수 있다. 여기서 $\hat{\epsilon}_m$은 평균이 0이고 분산이 회귀모형 하에서 추정된 평균제곱오차(MSE)를 갖는 정규분포로부터 생성된 난수(random number)이다.

다른 대체 방안들과 마찬가지로 회귀 대체법 역시 대체를 위해 사용된 회귀모형에 의한 MAR 가정에 그 타당성이 영향을 받게 되며, 대체로 인하여 발생하는 추가적인 오차로 인하여 대체된 자료를 이용하여 정의되는 추정량의 분산은 대부분의 경우에는 증가하게 된다.

대체가 필요한 결측이 존재하는 변수가 범주형 변수인 경우에는 연속형 변수의 결측치 대체에 타당한 회귀대체를 사용할 수 없다. 범주형 자료의 대체를 위해서는 흔히 로지스틱

회귀모형을 이용한 대체법이 고려된다. 예를 들어, y_k가 0과 1의 값을 갖는 이항변수일 때는 우선

$$\log\left(\frac{p_k}{1-p_k}\right) = \mathbf{x}_k'\boldsymbol{\beta}$$

를 적합하고 추정량 $\hat{\boldsymbol{\beta}}$를 이용하여 결측치의 $p_k = Pr(y_m = 1)$을 예측한 후, 이 값이 0.5 보다 클 때는 $y_m = 1$ 그리고 0.5보다 적을 때는 $y_m = 0$으로 대체할 수 있다.

□ 다중대체법 (Multiple Imputation)

다중대체법은 대체를 위한 특정한 방법이 아니며, 앞에서 소개된 대체 방법 혹은 또 다른 대체 방법을 이용하여 하나의 대체 자료가 아닌 $m(> 0)$개의 다중 자료를 생성하는 방안을 의미한다. 다중대체법은 Rubin(1987)에 의하여 소개되고 집중적으로 연구되었으며, 기본적으로 대체로 인한 추정량의 추가적인 변동을 측정하기 위한 방안으로 고려되었다.

예를 들어, 한 개체에서만 결측이 발생한 ⟨표 11.2⟩의 단순한 경우를 고려하자. 핫덱 대체를 통해 생성되는 가능한 대체 자료는 총 4개로 각 각 $y^{(1)} \sim y^{(4)}$로 표에 주어져 있다. ⟨표 11.2⟩의 마지막 행에 주어진 평균값의 변동은 서로 다른 값을 대체를 위하여 사용하기 때문에 발생한 '대체로 인한 변동'으로 이해할 수 있다. 대체가 한 번만 이루어진 경우 $y^{(1)} \sim y^{(4)}$ 중 가능한 하나의 표본만을 얻게되며, 이를 이용한 추정량의 분산추정량은 대체로 인한 분산을 고려하지 못하여 분산을 과소 추정하는 문제가 발생한다.

이러한 문제를 부분적으로 해결하기 위하여 고려되는 방법이 다중대체법으로, 다중의 대체를 통해 생성된 자료를 이용하여 추정량 및 분산추정량을 계산하게 된다. 예를 들어, 특정한 대체방법을 통해 $m(> 0)$번의 다중대체가 이루어졌다고 가정하자. i번째 대체된 표본을 이용하여 계산된 모수 θ에 대한 추정량을 $\hat{\theta}_i$로, 그리고 이의 분산추정량을 $\hat{V}_i$라고 하자. 다중대체를 통해 얻은 m개의 대체된 표본을 이용하여 계산되는 모수 θ의 추정량과

⟨표 11.2⟩ 다중 대체법의 예

표본 ID	y	$y^{(1)}$	$y^{(2)}$	$y^{(3)}$	$y^{(4)}$
1	6	6	6	6	6
2	9	9	9	9	9
3	4	4	4	4	4
4	2	2	2	2	2
5	결측	6	9	4	2
평균		5.4	6.0	5.0	4.6

이의 분산추정량은 각각 다음과 같이 정의된다.

$$\bar{\theta}_{MI} = \frac{1}{m}\sum_{i=1}^{m}\hat{\theta}_i, \tag{11.17}$$

$$\hat{V}_{MI}\left(\bar{\theta}_{MI}\right) = \frac{1}{m}\sum_{i=1}^{m}\hat{V}_i + \left(\frac{m+1}{m}\right)\frac{1}{m-1}\sum_{i=1}^{m}\left(\hat{\theta}_i - \bar{\theta}_{MI}\right)^2. \tag{11.18}$$

즉, 모수에 대한 추정량은 각 대체 표본으로부터 계산된 추정량들의 평균으로 계산되며, 이의 분산추정량은 각 대체 표본으로부터 계산된 분산추정량의 평균과 대체로 인한 추정량의 분산에 대한 추정량의 합으로 계산된다.

다중 대체법은 대체로 인한 추가적인 변동을 고려할 수 있다는 분석적 측면에서의 장점은 있으나, 자료 제공자와 사용자가 다른 경우에 다중의 자료를 제공함으로써 오히려 사용자에게 혼란을 유발할 소지가 있다. 또한, 단순 모수의 추정이 아닌 보다 복잡한 통계분석이 필요한 경우 분석자에게 상당한 수준의 통계적 지식이 요구된다는 현실적인 문제가 있을 수 있다.

이하 본 절에서는 SAS에서 제공하고 있는 MI Procedure를 이용한 다양한 다중대체 방안의 예를 살펴본다.

11.3.1 SAS 사용 예 – 결측패턴의 탐색

MI Procedure는 결측패턴을 탐색하고 결측값 대체를 수행할 수 있는 기능을 가지고 있다. 먼저 여기에서는 자료의 결측패턴을 탐색하는 예를 살펴보도록 하자. 이 절에서 사용될 자료는 Health_Pop 데이터셋이다(부록 A 참조).

⟨SAS 사례 11.1⟩ 결측패턴의 탐색 (MI Procedure)

```
PROC MI DATA=Sampling.Health_Pop NIMPUTE=0;
    VAR Sex Age Ainc Edu He_ht He_wt Sm_A0101;
RUN;
```

□ PROC MI 명령문

- DATA=: 자료가 저장되어 있는 데이터셋을 지정한다.
- NIMPUTE=: 결측값 대체의 개수를 지정한다(초기값: NIMPUTE=5). NIMPUTE=0으로 지정하면 결측값 대체는 수행되지 않으며, 결측패턴 등의 결과만 제시된다.

□ VAR 명령문: 분석에 사용될 변수들을 나열한다.

〈표 11.3〉 SAS 사례 11.1의 출력결과

Missing Data Patterns									
Group	Sex	Age	Ainc	Edu	He_wt	He_ht	Sm_A0101	Freq	Percent
1	×	×	×	×	×	×	×	7452	90.91
2	×	×	×	×	×	×	.	262	3.20
3	×	×	×	×	×	.	×	22	0.27
4	×	×	×	×	×	.	.	2	0.02
5	×	×	×	×	.	×	×	6	0.07
6	×	×	×	×	.	×	.	2	0.02
7	×	×	×	×	.	.	×	30	0.37
8	×	×	×	×	.	.	.	421	5.14

〈SAS 사례 11.1〉의 출력결과로서 〈표 11.3〉과 같은 결측패턴의 탐색 결과가 출력된다. 먼저, 4개의 변수 Sex(성별), Age(연령), Anic(월평균 가구총소득), Edu(교육수준)에는 결측값이 하나도 없다. VAR 명령문에 지정된 7개의 변수에 결측값이 하나도 없는 개체는 7,452개이다(Group=1). 변수 Sm_A0101(흡연 여부)는 결측값이고 나머지 6개의 변수는 결측값이 아닌 개체는 262개이다(Group=2). ⋯ 변수 He_wt(체중), He_ht(신장), Sm_A0101(흡연 여부)는 모두 결측값이고 나머지 4개 변수는 결측값이 아닌 개체는 421개이다(Group=8).

먼저, 여기에서는 결측값이 없는 변수들을 이용하여 결측값이 있는 변수에 대한 대체를 수행하는 경우의 예를 다루어 보겠다.

11.3.2 SAS 사용 예 – 회귀 방법

결측값이 있는 연속형(continuous) 변수 Y에 대하여 다음과 같은 회귀모형을 고려하자.

$$Y = \beta_0 + \beta_1 X_1 + \beta_2 X_2 + \cdots + \beta_p X_p + \epsilon \tag{11.19}$$

이 모형을 변수 Y와 공변량 $X_1, X_2, \cdots, X_p$가 모두 관측되어 있는 개체에 적합하여, 회귀모수에 대한 추정치 $\hat{\boldsymbol{\beta}} = (\hat{\beta}_0, \hat{\beta}_1, \cdots, \hat{\beta}_p)$와 공분산행렬 $\hat{\sigma}^2\mathbf{V}$를 구한다. 여기에서 $\mathbf{V}$는 상수항과 공변량 $X_1, X_2, \cdots, X_p$로부터 생성된 $\mathbf{X}'\mathbf{X}$의 역행렬이다. 이제 다음과 같은 절차를 수행하여 결측값을 대체한다.

(1) 새로운 계수 $\boldsymbol{\beta}_* = (\beta_{*0}, \beta_{*1}, \cdots, \beta_{*p})$와 σ_*^2을 사후예측분포로부터 추출한다. 먼저 분산 σ_*^2을 다음과 같이 생성한다.

$$\sigma_*^2 = \hat{\sigma}^2(n-p-1)/g \tag{11.20}$$

여기에서 g는 χ^2_{n-p-1}로부터의 확률변량이고 n은 결측값이 없는 관측치의 수이다. 그 다음 회귀계수를 다음과 같이 추출한다.

$$\boldsymbol{\beta}_* = \hat{\boldsymbol{\beta}} + \sigma_* \mathbf{V}'_h \mathbf{Z} \tag{11.21}$$

여기에서 $\mathbf{V}_h$는 Cholesky 분해에서의 상삼각행렬이고(즉, $\mathbf{V} = \mathbf{V}'_h \mathbf{V}_h$), $\mathbf{Z}$는 정규분포로부터의 독립 확률변량이다.

(2) 각 결측값을 다음의 값으로 대체한다.

$$y_i^* = \beta_{*0} + \beta_{*1}x_{i1} + \beta_{*2}x_{i2} + \cdots + \beta_{*p}x_{ip} + z_i\sigma_* \tag{11.22}$$

여기에서 z_i는 정규분포로부터의 확률변량이다.

⟨SAS 사례 11.2⟩ 회귀 방법 (Regression Method)

```
PROC MI DATA=Sampling.Health_Pop OUT=Sampling.MI9_2
        NIMPUTE=1 SEED=13951639;
     VAR Sex Age Ainc Edu He_ht;
     CLASS Sex Edu;
     MONOTONE REG(He_ht = Sex Age Ainc Edu / DETAILS);
RUN;
```

□ PROC MI 명령문

- DATA=: 자료가 저장되어 있는 데이터셋을 지정한다.
- OUT=: 결측값이 대체된 자료가 저장될 데이터셋을 지정한다.
- NIMPUTE=: 결측값 대체의 개수를 지정한다(초기값: NIMPUTE=5).
- SEED=: 난수 생성의 초기값을 지정한다.

□ VAR 명령문: 분석에 사용될 변수들을 나열한다. 단, 결측값이 있는 변수가 가장 나중에 위치해야 한다.

□ CLASS 명령문: 분석에 사용될 변수들 중 범주형 변수들을 나열한다.

□ MONOTONE 명령문: 결측값 대체 방법과 모형을 지정한다(REG: 회귀 방법). 여기에는 ‘y = x1 x2 x1*x2’와 같이 주효과 및 상호작용효과를 지정할 수 있다. DETAILS 옵션을 지정하면 회귀모수 추정치가 출력된다.

⟨표 11.4⟩는 ⟨SAS 사례 11.2⟩의 출력결과 중 회귀모수의 추정치이다. 여기에서 Obs-Data 부분은 관측치가 모두 있는 자료만을 이용하여 추정된 회귀모수 추정치이고(식 11.19 참조), Imputation 부분은 결측값 대체에 사용된 추정치이다(식 11.22 참조). 예를 들어, 이

〈표 11.4〉 SAS 사례 11.2의 주요 출력결과

Regression Models for Monotone Method					
Imputed Variable	Effect	Sex	Edu	Obs-Data	Imputation 1
He_ht	Intercept	.	.	0.06929	0.064758
He_ht	Sex	1	.	0.70876	0.716953
He_ht	Age	.	.	-0.32219	-0.334472
He_ht	Ainc	.	.	0.00590	0.003647
He_ht	Edu	.	1	-0.14995	-0.119232
He_ht	Edu	.	2	-0.06210	-0.064435
He_ht	Edu	.	3	0.06853	0.063299

예에서 결측값 대체는 다음과 같은 식을 이용하여 수행된다.

$$\begin{aligned} He\_wt &= 0.065 + 0.717\ \mathrm{I}(Sex = 1) - 0.334Age - 004Ainc \\ &\quad -0.119\ \mathrm{I}(Edu = 1) - 0.064\ \mathrm{I}(Edu = 2) + 0.063\ \mathrm{I}(Edu = 3) + z\sigma_* \end{aligned}$$

11.3.3 SAS 사용 예 – 예측평균 매칭 방법

예측평균 매칭 방법(predictive mean matching method)의 과정은 앞에서 설명한 회귀 방법의 절차 중 단계 (1)까지는 동일하며, 그 다음의 절차는 다음과 같다.

(2) 각 결측값에 대하여 다음과 같이 예측값을 계산한다.

$$y_i^* = \beta_{*0} + \beta_{*1}x_{i1} + \beta_{*2}x_{i2} + \cdots + \beta_{*p}x_{ip} \tag{11.23}$$

(3) 그의 예측값이 y_i^*에 가장 가까운 예측값을 가지는 k_0개의 개체로 이루어진 집합을 생성한다.

(4) k_0개의 개체 중 하나를 랜덤 추출하여 그의 관측값으로 결측값을 대체한다.

이 방법의 장점은 핫덱 대체법과 유사하게 실제 관측된 값들 중 하나로 결측값이 대체된다는 것이다.

〈SAS 사례 11.3〉 예측평균 매칭 방법 (Predictive Mean Matching Method)

```
PROC MI DATA=Sampling.Health_Pop OUT=Sampling.MI9_3
        NIMPUTE=1 SEED=13951639;
     VAR Sex Age Ainc Edu He_ht;
```

```
        CLASS Sex Edu;
        MONOTONE REGPMM(He_ht = Sex Age Ainc Edu / K=5 DETAILS);
RUN;
```

□ MONOTONE 명령문: 결측값 대체 방법과 모형을 지정한다(REGPMM: 예측평균 매칭 방법). K= 옵션은 앞의 단계 (3)에서의 k_0을 지정하는 것이다(초기값: K=5).

11.3.4 SAS 사용 예 – 로지스틱 회귀 방법

로지스틱 회귀 방법은 이항형(binary), 순서형(ordinal), 명목형(nominal) 변수에 대하여 로지스틱 회귀모형(logistic regression model)을 이용한 대체를 수행한다.

먼저, 이항형 변수 $Y(=1,2)$에 대하여 다음과 같은 로지스틱 회귀모형을 고려하자.

$$\log\left(\frac{p_1}{1-p_1}\right) = \beta_0 + \beta_1 X_1 + \beta_2 X_2 + \cdots + \beta_p X_p + \epsilon, \tag{11.24}$$

여기에서 $p_1 = \Pr(Y = 1|X_1, X_2, \cdots, X_p)$이다. 이 모형을 Y와 공변량 $X_1, X_2, \cdots, X_p$가 모두 관측되어 있는 개체에 적합하여, 회귀모수에 대한 추정치 $\hat{\boldsymbol{\beta}} = (\hat{\beta}_0, \hat{\beta}_1, \cdots, \hat{\beta}_p)$와 공분산행렬 $\mathbf{V}$를 구한다. 여기에서 $\mathbf{V}$는 상수항과 공변량 $X_1, X_2, \cdots, X_p$로부터 생성된 $\mathbf{X}'\mathbf{X}$의 역행렬이다. 이제 다음과 같은 절차를 수행하여 결측값을 대체한다.

(1) 새로운 계수 $\hat{\boldsymbol{\beta}}_* = (\beta_{*0}, \beta_{*1}, \cdots, \beta_{*p})$을 사후예측분포로부터 추출한다.

$$\boldsymbol{\beta}_* = \hat{\boldsymbol{\beta}} + \mathbf{V}_h'\mathbf{Z} \tag{11.25}$$

여기에서 $\mathbf{V}_h$는 Cholesky 분해에서의 상삼각행렬이고(즉, $\mathbf{V} = \mathbf{V}_h'\mathbf{V}_h$), $\mathbf{Z}$는 정규분포로부터의 독립 확률변량이다.

(2) 결측값이 있는 각 개체에 대하여 다음과 같이 $p_1 = \Pr(y_i = 1|x_1, x_2, \cdots, x_p)$을 계산한다.

$$p_1 = \frac{\exp(\mu_1)}{1 + \exp(\mu_1)}, \tag{11.26}$$

여기에서 $\mu_1 = \beta_{*0} + \beta_{*1}x_{i1} + \beta_{*2}x_{i2} + \cdots + \beta_{*p}x_{ip}$이다.

(3) 0과 1 사이의 균일난수(uniform random number) u를 생성한다. 생성된 u의 값이 p_1보다 작으면 $Y = 1$로 대체하고, 그렇지 않으면 $Y = 2$로 대체한다.

반응값 $1, 2, \cdots, K$를 가지는 순서형 및 범주형 변수의 경우에는, 이와 유사하게 누적 로짓(cumulative logit) 또는 일반화 로짓(generalized logit) 모형을 이용하여 확률 $p_1, p_2, \cdots, p_K$를 계산하고, 생성된 균일난수 u의 값에 따라 다음과 같이 대체한다.

$$y_i = \begin{cases} 1 & \text{if } u < p_1 \\ k & \text{if } \sum_{j=1}^{k-1} p_j \leq u < \sum_{j=1}^{k} p_j \\ K & \text{if } \sum_{j=1}^{K-1} p_j \leq u \end{cases} \tag{11.27}$$

⟨SAS 사례 11.4⟩ 로지스틱 회귀 방법 (Logistic Regression Method)

```
PROC MI DATA=Sampling.Health_Pop OUT=Sampling.MI9_4
        NIMPUTE=1 SEED=13951639;
     VAR Sex Age Ainc Edu Sm_A0101;
     CLASS Sex Edu Sm_A0101;
     MONOTONE LOGISTIC(Sm_A0101 = Sex Age Ainc Edu
              / LINK=LOGIT DESCENDING DETAILS);
RUN;
```

□ MONOTONE 명령문: 결측값 대체 방법과 모형을 지정한다(LOGISTIC: 로지스틱 회귀 방법).

- LINK=: 로짓모형의 연결함수(link function)을 지정한다. 이항형 또는 순서형 반응변수의 경우에는 LINK=LOGIT(이항 로짓 또는 누적 로짓)을, 범주형 반응변수의 경우에는 LINK=GLOGIT(일반화 로짓)을 지정하면 된다(초기값: LINK=LOGIT).
- DESCENDING: 반응변수의 수준에 대한 순서를 지정한다. 이 예에서 반응변수 Bmi25는 0, 1의 값을 가지고 있는데, 만약 DESCENDING 옵션을 지정하지 않으면 식 (11.24)의 좌변이 $\log[p_0/(1-p_0)]$으로 설정되고, DESCENDING 옵션을 지정하면 $\log[p_1/(1-p_1)]$로 설정된다. 이 옵션은 결측값 대체에는 영향을 주지 않는다.
- DETAILS: 회귀모수에 대한 추정치를 출력한다.

⟨표 11.5⟩는 ⟨SAS 사례 11.4⟩의 출력결과 중 회귀모수의 추정치이다. 여기에서 Obs-Data 부분은 관측치가 모두 있는 자료만을 이용하여 추정된 회귀모수 추정치이고(식 11.24 참조), Imputation 부분은 결측값 대체에 사용된 추정치이다(식 11.25 참조). 예를 들어, 이 예에서 식 (11.26)의 확률에 대한 추정은 다음과 같은 식을 이용하여 수행된다.

$$\begin{aligned} \mu_1 &= -1.644 + 1.323\ \mathrm{I}(Sex = 1) - 0.590 Age + 0.045 Ainc \\ &\quad +0.180\ \mathrm{I}(Edu = 1) + 0.135\ \mathrm{I}(Edu = 2) + 0.107\ \mathrm{I}(Edu = 3), \end{aligned}$$

$$\Pr(Bmi25 = 1) = \frac{\exp(\mu_1)}{1 + \exp(\mu_1)}$$

〈표 11.5〉 SAS 사례 11.4의 주요 출력결과

Logistic Models for Monotone Method					
Imputed Variable	Effect	Sex	Edu	Obs-Data	Imputation 1
Bmi25	Intercept	.	.	-1.50684	-1.644292
Bmi25	Sex	1	.	1.27768	1.323210
Bmi25	Age	.	.	-0.58060	-0.590327
Bmi25	Ainc	.	.	0.00878	0.045076
Bmi25	Edu	.	1	0.31510	0.180651
Bmi25	Edu	.	2	0.16789	0.135025
Bmi25	Edu	.	3	-0.03388	0.106615

11.3.5 SAS 사용 예 – 판별함수 방법

판별함수 방법은 명목형(nominal) 변수에 대하여 다변량 정규분포의 가정 하에서 선형 판별함수(linear discriminant function)를 이용한 대체를 수행한다.

먼저, 반응값 $1, 2, \cdots, K$를 가지는 범주형 변수와 설명변수 $X_1, X_2, \cdots, X_p$가 있을 때, k번째 집단의 평균벡터 $\bar{\mathbf{X}}_k$와 합동공분산행렬 $\mathbf{S}$를 다음과 같이 계산한다.

$$\bar{\mathbf{X}}_k = (\bar{X}_{k1}, \bar{X}_{k2}, \cdots, \bar{X}_{kp}),\ k = 1, 2, \cdots, K \tag{11.28}$$

$$\mathbf{S} = \frac{1}{n-K} \sum_{k=1}^{K} (n_k - 1)\mathbf{S}_k \tag{11.29}$$

여기에서 $\mathbf{S}_k$는 집단-내 공분산행렬이고, n_k는 각 집단의 표본크기이며, $n = \sum n_k$는 전체 표본크기이다. 이제 다음과 같은 절차를 수행하여 결측값을 대체한다.

(1) 새로운 합동공분산행렬 $\mathbf{S}_*$를 역위샤트분포(inverted Wishart distribution) $W^{-1}(n-K, (n-K)\mathbf{S})$로부터 추출한다.

(2) 집단별 평균벡터 $\mathbf{m}_{*k}$를 다변량 정규분포 $N(\bar{\mathbf{X}}_k, \mathbf{S}_*/n_k)$로부터 추출한다.

(3) 사전확률(prior probability) q_{*k}를 계산한다. 여기에는 4가지 옵션이 있다.
   - PRIOR=EQUAL: $q_{*k} = 1/K$. 즉, 사전확률이 모두 동일하다.
   - PRIOR=PROPORTIONAL: $q_{*k} = n_k/n$. 즉, 사전확률이 각 집단의 표본크기에 비례한다.
   - PRIOR=JEFFREYS=c: 디리클레(Dirichlet) 모수 $\alpha_k = c$를 사용한다.
   - PRIOR=RIDGE=d: 능형(ridge) 모수를 사용한다. $d \geq 1$일 경우 $\alpha_k = d \times n_k/n$, $d < 1$ 일 경우 $\alpha_k = d \times n_k$.

(4) 결측값이 있는 각 개체에 대하여 각 집단에 속할 사후확률을 다음과 같이 계산한다.

$$p_k(\mathbf{x}) = \frac{\exp(-0.5D_k^2(\mathbf{x}))}{\sum_{u=1}^{K} \exp(-0.5D_u^2(\mathbf{x}))} \tag{11.30}$$

여기에서 $D_k^2(\mathbf{x}) = (\mathbf{x} - \mathbf{m}_{*k})'\mathbf{S}_*^{-1}(\mathbf{x} - \mathbf{m}_{*k}) - 2\log(q_{*k})$이다.

(5) 0과 1 사이의 균일난수(uniform random number) u를 생성한다. 생성된 u의 값에 따라 다음과 같이 대체한다.

$$y_i = \begin{cases} 1 & \text{if } u < p_1(\mathbf{x}) \\ k & \text{if } \sum_{j=1}^{k-1} p_j(\mathbf{x}) \le u < \sum_{j=1}^{k} p_j(\mathbf{x}) \\ K & \text{if } \sum_{j=1}^{K-1} p_j(\mathbf{x}) \le u \end{cases} \tag{11.31}$$

⟨SAS 사례 11.5⟩ 판별함수 방법 (Discriminant Function Method)

```
PROC MI DATA=Sampling.Health_Pop OUT=Sampling.MI9_5
        NIMPUTE=1 SEED=13951639;
     VAR Sex Age Ainc Edu Sm_A0101;
     CLASS Sex Edu Sm_A0101;
     MONOTONE DISCRIM(Sm_A0101 = Sex Age Ainc Edu / DETAILS
              CLASSEFFECTS=INCLUDE PRIOR=PROPORTIONAL);
RUN;
```

□ MONOTONE 명령문: 결측값 대체 방법과 모형을 지정한다(DISCRIM: 판별함수 방법).

- CLASSEFFECTS=: CLASS 명령문에 지정된 범주형 설명변수들을 분석에 사용할 것인지를 지정한다(초기값: CLASSEFFECTS=EXCLUDE).
- PRIOR=: 사전확률의 계산 방법을 지정한다.
- DETAILS: 집단별 (표준화된)평균벡터 등을 출력한다.

11.3.6 SAS 사용 예 – 성향점수 방법

이 방법은 반응변수 Y와 설명변수 $X_1, X_2, \cdots, X_p$가 있을 때, 성향점수(propensity score)를 이용하여 대체를 수행한다. 성향점수 방법의 절차는 다음과 같다.

(1) 반응변수 Y에 대하여 결측 여부를 나타내는 지시변수 R을 생성한다(식 11.2 참조).

(2) 다음과 같은 로지스틱 회귀모형을 적합시킨다.

$$\log\left(\frac{p_0}{1-p_0}\right) = \beta_0 + \beta_1 X_1 + \beta_2 X_2 + \cdots + \beta_p X_p + \epsilon, \tag{11.32}$$

여기에서 $p_0 = \Pr(R = 0|X_1, X_2, \cdots, X_p)$이다.

(3) 로지스틱 회귀 방법에서와 유사하게, 모든 개체 각각에 대하여 그 개체가 결측일 확률을 계산한다. 이를 성향점수(propensity score)라고 한다.

(4) 성향점수에 기초하여 개체를 g개의 그룹으로 나눈다.

(5) 각 그룹에서 Y_{obs}를 n_1개의 결측이 아닌 값들의 집합이라고 하고, Y_{mis}를 n_0개의 결측인 값들의 집합이라고 하자. 먼저, Y_{obs}로부터 복원추출에 의해 n_1개의 값을 추출하여 새로운 집합 Y^*_{obs}를 생성한다. 그 다음, Y^*_{obs}로부터 복원추출에 의해 n_0개의 값을 추출하여 순서대로 Y_{mis}를 대체한다. 이러한 절차는 근사적 베이지안 붓스트랩 방법과 유사하다.

⟨SAS 사례 11.6⟩ 성향점수 방법 (Propensity Score Method)

```
PROC MI DATA=Sampling.Health_Pop OUT=Sampling.MI9_6
        NIMPUTE=1 SEED=13951639;
     VAR Sex Age Ainc Edu He_ht;
     CLASS Sex Edu;
     MONOTONE PROPENSITY(He_ht=Sex Age Ainc Edu
              / NGROUPS=5 DETAILS);
RUN;

PROC MI DATA=Sampling.MI9_6 OUT=Sampling.MI9_6
        NIMPUTE=1 SEED=13951639;
     VAR Sex Age Ainc Edu Sm_A0101;
     CLASS Sex Edu;
     MONOTONE PROPENSITY(Sm_A0101 = Sex Age Ainc Edu
               / NGROUPS=5 DETAILS);
RUN;
```

□ MONOTONE 명령문: 결측값 대체 방법과 모형을 지정한다(PROPENSITY: 성향점수 방법).

- NGROUPS=: 위의 단계 (4)에서 성향점수에 의해 분리될 그룹의 수를 지정한다(초기값: NGROUPS=5).
- DETAILS: 성향점수를 계산하기 위해 사용된 로지스틱 회귀계수의 추정치를 출력한다(식 11.32 참조).

〈표 11.6〉 단조 결측패턴과 임의 결측패턴

(a) 단조 결측패턴

Group	Y_1	Y_2	Y_3
1	×	×	×
2	×	×	×
3	×	×	.
4	×	.	.

(b) 임의 결측패턴

Group	Y_1	Y_2	Y_3
1	×	×	.
2	.	×	×
3	×	.	×
4	.	×	.

11.3.7 SAS 사용 예 – FCS 방법

〈표 11.6〉의 예를 보자. 표 (a)에서와 같이 결측패턴이 앞쪽에서부터 순서대로 포함관계를 갖는 경우를 단조 결측패턴(monotone missing pattern)이라고 한다. 이러한 경우, 먼저 Y_1을 이용하여 Y_2의 결측값을 대체함으로써 Y_2^*를 생성하고, 그 다음 Y_1과 Y_2^*를 이용하여 Y_3를 대체하는 식으로 진행할 수 있다. 앞의 사례들에서 사용된 MONOTONE 명령문은 이러한 성질을 응용한 것이다.

반면에 표 (b)에서와 같이 결측이 섞여 있는 경우를 임의 결측패턴(arbitrary missing pattern)이라고 한다. 이 경우에는 Y_2와 Y_3를 이용하여 Y_1의 결측값을 대체함으로써 Y_1^*를 생성하고, Y_1^*와 Y_3를 이용하여 Y_2를 대체함으로써 Y_2^*를 생성하고, Y_1^*와 Y_2^*를 이용하여 Y_3을 대체함으로써 Y_3^*를 생성하고, Y_2^*와 Y_3^*를 이용하여 Y_1을 대체함으로써 Y_1^*를 생성하는 식으로 반복을 계속함으로써 결측값 내체를 수행할 수 있다.

임의(비단조) 결측패턴의 경우, 다음 사례에서와 같이 FSC 명령문을 이용하면 이와 같은 반복적 절차를 통해 결측값 대체를 수행할 수 있다.

〈SAS 사례 11.7〉 FCS 방법 (Fully Conditional Specification Method)

```
PROC MI DATA=Sampling.Health_Pop OUT=Sampling.MI9_7
        NIMPUTE=1 SEED=13951639;
     VAR Sex Age Ainc Edu He_ht He_wt Sm_A0101;
     CLASS Sex Edu Sm_A0101;
     FCS NBITER=20 PLOTS=TRACE
         REG(He_ht / DETAILS)
         REG(He_wt / DETAILS)
         LOGISTIC(Sm_A0101 / DETAILS);
RUN;
```

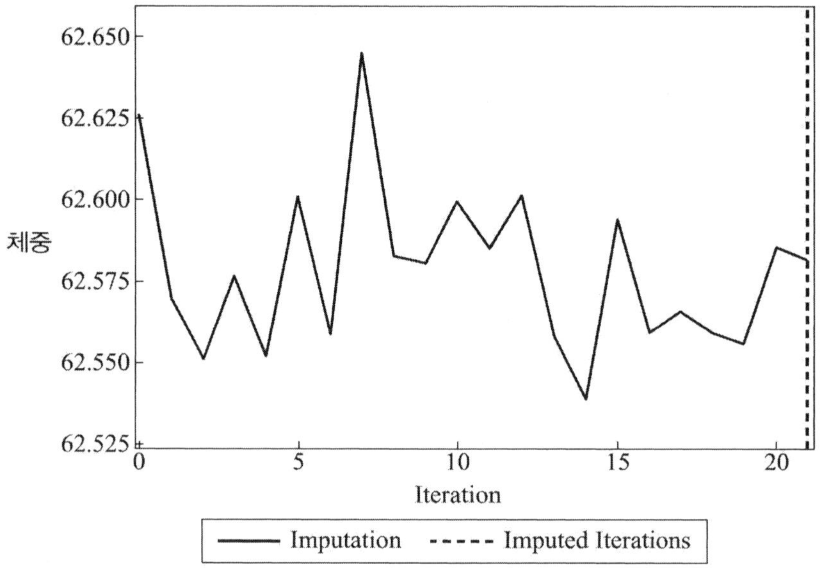

〈그림 11.1〉 반복시점에 따른 평균값의 변화(Trace Plot)

□ FCS 명령문: 결측값 대체 방법과 모형을 지정한다. MONOTONE 명령문에서와 유사하게 각 반응변수의 대체에 사용될 변수(모형)을 명시할 수 있다(예: y = x1 x2 x1*x2).

- NBITER=k: 최종 결측값 대체 이전에 수행될 사전 반복횟수(number of burn-in iterations)를 지정한다. 즉, k번의 사전 반복을 수행한 후 $k+1$번째 반복에서 최종 결측값 대체가 수행된다(초기값: NBITER=20).
- PLOTS=TRACE: 연속형(continuous) 변수들에 대하여 각 반복시점에 따른 평균값의 변화를 그래프로 출력한다.

11.3.8 SAS 사용 예 – EM 알고리즘

결측값이 있는 $j(=1,\cdots,n)$번째 개체가 $\mathbf{y}_j = (\mathbf{y}_j^{(1)}, \mathbf{y}_j^{(2)})$로 구성되어 있다고 하자. 여기에서 $\mathbf{y}_j^{(1)}$은 결측값인 변수들의 집합을, $\mathbf{y}_j^{(2)}$는 결측값이 아닌 변수들의 집합을 나타낸다. EM 알고리즘은 모수의 MLE(maximum likelihood estimate)를 구하는 반복법으로서, 다변량 정규분포의 가정 하에서 각 반복은 다음과 같은 E-단계와 M-단계로 구성된다.

- E(expectation)-단계: 각 개체에 대하여, 응답된 자료 $\mathbf{y}_j^{(2)}$와 현재 반복에서의 모수 추정값(평균 벡터 $\tilde{\boldsymbol{\mu}}$, 공분산행렬 $\tilde{\boldsymbol{\Sigma}}$)을 이용하여 무응답 자료 $\mathbf{y}_j^{(1)}$을 추정한다.

$$\tilde{\mathbf{y}}_j^{(1)} = E\left(\mathbf{Y}_j^{(1)} | \mathbf{y}_j^{(2)}; \tilde{\boldsymbol{\mu}}, \tilde{\boldsymbol{\Sigma}}\right) = \tilde{\boldsymbol{\mu}}^{(1)} + \tilde{\boldsymbol{\Sigma}}_{12}\tilde{\boldsymbol{\Sigma}}_{22}^{-1}\left(\mathbf{y}_j^{(2)} - \tilde{\boldsymbol{\mu}}^{(2)}\right) \tag{11.33}$$

- M(maximization)-단계: 응답된 자료와 추정된 무응답 자료 $\tilde{\mathbf{y}}_j = (\tilde{\mathbf{y}}_j^{(1)}, \mathbf{y}_j^{(2)})$를 이용하여 모수 추정값을 갱신한다.

$$\tilde{\boldsymbol{\mu}} = \frac{1}{n}\sum_{j=1}^{n} \tilde{\mathbf{y}}_j, \quad \tilde{\boldsymbol{\Sigma}} = \frac{1}{n}\sum_{j=1}^{n} \tilde{\mathbf{y}}_j \tilde{\mathbf{y}}_j' - \tilde{\boldsymbol{\mu}}\tilde{\boldsymbol{\mu}}' \tag{11.34}$$

위와 같은 과정을 모수(평균 벡터, 공분산행렬) 추정값이 수렴할 때까지 반복한다.

⟨SAS 사례 11.8⟩ EM 알고리즘(Expectation-Maximization Algorithm)

```
PROC MI DATA=Sampling.Health_Pop OUT=Sampling.MI9_8
        NIMPUTE=1 SEED=13951639;
     VAR Age Ainc He_ht He_wt;
     EM ITPRINT MAXITER=200 OUTEM=outem9_8;
RUN;
```

□ EM 명령문: EM 알고리즘을 적용할 것을 지정한다. 단, CLASS 명령문과는 함께 사용할 수 없다.

- ITPRINT: 각 반복의 요약(history)를 출력한다.
- MAXITER=: 최대 반복횟수를 지정한다(초기값: MAXITER=200).
- OUTEM=: 모수(평균 벡터, 공분산행렬)에 대하여 MLE(maximum likelihood estimates)가 저장될 데이터셋을 지정한다.

⟨표 11.7⟩은 ⟨SAS 사례 11.8⟩의 출력결과 중 일부이다. EM(MLE) Iteration History 부분에서 5번의 반복으로 모수 추정값이 수렴하였음을 볼 수 있으며, EM(MLE) Parameter Estimates 부분에 추정된 평균 벡터와 공분산 행렬이 출력되어 있다.

11.3.9 SAS 사용 예 – MCMC 방법

MCMC(Markov chain Monte Carlo) 방법은 확률분포들로부터 유사난수(pseudo random number)를 생성하는 기법을 총괄적으로 의미하며, 마르코프 체인(Markov chain)은 각 원소의 분포가 이전 원소의 분포에만 의존하는 확률변수들의 수열을 의미한다. 다변량 정규분포 가정 하에서 MCMC 모의실험(simulation)의 각 반복은 다음과 같은 I-단계와 P-단계로 구성된다.

〈표 11.7〉 SAS 사례 11.8의 주요 출력결과

EM (MLE) Iteration History			
Iteration	-2 Log L	HE_ht	HE_wt
0	270466	162.485151	62.469244
1	265187	162.485151	62.469244
2	265128	162.516375	62.490635
3	265128	162.519992	62.493111
4	265128	162.520308	62.493325
5	265128	162.520333	62.493341

EM (MLE) Parameter Estimates					
TYPE	_NAME_	age	ainc	HE_ht	HE_wt
MEAN		48.849213	499.994793	162.520333	62.493341
COV	age	265.007884	-1093.597894	-55.26081	-21.245697
COV	ainc	-1093.597894	2488862	479.949599	161.367505
COV	HE_ht	-55.26081	479.949599	83.146845	67.334524
COV	HE_wt	-21.245697	161.367505	67.334524	136.337298

- I(imputation)-단계: 반복 $t+1$에서 무응답 자료 Y_{mis}를 응답 자료 Y_{obs}와 모수 $\boldsymbol{\theta}^t$의 값이 주어졌다고 가정한 조건부 예측분포(conditional predictive distribution)로부터 추출한다. 즉,

$$Y_{mis}^{(t+1)} \sim p(Y_{mis}|Y_{obs}, \boldsymbol{\theta}^{(t)}) \tag{11.35}$$

- P(posterior)-단계: 시점 $t+1$에서 모수 $\boldsymbol{\theta}$의 값을 Y_{obs}와 $Y_{mis}^{(t+1)}$의 값이 주어진 것으로 간주한 완전-자료 분포함수로부터 추출한다. 즉,

$$\boldsymbol{\theta}^{(t+1)} \sim p(\boldsymbol{\theta}|Y_{obs}, Y_{mis}^{(t+1)}) \tag{11.36}$$

반복이 충분이 이루어지면 $\boldsymbol{\theta}^t$, $Y_{mis}^{(t)}$의 값들은 $p(\boldsymbol{\theta}, Y_{mis}|Y_{obs})$로부터 추출된 값으로 간주될 수 있으며, 이때 얻어진 $Y_{mis}^{(t)}$의 값들을 무응답 대체를 위하여 사용할 수 있다. 일반적으로는 모수의 분포가 목표분포(target distribution)로 수렴하도록 시점 t까지 충분히 반복을 실시한 후에, 시점 $t+1$에서 추출된 값을 대체값으로 선정한다.

〈SAS 사례 11.9〉 MCMC 방법(Markov chain Monte Carlo Method)

```
ODS GRAPHICS OFF;
PROC MI DATA=Sampling.Health_Pop OUT=Sampling.MI9_9
        NIMPUTE=1 SEED=13951639;
```

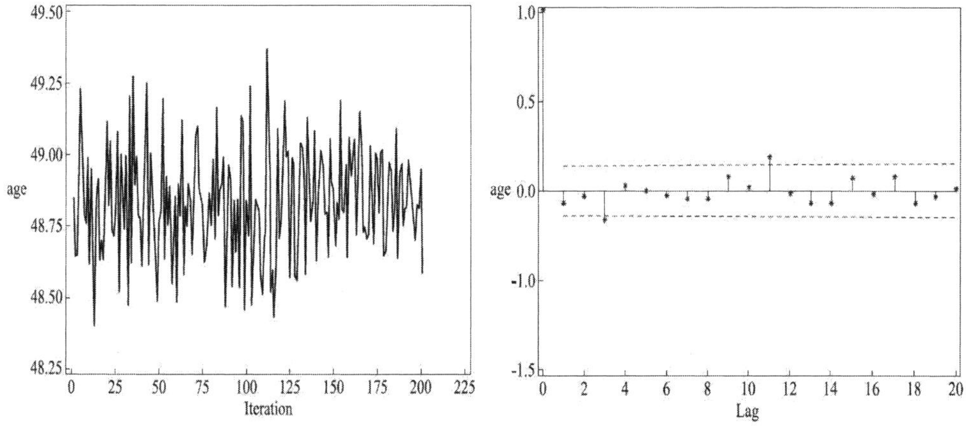

〈그림 11.2〉 반복시점에 따른 평균 추정값의 변화 (일부)

```
    VAR Age Ainc He_ht He_wt;
    MCMC NBITER=200 TIMEPLOT ACFPLOT;
RUN;
ODS GRAPHICS ON;
```

□ MCMC 명령문: MCMC 방법을 적용할 것을 지정한다. 단, CLASS 명령문과는 함께 사용할 수 없다.

- NBITER=: 최종 결측값 대체 이전에 수행될 사전 반복횟수(number of burn-in iterations)를 지정한다(초기값: NBITER=200).
- TIMEPLOT: 반복시점에 따른 모수(평균, 공분산 등)의 시계열 그래프를 출력한다.
- ACFPLOT: 반복시점에 따른 모수(평균, 공분산 등)의 자기상관 그래프를 출력한다.

〈그림 11.2〉는 각 반복시점에서 추출된 평균에 대한 추정값들의 시계열 그래프와 자기상관 그래프를 보여준다(변수 Age의 경우). 평균에 대한 시계열 그래프는 반복에 따라 특정한 패턴을 보이지 않고 무작위적으로 변동하므로 목표함수(target distribution)에 빨리 수렴하였음을 알 수 있다. 또한, 평균에 대한 자기상관 그래프는 시차가 커질때 급격히 줄어들어 반복 시점간 자기상관(autocorrelation)이 크지 않다는 것을 알 수 있다.

11.3.10 SAS 사용 예 – 다중대체와 분석

앞의 사례들에서는 각각의 무응답에 한 개의 값을 대체하는 방법을 고려하였는데 이와 같은 방법을 단일대체(single imputation)라고 한다. 이 방법의 장점은 대체된 자료가 더 이상 무응답을 포함하고 있지 않으므로 연구자가 원하는 분석을 마음대로 시행할 수 있다는 점이다. 그러나 앞에서 설명한 바와 같이 단일대체를 시행하면 추정량의 분산이 과소추정되는 결과를 가져온다. 따라서 통계적 추론을 실시할 때 기각하지 않아야 하는 모수를 기각으로 이끄는 문제점을 야기할 수 있다는 점에서 주의가 필요하다.

다중대체(multiple imputation)는 단일대체의 문제점을 해결하기 위하여 한 개의 무응답을 두 개 이상의 값을 가지고 대체를 실시하는 방법을 통칭한다. 다중대체에서는 한 개의 무응답을 그럴듯한(plausible) 여러 개의 값으로 대체하고, 여러 개의 대체된 값들은 무응답이 발생한 값에 대한 불확실성(uncertainty)을 반영하게 된다. 즉, 무응답 값을 정확하게 아는 것이 거의 불가능하므로 무응답값을 여러 개의 그럴듯한 값으로 표현함으로써, 무응답값에 대한 우리의 불확실성을 모형에 포함시키는 통계적 기법이다. 다중대체를 실시하면 무응답값들이 여러 개의 값들로 대체되고, 이 값들간의 차이에서 오는 분산이 추정량의 분산을 계산할 때 추가되어, 분산이 과소 추정되는 문제점을 방지하게 된다.

다중대체된 자료 각각은 무응답이 없는 완전한 형태의 자료를 가지게 되므로, 자료 각각에 대하여 연구목적에 알맞은 분석을 시행하면 된다. 예를 들어, 회귀분석을 시행하고자 한다면 관심 있는 반응변수와 설명변수에 대하여 m개의 대체된 자료 각각에 대하여 회귀분석을 실시하면 된다. 이렇게 m번의 분석을 실시하면 추정된 회귀계수, 표준오차, 검정통계량 등은 m개의 자료 각각으로부터 약간씩 다르게 나타나는데, 이는 관심 변수들이 완전하게 측정되지 못하고 무응답을 포함하므로 무응답 값에 대한 불확실성에 근거한 차이를 나타내는 것이다.

그러나 연구자의 분석 목적은 관심 자료에 대한 개의 서로 다른 결론이 아니라 한 개의 통합된 결론을 내리는 것이므로, m개 분석의 결과를 통합하여 한 개의 결론을 도출하기 위한 과정을 거쳐야 한다.

〈SAS 사례 11.10〉 다중대체와 분석

```
PROC MI DATA=Sampling.Fitness1 OUT=Sampling.MI9_10
        NIMPUTE=5 SEED=3237851;
     VAR Oxygen RunTime RunPulse;
     MCMC;
RUN;

PROC REG DATA=Sampling.MI9_10 OUTEST=Sampling.Outreg COVOUT;
     MODEL Oxygen = RunTime RunPulse;
     BY _Imputation_;
RUN;
```

〈표 11.8〉 Fittness1 데이터셋 (첫 10개, $n = 31$)

원 자료 (Fittness1 데이터셋)

OBS	Oxygen	RunTime	RunPulse
1	44.609	11.37	178
2	45.313	10.07	185
3	54.297	8.65	156
4	59.571	.	.
5	49.874	9.22	.
6	44.811	11.63	176
7	.	11.95	176
8	.	10.85	.
9	39.442	13.08	174
10	60.055	8.63	170

다중대체 (MI9_10 데이터셋)

_Imput...	OBS	Oxygen	RunTime	RunPulse
1	1	44.609	11.37	178
1	2	45.313	10.07	185
1	3	54.297	8.65	156
1	4	59.571	6.035	172.652
1	5	49.874	9.22	174.421
1	6	44.811	11.63	176
1	7	45.723	11.95	176
1	8	40.613	10.85	173.094
1	9	39.442	13.08	174
1	10	60.055	8.63	170

```
PROC MIANALYZE DATA=Sampling.Outreg;
    MODELEFFECTS Intercept RunTime RunPulse;
RUN;
```

- ☐ MI Procedure: 결측값 대체를 수행한다. 이 예에서는 NIMPUTE= 옵션에 의해 5번의 결측값 대체가 수행되었다(대체 방법은 MCMC 방법을 사용하였다). 대체된 데이터는 OUT= 옵션에 의해 지정된 MI9_10 데이터셋에 저장되며, 다중대체의 결과는 데이터셋의 _Imputation_ 변수에 의해 구분된다. 〈표 11.8〉 참조.[1]
- ☐ REG Procedure: 회귀분석을 수행한다. 이 예에서는 Oxygen을 반응변수로, RunTime과 RunPulse를 설명변수로 하였다. 또한 BY 명령문에 의해 대체된 자료집합 각각에 대하여 5번의 회귀분석이 독립적으로 수행되었다. 회귀분석의 결과 중 회귀계수 추정치와 표준오차 등이 OUTEST= 옵션에 의해 지정된 Outreg 데이터셋에 저장된다.
- ☐ MIANALYZE Procedure: 각 분석 결과를 통합하여 결론을 도출하기 위한 과정을 수행한다. REG Procedure의 결과뿐만 아니라 대부분의 통계분석 결과에 적용할 수 있다.

앞의 식 (11.18)을 다음과 같이 표현하자.

$$W_{MI} = \frac{1}{m}\sum_{i=1}^{m}\hat{V}_i, \quad B_{MI} = \frac{1}{m-1}\sum_{i=1}^{m}\left(\hat{\theta}_i - \bar{\theta}_{MI}\right)^2 \tag{11.37}$$

$$\hat{V}_{MI}\left(\bar{\theta}_{MI}\right) = W_{MI} + \frac{m+1}{m}B_{MI}. \tag{11.38}$$

[1] 데이터 출처: SAS/STAT User's Guide > The MIANALYZE Procedure > Example 62.1

〈표 11.9〉 SAS 사례 11.10의 출력결과 – 회귀분석 결과의 요약

	Intercept		RunTime		RunPulse	
Imputation	Estimate	S.E.	Estimate	S.E.	Estimate	S.E.
1	86.54403	10.00727	-2.82231	0.32824	-0.05873	0.05854
2	83.02073	8.88997	-3.00023	0.33847	-0.02491	0.05138
3	100.83981	8.82340	-3.20443	0.34417	-0.11284	0.04872
4	91.49509	8.07603	-3.07764	0.31857	-0.06980	0.04806
5	92.28753	7.77601	-3.05975	0.29809	-0.07661	0.04399

〈표 11.10〉 SAS 사례 11.10의 출력결과 – Variance Information

	Variance			
Parameter	Between	Within	Total	DF
Intercept	45.529229	76.543614	131.178689	23.059
RunTime	0.01939	0.10622	0.129487	123.88
RunPulse	0.001007	0.002537	0.003746	38.419

Parameter	Relative Increase in Variance	Fraction Missing Information	Relative Efficiency
Intercept	0.713777	0.461277	0.915537
RunTime	0.219051	0.192620	0.962905
RunPulse	0.476384	0.355376	0.933641

여기에서 W_{MI}는 대체된 자료들로부터 추정된 m개의 모수의 분산들의 평균이다. 이 분산성분은 대체-내 분산(within-imputation variance)이라 부른다. B_{MI}는 m개의 대체된 자료로부터의 모수의 추정값들 사이의 분산을 나타내며 대체-간 분산(between-imputation variance)이라 부른다. 그리고 총분산(total variance) $\hat{V}_{MI}$는 이 두 개의 분산성분을 종합하여 계산한 모수의 분산에 대한 통합된 추정값이다. 〈표 11.10〉 참조.

관측값의 개수가 충분히 큰 경우, $(\theta - \bar{\theta}_{MI})\hat{V}_{MI}^{-1/2}$는 t-분포를 따른다. 즉,

$$\frac{\theta - \bar{\theta}_{MI}}{\sqrt{\hat{V}_{MI}}} \sim t(v_m). \tag{11.39}$$

여기에서 t-분포의 자유도 v_m은 다음과 같다.

$$v_m = (m-1)\left[1 + \frac{W_{MI}}{(1+m^{-1})B_{MI}}\right]^2 \tag{11.40}$$

따라서 이러한 성질을 이용하여 모수 θ에 대한 검정을 수행하거나 신뢰구간을 계산할 수 있다. 〈표 11.11〉 참조.

〈표 11.11〉 SAS 사례 11.10의 출력결과 – Parameter Estimates

Parameter	Estimate	Std Error	95% Confidence Limits		DF
Intercept	90.83744	11.453327	67.14779	114.5271	23.059
RunTime	-3.03287	0.359844	-3.74511	-2.3206	123.88
RunPulse	-0.068578	0.061204	-0.19243	0.0553	38.419

Parameter	Minimum	Maximum	t for H0: Theta0	Parameter=Theta0	Pr > $\|t\|$
Intercept	83.02073	100.839807	0	7.93	<.0001
RunTime	-3.204426	-2.822311	0	-8.43	<.0001
RunPulse	-0.11284	-0.02491	0	-1.12	0.2695

〈표 11.10〉은 MIANALYZE Procedure의 출력결과 중 'Variance Information'에 대한 것이다. 여기에는 분산성분들에 추가하여 다음과 같은 수치들도 출력된다. 'Relative Increase in Variance'는 다음과 같이 계산되며,

$$r = \frac{(1+m^{-1})B_{MI}}{W_{MI}} \tag{11.41}$$

무응답에 의해 증가하는 분산의 상대비율을 나타낸다. 'Fraction of Missing Information'은 다음과 같이 계산되며,

$$\hat{\lambda} = \frac{r + 2/(v_m + 3)}{r+1} \tag{11.42}$$

무응답에 의해 손실된 모수 θ에 대한 정보량의 추정값이다.

한편, Rubin(1987)은 한 개의 무응답을 무한개의 값으로 대체한다면 추정량의 분산이 정확하게 추정되는 점을 이론적으로 보였다. 물론 한 개의 무응답을 무한개의 값으로 대체하는 것은 현실적으로 불가능하므로 실제로는 유한개의 대체를 실시하게 된다. 특히 무응답으로 인하여 손실된 모수에 대한 정보량(λ)이 아주 크지 않다면 작은 숫자의 대체를 통해서도 모수의 분산이 거의 비슷하게 추정된다는 것을 보였다. 여기서, 무응답으로 인하여 손실된 모수에 대한 정보량이란 무응답이 발생하지 않은 완전한 자료(complete data)와 비교하여 무응답이 발생함으로 인해서 발생한 모수의 정밀도(precision)의 감소분(reduction)을 의미한다. 무한개의 대체를 실시했을 때와 비교하여 유한한 m개의 대체를 실시할 때 모수의 분산에 관한 상대효율(relative efficiency)은 대략적으로 다음과 같이 표현될 수 있다.

$$\text{RE} = (1 + \frac{\lambda}{m})^{-1} \tag{11.43}$$

예를 들면, 〈표 11.10〉에서 변수 Runtime의 회귀계수에 대한 'Relative Efficiency'는 $[1 + (0.193/5)]^{-1} = 0.963$으로 추정된다.

11.4 측정오차

비표본오차 중 무응답오차보다는 상대적으로 통계적 관심을 받지 못하나 매우 중요한 오차가 측정오차이다. 측정오차는 응답 대상으로부터 여러가지 이유로 관측해야 하는 참값을 얻지 못하기 때문에 발생하는 오차이다. 일반적으로 측정오차는 무작위로 발생하는 것으로 가정하여 이로 인한 편향이 발생하지 않는다고 가정하고 분석을 수행하게 된다. 그러나 선거여론조사나 출구조사의 예를 보면 응답자들이 체계적인 방향성을 갖는 답변을 하는 경우가 발생하며, 따라서 이를 이용한 추정량은 편향을 갖게 된다.

측정오차가 발생하는 원인으로는 크게 응답자(respondent), 면접자(interviewer), 자료수집 도구(instrument)의 3가지를 고려할 수 있다. 응답자로 인한 측정오차는 거짓응답, 질문에 대한 이해부족 그리고 잘못된 기억 등에 기인한다. 거짓응답은 특별히 사회적, 도덕적 그리고 정치적으로 민감한 사안들에 대한 질문이 주어진 경우에 흔히 발생한다. 설문지의 내용이 매우 전문적이거나 혹은 참고 기간(reference period)이 지나치게 긴 경우에도 응답자로부터의 측정오차가 발생할 수 있다.

민감한 질문으로 인하여 발생할 수 있는 측정오차를 해결하기 위하여 고려할 수 있는 통계적 기법으로는 임의응답(randomized response) 방법이 있다. 서베이의 목적이 특정한 성질을 갖는 부모집단, 예를 들어, HIV 환자 그룹 혹은 탈세 경험자 그룹 등의 규모나 비율을 추정하는 것에 있다고 하자. 이 경우, 모집단은 $U = U_1 \cup \bar{U}_1$으로 표기할 수 있다. 관심 부모집단 U_1 의 상대적 크기를 추정하기 위하여 다음의 이항변수 y_k를 고려하자.

$$y_k = \begin{cases} 1, & \text{if } k \in U_1, \\ 0, & \text{otherwise} . \end{cases} \tag{11.44}$$

응답자에게 민감한 그룹의 소속여부를 직접 질문할 때 발생할 수 있는 측정오차를 줄이기 위하여 응답자로 하여금 두가지의 가능한 결과가 발생하는 랜덤실험을 수행하게 하고 그 결과에 따라 다음의 두 질문에 예 혹은 아니오로 대답하게 하자.

질문 1: 본인은 U_1에 속한다.
질문 2: 본인은 U_1에 속하지 않는다.

면접자는 응답자가 수행한 랜덤실험의 결과는 알지 못하나 실험의 가능한 두 결과가 발생할 확률은 알고 있다. 즉, 응답자가 질문 1에 대답할 확률 p와 질문 2에 대답할 확률 $1-p$를 면접자는 사전에 알고 있다.

응답자의 답변을 나타내는 확률변수 x_k를 다음과 같이 정의하자.

$$x_k = \begin{cases} 1, & \text{대답} = \text{예}, \\ 0, & \text{대답} = \text{아니오}. \end{cases} \tag{11.45}$$

측정된 x 값과 베이즈 정리를 이용하여 다음의 식이 유도된다.

$$\begin{aligned} \phi =: Pr\,(x_k = 1) &= Pr\{\text{ 질문 } 1\, \}Pr\{x_k = 1|\text{ 질문 } 1\, \} \\ &\qquad + Pr\{\text{ 질문 } 2\, \}Pr\{x_k = 1|\text{ 질문 } 2\, \} \\ &= p \times \pi + (1-p) \times (1-\pi). \end{aligned} \tag{11.46}$$

여기서 $\pi = Pr\,(k \in U_1)$을 나타낸다. 각 응답자로부터 관측된 x_k의 값을 이용하여 추정된 $\hat{\phi}$과 알고 있는 p값 그리고 ϕ, π와 p의 관계식을 이용하여 π의 비편향 추정량을 다음과 같이 정의할 수 있다.

$$\hat{\pi} = \frac{\hat{\phi} - (1-p)}{2p-1}. \tag{11.47}$$

임의응답 방법은 Warner(1965)에 의하여 제안되었고, 이후에 Horvitz, Shah and Simmons(1967)와 Fox and Tracy(1986)에 의하여 추가적인 연구가 이루어졌다.

면접자와 측정도구로 인한 측정오차는 상대적으로 응답자로 인한 측정오차에 비하여 사전에 충분한 면접자 교육 및 타당한 측정 도구의 개발을 통해 그 영향력을 최소화할 수 있다. 면접자로 인한 측정오차는 면접자가 특정한 의도를 갖고 유도질문을 하거나 혹은 면접자의 외모나 억양 등의 특징으로 인해 발생할 수 있다. 특별히 연구자가 직접 면접을 시행하는 경우에는 본인 연구의 목적 및 결과에 부합하는 답변을 얻기 위하여 의도적인 질문태도를 취하는 경우가 발생할 수 있기 때문에 많은 주의가 필요하다.

다음의 예는 미국 사례로 면접자의 인종에 따라 발생할 수 있는 측정오차를 보여주고 있다. 인종차별과 관련된 설문 문항에 대한 답변이 면접자의 특성(피부색)에 따라 달라지는 것을 확인할 수 있으며 그로 인하여 발생하는 차이가 매우 유의함을 알 수 있다.

⟨예 11.1⟩ 면접자로 인한 측정오차

	Interviewer	
	Black	White
Would not mind if relative married black	71.7 %	25.5 %
B & W children should go to the same school	90.7 %	56.0 %

설문지로 인한 측정오차는 질문순서, 문구 및 단어 선택 등에 영향을 받게 된다. 다음의 해외 사례들은 이러한 설문지 구성 상의 부주의로 인하여 발생할 수 있는 측정오차를 보여주고 있다. ⟨예 11.2⟩에서는 동일한 내용의 질문이 부정적인 단어(forbid)와 긍정적인 단어(allow)를 통해 이루어졌을 때 결과에 차이가 있음을 보여주고 있다. 또한 ⟨예 11.3⟩은 설문 문항의 구성에 있어 사전 질문이 결과에 미치는 영향을 보여주고 있다.

⟨예 11.2⟩ 설문지 문구 선택의 문제로 인한 측정오차

Ballot 1	Ballot 2
Do you think the US should forbid speeches in favor of communism ?	Do you think the US should allow speeches in favor of communism ?
Yes : 39.3 %	**No : 56.3 %**

⟨예 11.3⟩ 설문지 문항 순서의 문제로 인한 측정오차

Ballot 1 Do you think the US should allow Russian reporters to come here and report the news as they see fit ?

Yes : 36 %

Ballot 2 Do you think the Russia should allow US reporters to go there and report the news as they see fit ?

Do you think the US should allow Russian reporters to come here and report the news as they see fit ?

Yes : 73 %

자료수집 이후의 측정오차로 인해 발생하는 통계적 문제를 해결하기 위해서는 이를 설명하기 위한 측정오차 모형이 일반적으로 가정된다. 일반적인 측정오차 모형 m을

$$(y_1, y_2, \cdots, y_n)\,|s \sim m \tag{11.48}$$

로 표기하고, 주어진 모형 하에서 1, 2차 적률(moment)을 이용하여 가장 단순하나 효율적인 측정오차 모형을 정의하면 다음과 같다.

$$\begin{aligned} &E_m\,(y_k|s) = \mu_k \neq \theta_k, \\ &V_m\,(y_k|s) = \sigma_k^2, \\ &Cov_m\,(y_k,\ y_l|s) = \sigma_{kl}. \end{aligned} \tag{11.49}$$

여기에서 $E_m(\cdot)$, $V_m(\cdot)$, $Cov_m(\cdot)$은 각각 주어진 모형 m 하에서의 기댓값, 분산, 공분산을 나타낸다. 실제로 모형 m의 선택은 매우 다양하게 이루어질 수 있으나, 모형이 추정량에 미치는 영향력은 기본적으로 주어진 모형 하에서의 기댓값과 분산 및 공분산에 의하여 평가된다. 또한 θ_k는 실제 참값의 기댓값으로 관측된 값의 기댓값인 μ_k와 다르다고 가정한다.

측정오차를 포함한 자료의 분석은 사용된 표본설계와 측정오차에 대한 모형의 가정 하에서 이루어질 수 있다. 측정오차에 관한 보다 자세한 내용은 Groves et al(2009)와 Fuller(2008)를 참조하면 된다.

11.5 연습문제

1. 선거결과예측을 위해 선거 당일 진행되는 출구조사에서 발생할 수 있는 비표본오차를 나열하고 설명하시오.

2. 부록 A에 제시되어 있는 Health_Pop 데이터셋에는 결측값이 포함되어 있으며, 각 변수들에 대한 결측값의 수와 비율은 다음과 같다($N = 8,197$). 각 변수들의 결측값에 대하여 적절한 대체 또는 처리 방법을 설정하여 수행하시오.

변수	레이블	결측값	
		개수	비율
Bmi25	비만 유병 여부	518	6.32%
Hphp_F	고혈압 유병 여부	695	8.48%
He_Ht	신장	459	5.60%
He_Wt	체중	475	5.79%
Bmi	체질량 지수	518	6.32%
He_Sbp	수축기 혈압	3,134	38.23%
He_Dbp	이완기 혈압	3,134	38.23%
He_Chol	총 콜레스테롤	908	11.08%
Sm_A0101	흡연 여부	687	8.38%
Dr_A0103	음주 여부	743	9.06%

부록 A. Health_Pop 데이터셋

모집단 자료 Health_Pop 데이터셋은 각 개인의 건강상태를 나타내는 질병관리본부의 국민건강영양 검진조사의 일부 항목에 해당하는 변수의 값을 임의로 생성하여 작성되었다. 또한 항목 무응답이 발생하는 일반적인 조사 현실을 반영하기 위하여 모집단 자료에는 주요 관심변수에 대한 결측이 포함되어 있다. 결측이 존재하는 모든 개체를 제외한 데이터는 Health_Pop_Nomiss 데이터셋이다. 결측을 포함한 자료에서 조사단위의 수를 나타내는 모집단 크기는 $N = 8,197$명이며, 결측이 배제된 자료의 크기는 $N = 4,534$명이다.

변수 특성	변수	레이블	변수 값 설명
설계변수 (결측 없음)	Region	지역	1 = A시, 8 = B시
	Id_Fam	가구번호	
	Town_T	도시구분	1=도시, 2=시골
	Apt_T	주택유형	1=일반, 2=아파트
	Psu	조사구 번호	
	Sex	성별	1=남자, 2=여자
	Age	연령	20세 이상
	Ho_Incm	가구소득사분위수	1=하, 2=중하, 3=중상, 4=상
	Cfam	가구원수	
	Ainc	월평균 가구총소득	
	Edu	교육수준	1=초졸이하, 2=중졸, 3=고졸, 4=대졸 이상
	Occp	직업분류	1=관리자 및 전문가, 2=사무종사자, 3=서비스 종사자, 4=농림어업, 5=기능원, 6=단순노무종사자, 7=무직, 8=기타
조사변수 (결측 있음)	Bmi25	비만유병여부	0=정상, 1=유병자(BMI≥25)
	Hphp_F	고혈압유병여부	0=정상, 1=유병자
	He_Ht	신장	
	He_Wt	체중	
	Bmi	체질량지수	체중(kg)/신장(m^2)
	He_Sbp	수축기 혈압	
	IIe_Dbp	이완기 혈압	
	He_Chol	총 콜레스테롤	
	Sm_A0101	흡연여부	0=비흡연, 1=현재흡연
	Dr_A0103	음주여부	0=월 1잔 미만, 1=월 1잔 이상

참고문헌

Atmer, J., Thulin, G. and Bäcklund, S. (1975). Coordination of samples with the JALES technique. *Statistisk Tidskrift.* 13, 343-350.

Chen, J. and Qin, J. (1993). Empirical likelihood estimation for finite populations and the effective usage of auxiliary information. *Biometrika.* 80, 107-116.

Déville, J.C. and Särndal, C.E. (1992). Calibration estimators in survey sampling. *Journal of the American Statistical Association.* 87, 376-382.

Déville, J.C., Särndal, C.E., and Sautory, O.(1993). Generalized raking procedures in survey sampling. *Journal of the American Statistical Association.* 88, 1013-1020.

Durbin, J. (1959). A note on the application of Quenouille's method of bias reduction to the estimation of ratios. *Biometrika.* 46, 477-480.

Fan, C.T., Muller, M.E. and Rezucha, I. (1962). Development of sampling plans by using sequential (item by item) techniques and digital computers. *Journal of the American Statistical Association.* 57, 387-402.

Fox, J.A. and Tracy, P.E. (1986). *Randomized response: A method for sensitive surveys.* Beverly Hills, CA: Sage.

Fuller, W.A. (1966). Estimation employing post strata. *Journal of the American Statistical Association.* 61, 1172-1183.

Fuller, W.A. (2002). Regression estimation for survey samples. *Survey Methodology.* 28, 5-23.

Fuller, W.A. (2008). *Measurement Error Model.* Wiley, New York.

Fuller, W.A. (2009). *Sampling Statistics.* Wiley, New Jersey.

Groves,R.M., Fowler, F.J., Couper, M.P., Lepkowski, J.M., Singer, E., Tourangeau, R. (2009). *Survey Methodology.* Wiley, New York.

Holt, D. and Smith, T.M.F. (1979), Post Stratification. *Journal of the Royal Statistical Society A*. 142, 33-46.

Horvitz, D.G., Thompson, D.J. (1952). A generalization of sampling without replacement from a finite universe, *Journal of the American Statistical Association*. 47, 663-685.

Horvitz, D.G., Shah, B.V., and Simmons, W.R. (1967). The unrelated question randomized response model. *Proceedings of the Social Statistics section in American Statistical Association*. 65-72.

Isaki, C.T., and Fuller, W.A. (1982). Survey design under the regression superpopulation model. *Journal of the American Statistical Association*. 77, 89-96.

Kim, J.K. and Park, M. (2010). Calibration estimation in survey sampling.*International Statistical Review*. 78, 21-39.

Kott, P.S. (2006). Using calibration weighting to adjust for nonresponse and coverage errors. *Survey Methodology*. 32, 133-142.

Mickey, M.R. (1959). Some finite population unbiased ratio and regression estimators. *Journal of the American Statistical Association*. 54, 594-612.

Park, M. and Fuller, W.A. (2009). The mixed model for survey regression estimation. *Journal of Statistical Planning and Inference*. 139, 1320-1331.

Quenouille, M. H. (1956). Notes on bias in estimation. *Biometrika*. 43, 353-360.

Royall, R.M.(1976). The linear least squares prediction approach to two-stage sampling. *Journal of the American Statistical Association*. 71, 657-664.

Särndal, C.E., Swensson, B., Wretman, J. (1989). The weighted residual technique for estimating the variance of the general regression estimator of the Finite population total. *Biometrika*. 76, 527-537.

Särndal, C.E., Swensson, B., Wretman, J. (1992). *Model assisted survey sampling*. Springer-Verlag, New York.

Sen, A.R. (1953). On the estimate of the variance in sampling with varying probabilities. *Journal of the Indian Society of Agricultural Statistics.* 5, 119-127.

Sunter, A.B. (1977a). Response burden, sample rotation, and classification renewal in economic surveys. *International Statistical Review.* 45, 209-222.

Sunter, A.B. (1977b). List sequential sampling with equal or unequal probabilities without replacement. *Applied Statistics.* 26, 261-268.

Tilleé, Y. (2006). *Sampling Algorithms.* Springer-Verlag, New York.

Tukey, J. W. (1958). Bias and confidence in not-quite large samples. *Annals of Mathematical Statistics.* 29, 614.

Valliant, R., Dorfman, A., and Royall, R.M. (2000). *Finite Population Sampling and Inference: A Prediction Approach.* John Wiley, New York.

Warner, S.L. (1965). Randomized response: a survey technique for eliminating evasive answer bias. *Journal of the American Statistical Association.* 60, 63-69.

Wolter, K. (1985). *Introduction to variance estimation.* Springer-Verlag, New York.

Yates, F. and Grundy, P.M. (1953). Selection without replacement from within strata with probability proportional to size. *Journal of the Royal Statistical Society.* 815, 253-261.

찾아보기

저자 소개

박민규
미국 아이오와주립대학교 대학원 통계학과 박사
고려대학교 통계학과 교수
e-mail: mpark2@korea.ac.kr

강현철
고려대학교 대학원 통계학과 박사
호서대학교 빅데이터AI학부 교수
e-mail: hychkang@hoseo.edu

SAS와 R을 활용한
표본설계와 통계적 추론 제2판

저　　자　박민규 · 강현철
발 행 인　김지영
발 행 처　자유아카데미
주　　소　경기도 파주시 회동길 37-42
　　　　　파주출판도시
전　　화　031-955-1321
팩　　스　031-955-1322
홈페이지　www.freeaca.com
전자우편　main@freeaca.com (대표)
　　　　　editor@freeaca.com (편집)
　　　　　crm@freeaca.com (영업)
등　　록　제406-2003-017호, 1980. 7. 12
제2판1쇄　2023년 12월 5일 발행

ISBN 979-11-5808-557-5　93310